汉译世界学术名著丛书

政治经济学原理

及其在社会哲学上的若干应用

上卷

〔英〕约翰·穆勒 著

赵荣潜 桑炳彦
朱泱 胡企林 译

胡企林 朱泱 校

商务印书馆
创于1897 The Commercial Press

John Stuart Mill

PRINCIPLES OF POLITICAL ECONOMY

With

Some of their Applications to

Social Philosophy

Vol. I

The Colonial Press 1900

本书根据美国殖民出版社 1900 年版译出

汉译世界学术名著丛书
出 版 说 明

我馆历来重视移译世界各国学术名著。从五十年代起，更致力于翻译出版马克思主义诞生以前的古典学术著作，同时适当介绍当代具有定评的各派代表作品。幸赖著译界鼎力襄助，三十年来印行不下三百余种。我们确信只有用人类创造的全部知识财富来丰富自己的头脑，才能够建成现代化的社会主义社会。这些书籍所蕴藏的思想财富和学术价值，为学人所熟知，毋需赘述。这些译本过去以单行本印行，难见系统，汇编为丛书，才能相得益彰，蔚为大观，既便于研读查考，又利于文化积累。为此，我们从 1981 年至 1989 年先后分五辑印行了名著二百三十种。今后在积累单本著作的基础上将陆续以名著版印行。由于采用原纸型，译文未能重新校订，体例也不完全统一，凡是原来译本可用的序跋，都一仍其旧，个别序跋予以订正或删除。读书界完全懂得要用正确的分析态度去研读这些著作，汲取其对我有用的精华，剔除其不合时宜的糟粕，这一点也无需我们多说。希望海内外读书界、著译界给我们批评、建议，帮助我们把这套丛书出好。

商务印书馆编辑部

1991 年 6 月

中译本序言

陈岱孙

约翰·斯图亚特·穆勒(1806—1873年),在1848年发表了他名世的经济学著作《政治经济学原理——及其在社会哲学上的若干应用》(以下简称《原理》)。

西方一些经济学家吹捧《原理》为19世纪下半期西方国家一本无可争议的经济学的圣经。可以不同意这一说法;但不能否认,直至19世纪末年,这本书一直是英、美等讲英语国家的大学初级经济学课程的基础教科书。19世纪70年代兴起的所谓"边际主义革命"对这本书中的基本原理提出了挑战,严重地动摇了它的权威地位。但只是在1890年,马歇尔的《经济学原理》出版之后,它的地位才完全为后者所代替。

穆勒自认为《原理》只是祖述亚当·斯密和大卫·李嘉图经济理论的著作。在本书导言中,他说,他的目的只是在于写一本适应现在时代更广泛的知识和新进的思想的"现代《国富论》"。对于李嘉图,穆勒认为他只是对李嘉图的学说作一些补充或引申。在他写给一位友人的信中,他说,"我怀疑在这本书中,有任何一个思想不表现为来自他(李嘉图)的学说的推论"。后来的西方经济学者不完全承认这个说法。他们认为,虽然《原理》的确祖述了斯密的《国富论》和李嘉图的《原理》,但恰恰是在结合现代广泛的知识和新进的思想对旧理论加以补充、引申时，穆勒提出了许多他自己的意见。然而，他们却也不能不承认穆勒的意见实际上是折衷主义的综合物。在《原理》中，混合了斯密和李嘉图古典的和以后种种反古典的经济思想。

经济理论的调和折衷主义是公认的穆勒《原理》的特征。追随者认为，这一特征标志着《原理》作为一承前启后的著作，总结了从亚当·斯密起到19世纪中叶大半个世纪西方经济学发展的过程，奠定了政治经济学的完整体系。而批判者则认为，穆勒的调和折衷主义只是资产阶级经济学破产的宣告。

追随者和批判者在论证穆勒的折衷主义特征时，似乎都忽略了《原理》中也应该作为折衷主义一部分内容的、结合理论分析和政策结论二者矛盾的调和论。也许只是为简便起见，我们都称这本书为《政治经济学原理》，而略去实际上很重要的“及其在社会哲学上的若干应用”的副标题。而恰恰是这个副标题意味着穆勒在写本书时力图把经济学从李嘉图以次的英国经济学家们的教条精神中拯救出来；在经济理论分析中注入大量的对人类福利的关注和容忍的精神；从而对他先前所服膺的边沁的功利主义和以之为社会哲学基础的李嘉图经济学，作了修正。这一新立场部分是受浪漫主义者的影响，但更多地源于英法早期的社会主义者。《原理》是在这一转变之后的产物。写于1829—1831年间的《略论政治经济学的某些有待解决的问题》一书不具有这个特征，而表现为基本上与李嘉图相同的观点，就是一明证。

穆勒并没有完全放弃功利主义，也没有对竞争的资本主义制度的优越失去信心。但他理解到社会现象的复杂性，对于利己主义的自发功利作用发生怀疑。于是在《原理》中就出现了接受对现行制度的某些改革的主张,甚至容忍这些改革所可能带来的政府对于私人经济行为的干预。这种对经济理论和政策的新看法自然形成英国经济界主流的传统。我们可以在这个意义上,来理解穆勒之所以自认为《原理》只期待着成为一本“现代《国富论》”的含义和半个世纪之后出现的马歇尔的《经济学原理》可以看作穆勒《原理》的后继者的论断。我们甚至可以说,这个经济思想传统仍然存留于今日的英国经济学界。因此,在今日,《原理》不但是一本有历史意义的书,而且由于在一种思想体系传统的发展中处于承前启后的关键地位,它对于了解眼前国外经济学界的发展还具有某种启迪的作用。

1990年6月

目　　录

第二编 分配

第三编 交换

特别导言

约翰·斯图亚特·穆勒的《政治经济学原理》在学术界享有的持久地位，稳如磐石，能做到这一点的科学著作为数甚少。固然，亚当·斯密更具有启发性，马尔萨斯更富于独创性，李嘉图更有条理性，可事实依然是，穆勒知道如何总结这三个人的发现，知道如何把这些发现首尾一致地联结在一起，使普通人对其有所了解。他的伟大不在于为后人发现了真理，而在于充分表达出了当时人们所信赖的那些真理。

不管整个经济理论发生什么样的变化，穆勒的著作都将永远具有不朽的重要意义，它所记录的那些经济理论曾推动了 19 世纪前半叶政治形势的发展。不管我们认为它有关人类行为的分析正确与否，它都无疑是一份价值极高的历史文件。也许穆勒对人类行为方式的描述是不全面的乃至错误的，但毫无疑问，他非常精彩和真实地描述了 19 世纪中叶知识阶层的行为方式。

为穆勒的这本书写导言，最好的方法莫过于叙述一下它是在哪些因素的影响下写出来的。因为，正如伊丽莎白时代马洛或莎士比亚的戏剧，其灵感来自观众，其人物反映了德雷克和雷利的精神那样，维多利亚时代的经济学则从 19 世纪英国公众那里获得其灵感并反映了当时政治家的精神，这些政治家在 19 世纪上半叶已为商业英帝国奠定了基础。

穆勒的《政治经济学原理》发表于1848年。相同主题的另一本书即亚当·斯密的《国富论》，发表于大约四分之一个世纪以前，就对公众的影响而言，只有这部书能与穆勒的《政治经济学原理》相匹敌。比较对照一下这两部著作可以给人以启发，特别是因为这两部书的作者在气质上有某种相同之处。穆勒和斯密都受过哲学方面的训练，而又都对实际事务感兴趣。他们各自都把理论视为影响政治和商业活动的手段；各自在研究人们从事政治和商业活动的动机时，都发现自己的理论使自己具有了比其同事更宽广锐利的眼光。不过，斯密的眼光是预言家式的，而穆勒的眼光则是哲学历史学家式的。斯密不得不为其理论开辟道路，而穆勒面对的听众则已准备好接受其理论，把其理论看作是人类智慧的体现。自斯密时代以来，已有两代英国政治家实施了斯密的理论；这种理论已为诸如坎宁和赫斯基森、科布登和皮尔这样的人开展活动奠定了基础；在立法方面取得的无比辉煌的成就，已证明这种理论是正确的。穆勒的整个一生是在这种进步事业的拥护者当中度过的。他父亲曾是上述第一代政治家的领袖；他本人则曾经在第二代政治家开展的斗争中搏斗厮杀，与这些政治家的政治生命光荣地联系在一起。他曾参加那场伟大的斗争，最终废除了弊端百出的政府救济制度；曾参加那场改革，使整个国家的通货具有了牢固的基础；曾参与确立自由贸易为英国的基本国策；曾参与创建了英国的殖民帝国体系，同世界古往今来的其他殖民体系相比，这一体系从原则上说更为开明，从结果上说更为仁慈。约翰·斯图亚特·穆勒所面对的便是被这些成就弄得眼花缭乱的读者，读者信赖穆勒一方面是由于他为取得这些成就出了一份力，而更具决定意义的理由则是，他成功地表述的那些思想成了这些政治运动的基础，把这些政治运动纳入了一完整的社会哲学体系。

对于凡人来说，享有这样的地位是危险的。假如穆勒不是那么伟大，这样的地位很可能毁了他，使他不可能产生持久的影响。一个人在这一代是深孚众望的大师，到下一代则往往名誉扫地，尽管这也许不那么公平。在政治经济学方面产生了穆勒的那个时代与条件，在音乐方面产生了门德尔松，在文学方面产生了麦考利；门德尔松和麦考利表现出一副对过去无所不知、对未来确信无疑的神态。这使上了年纪的莫尔本勋爵禁不住感叹道："但愿我能像汤姆·麦考利那样对一切都确信无疑。"莫尔本历尽沧桑，不相信只需一代人整个世界的智慧便会达到顶峰。那些忽视未来的人，已遭到未来的报复。门德尔松正像当年被评价过高那样，现在则被评价过低；麦考利对未来的确信无疑，常使人用这样一句名言来讥讽他的作品："既然其他一切没有什么两样，所以我总是宁愿做快活的撒谎者而不愿做呆子。"

穆勒则较为尊重未来，因而也得到了未来的较好回报。的确，很少有人能像穆勒那样经受住成名的考验。他能避开成名后可能遇到的陷阱，是因为他有很强的敬畏心和同情心。穆勒在其《自传》中描述了自己所受的教育，若是性格不那么坚强的人，这种教育也许会窒息这两种感情，但就穆勒来说，反而使这两种感情更加不受外部环境的影响。同情心使他不洋洋自得，敬畏心使他不为任何人的吹捧所动，不把任何人的评判当作最后定论。即便在他的这本书里有些话语带有师长的口气——比如，穆勒在一著名段落中说，在基本价值法则方面，几乎没有剩下什么东西或根本未剩下任何东西可供以后的作家加以改造——令人惊奇的也不是为何会出现这种权威口气，而是这种权威口气为何出现得这样少。

尽管穆勒竭力不摆权威的架子，但他却能很好地利用自己享有的各种有利条件。他对读者心中有数。他与亚当·斯密不同，不必先对历史进行考察，以使读者在思想上有所准备，能吃下他预备的丰盛宴席。他发现读者已作好了准备而且饿得很。斯密曾不得不创造出公共财富或国民财富这一概念，而穆勒只需把这一现成概念拿过来进行分析就行了。对斯密的读者而言，财富自然指的是一笔钱，因而他不得不经常尽力消除他们的这种错误观念。对穆勒的读者来说，财富包含的内容则要多得多。尽管他们非常熟悉皮尔和科布登的富于机智的讲演，但他们所受的教育却使他们不相信纯粹重商主义的国家政策理论，而把国民财富看作是可用以增进人类幸福的全部商品。如何生产这些商品，如何分配这些商品，如何交换这些商品，这些便是斯密所要考察的题目。他只需分析当时在英国占支配地位的社会哲学提供的材料。与其同时代的人相比，他的分析不仅具有更强的条理性，而且还具有更广阔的视野；不过，正是从同代人那里，他不加怀疑地接受了他所考察的那些概念。论断是他自己的，但所讨论的问题却取自当时几乎显得陈腐的思想。

当时的那些思想观念对穆勒产生了非常强烈而又微妙的影响，这一点可以从诸如卡莱尔或金斯利的著作中看出来。这两位作家试图采取与穆勒相对立的立场，他们的思想基础是这样一健全而有益的观念，即不应把物质财富提升到独立实体的高度，而与享用者的幸福断绝关系。但无论是卡莱尔还是金斯利，似乎都未能真正有效地表达出这种反对意见。他们不是拒绝接受穆勒的概念,而是谩骂指责他所得出的结论。同穆勒一样,在他们那里,所讨论的问题是现成的,论断则是他们自己作出的;但他们都不如穆勒那么有条理,不如穆勒那么耐心地考察,因而所作的论断便不如穆勒的那么正确。

过了将近一代人的时间,穆勒的方法与假设才受到了真正致命的批判。诚然,历史学派先是在德国,然后在英国和美国提出了强烈的反对意见。但是,他们与穆勒的分歧远非像表面看到的那么巨大。他们抱怨穆勒把其时代特有的某些制度和行为方式当作所有时代普遍存在的制度和行为方式。白哲特的《英国政治经济学中的假设》,就是这种批判的一个极好的例子。但这并未触及事情的本质。穆勒时代的政治经济学,弱点与其说是在于它把特殊形态的财富当作绝对和独立的思考对象,还不如说是在于它以这种方式看待任何形态的财富。向前真正迈出第一步的人是杰文斯及其同代人;他们分析的不是人们假想的物品固有的效用,而是物品在什么条件下才对活人具有效用。在杰文斯的《政治经济学理论》问世以来的 28 年间,这在年青一代政治经济学家的著作中一直是清晰的主音调,而且一直在给予他们的分析以新的灵感,在加宽他们的论述范围。

尽管如此,这些年轻人的著作却没有一本能够取代穆勒的著作。他们的研究工作仍处于发育期,既有发育期的长处,又有发育期的短处。正如俗话所说,有所得必有所失。没有哪一位现代经济学家能像穆勒那样泰然自若,心中有数。谁要想寻求最新发现,想寻求有关未来发展的最深刻启示,那他不要到穆勒那里去寻找。

但大多数读者没有当探索者的野心,宁愿沿着老路前行,直到弄清哪条新道路能把他们带到目的地为止,他们需要的是父辈得出的结论,而不是儿子辈的胡猜乱想。对这样的读者来说,穆勒的《政治经济学原理》仍具有其权威地位。

亚瑟·T.哈德利

穆勒序言

本书论述的题目,已有许许多多优秀的著作论述过了,因而看来需要对于本书的出版做一点解释。

也许只要说一下现有政治经济学专著都没有包含这方面理论上的最新进展就够了。最近几年的讨论,特别是关于通货、外贸以及或多或少与殖民化密切相关的重要课题的讨论,已产生了很多新的思想和对这些新思想的应用。看来有理由对政治经济学领域重新全面地审视一遍。即令只为采纳这些思考的结果和使它们与最优秀的思想家对这一主题先前所制定的原理协调一致,也应当这样做。

然而给具有类似书名的以往著作补充不足之处,并不是作者所要达到的惟一甚或主要的目的。本书的构思不同于英国在亚当·斯密的著作问世以后所出版的任何一本有关政治经济学的专著。

亚当·斯密的著作的最大特点,使它和某些其他著作最不相同的特点,乃是它始终把原理和应用联系在一起。而其他著作虽然和它是不相上下或甚至还略胜一筹,但只不过是这一主题一般原理的说明。这本书包含着比将政治经济学看作抽象思维的分支更为广泛的思想和课题。实际上,政治经济学是同社会哲学的很多其他分支不可分离地纠缠在一起的。除了一些单纯的枝节问题,也许没有任何实际问题,即令是其性质最接近于纯经济问题的问题,可以单独地根据经济前提来决定。因为亚当·斯密从未忘记这一真理;他在政治经济学的应用方面经常进行远多于纯政治经济学的思考——他对为了实践目的来掌握这一主题的原理,提出了有充足理由的看法。由于这一点,在众多的政治经济学著作中,只有《国富论》这部著作,不仅受到一般读者的欢迎,而且在上层社交界人物和国会议员们的心中都留下了强烈的印象。

本书作者认为,一本在目的和总概念上类似于亚当·斯密,而与现代更广泛的知识和进步观念相适应的书,是目前政治经济学所需要的贡献。《国富论》的很多部分已经过时,而且整个说来是不完善的。严格意义上的政治经济学,自从亚当·斯密的时代以来已经脱离了襁褓期。而社会哲学(实际上这位著名的思想家从未使他所论述的特殊问题与社会哲学分开)虽然尚处于发展的最初时期,同亚当·斯密时代相比也已大为进步。然而,自从有了这种学说以来,还没有人做过将他探讨问题的注重实际的方法和已增加的知识结合起来的尝试,或者像他使那个时代的哲学同社会经济现象相联系并取得那么令人钦佩的成就那样,坚持用现代最好的社会思想来说明社会经济现象。

这就是本书作者摆在自己面前的设想。即令在实施中只有部分成功,也会是一项十分有用的成就,因而他愿冒一切失败的危险。然而,这里需要补充一句,即,虽然他的目标是切实可行的,并且在问题的性质许可的范围内,他将尽可能使其著作具有通俗性,但是,他并未试图用牺牲严格的科学论证来换得这些好处。尽管他希望本书应该不止是仅仅说明政治经济学的抽象学说,他也认为其中应该有这种说明。

〔在1849年第二版中对序言所作的增补〕

本版中的增补和改动一般都不重要；但是，自从本书写成以后，关于社会主义的论战显示出这一问题的重要性愈益增加，因而将论述社会主义的篇幅扩大一些是合乎需要的。特别是因为在书中对某些社会主义者所提的具体方案提出了一些反对意见，这些意见被误解为一概指责一般以社会主义这一名称概括的一切计划，这样做更有必要。不过，妥善而充分地评述社会主义及其所提出的各种问题，只能在其他单独的著作中进行。

第三版序言〔1852年7月〕

本版作了全面修订。有几章内容大大地增加了或完全重写了。其中需要指出的是，《废除投标佃农制度的方法》这一章所包含的建议只与爱尔兰有关，而爱尔兰的状况已由于后来发生的事件而有了很大的变化。对第三编第十八章所提出的国际价值学说作了增补。

论所有制的一章几乎完全重写了。该章虽然包含对最著名的社会主义者所提方案的反对意见，但我完全不想把它当作被看成人类发展的最终结果的社会主义的谴责。在这一版中可以看到的唯一具有重要意义的反对意见是，一般说来人类尚处于没有作好准备的状态，劳动阶级更是如此。他们对于要求他们具有高度的才智或道德的各种行为规则目前还很不适应。在我看来，社会改良的崇高目的，应该是通过教养，使人类适应于将最大的个人自由和劳动成果的公平分配（现行的财产法规并不以公平分配为目标）结合起来的社会状态。当智育和德育达到这一状态时，无论是某种形式的私有财产（虽然这与目前的形式大不相同）还是生产手段的共有和产品有规则的分配，是否会最有利于造成幸福环境并使人性达到最完善的地步，都是必须留给那个时候的人民去解决的问题。现在的人们无力解决这个问题。

《论劳动阶级可能的未来》一章，已以本书第一次出版以来法国合作社所提供的经验大大充实。这一重要的经验表明，比欧洲受到诽谤的民主运动发生以前所能顺利地做到的更广泛、更迅速地在劳动者中间建立合作社的时机已经成熟，这个民主运动虽然在目前已被蛮力压制下去，但它已广泛地播下了未来改进的种子。我已尽力更加清楚地指出以这种合作社为第一步的社会改革的趋势；同时尽力将言过其实的或完全错误的对竞争的攻击（这是合作社的支持者极其沉迷的）同合作社运动的宗旨区别开来。

〔在 1857 年第四版中对序言所作的增补〕

本版（第四版）作了全面修订，并在看来有必要的地方插入了某些补充解释。增补最多的是《信用对价格的影响》和《论可兑换纸币的调节》两章。

〔在 1862 年第五版中对序言所作的增补〕

第五版作了全面修订，与某些主题有关的事实取材到比以前各版更近的日期。在看来有必要的地方插入了补充的论据和例证，但文字一般都不太长。

〔在 1865 年第六版中对序言所作的增补〕

本版同以前各版一样作了全面修订。在看来有必要的地方插入了补充解释，或对新的反对意见的答复，但文字一般都不太长。作了最大增补的是关于《利率》的一章；该章所采用的大部分新材料以及很多细小的改进，我受益于友人凯纳斯教授的建议和批评。他是当前最科学的政治经济学家之一。

〔在1865年“大众版”中对序言所作的增补〕

除将所有的外语引文和大部分外语词句译成英语，并将看来是多余的极少数引文全部或部分删去以外，本版完全据第六版翻印。过去作为附录重印的有关作者同《每季评论》在法国土地所有状况问题上进行的论战的文章，本版也删掉了。

第七版序言〔1871年〕

本版除了少量的文字修改以外，同原先的“文库版”和“大众版”完全一样。自从这几版出版以来，在供求理论及罢工和工会对工资的影响问题上作过几次有益的讨论，由此我们增进了对这些问题的了解。但其成果，在作者看来，还没有成熟到可收入政治经济学综合著作的地步。由于类似的理由，对于根据新近的条例对爱尔兰土地法进行的修改，要推迟到多年的经验表明这一用意良好的尝试已在处理爱尔兰经济制度最大的弊病中所起的作用时再予评论。

绪　　论

在人类活动的每一个领域，实践都长期领先于科学。对自然力作用方式的系统研究，是长期努力将自然力应用于实际以后的产物。因此，将政治经济学看作科学的一个分支是最近的事。但是它所研究的主题在各个时代却必然是人类所主要关心的事情之一，并在某些时代，是最最关心的事情。

这个主题就是财富。政治经济学家们声称是讲授或研究财富的性质及其生产和分配规律的，包括直接或间接地研究使人类或人类社会顺利地或不顺利地追求人类欲望的这一普遍对象的一切因素所起的作用。并不是任何一本政治经济学著作都能论述甚或是列举出所有这些因素，但总要尽量阐明制约它们起作用的规律和原理。

每个人对财富指什么都有一对于日常用途来说是足够正确的看法。与财富有关的研究不会同人类所关心的任何其他研究工作混为一谈。谁都知道致富是一回事，而有知识、勇敢或仁慈是另一回事。研究一个国家如何才能富裕，和研究一个国家如何才能自由、公正或在文学、艺术、军事、政治方面声名卓著，是完全不同的两个问题。实际上，这些事情全都间接地有联系并且相互影响。一国人民有时会先富起来才得到自由，有时又先自由了才富起来。一国人民的信仰和法律对他们的经济状况起很大作用，而经济状况通过对智力发展和社会关系的影响，又作用于人民的信仰和法律。但是，这些事情虽说密切相关，可又有本质上的区别。人们对此从来没有异议。

本书不打算给名词所表达的概念穿凿附会地下精确的定义，只要所表达的概念足够明确，能满足实际需要就行了。但是，尽管很少有人认为，在像什么是财富这样简单的问题上，概念会发生严重的混乱，可历史上确曾出现过这样的概念混乱。理论家和政治家在某一时期都曾普遍地受到这方面的影响。许多世代以来，概念的混乱引导欧洲的政策走上一条彻头彻尾错误的道路。我指的是从亚当·斯密的时代以来被称为重商主义的一套学说。

重商主义流行时，在国家全部政策中都或明或暗地将财富看成只由货币或贵金属(没有铸成货币的贵金属是能够直接转变为货币的)组成。按照当时流行的学说，有助于一个国家积累货币或金银块的无论什么事情都会增加其财富。而将贵金属从一个国家运出则会使其变穷。如果一个国家没有金银矿藏，它惟一能借以致富的产业便是对外贸易。只有这个产业才能带来货币。在货币上出多于入的任一贸易部门，不论以别的形式获得的收益多么多，多么有价值，都会被看作是失败的贸易。货物的出口受到优待和鼓励(甚至靠极耗费国家人力物力的方法)，因为出口的货物规定要用货币偿付，有希望由此而得到金银。除贵金属外任何东西的进口，都被看作是国家的损失，损失额相当于进口物品的全部价钱，除非输入是为了再出口以获取利润，或除非作为国内某些企业的材料或工具，因而使出口物品能以较低的成本生产并从而提高出口数量。世界商业被看成国家之间的斗争，为了争夺现存金银的最大份额。在这一竞争中，只有使别的国家受到损失，或至少防止它们有所得，一个国家才能有所得。

一代人的普遍信念——若不靠智慧和勇气进行非凡的努力，当时便没有人**能够**摆脱它——常常到下一代时会变得如此明显地荒谬可笑，以致惟一的困难是去想像当时人们怎么会相信它。货币是财富的同义词这种学说就是如此。现在把这种观念作为严肃的意见来对待，似乎太可笑了。它看来像是童年时期的一个不成熟的幻想，只要任何成年人讲一句话就马上可以纠正。但可以肯定，如果生活在其流行的日子里，无人会幸免于被迷惑。日常生活和生意所造成的联想协力于促进这一观念的形成。只要这些联想是考察这一问题的惟一媒介，我们现在认识到的显而易见的谬论就似乎是自明之理。事实上，若一旦有了怀疑，它就站不住脚了。但如果一个人不熟悉描述和思考经济现象的某些方式，他就不大会对这种观念提出疑问。而只是通过亚当·斯密和其解释者的影响，人们才对这些方式有了大体的理解。

在日常交谈中，财富总是用货币表示的。如果问一个人有多富，得到的答复是他有几千镑。所有的收入和支出，所有的得益和损失，用来使人致富的每一件东西都是用出入多少货币来计算的。的确，在一个人的财产账上不仅包括他所实际拥有的或者应归于他的货币，而且还包括一切其他有价物品。然而，有价物品不是以它们本身的性质登录在账上，而是按它们能卖多少钱来登记的。如果它们的卖价降低，虽然这些物品本身还是一样，其所有者的富裕程度就会被认为降低了。同样确实的是，人们不会因有钱不用而致富，他们必须愿意为了获利而把钱花掉。那些靠做生意致富的人,是通过用钱易货和用货易钱来做到这一点的。前者和后者都是这一过程的必不可少的组成部分。但是,为了获利而购买货物的人,会再把货物卖出去换取货币,以期赚更多的钱。因此,即令对这个人来说,赚钱似乎也是整个过程的最终目的。他常常并不付钱,而是付出某些别的东西:买进等价的货物,用来抵消他所出售的货物。但他是按货币价格接受货物的,相信这些货物带来的钱,最终会超过购买它们时所花的钱。一个商人做大量生意,迅速地周转他的资本,在某个时候手头上只有很少的现钱。但他只有在资本可转换成货币时才会感到对他有价值。净收益尚未以货币偿付或记入贷方以前,他不会认为交易已结账。他歇业时,要把全部所有都转换成货币,只有在转换成货币之后,他才认为获得了收益,似乎货币是惟一的财富,货币的价值是获得财富的惟一手段。如果现在问一下,除了满足本人或其他人的欲望或享受以外,还为了什么目的要去弄钱,重商主义的拥护者根本不会对这个问题感到为难。确实,他会说,这些是财富的用途,并且当只限于购买本国商品时是非常值得称赞的用途。因为在这种情况下,以你所花去的款项,使你的同胞致富了。如果你乐意,把你的财富花在任何嗜好上都行。但是你的财富不是这些嗜好,而是你花在嗜好上的货币总额或年货币收入。

虽然有很多事情使重商主义所依据的前提条件看上去似是而非,但重商主义断然把货币和其余各种有价财产区别开来还是有一些理由的,尽管理由很不充分。的确,我们在衡量一个人因拥有财富而得到的好处时,不是看他实际享有多少有用而合意的物品,而是看他对一般有用而合意的物品拥有多大支配权,即看他在应付紧急需要或满足欲望方面有多大能力。而货币本身便是这种能力。在一个文明国家内，所有其他物品似乎只因能换取货币才具有这一能力。拥有任何其他物品，便仅仅是拥有这一具体物品。如果你不想要这件物品而想要另一件物品，你首先要把它卖掉，或者如果可能的话，费很多事，花很多时间寻找持有你想要的物品并愿意和你进行物物交换的人。但是用货币你就可以立刻买到市场上出售的任何东西，因而一个人拥有的若是货币，或是可以迅速转换为货币的物品，那么在他本人和别人看来，他所拥有的就不是某一件物品，而是可以用货币随意购买的所有物品。超过一定数量的财富所具有的最大效用，不是它所买到的享受，而是其拥有者具有的达到一般目的的能力，没有任何一种财富能像货币那样直接和有把握地具有这种能力。只有货币这种财富不仅能用于某一用途，而且还能立即转而用于任何一种用途。这种区别尤其会对政府产生影响，因为它对政府有重大意义。文明国家的政府若不能征得货币租税，则得自税收的好处便很少，因为如果它要支付大笔意外的款项，特别是如果为了征服别国或不被别国所征服（这在近代以前是国家政策的两个主要目标）而需要在国外支付战费或补助费，则除了货币以外几乎没有别的支付媒介可供此用。所有这些原因共同使得个人和政府，在估算其财力时，几乎只重视实际有的（in esse）或可能有的（in posse）货币，而把所有别的东西（当把它们看作是其财源的一部分时）仅仅看作是获得货币的间接手段，因为只有获得了货币，才能对欲望对象拥有无限的而又即时的支配权，这便是重商主义者对财富观念所作的最好解释。

然而，谬论终归还是谬论，尽管我们发现了一些表面原因使它看起来似乎有道理。当人们开始(尽管是以不完善的方式)探究事物的本质,开始从基本事实而不是从日常谈话的方式和语句来探究事物的前提时,他们便会看出重商学说的真正性质。一旦人们自问货币的真正意义是什么——它在本质上是什么,以及它所执行的职能的精确性质是什么——人们便会想到,货币同别的东西一样,只是因为它有用人们才想占有它。货币的用途并不像其虚假地表现出来的那样是无限的,而是受到严格限制的,货币是用来按照产品分享者的意愿便利产品的分配的。进一步的思考表明,增加一个国家的货币流通量,不会增加货币的用处。货币所能做到的事并不因流通量的多寡而有所不同。200 万夸特谷物不能养活 400 万夸特谷物所能养活的人口,但 200 万英镑却能与 400 万英镑做同样规模的生意,买卖同样多的商品,虽然名义价格要低一些。货币本身不能满足任何需要。货币之所以对人有价值,只是因为货币具有方便的形态,人可以借此得到自己的各种收入,然后在适当的时候再把这些收入转变成对自己有用的物品。虽然使用货币的国家和完全不使用货币的国家有很大差别,但差别只不过是便利与不便利。使用货币能节约时间和减少麻烦,就像用水力代替人工磨面,或像(用亚当・斯密的例子)得自道路的好处。把货币误认为财富,就如同把通往你家住房或土地最便捷的道路误认为房屋和土地本身那样,是大错而特错的。

货币作为对政府和私人都有重要用途的工具,被看作是财富,是正当的;但所有其他对人有用而大自然又不是无偿提供的东西,也是财富。所谓富有,就是拥有大量有用的物品,或购买这些物品的手段。因此,每一件具有购买力的东西都是财富的组成部分,因为用它可以交换有用或合意的东西。在政治经济学所使用的术语中，凡是不能用来交换的东西，不论它们多么有用或不可缺少，都不是财富。例如，空气虽然是绝对必需的，但因为可以免费获得，在市场上却没有任何价格，把它储藏起来不会使任何人获利或得到好处，其生产和分配规律是与政治经济学很不相同的研究主题。但虽然空气不是财富，可人类却由于能无偿地获得它而富了许多，因为无需花时间和劳动来满足这一最迫切的需要，所节省的时间和劳动可用于别处。我们可以想像一下空气变成财富的情形。如果人们习惯于长期居住在空气不能自然地进入的地方（例如沉入海中的潜水钟），那么，人工供应的空气就会像自来水那样具有价格。如果由于自然界的剧烈变革，空气变得极为稀薄，不足以满足人类的需要，或可以独占空气，空气便会获得非常高的市场价格。在这种情况下，超过自己需要而占有的空气，就会成为占有者的财富，因而乍看起来，如此巨大的灾难反倒似乎增加了人类的总财富。错误是在于没有考虑到，不管空气的所有者在损害社会其他成员的情况下变得多么富有，所有其他人都更穷了，因为他们不得不为以前无偿得到的空气付款。

这就使用来指个人占有物的财富与用来指国家或人类占有物的财富在含义上有了重大区别。在人类的财富中，不包括那些本身不能满足某种实用或享乐目的的东西。但对于个人来说，某样东西虽然本身是无用的，但只要能使他从别人那里换到有用的或可供享受的东西，便是财富。例如，抵押一块地产获得1000镑借款。这对于靠它收租或也许能在市场卖掉来还债的人来说是一项财富。但它对国家来说却不是财富，因为如果契约被宣告无效，国家既不会因此而更富也不会因此而更穷。受抵人会损失1000镑,土地所有者会得到这1000镑。从整个国家来说,抵押本身并不是财富,只不过使甲可以得到乙的一部分财富。它对甲来说是一项财富,是可以转让给第三者的一项财富。但他所转让的实际上乃是以1000镑为限的、仅仅在名义上属于乙的土地的一种共有权。国家证券持有人或公债所有者的情况与此相类似。他们是国家总财富的受押人。废除债务不会造成财富的毁灭,而只是财富的转移,这是为了政府或纳税人的利益从社会某些成员那里不正当地夺取财富的一种手法。因此,公债不能计作国民财富的一部分。统计学家往往忘记这一点。例如,在根据所得税的收入估算国家总收入时,往往不把得自公债的收入排除在外,而对纳税人则是按其全部名义收入课税,不允许从名义收入中扣除购买公债的款项。因此在这种计算中,国家的一部分总收入被重复计算了,使总收入额看来比实际数额要多出差不多3000镑,然而,一个国家却可以把其公民所持有的全部外国公债以及别国欠其公民的其他债务计入其财富。但外国公债之所以对该国来说是财富,仅仅是由于它们对别国持有的财富拥有部分所有权。它们并不是人类集体财富的一部分。它们是分配中的一个因素,而不是总财富的一个组成部分。

另一个例子是奴隶,同上面的例子一样,这种占有物对持有者来说是财富,但对整个国家或整个人类来说却不是财富。许可蓄奴的国家,概念混乱得令人不可思议,竟把所谓奴隶财产按每个奴隶的价钱计入财富总额或资本总额中。如果把一个人看作是一件具有生产力的物品,这种生产力被别人拥有时他是国民财富的一部分，那么这种生产力归他本人所有时他也同样是国民财富的一部分。他在他主人心目中的价值乃是可从他身上榨取多少资财，这种榨取并不能增加两个人合在一起的财产，也不能增加他们两人所在国家的财产。然而，按照正当的分类，一个国家的人民不应算作这个国家的财富。国家的财富是为了人民而存在。财富这一名词是用来指他们所拥有的满足其需要的物品，并不包括他们本身，而是与之对立的。虽然他们是获取财富的手段，可他们对自己来说并不是财富。

有人提出将财富定义为“手段”：不仅是指工具和机器，而且指个人或社会为达到其目的所使用的一切手段。例如，田地是一种手段，靠它可得到谷物。谷物是一种手段，靠它可得到面粉。面粉是一种手段，靠它可得到面包。面包也是一种手段，靠它来充饥和维持生命。由此最终便得到了不是手段的东西，这些东西由于自身的原因而被人所需要，不是达到其他目的的手段。这样来看财富，在哲学上是正确的，或者更确切地说，这种表达方式可以和别的方式一道使用，不是为了标新立异，而是为了使通常的看法更清晰和更符合实际。然而，它与习惯说法相距太远，不大可能被普遍接受，只能偶尔用来说明财富。

因此，可将财富定义为一切具有交换价值的有用的或合意的物品；换言之，所谓财富就是一切有用的或合意的物品，只是要刨除那些不付出劳动或作出牺牲便可随意得到的物品。对于这个定义，惟一的反对意见看来是，它留下了一个引起很多争论的问题未能予以解决，即所谓非物质产品可否视作财富，例如，是否可将工人的技能或任何其他天生的或后来获得的体力或智力称为财富。

这个问题并不十分重要,因而有关这个问题的讨论,为方便起见可放在另一个地方。[1]

关于财富我们已作了以上预述,下一步将转而考察财富在不同国家与不同时代之间的巨大差异,考察财富在数量和种类方面的差异,并考察在社会成员之间分配财富的方式方面的差异。

现在也许没有完全靠采集野生植物维持生活的人民或社会了。但有很多部落仍完全依靠或几乎完全依靠渔猎而生活。他们的衣着是兽皮;他们的住所是用原木或树枝搭起来的简陋小屋,可以随时放弃。他们的食物不易储藏,因而没有食物储备,常常极为缺乏生活必需品。这样的社会所拥有的财富,只不过是他们所穿的兽皮;少量装饰品,大多数野蛮人都有这种嗜好;一些粗糙的器皿;用以捕杀猎物或与敌手争夺生活资料的武器;用以渡河过湖或下海捕鱼的独木舟;也许还有一些毛皮或其他野生物,用来和文明人交换毛毯或烟酒;可能还有少许未消费掉的外来产品。还应把土地计入这个贫乏的物质财富清单;同定居的社会相比,他们对土地这种生产手段利用得很少,但这仍是他们生活资料的源泉。如果附近有需要更多土地的农业社会,他们的土地便具有市场价值。这是迄今所知的最为贫穷的社会状态,不过在有些富裕得多的社会中,部分居民的生活境况比野蛮人也好不了多少。

摆脱这种状况的第一个伟大进步,是驯养较为有用的动物,由此而进入了畜牧或游牧生活。人类不再依靠狩猎而是依靠奶和奶制品,依靠牛群和羊群逐年的增加而生活。这种状况不仅本身更加符合人的心意,而且也更有利于进一步的发展。在这种状况下

① 参看第一编第三章。

可以积聚起多得多的财富。只要地球上广大的天然牧场还没有被完全占用,牧草的生长快于消耗,生活资料的储备就会很多而且会不断增加,所付出的劳动仅仅是守卫好畜群以防野兽的袭击和强人的明抢暗夺。因此,勤勉和节俭的人靠自己的努力,以及氏族和部落首领靠其忠顺子民的努力终于拥有了大量的牛群和羊群。这样一来在游牧状态下就出现了财产的不平等。这在野蛮状态下是罕见的,那时无人拥有绝对必需品以外的物品,匮乏时连绝对必需品也必须和部落其他成员共享。在游牧状态下,有些人拥有大量畜群,足以供众多人食用,而另一些人则没有多余的物品,或许根本没有牲畜。但是生计不再是朝不保夕的了,因为较幸运的人除了用多余物品养活那些运气不好的人以外别无他用,而与他们联系在一起的人愈多,他们愈感到安全,拥有的力量也愈大。这样一来,他们就可摆脱所有劳动,而只进行监督管理,就可迫使部属在战时为他们打仗,在和平时期为他们干活。这种社会状态的特点之一,是部分社会成员,甚至在某种程度上全体社会成员,有了闲暇。只需要花一部分时间来获取食物,其余时间既无须为将来担忧,也无须用于劳累后的歇息。这样一种生活对新欲望的发展是非常有利的,也有可能满足新的欲望。因而人们想得到比野蛮时代更好的衣着、器皿和家具,而多余的食物也使部落的一部分人能生产这些东西。因而在所有的或大多数游牧社会中,都有粗糙的家庭制造业,有些社会甚至有精细的家庭制造业。有充分的证据表明,当世界上那些现代文明的发源地尚处于游牧状态时,人们就已在毛织物的织造和染色、皮革的制作和看来难度更大的金属加工方面达到了相当高的技艺水平。甚至思维科学也产生于这一社会发展阶段所独具的闲暇时间。根据很可能是真实的传说，最早的天文观测要归功于迦勒底的牧羊人。

从这种社会状态向农业的过渡不是很容易的(因为人类习惯的重大改变没有不困难的，一般都是痛苦的，或很缓慢的)，但这种过渡却是事物的所谓自然发展进程。人口和牲畜的增长终于开始使天然牧草出现不足。这无疑便使人们开始耕种土地，正如后来使尚存的游牧部落袭击农业部落那样。后来农业部落变得强大得能够击退这种入侵，入侵的部落便失去了这种出路，也就被迫变成农业社会。

但在迈出了这伟大的一步以后，人类随后的进步似乎并不像预期的那么快(除了某些罕见的情况以外)。即令在最糟糕的农业制度下，土地所能提供的食物也远比在单纯放牧状况下要多得多，结果是人口大量增加。但是只有靠大量增加劳动，才能生产出更多的粮食，因此不仅农业人口比起游牧人口来说空闲时间要少得多，而且由于长期使用不完善的工具和不熟练的技艺(在世界上很大一部分地区直到现在仍是这样)，除了在气候和土壤特别有利的情况下，农民们生产不出超过自身消费量很多的余粮，因而供养不了大群从事其他产业的劳动者。而且这点余粮，不论是多还是少，通常都被政府以及领主(所谓领主就是靠强力或靠宗教或传统的从属观念成为土地贵族的人)从生产者那里掠夺去了。

那些从史前就占据着亚洲平原的幅员辽阔的君主国，最先采用了这种政府占有方式。这些国家的政府，虽然会因君主的个人品质不同而在好坏上有所不同，但却很少给耕作者留下除生活必需品以外的东西，甚至常常连生活必需品也拿走，以致在拿走了他们的全部产品以后，不得不再把其中的一部分借给耕作者，以使他们有种子种地，能把生命维持到下一个收获季节。在这种制度下，虽然大部分居民都在受苦，但政府依靠从民众那里收取贡物，如果政治上还算过得去，就能显示出一种与社会一般状况完全不相称的富裕状况。因而在欧洲人的心目中，东方国家是极其繁荣昌盛的，这种根深蒂固的印象直到最近才被消除。不算被税吏拿走的很大一部分，除皇亲贵戚外，还会有很多人分享这一财富。很大一部分被分配给政府各式各样的官员，以及君王的宠臣。偶尔也用一部分修建公共工程。水库、水井和灌溉渠（在很多热带地区没有这些很难进行耕种），以及堤防、商市和旅舍，这些设施没有一个能靠使用者贫乏的财力来修建，它们的存在要归功于王公们的慷慨大方和考虑自身利益的明智，或者靠各处富人的乐善好施或摆门面讲阔气。这些人的财产如追根溯源总是直接或间接地来自财政收入，常常是来自君主的直接赏赐。

这种社会的统治者把大部分财富用于供养他本人和他所关心的一切人，用来供养他觉得为保卫自己的安全或地位所必需的大量士兵，在这之后，就挥霍多余的部分用于交换奢侈品。那些靠他的恩赐或靠掌管财政收入致富的阶级也会这样做。这样一来就出现了一个狭小而富裕的市场，出现了对精美昂贵器物的需求。所需要的物品常常几乎完全由先进社会的商人来供应，但常常也会在这个国家自身内兴起一个工匠阶级。这些人对物品的性质没有太多的了解，全靠敏锐的感觉、耐心的观察和灵巧的双手做出某些非常精致的物品，如印度的某些棉织品就是这样。这些工匠是靠政府和政府官吏获得的多余粮食生活。实际上，在有些国家内，工人不是把活计拿回家去做，做完后再收取报酬，而是带上工具到顾客的家中，在那里吃住到把工作干完。然而，在这种社会状态下，由于人们对所有财产都感到不安全，因而最富有的买主首先考虑的是要置办那些不会朽坏的、体积小而价值高的、适合于隐藏或携带的物品。所以，金银珠宝便构成了这些国家的很大一部分财富。很多富有的亚洲人把几乎其全部财产都带在自己或妻妾的身上。除去君主以外，谁也不想把财富投资于不动产。如果君主感到江山很牢固，确信宝座能传给自己的子孙，有时他会沉溺于大兴土木，金字塔、泰姬陵以及卡里亚王陵就是这样修建起来的。用来满足耕种者需要的原始制造业由乡村工匠逐步建立起来，这些人靠耕种不收租的土地或村民从政府留下的收成中付给他们的实物获得报酬。然而，这种社会状况并不妨碍商人阶级的出现。这个阶级由两部分人组成，即粮商和高利贷者。粮商通常不向生产者购买谷物，而是向政府的官吏购买。后者愿将收来的实物租税委托别人运送到王公、文武官员、军队和满足这些人需要的工匠们所聚居的地方。高利贷者放债给因年成不好或苛捐杂税而破产的农民，用以维持他们的生活和耕作，到下一次收获时收回贷款并得到巨额利息。有时，他们以更大的规模贷款给政府，或贷款给衣租食税的贵族。这种贷款是用交出某些地区归放债人所有或让他们指派税吏收税来作担保的。这样他们就可以从税收中得到偿还。为了使他们能收回贷款，通常要把政府的很大一部分权力交给他们行使，直到这些地区被赎回，或债务已被税收抵消时为止。由此可见，这两种商人的生意是主要依靠构成政府税收的那部分产品进行的。他们的资本从这些税收定期地得到偿还并获得利润，而且他们最初的资本也往往得自政府税收。在大多数亚洲国家,从有文字记载的历史以来,只要没有受到外来影响,直到今天〔1848年〕,其经济状况的一般特点依然如此。

在古代欧洲的农业社会中(对其早期的状况我们很清楚),事物的发展与亚洲大不一样。这些社会最初大都是小城邦社会,建立在无人居住的地区或原先的居民已被赶走的地区,所获得的土地以相等或分级的份额分配给社会的各个氏族。在某些情况下,不是有一个城邦,而是有一个城邦联盟,据说是属于同一种族、同一时间到达该地的人所占据。每个氏族生产自己的粮食和衣料,衣料通常由本氏族的妇女在氏族内部加工成当时人们喜欢的粗糙织物。这种社会不课征租税,因为那时没有领取俸禄的政府官员,即使有,俸禄也是由奴隶耕种的禄田提供。军队是由全体公民组成的。因此,土地的全部出产不折不扣地归耕种土地的氏族所有。只要事物的发展允许这种处置财产的方式持续下去,这种社会状况对于大多数自由农民来说也许并不坏。在这种制度下,人类文化的进步有时特别迅速和辉煌。特别是如果除了种族优越,气候宜人以及有利的意外事件(尽管已无从对其加以考证)层出不穷外,还兼有地理位置上的优越,文化的发展就更为迅速。所谓优越的地理位置,是指位于辽阔的内海沿岸,而对岸已有人居住。这种地理位置有利于了解国外的生产情况,易于接受国外的思想和发明,从而使这些社会较容易摆脱成规的束缚,这样的束缚对于未开化人民通常是十分强烈的。这里仅谈一下工业上的发展;他们很早就有多种多样的需要和欲望,促使他们用已知的方法从土地上获得尽可能多的产品。若土地贫瘠,或已达到了产量的极限,他们常常转而经商，在别国之间从事转口贸易以获取利润。

然而，事物的这种状态从一开始就是不稳定的，这些小社会几乎永远处于战争状态。这有许多原因。在不大开化的单一农业社会中，常见的原因是，不断增长的人口对有限的土地施加愈来愈大的压力。这种压力常常由于歉收、农业的原始状态以及要靠非常狭小的国土来供应粮食而加剧。由于这些原因，这种社会常常集体迁移，或者派出大批的武装年轻人去夺取一些不太好战的人民的土地，把他们赶走或作为奴隶留下，为掠夺者耕种土地。落后的部落这样干是为生活所迫，而较富裕的部落则是由于野心和尚武精神。过了一段时间以后，所有的城邦不是成为征服者就是被别人征服。有时，战胜国满足于向战败国征收贡物。而被征服的人民，在尽了这样的义务之后，却换得了免除自身的军费和麻烦的好处，由此而可能在他国的保护下经济呈现一派繁荣景象，而保护国则获得剩余的财富，供共同过奢侈豪华生活之用。靠这种剩余财富，建造起了帕提农神殿和希腊雅典卫城的入口，购买了菲迪亚斯的雕刻作品，举办了庆祝盛典，埃斯库罗斯·索福克勒斯、欧里庇得斯和阿里斯托芬的戏剧，就是为这些盛典创作的。但是这种政治关系虽然对人类的进步和终极利益非常有益，却不能持久。小征服者若不兼并被征服者，最终总会被别人征服。因此，世界的统治权最终便落入了深谙此道的人即罗马人之手；不论是否还采用其他谋略，罗马人总是一开始或最后让他们自己的领袖们占有大部分土地，并让其余土地的大所有者加入统治集团。这里没有必要详细讲述罗马帝国悲惨的经济史。一个社会一旦开始有了财富的不平等，而又不靠发展产业来弥补对财富造成的损失，这种不平等就会愈来愈巨大,吞并会愈演愈烈。在罗马帝国的版图上最后见到的,便是少数几个家族所拥有的大片地产。于是为了他们的奢侈生活,以及更多地为了他们的炫富心理,开始生产最昂贵的物品,而土地耕种者则变成了奴隶,小佃农也几乎处于被奴役的境地。从此时起帝国的财富就逐渐枯竭了。开始时,财政收入和富人的财力至少还可以在意大利各地修建堂皇的私人建筑或公家建筑,但到了最后,由于管理不善,财力日渐缩小,以致无法使已有的建筑免于颓败。文明世界的力量和财富变得不足以抵抗北方边境游牧居民的入侵。这些人蹂躏了帝国,随后建立了不同的秩序。

在由此而确立的欧洲社会的新格局中,每个国家的居民可以认为是由两个不同的民族或种族、即征服者和被征服者以不同的比例组成的。前者是土地的所有者,后者是土地的耕种者。这些耕种者被允许按照一定的条件占有土地。这些条件由于是暴力的产物,常常是很苛刻的,但很少是完全奴役性的。在罗马帝国的后期,奴隶制就已经广泛地转变成了一种农奴制。罗马人的所谓 coloni 与其说是事实上的奴隶不如说是农奴。而蛮族征服者的无能和不愿亲自监督生产,别无选择地只得允许耕种者从土地上取得某些实在的利益,以刺激他们干活。例如,强迫他们每周为领主劳动 3 天,而其余时间的出产则归他们自己所有。若要求他们供应城堡日常消费所需的各种给养,并常常向他们征调额外的东西,则只要满足了这些需要,就允许他们自行处理剩余的产物。在这种制度下,中世纪的农奴同现代俄国(在那里,直到新近实施了农奴解放措施以前,仍然基本上是这种制度)的农奴一样,并非不可能获得财产,事实上,他们的积累是现代欧洲财富的原始来源。

在这个暴力和混乱的年代里，能积聚一点点存粮的农奴，要做的第一件事，就是赎回自由并迁移到某个从罗马统治时期保留下来而未被毁坏的城镇或设防村庄；或者不赎回自由，而潜逃到那里。在那个周围都是本阶级其他成员的避难所里，靠他本人和同伴们的勇敢，他可以在某种程度上免受武士阶级的凌辱和勒索。这些获得了解放的农奴大都成了工匠，用自己的产品换取封建主土地上生产出的剩余粮食和原料以此为生。这样，欧洲便呈现出与亚洲各国极为相似的经济状况。不过亚洲各国只有一个君主和一大群宦海沉浮的宠臣和官吏，而欧洲则有一个人数众多和相当稳定的大土地所有者阶级，后者远不及前者穷奢极欲，因为他们就个人来说拥有的剩余产品要少得多，而且在很长一段时间内还要用大部分剩余产品供养他们的家臣。由于社会的好战习俗以及政府无力给予保护，当时大土地所有者为了自身的安全必须豢养一批家臣。这种社会状况同经济上与之相对应的亚洲政体相比，使个人地位较为安稳固定，而这正是它有利于进步的一个主要原因。自那时起，经济进步从未中断过。人身和财产的安全缓慢地但却稳步地增加。有益于生活的技艺不断进步。掠夺不再是积累的主要来源。封建的欧洲发展成了商业和制造业的欧洲。在中世纪后期，意大利和佛兰德的市镇、德国的自由城、法国和英国的某些市镇，住有大批精力旺盛的工匠，以及很多富有的自由民。这些人的财富是靠制造业或买卖制造业产品获得的。英国的平民、法国的第三等级以及北美洲大陆上的中产阶级，通常便是这些人的后代。由于这些人喜欢节俭，而封建贵族子弟挥霍成性，前者便逐渐取代后者成为大部分土地的所有者。这种自然趋势有时因颁布旨在将土地保持在现有所有者家族手中的法律而受阻,有时又因政治革命而加速。渐渐地,虽然比较缓慢,在所有文明程度较高的国家内,土地的直接耕种者脱离了奴隶或半奴隶状态,尽管他们所获得的法律地位和经济地位在欧洲各国大不相同,在由欧洲人后裔在大西洋彼岸建立的各大社会也大不相同。

世界现在有几个广阔的区域,它们拥有的各种财富,在丰富程度方面过去是难以想像的。不靠强制的劳动,每年从土地上便可获得大量的粮食。这些粮食除了养活实际生产者外,还养活着同样数目、有时甚至更多的生产无数种便利品和奢侈品或从事运输业的劳动者,还养活着大批指挥和监督这种种劳动的人员,除此之外,还养活着比最奢华的古代社会多得多的从事非直接生产性职业和无业的人员。在同一块土地上(至少是在同一区域内)种植出的粮食可养活比以前多得多的人口;而且可以十拿九稳地养活,欧洲早期历史上常见的、目前在东方诸国仍周期性地发生的那种饥荒,已经看不到了。除了食物的数量大大增加以外,质量和品种也大大改善和增加了,与此同时,食物以外的便利品和奢侈品不再只限于供人数很少的富裕阶级享用,已大量普及到很多日益扩大的社会阶层手中。这种社会的集体财力是空前巨大的,可以用来作一番惊人的事业:例如供养舰队和军队;修建公共工程,不论是有用的还是装饰性的;兴办国家慈善事业,如为西印度奴隶提供赎金;建立殖民地,教育当地人民;简而言之,可干一切要花钱的事业,而无需勒紧居民的裤腰带,甚至不必牺牲他们的主要的享受。

但是在现代工业社会的所有这些特点方面,各个社会间相互差别很大。虽然财富比过去多,但它们之间富足的程度却各不相同。即令在公认为最富的诸国中，有些国家对生产资源利用得比较充分，获得了相对于疆土来说比别国高得多的产量；它们不仅在财富的数量方面，而且在财富的增长速度方面也有很大差别。财富分配的差别比生产的差别还要大。在不同的国家，最贫困阶级的状况也大不一样，最贫困阶级之上的其余各阶级在人口比例和富裕程度上也有很大差别。参与土地产品初始分配的阶级在性质和名称上，各地也有不小的差别。在一些地方，土地所有者是独立的阶级，几乎完全脱离生产，在另一些地方，土地所有者则几乎全都是耕种者，亲自扶犁下田。在地主本人不耕种土地的地方，有时候在地主和劳动者之间，有一个中间媒介，即农业经营者，他付给劳动者口粮，提供生产工具，付给土地所有者地租以后获得全部产品；在另一些情况下，则由地主、受雇的代理人和劳动者共同分享土地产品。制造业的情形如何呢？有时制造业是由分散的个人经营的，这些人自备或租用所需要的工具和机器，除自己的家人外很少雇用外人；有时制造业则是由富有的工业家经营，他备有昂贵而复杂的机器，使许多人在一座建筑物里共同工作。商业活动方面也有同样的差别。批发业务固然到处都是由大资本经营的；但整个说来占用大量资本的零售业，有时是在小店里经营的，主要靠店主本人和其家人干活，也许还雇用一两个学徒，有时则由大公司经营，其资金由富有的个人或合伙组织提供，雇有人数众多的店员。以上是通常所谓文明世界的不同地方在经济现象上表现出来的差异，除此以外，我们前面所评述过的所有较早期的状态，在世界的某些地方直到今天仍然存在。美洲仍有狩猎社会，阿拉伯和北亚大草原上仍有游牧社会；东方社会本质上依然如故；俄罗斯大帝国在很多方面至今仍和封建时代的欧洲没有多大不同。人类社会的每一重大形态，包括爱斯基摩人或巴塔哥尼亚人的社会形态，现在都依然存在于世上。

在财富的生产和分配方面，人类各民族之间的这些显著差异，同所有别的现象一样，肯定是由很多因素造成的。把这种差异完全归因于人们在不同时间和地点对自然规律和工艺技术掌握程度上的不同，是不够的。还有许多其他因素在起作用；物理知识的进步和传播的不均，既是财富生产和分配状况的原因，也是财富生产和分配状况的结果。

就各国的经济情况取决于物理知识而言，这是自然科学和建立在自然科学之上的工艺技术所要研究的问题。但是，就原因是道德的或心理的，依赖于各种制度和社会关系，依赖于人类的本性而言，这些则不属于自然科学的范畴，而是属于道德和社会科学的范畴，是所谓政治经济学研究的对象。

生产财富，从物质世界索取人类生存和享受的手段，显然不是一件随心所欲的事，而是有其必要条件的。这些条件中有些是物理方面的，取决于物质的性质，取决于人们在特定地点和时间对这些性质了解的程度。政治经济学不研究这些，而只是予以默认，让人们从自然科学或日常经验中去寻找原因。政治经济学把这些有关外部世界的事实同有关人类本性的其他真理结合起来，试图探索出一些次要的或派生的规律；这些规律决定了财富的生产，可用来解释现在和过去贫富的差异，以及预言财富会有什么样的增加。

与生产规律不同，分配规律在某种程度上是人为的制度，因为某一社会中财富分配的方式取决于通行于该社会的法令或习惯。

但是，虽说政府或国家有权决定应该有什么样的制度，可它们却不能任意确定这些制度起作用的方式。它们对财富分配拥有的权力依赖于哪些条件，社会所接受的各种行为方式是如何影响分配的，这些同任何自然规律一样是科学研究的主题。

生产和分配的规律，以及由这些规律推断出来的某些实际结论是本书的主题。

第一编

生产

第一章　论生产要素

第一节　何谓生产要素

生产要素有两种:劳动和适当的自然物品。

劳动或是体力的,或是脑力的;说得更明白些,这一区别乃是肌肉的或是神经的;在劳动这一观念中,不仅应包括所作的努力本身,还应包括在某一职业中因进行思考或使用肌肉而引起的一切不愉快感觉,一切肉体上的不适或精神上的烦恼,或两者兼而有之。关于另一种生产要素(适当的自然物品),需要指出的是,某些能满足人类需要的物品是自然存在或生长的。洞窟和树穴可以提供藏身之处;果实、根茎、野生蜂蜜以及其他天然产物可以用来维持人类的生命。但即令是这些东西,通常也需要花费相当数量的劳动,不是为了制造它们,而是用于寻找和占有它们。除了这些为数很少且不重要的(不过在人类社会的早期是重要的)情形外,自然所供应的物品仅在由人力进行了某种程度的转化以后,才可用于满足人类的需要。即便是狩猎部落和捕鱼部落赖以为生的森林中和海洋中的野生动物,虽然对其所进行的劳动主要是捕捉,但在将其用作食物之前,还必须将其杀死、切成块和进行烹调,这些都需要一定程度的人类劳动。天然物质在变成可供人类直接使用的形态之前所需的转化量,是千差万别的,可以是像上面那样的变化,或物品的性质和外观更少程度的改变,也可以是非常巨大的变化，以致看不出原先的形态和构造。地球上的一块矿物和一张犁、一把斧、一把锯之间相似之处很少；陶瓷和制作它所用的花岗石粉之间，混有海藻的沙子和玻璃之间也极少相似之处。羊毛与绒面呢，或一把棉籽与一匹平纹细布之间的差别更大。羊和棉籽本身不是自然生长的，而是以往劳动和照管的结果。在上述几个例子中，最终产品和自然界供给的物质大不相同，因此按习惯的说法，自然界仅仅提供原料。

然而，自然界不只是提供原料，它还提供动力。地球上的物质不是毫无生气的，在形状和性质上完全听人摆布的。它具有活动的能量，可与劳动合作，甚至代替劳动。在远古时代，人们把小麦放在两块石头之间碾成面粉；随后发明了一种装置，转动一个手柄便可使一块石头在另一块上面旋转，这一方法略加改进以后，仍为东方常用的办法。然而，这是很费劲的，因而常用来惩罚冒犯主人的奴隶。后来人们逐渐感到应节省奴隶的劳动，减轻他们的痛苦。这一时代来临时，人们想出了一种方法，不再用人力而用风力或水力来转动石头，所需的大部分体力劳动就是多余的了。在这种情况下，自然力，即风力或水力，做了一部分原先由劳动所做的工作。

第二节　给劳动的作用下定义

在上述情况下，节省了一定数量的劳动，工作转由某种自然力来做。类似这样的情况，很容易使人对劳动和自然力的相对作用产生错误的观念，似乎自然力与人类劳动的合作只限于自然力代替劳动工作的情形，似乎在手工制作物品的情况下（如常说的那样），自然界仅仅提供被动的材料。这是一种错觉。自然力在前一种情况下和在后一种情况下都起着积极主动的作用。工人取一根亚麻或大麻，将其剖成一根根的纤维，借助于一个称为纺锤的简单工具用手指把几根纤维捻在一起；由此而做成一根纱，再把很多这样的纱并列起来，用另一些类似的纱横穿过它们，使其排成交叠的十字形，这部分工作是用一个称为梭子的工具协助完成的。这样，他便生产出一匹布，根据原料的不同，或者是亚麻布或者是麻袋布。说来他是用手干的这个，看上去没有与自然力合作。但是，这种作业的每一步有可能实现，以及布匹在生产出来后能连结在一起，靠的是什么力量？靠的乃是纤维的黏性，或内聚力，这是自然界中的一种力，我们能参照其他机械力精确地测定它，并能弄清它足够抵消或抗衡多大的机械力。

考察一下所谓人作用于自然的其他情况，我们同样会发现，一旦将物品置于适当的位置，自然力或换言之物质的性质，便会起作用。将物品放到适当的位置，使其受到自身内在力的作用和其他自然物品内在力的作用，乃是人对于物质所做的或所能做的惟一事情。人只是把一件物品移向另一件物品或把两件物品分离开。人把一颗种子移入地下，植物的自然力使根、茎、叶、花和果陆续长出来。人将斧子移过树木，树由于自然重力而倒下；人以特定方式使锯移过被砍倒的树，由于物理性质的作用，即较软的物质要让位于较硬的物质，木材便被分割成木板；人按某种方式排列这些木板，钉上钉子或用胶粘住，就做成桌子或造成房子。人将火花移向燃料，燃料就点着了，靠燃烧中所产生的力烹调食品，熔化或软化铁，把麦芽或甘蔗汁转化为啤酒或糖，而这些东西都是他事先移到此处的。人除了移动物质外，无法再对物质产生其他作用。运动和阻碍运动，是人的肌肉生来所能做的惟一事情。靠着肌肉的收缩，人能给予外物以压力，压力如果足够强的话，可使外物产生运动，如果物体已在运动中，则可以阻止，改变或完全停止其运动。除此之外，人不能再做别的事，但这却足以使人类具有比其自身大无数倍的支配自然力的能力。这种支配力现在已经很大，而且毫无疑问注定会变得更大。人运用这种支配力的方法是，要么利用现有的自然力，要么对物体进行混合和结合，借此产生自然力。例如，人用点着的火柴引燃燃料并把水放进燃料上面的锅炉中，便可产生蒸汽的膨胀力，人类已广泛利用这种力来达到各种目的。①

因此，在物质世界中，劳动总是而且仅仅是用来使物体产生运动。其余的事便由物质的性质即自然规律去做。人类的技能和才智主要用于发现靠人力可以实现的而且能带来预想效果的运动。但是，虽说运动是人类靠其肌肉所能立即和直接产生的惟一效果，但这并不是说他必须直接靠其肌肉来产生他所需要的一切运动。最早和最明显的替代物乃是牛的肌肉运动。渐渐地，非生物界的动力也用来协助人力，例如想办法把风、水、运动物体的一部分运动传送到轮子上，而在此之前轮子是靠肌肉力转动的。这一工作虽说是由风力或水力完成的，但却先得有人的肌肉的运动，肌肉运动按一定位置摆放某些物体，由此制造出所谓机器；但所需的肌肉运动，只需要一次，无需不断反复，因而总的看来，大大节省了

① 这条有关人对自然的支配力的基本而首要的规律，我认为是由詹姆斯·穆勒在其《政治经济学纲要》的第1章中首次加以说明并确立为政治经济学的一项基本原理的。

劳动。

第三节 自然力是否在某些行业中比在另一些行业中更有助于提高劳动效率?

某些作家提出了这样的问题,自然力对劳动的帮助,是否会因行业的不同而有差别;并说在某些行业中劳动起的作用最大,而在另一些行业中自然力起的作用最大。然而,在这方面,看来存在着严重的思想混乱。自然力在人类任何工作中所起的作用都是无限的,无法计量的。不可认为自然力在某一事物中比在另一事物中起的作用要大。甚至也不能说劳动起的作用要小些。可能需要较少的劳动,但是如果所需要的劳动是绝对不可少的,则所得到的结果既是自然力的产物,也是劳动的产物。当两个条件对于产生结果同样必不可少时,说结果多少是由一种条件产生的,多少是由另一种条件产生的,是毫无意义的;这就如同试图确定剪刀的哪一半在剪切动作中起的作用最大,或者说因子 5 和 6 中哪一个对乘积 30 的贡献最大。这种想法的通常表现是,认为自然力给予人类农业活动的帮助多于给予制造业活动的帮助。这一看法为法兰西经济学派所持有,亚当·斯密也未免受其影响,乃是起源于对地租性质的误解。由于地租是支付给自然要素的价格,由于在制造业活动中无需支付这种价格,这些著述家便认为,既然支付了价格,就是因为自然要素提供了较多的服务需要给予报酬。然而,好好思考一下这个问题,就会看出,之所以要为使用土地付出代价,只是因为土地的数量是有限的,若空气、热力、电力、化学力及制造业所使用的其他自然力都供应量很少，并可以像土地那样被垄断和占有，则使用它们也得支付租金。

第四节　有些自然要素的数量是有限的，另一些自然要素的数量则实际上是无限的

由此而产生了一种区别，我们很快就会看到这种区别具有头等重要意义。在自然力当中，有些从数量上说是无限的，另一些从数量上说则是有限的。所谓数量无限，当然不能从字面上去理解，而是指实际上是无限的，即数量超过了在任何情况下或至少在目前情况下所能利用的程度。在某些新建立的国家内，土地在数量上实际上是无限的，即供该国现有人口或以后几代增加的人口使用而绰绰有余。但是即令在这些国家，靠近市场或交通便利的土地，通常在数量上也是有限的，也就是说，适于人们占有、耕作或利用的土地不是那么多。在所有古老的国家，能耕种的土地，至少是具有一定肥力的土地，必须列入数量有限的自然要素之列。水对日常用途来说，在河岸或湖边可以认为是无限丰富的；但是如果用于灌溉，即便是在河岸或湖边也有可能不足以满足全部需要，而在用水依赖于水池、水塘或者水源不丰富、易干枯的水井的地方，水则属于数量受到最严格限制的事物之列。在水本身丰富的地方，水力资源，即可用其机械力服务于产业的有落差的水流，同水利资源如果较为丰富，人们可能对其加以利用的程度相比，也许是极其有限的。煤炭、金属矿石和地球上所能找到的其他有用物质，同土地相比更为有限。它们不仅严格地局限于某些地点，而且是可耗尽

的，不过在某一地点和时间，即令可无偿得到它们，它们的储量也会远远超过所需的数量。海洋渔场在大多数情况下是一种数量实际上无限的自然赠品，但北冰洋捕鲸场已有很长时间不足以满足需求了，即令以很高的价格来支付捕捞费用，需求仍降不下来。南海捕鲸业因此而大大扩展，但也会照样把资源耗尽。内河渔场是数量非常有限的自然资源，如果不加限制地允许每一个人使用，就会迅速地枯竭。空气，在大多数情况下，甚至在我们称为风的状态下，对于每一种可能的用途在数量上总是足够的。海边或大河上的水运也是如此，不过在很多情况下，为这种运输方式服务的码头或泊位则远远不能满足需要。

我们在后面将会看到，社会经济在多大程度上依赖于某些最重要的自然要素特别是土地的有限数量。这里我仅仅指出，只要某种自然要素的数量实际上是无限的，则除非能被人垄断，否则它在市场上就不会有任何价值，因为没有人会用东西换取可以无偿得到的东西。但是，一旦数量实际上受到限制，也就是说，一旦不能想占用多少就占用多少，该自然要素的所有权或使用权就会具有交换价值。一旦某一地区对水力资源的需要量超过水利资源的供应量，人们就得为使用水利资源支付等价物。一旦耕作所需要的土地超过某一地方所拥有的土地，或一定品质和位置的土地不足以满足耕作所需，则这种品质和位置的土地就可以卖得价钱，就可以租出去收取年租。后面将详尽讨论这一问题，但是对于我们尚未充分论述的原理和推论，预先略作提示，往往是有用的。

第二章　论作为生产要素的劳动

第一节　劳动或是直接用于所生产的物品，或是用于生产的预备性作业

生产对人类有用的物品时所使用的劳动，或是直接施加于该物品上，或是用于前面的作业中，这些作业旨在使随后的作业得以实现，也许对完成随后的作业来说是必不可少的。例如，制作面包时，施加在物品本身上的劳动是面包师傅的劳动；但是磨坊主的劳动，虽然不是直接施加于面包的生产而是施加于面粉的生产，也同样是生产面包所需劳动总和的一部分；播种者和收割者的劳动也是如此。也许有人认为，应把所有这些人看作是对此物品直接施加劳动的人，因为小麦、面粉和面包只不过是处于三种不同状态的同一物质。这里不准备对这一问题进行咬文嚼字的争论，不过除了上面所说的三种人外，还有耕作者，他为播种翻地，其劳动从未接触以任何状态出现的这种物质；还有制犁匠，他与面包的关系更为间接。所有这些人的劳动最终都从面包或其售价那里获得报酬，制犁匠也和其余人一样，其原因是犁除了翻土外，没有别的用处，因而除非犁地能增加土地的收益，使制犁匠的劳动得到充分报酬，否则谁也不会制作或使用犁。如果产品是以面包的形式使用或消费，则这种报酬就必须来自面包。面包必须足以对所有这些

劳动者和其他劳动者付酬，所谓其他劳动者是指建造农场房屋的木匠和瓦匠、为保护农作物而修建围篱和挖沟的工人、开采或冶炼制作犁及其他农具所用钢铁的矿工和冶炼工。然而，这些人和制犁匠的报酬，并非仰仗于用一次收成制作的面包，而是仰仗于直到犁、房屋和篱笆用坏为止用所有各次收成制作的面包。而我们还必须加上另一种劳动，就是把产物从产地运到使用地点的劳动。这包括把小麦运到市场的劳动，把小麦从市场运到磨坊的劳动，把面粉从磨坊运到面包房的劳动和把面包从面包房运到最终消费地点的劳动。这种劳动有时是相当可观的：面粉可能是从大西洋对岸运到英国来的(1848 年)，小麦可能是从俄国中部运来的；而且除直接雇用的劳动者以外，还有车把式和水手，还有昂贵的器械，如船只，在建造船只时也花费了很多劳动。然而，这种劳动不是仰仗面包获得其全部报酬，而只是部分地仰仗面包，因而船只在其使用期内，通常用于运送各种各样的商品。

所以估算任何一种商品包含的劳动不是一件简单的事情。计算的项目很多——也许有些人会认为是无限的，因为如果我们把制犁匠的劳动看作是制造面包所用劳动的一部分，为什么就不计入制造铁匠所用工具的劳动，为什么不计入制造这些工具所用工具的劳动，为什么不追溯这些物品的来源，把一切劳动都计算在内呢(会有人提出这样的问题的)？但是沿着这一台阶爬了一两步后，就会进入一个琐细得无法计算的领域。例如，设想一张犁在磨损以前可以用 12 年，则只需把制犁劳动的十二分之一列入每年的收获账。制犁劳动的十二分之一还是一可觉察的数量。但是同一套工具也许足以供制犁匠锻制上百张犁，而且这些犁可在其12年使用期内为很多不同的农场翻土。所以，在一个农场一年的收获中所耗费的，不过是制作工具劳动的一千二百分之一。当把这一数量进一步分摊到每袋小麦或每只面包上时，一下子就可看出这种数量在和商品有关的任何实际意义上都是不值得考虑的。的确，如果工具制造者不劳动，就永远不会生产出小麦和面包；但是计入了他的劳动以后，小麦和面包售价提高的幅度却不会超过四十分之一便士。

第二节　用于生产随后劳动所需口粮的劳动

劳动间接地对物品生产起作用的另一种方式，也需要给予特别注意，即用劳动生产粮食，以维持从事生产的劳动者的生活。预先运用这种劳动，除对极小规模的生产以外，对任何生产活动都是必不可少的条件。除了猎人和渔夫的劳动以外，几乎没有一种劳动是可以立即得到报偿的。生产活动在获得成果以前，需要持续一定时间。除非劳动者在开始工作以前，就拥有许多食物，或者能够从别人那里得到补给，其数量足以使他维持到生产完成，否则他只能断断续续地一边寻找食物一边劳动。他是无法获得十分丰富的食物的。对于每一种获取食物的方式来说都要求已经有食物的储备。农业要花几个月的时间才能生产出食物。农民的劳动虽然不一定在整个时期都持续进行，但肯定会占用相当长一段时间。不仅农业事先不生产出食物是不可能进行的，而且必须事先备好大量食物才能使相当规模的社会完全依靠农业维持其本身。像英国和法国这样的国家，之所以能进行当年的农业生产活动，仅仅是因为这些国家或其他国家以往各年的农业已生产出足够的食物，可供养其农业人口到一个收获季节。它们之所以能生产出除食物以外的许许多多其他物品，仅仅是因为上一次收获结束时储藏的食物不仅足以养活农业劳动者，而且还能养活大量的工业人口。

生产粮食储备的劳动是过去劳动的重大组成部分，要使现在的劳动能进行下去，就得有过去的劳动。但在这种劳动和其他种类的先前或预备性劳动之间是有区别的，需对其加以特别注意。磨坊主、收割者、耕耘者、制犁匠、车把式和造车工匠，乃至水手和造船工匠，只要被雇用，就会从最终产品即面包那里获得报酬，因为他们对于制作面包用的小麦付出过劳动或者提供过作业工具。为所有这些劳动者生产食物的劳动，虽然同其他劳动一样对于最终产品（即本次收获季节作出的面包）来说是必不可少的，但它却不像别的劳动那样从最终产品取得报酬。这种先前的劳动已经从先前的食物取得了报酬。为了得到某种产品，需要有劳动、工具、原料和养活劳动者的食物。但是工具和原料，除了用于获取产品外，是毫无用处的，或者至少不可作他用，制造它们所耗费的劳动只能从生产出的产品得到补偿。相反，食物本身就是有用的，可直接用于养活人类。生产食物所耗费的并由食物所酬报的劳动，不需要从食物后来养活的劳动者的产品中再次取得报酬。如果我们假设一群劳动者既进行制造，同时又种粮食养活自己，则会有食物和制成品报偿他们的辛苦。但如果他们只种植原料和制造工具，则他们的辛苦只会得到制成品的报偿。

由于拥有可用于养活劳动者的食物而要求得到的报酬，是另一种性质的报酬，是因节欲而不是因劳动得到的报酬。如果一个人储藏有食物，则他有权在懒散中自行消费掉，有权用以养活侍候他或为他打仗、唱歌、跳舞的人。如果他不这样做，而是将食物给予生产劳动者，使他们在工作期间不致挨饿，他便可以而且自然也会要求从生产出来的产品那里得到报酬。单纯的偿还不会使他满意。如果偿还额与借出额相等，那他的处境还同原先一样，并没有因为推迟将节省的食物用于自身的利益或享乐，而得到任何好处。他力求自己的节制能得到某种补偿。他希望预付的食物在收回时会有所增加，用商业术语来说，就是希望得到利润。对利润的追求，在某种程度上通常会使他节省和积存食物，或者至少会使他不用积存的食物过舒适的生活。用于供养其他工人在生产工具和原料时所需的食物，也要由某个人预先提供，而这个人也要从最终产品那里获得利润。但却有一点不同，即此时最终产品不仅要提供利润，还要提供劳动的报酬。的确，工具制造者(例如制犁匠)通常并不要等到收获以后才得到报酬；农民会预先支付给他货款，而成为犁的所有者。但是，支付的货款将从收获中获得，因为除非农民预期收获会使货款得到偿还，并会带来利润，也就是说，除非收获在给农场劳动者带来报酬外，还有足够的余额来支付制犁匠的报酬，给予制犁匠和农民两者以利润，否则他是不会支付货款的。

第三节 用于生产原料的劳动

由此可见，在列举和划分各种间接促进生产的劳动时，无需把为生产性劳动者生产口粮或其他生活必需品的劳动包括在内，因为这种劳动的主要目的就是生产口粮本身;虽然储存有粮食可使其他工作得以进行,但这只不过是附带的结果。间接促进生产的其余劳动方式,可以归为以下五类。

第一,用于生产原料的劳动,这些原料是工业以后要使用的。在很多情况下,这种劳动仅仅是占有;邓诺耶恰当地称其为采掘业。举例来说,矿工的劳动是把地下的物质挖出来,这些物质可以由工业转化成各种适合人类使用的物品。不过,采掘业并不限于采掘原料。例如煤炭不仅用于工业生产过程,还直接供人们取暖。这样用时,煤炭就不是生产原料了,而是最终产品。宝石采掘业的情况也是如此。只有少量宝石用在生产方面,例如用钻石划玻璃,用金刚砂和刚玉抛光,它们的主要用途是直接用来作装饰品,尽管在这样使用以前,通常要经过某种加工,因而我们也许有理由将其看作是原料。而各种金属矿石则纯粹是原料。

原料生产方面的劳动,还应包括伐木工人的劳动,他们为建筑业、为木匠或其他手艺人伐木,准备木材。在美国、挪威、德国、比利牛斯山和阿尔卑斯山的森林中,伐木工人砍伐的主要是自然生长的树木。在其他情况下,则除了伐木工人的劳动外,还应加上种树育林人的劳动。

这种原料生产方面的劳动,还包括农民的下述劳动,如种植亚麻、大麻、棉花、油料作物,养蚕,种饲料,剥树皮,生产染料以及很多其他东西,生产这些东西仅仅是为了满足其他工业部门的需要。猎人的劳动若目的在于获取皮毛,也是如此;牧羊人和养牛人的劳动,就皮毛、角、猪鬃和马鬃等等而言,也是如此。作为原料用于某种制造过程的物品是各式各样的,取自动物、植物和矿物界的几乎每一个方面。除此之外，很多工业部门的成品又是另一些工业部门的原料。纺纱业纺出的纱，除了作为织布业的原料之外，几乎没有什么别的用处。织出来的布也主要是用作制衣业或家具业的原料，或用作船帆制造业的原料。鞣皮制革业的全部工作，在于将未加工的原料转化成所谓加过工的原料。严格说来，几乎全部食物，当其来自农民手中时，只不过是面包师傅或厨师的原料。

第四节　用于制造工具的劳动

第二种间接劳动是制造劳动工具或器具所使用的劳动。我是按最广泛的意义来使用工具这一术语的。从打火用的燧石和火镰，直到轮船，或最复杂的机器，生产所使用的全部耐用工具或辅助器具都包括在内。工具和原料之间的界线可能有某些含糊不清之处。生产中使用的某些物品(例如燃料)在日常用语中也许既不称为工具，也不称为原料。由于不同性质的需要，通俗用语和科学术语是不一样的。为了避免没有科学意义的繁杂的分类和名称，政治经济学家一般将用作直接生产手段(下面马上将讨论非直接生产手段)的全部物品或归入工具类或归入原料类。最常见的同时也是最方便的区分方法，也许是将每一种只能用一次并使用一次后就损坏(至少是作为服务于眼前目的的工具来说)的生产工具看作是原料。例如燃料，一旦烧过以后，再也不能当作燃料使用，能作这样用的只不过是第一次未烧尽的部分。它不仅不能在不被消耗掉的情况下使用，而且只有在被消耗掉时才有用。因为如果任何部分的燃料都未被毁灭，就不会产生热量。再者，羊毛在纺成线时会被毁掉,而线在织成毛料时再也不能当线使用。但是斧头在砍树时不会毁坏,以后还可以使用成百上千次。虽然每一次使用都会使它有所损耗,但它与靠毁灭自身来完成工作的煤炭和羊毛不同,不是靠损耗来完成工作的;相反,它越不容易损耗越好。也有些物品,将其划归原料是完全正确的,但却可以使用两三次,不过,这样使用时,原先用它们做成的产品就不存在了。做成冰箱或管子的铁可以再次熔化来做犁或蒸汽机;造房屋的石头可以在将该座房屋推倒后再用于建造另一座房屋。但在原来的产品存在时,却无法做到这一点;第一次使用结束以前,是不能再把它们当作原料使用的。划归工具类的物品则与此不同;工具可反复用来制作新的物品,直到用坏为止,有时用坏要花很长时间,而用工具制作的物品则会继续存在,制作的物品只会因其自身的规律或其自身的事故而毁坏。①

由原料和工具的区别造成的具有重大意义的惟一实际差别,在前面某个地方已引起了我们的注意。既然原料一经使用就会毁灭,所以为生产它们所需的全部劳动,以及提供生产手段的人的节欲,都必须从这种使用所产生的成果中得到报酬。与此相反,工具是可重复使用的,因而可用它们生产的全部产品,来为制造工具的劳动,以及那些用存粮养活劳动的人的节欲支付报酬。每一产品

① 一位有才华而态度友好的人士在《爱丁堡评论》(1848 年 10 月号)上评论了本书,此人对原料和工具所作的区分与我的区分大不相同。他建议把原料看作是这样的物品,"这些物品在生产中被改变形态后,自身变成了可交换的物品",而器具(即工具)则是这样的物品,"这些物品被用来产生这种形态的变化,但自身却不变成可交换物品的一部分"。按照这种定义,工厂消耗的燃料便不是原料,而是工具。这种区分法要比本书提出的区分法更符合"原料"一词的原义,但却与政治经济学几乎是不相干的。

只需贡献一丁点，通常是微不足道的一丁点，就足以酬报上面所说的劳动和节欲，就足以补偿直接生产者预付给工具制造者的报酬。

第五节　用于保护劳动的劳动

第三，除了劳动对象材料和帮助劳动的工具外，还必须防止劳动受到干扰，防止劳动产品受到损害。这些干扰或损害或是来自破坏性的自然力量，或是来自人们的暴力或强取。由此便出现了另一种使用劳动方式，即不是对产品本身直接运用劳动，而是帮助它进行生产，也就是说，用来保护劳动。所有工业用建筑物，如厂房、仓库、船坞，以及谷仓、牲口棚或农业劳动用房，其目的都是如此。劳动者居住的，或供他们个人使用的房屋不在此列，这些房屋同劳动者的食物一样，是用来满足实际需要的，因而应计入他们的劳动报酬内。劳动还以其他许多方式更为直接地用来保护生产活动。牧人的全部工作几乎就是保护畜群不受伤害，做到了这一点，畜群自己就会发展壮大。我已提及了筑篱、挖沟、砌墙或建防护栏的劳动。此外，还必须加上士兵、警察和法官的劳动。的确，这些官吏并非专门雇用来保护劳动的，付给他们的报酬也不是每个生产者生产开支的一部分。但是，他们的报酬得自税收，而税收则来自劳动产品；在任何治理得较好的国家，这些官吏为生产提供的服务，都远远超过其开销所值。所以，对整个社会来说，付给他们的报酬也就是生产开支的一部分。如果生产所带来的收益不足以供养这些劳动者以及所有其他必不可少的劳动者，那么生产至少就不能在现有的形式和方式下进行。此外，如果政府不为生产活动提供保护，则生产者就必须从生产中抽出大量时间和精力用于保护生产或雇用武装人员保护他们；在这种情况下，所有这些劳动都必须直接从产品中得到报酬；而不能为这种额外劳动支付报酬的产品，便不再被生产。在目前的制度安排下，产品是按一定比例向这种保护支付费用的，尽管存在着挥霍浪费政府开支的现象，还是能够以较低的费用得到较好的保护。

第六节 用于产品运输和分配的劳动

第四，有大量劳动不是用于生产产品，而是用于将生产出来的产品提供给使用者。很多重要部门的劳动者是专门受雇于从事这种工作的。首先是全体从事陆路或水路运输的人，即赶骡人、车把式、驳船船员、水手、码头工人、煤炭装卸工、行李搬运工、铁路员工等等。其次，还有所有运输工具的制造者，即轮船、驳船、马车、火车等，此外还应加上道路、运河与铁路。道路有时由政府建造，并向公众免费开放，但建造道路的劳动仍须由产品支付报酬。每个生产者缴纳筑路税时，也就是在为使用道路付费。如果道路的建设经过较好的考虑，它们会使生产得到的收益远远超过所缴纳的税款。

还有另一类劳动者，也是把生产出来的物品提供给消费者，这就是商人，或者可把他们称为产品分配者。如果消费者只能直接从生产者那里获得所需要的物品，那这会浪费很多时间，带来不少麻烦，常常无法得到所需要的物品。生产者和消费者都过于分散，而且后者常常离前者很远。为了节省时间和劳动，人们很早就不得不求助于集市和市场，在集市和市场上，消费者和生产者可以定期晤面，而不需要任何中间媒介。这一方法适用于很多物品，特别是适用于农产品，因为农民在某些季节有一定的空闲时间。但是，对于从事其他职业，而且不住在附近的买主来说，赶集却常常是很麻烦和很不方便的。同时，有许多物品的生产需要生产者连续不断地照管，对于所有这些物品来说，这种定期的市场就必须很长时间才能举行一次，因而要么很早就必须准备物品以满足消费者的需要，要么消费者的需要在很长时间内便得不到满足，以致在社会的财力物力还未允许开设店铺以前，就普遍由行商来满足这种需要了。每月来一次的货郎，比一年举行一两次的集市更受欢迎。在远离市镇或大村庄的乡农，现在仍可见到货郎。但是，有固定住所和固定顾客的商人更值得信赖，若离得近，顾客更喜欢到这样的商人那里买东西，因而哪里有足够多的顾客，可提供报酬，哪里就有人开设店铺。

在很多情况下，生产者和商人是同一个人，至少就资金的所有权和业务的管理来说是这样。裁缝、鞋匠、面包师傅以及很多其他手艺人，就生产的最后阶段来说，既是物品的生产者，又是物品的销售者。不过，只有当物品的制造地点就是零售地点或靠近零售地点，而且物品的制造量和销售量较少时，制造者和零售商的职能才能进行这种合并。物品必须从远处运来时，同一个人便无法有效地对制造和销售两者进行监督；当物品能又好又便宜地大规模生产出来时，单个制造厂便需要很多渠道来销售其产品，因而最好是委托其他机构从事零售业务。甚至是鞋子和衣服，在要求一下子提供很大数量时，例如向军队和济贫院供应此类物品时，通常也不是直接从生产者那里取得，而是从中间商那里获得，因为他们知道从哪些生产者那里可以得到最好、最便宜的物品。即令物品最后要以零售方式卖掉，为了方便起见，很快也会出现批发商阶级。当产品和交易不断增加而超过某一限度时，当一家制造厂向许多商店供货，而一家商店又常常从许多不同的制造厂进货时，对于制造厂和零售商两方面来说，相互直接打交道所损失的时间和引起的麻烦会使他们感到和少数大商人打交道会更方便些。这些商人仅仅买进卖出，从许多生产者那里进货，然后把货物分配给零售商，让零售商再进一步分配给消费者。以上各式各样的人，就组成了分配阶级，其作用是对生产阶级的活动给以补充。这样分配的产品或其价格，便是分配者的劳动和节欲获得报酬的来源，正是通过节欲，他们才预先拿得出分配业务所需的资金。

第七节 与人有关的劳动

我们现已列举完各种劳动方式。在这些方式中，用于外部自然界的劳动是从属于生产的。但是还有另一种使用劳动的方式，同样有助于生产，只是更为间接而已，这就是将人作为对象的劳动。每个人从婴儿到被抚养成人，要花费某个人或数个人大量的劳动。不花费这种劳动或只花费其中一部分，孩子就不会长大成人，代替父母一代而成为劳动者。对于整个社会来说，抚育幼年人口的劳动和花费是支出的一部分，是生产的一个条件，是要从幼年人口未来的劳动产品中加倍偿还的。就个人来说，付出这种劳动和花费通常则是由于其他动机，不是为了最终得到偿还，因而对于政治经济学的大多数论题来说，不必将其作为生产支出来考虑。但是，社会的技术教育或工业教育，即用于学习或讲授生产技艺的劳动，用于获得和传授生产技能的劳动，却实际上而且一般说来仅仅是为了获得更多或更有价值的产品才付出的，为的是学习者可以获得与其劳动价值相等或超过其劳动价值的报酬，并使所雇用的教师的劳动得到适当的报酬。

因为造就生产力的劳动，不论是体力的还是脑力的，可以看作是社会完成其生产活动所用劳动的一部分，换言之，可以看作是生产使社会付出的代价的一部分，所以用于维持生产力的劳动，防止它们因事故或疾病而毁坏或减弱的劳动也可以这样来看待。内科医生或外科医生的劳动，在被生产者利用时，应看作是社会经济作出的牺牲，用以保护固定在生产性社会成员的生命和体力脑力中的那部分生产资源，使其不因死亡和生病而消失。对于个人来说，这实际上只不过是促使他们接受治疗的动机的一部分，有时甚至是难以觉察到的一部分。人们不会主要从经济动机出发来截肢，或尽力治愈寒热，尽管若只有经济动机，他们也会接受治疗。所以这种劳动和支出，虽然有益于生产，却不是为生产，不是为获取利润而付出的，因而不属于生产性劳动，不属于政治经济学的研究范围，不过，当所考虑的是社会而不是个人时，这种劳动和支出则应看作是垫支的一部分，社会靠这种垫支来完成其生产活动，这种垫支因此而由产品来偿付。

第八节　发现和发明的劳动

另一种劳动，即工业生产工艺发明家的劳动，通常归入脑力一类，但是同体力劳动一样也直接有助于最终产品的生产，虽然不是立即有助于最终产品的生产。我之所以说通常归入脑力类，是因为事实上它并非完全是脑力劳动。所有的人类努力都是某些脑力和体力因素的混合。最愚笨的小工，尽管每天只是在梯子上爬上爬下，但这种机械动作在某种程度上也要运用智力，无论如何加以训练，恐怕最聪明的狗或大象也不会爬梯子。哪怕是最迟钝的人，只要事先给予指导，也会转动磨盘，但要是没有人驱赶和照管，马是不会转动磨盘的。另一方面，即使是最纯粹的脑力劳动，在产生任何外在成果时，也有某种体力成分。牛顿不可能不动笔或不口述就写出《自然哲学的数学原理》；他在心中酝酿这本书时，肯定画了许多图，在纸上作了很多计算和证明。发明家除了运用他们的大脑从事劳动外，通常还要用他们的手从事很多劳动，在他们的思想能够成功地付诸实行以前，他们必须制作一些模型和做一些实验。然而，他们的劳动，不论是脑力的还是体力的，都是使生产得以进行的劳动的一部分。瓦特发明蒸汽机的劳动，同机械工建造蒸汽机或车工开动蒸汽机的劳动一样，都是生产必不可少的组成部分，而且前者同后者一样，都指望从产品那里获得报酬。发明的劳动常常同制作实施的劳动一样按同一办法估价和付酬。很多装饰品制造商都雇用发明家，这些人由于设计图样而领取工资或薪水，正像其他人由于临摹图样而领工资一样。设计和临摹严格说来都是生产劳动的一部分。恰如一本书的作者的劳动和印刷工与装订工的劳动同是生产的一部分那样。

从整个国家或整个世界的观点来看，学者或思想家的劳动，在非常狭窄的意义上，同实际技艺发明家的劳动一样，也是生产的一部分；很多这种发明乃是理论发现的直接后果，而且有关自然力的知识的每一次扩展，都会产生丰富的实际应用成果。电报是奥斯特的实验和安培的数学研究最出乎人预料而令人惊异的结果；现代航海技术则意外地产生于亚历山大的数学家们对由一平面和一圆锥相交所形成的三条曲线的性质进行的纯粹思辨性的、显然仅仅是出于好奇的探索。即便是从纯粹生产的和物质的观点来看，纯粹思维的重要意义也是无限的。然而，因为这种物质成果很少是学者追求的目的，所以他们的报酬也就不取自他们的发现往往经过很长时间偶然引起的增产；对于大部分政治经济学论题来说，不需要考虑这种终极影响；思想家一般只是被归类于书籍生产者之列，或归类于其他有用的或可以出售的物品的生产者之列，因为这些都直接出自他们之手。但当(在政治经济学中，应该经常准备这样做)我们改变观点，考虑的不是个人行动和决定个人行动的动机，而是对整个国家和整个世界的影响时，就必须把思想看作是社会生产劳动最重要的组成部分，必须把从事这种劳动和酬报这种劳动的社会资源看作是社会支出中具有重大生产意义的部分。

第九节　农业上、工业上和商业上的劳动

上面考察了运用劳动促进生产的各种方式，在这种考察中，我

几乎未采用通常的分类方法，没有把产业分为农业、工业和商业三大类。这是因为，这种分类方法实际上很难达到分类的目的。很多大生产部门无法归入这三类，或者不作很多曲解就无法归入这三类；例如((且不谈猎人或渔夫)矿工、筑路工人和水手就是如此。在农业和工业之间也无法精确地划出界限。例如，磨坊主和面包师傅——是应该把他们算作农民呢，还是应该算作制造者？他们的职业从性质上来说是制造；粮食在运交他们以前已经最终地和土地断绝了联系；但这一点对打谷者、扬谷者、奶油和奶酪的制作者来说也是同样正确的；这些人的劳动总是被看成农业劳动，也许是因为这些工作通常是由住在农场上的人们完成的，和耕种受到同样的监督。为了许多目的，所有这些人，包括磨坊主和面包师傅在内，应归类于耕作者和收割者之列。他们全都和食物生产有牵连，他们的报酬都取自所生产的食物。其中一些人兴旺发达了，另一些人也会兴旺发达。他们共同组成了“农业界”。他们以联合起来的劳动向社会只提供一种服务，并从一个共同的来源得到报酬。再者，即令是耕作者，当其产品不是食物，而是工业原料时，在很多方面也应划归社会经济中制造业者的行列。卡罗莱纳州的植棉者和澳大利亚的牧羊业者与纺织工人具有较多的共同利益，而与小麦种植者具有较少的共同利益。但另一方面，我们将看到，直接和土地打交道的劳动，具有某些特殊性质，这些性质会造成很多重要后果，并使这种劳动和所有随后的生产阶段有所区别，不论随后的生产活动是否由同一个人进行，使它既与打谷者和扬谷者的劳动有所区别，又与纺纱工的劳动有所区别。因此，我谈论农业劳动时，通常便指直接和土地打交道的劳动，并且专指这种劳动，除非在上下文中另有说明。制造这个词过于含糊不清,要求精确表述时便没多大用处,因而我使用这个词时,希望读者能按通俗的含意而不是科学的含意去理解。

第三章　论非生产性劳动

第一节　劳动生产的不是物品，而是效用

劳动对于生产来说是必不可少的，但并非总是以生产为目的。有很多劳动，是高度有用的，却不以生产为目的。劳动因此而被分成生产性的和非生产性的。政治经济学家就什么样的劳动应算作非生产性劳动这一问题进行过不少的争论，而未能看出，这一问题实际上没有什么好争论的。

很多著述家认为，除非劳动的结果可以感受为某种物质实体，能够从一个人转移给另一个人，否则这种劳动就不能说是生产性的。另一些著述家（其中包括麦克库洛赫先生和萨伊先生）则把非生产性一词看作是贬意的，反对将这个词用于任何被认为是有用的劳动，所谓有用的劳动，是指所带来的好处或快乐与所付出的代价价值相等的劳动。他们认为，如果政府官员、军官、医生、律师、教师、音乐家、舞蹈家、演员、家庭仆役等等确实完成了无愧于所获报酬的工作，并且其人数不多于对其工作的需要量，就不应把他们的劳动"诬蔑"为非生产性的。看来这些著述家把非生产性一词看成了浪费或无价值的同义词。但这似乎是误解了争论的问题。生产并不是人类生存的惟一目的，因而非生产性一词不一定意味着耻辱，且从来就没有人打算这样做。问题仅在于用词和分类的不

同。然而，用词的不同，即令不是出于意见的分歧，也决不是不重要的；因为虽然这两个词语可能都完全符合事实真相，但它们通常却会引起对其不同部分的注意。所以我们必须谈谈生产性和非生产性这两个词用于修饰劳动时可能具有的各种意思。

首先，即令在所谓物质实体的生产方面，也必须记住，所生产的并非是组成物质实体的物质。世界上所有人的全部劳动连一粒物质也生产不出来。织绒面呢只不过是按独特方式重新排列羊毛的粒子；种植小麦仅仅是将一些称为种子的物质放入某一位置，在那里它可以从土地和空气中聚拢物质粒子，形成称为植物的新的组合物。虽然我们不能创造物质，我们却能使物质具有某些性质，依靠这些性质，可使物质从对我们无用，变为有用。我们所生产的，或者想要生产的，正如萨伊所正确称谓的，乃是效用。劳动并不创造物品，而是创造效用。再者，我们也并不消费和毁坏物品本身；组成物品的物质依然存在，只是形式或多或少有所改变，实际上所消费掉的只是一些性质，物品靠这些性质来适合于应用它们的目的。所以，萨伊先生和其他人问得好：既然说生产物品时，生产的只不过是效用，那为什么不把所有产生效用的劳动都看作是生产性的呢？为什么拒绝把这一称号给予绑扎肢体的外科医生、维护秩序的法官或议员，而把它给予切割和磨光钻石的宝石工？为什么拒绝把这一称号给予向我们传授生活技艺而我们靠这种技艺获取面包的老师，而把它给予为使我们暂时享受一种味道而制作糖果的商人？

毫无疑问，所有这些种类的劳动都产生效用；如果效用的产生足以表达人类通常已形成的有关生产性劳动的观念，我们现在所讨论的问题就不成其为问题了。生产和生产性，当然是省略的表达方式，包含有生产出某种东西的意思。但我想，生产出来的东西，在一般人的理解中，并非效用而是财富。生产性劳动意味着生产财富的劳动。所以，我们便回到了第一章接触到的问题：什么是财富，是应该仅把物质产品包括在财富内，还是应该把全部有用的产品都包括在财富内。

第二节 效用分成三种

劳动产生的效用有三种。它们是：

第一，固定和体现在外界物体中的效用，即运用劳动使外物具有能使它们对人有用的性质。这是常见的情况，无需说明。

第二，固定和体现在人身上的效用：在此情况下，劳动用于使人具备能使他们对自己和别人有用的品质。所有与教育沾边的人的劳动，不仅仅是学校教师、家庭教师、教授，而且还有政府官员（就其成功地改善了人民的素质来说）、道德家、传教士（就其有益方面来说）、医生（就其有助于维护生命和体脑功效来说）、体育教师和各种行当、科学和艺术的教师，以及学习者向他们求教的劳动，任何人在整个一生中为求知或培养自己或他人体力或脑力才能所花费的全部劳动，都属于这一类。

第三，也是最后一种效用并未固定或体现在任何物体中，而只存在于所提供的服务中，即给予一种快乐，消除不便或痛苦，时间可长可短，但不会使人或物的性质得到永久性改善。在这里，劳动是用于直接产生一种效用，而不是（像前两种情况那样）提供某种别的东西来给予效用。例如乐师、戏剧演员、朗诵或吟诵演员和节目主持人的劳动就是如此。毫无疑问，这种劳动会在较长时间内在观众的感觉性情或心境的愉快方面给他们带来某些益处，或者不是益处而是创伤；但这种较长时期的益处或创伤不是表演者进行表演和观众付钱观看表演所寻求的结果，观众所寻求的只不过是当时的快乐。陆军和海军的劳动也是如此；他们充其量只不过是能防止国家被征服，被伤害，或被欺辱，这是一种服务，但在所有其他方面，既不会使国家进步也不会使国家退化。议员、法官、审判长和政府所有其他人员的劳动也是如此，只要不考虑他们可能对改善国民心理状态产生的影响，而只考虑其日常工作。他们提供的服务是维持和平与安宁，这便是他们提供的效用。某些人可能认为，运输业者和商人也应归入这一类，因为他们的劳动并不给物品增添任何性质。但我的答复是，他们的劳动给物品增添了性质，使物品处在人们需要它们的地方，而不是别的地方。这是一种非常有用的性质，它所提供的效用体现在了物品上，物品现在实际上是在人们需要它们的地方，由此而增加了效用，物品可以按较高的价格出售，价格提高的幅度与所花费的劳动成比例。因此，这种劳动不属于第三类，而属于第一类。

第三节　所谓生产性劳动，是指产生固定和体现在物体中的效用的劳动

我们现在要考虑这三类劳动中哪一类应算作生产财富的劳动，因为单独使用生产性这个词时，其含义便是指生产财富。第三

类效用，即只在享用时才存在的快乐和只在执行时才存在的服务，除了可比喻为财富外，不能称为财富。对于财富这一概念来说，最重要的是可以被积累。我认为，物品生产出来以后，若不能在使用以前保存一段时间，则决不会被人称作财富，因为不管能生产、能享用多少这种东西，受益于这种东西的人也不会变得更富有，境况也不会丝毫有所改善。但是，把任何既是有用又是可积累的产品看作财富，却不会那么明显而绝对地违反习惯用法。手艺人的技能、精力和坚韧不拔精神，完全可以像他们使用的工具和器械那样，看作是国家财富的一部分。[①]按照这个定义，我们应把所有用来创造耐久效用的劳动都看作是生产性的，不论这种效用是体现在人身上，还是体现在任何其他生物和非生物身上。我在以前出版的一本著作[②]中推荐过这种命名方法，说它最有助于分类工作，我现在仍这样认为。

但用财富这个词指人类从事工业活动的能力，在一般人看来，似乎总是心照不宣地和物质产品相关联。手艺人的技能，只是因

① 某些权威人士认为，财富概念中不可或缺的要素是，财富不仅应该能够被积累，而且还应该能够被转移。因为一个人的宝贵品质乃至生产能力不能与他分离而转移给另一个人，所以他们拒绝承认这些是财富，并且不承认花费在学习生产技能方面的劳动是生产性劳动。然而，在我看来，（例如）手艺人的技能既是一种值得向往的财产，又有一定的耐久性（且不说还能生产出物质财富），如果只因为它附着在人身上便拒绝承认它是财富，那么也应该拒绝承认煤矿或制造厂是财富，因为他们是附着于某个地点的。而且，尽管技能本身不能与人分离而转移给买主，但技能的使用却可以转移给买主；尽管不能出售技能，却可以雇用技能，况且在所有法律允许买卖人口的国家内，技能是连同人一道出售的。技能在可转移方面的缺陷不是来自天然的障碍，而是来自法律和道德的障碍。

如前所述，我并未将人本身归于财富之列，财富是为人而存在的。但是人所学到的能力，只作为方法而存在，是靠劳动获得的，因而在我看来，当然应归于财富之列。

② 《略论政治经济学的某些有待解决的问题》，第三篇论文，《论生产性和非生产性这两个词语》。

为是获取物质财富的手段，才算作财富；任何无助于达到这一目的的才能，都不算作财富。不管一个国家的居民具有多么宝贵的创造能力，多么宝贵的美德，多么宝贵的才能，也不能说该国因此而更为富有，除非在比喻的意义上这么说，除非人们把这些看作是可以出售的物品，可用来吸引其他国家的物质财富，就像古希腊人和一些现代国家所做的那样。因此，虽然若是让我创造新的术语的话，我宁愿把产品的耐久性而不是物质性当作区别的标准，但是，当习惯用法已深入人心时，使用术语时最好还是尽可能不违反习惯用法；因为通过歪曲普遍接受的意义而对术语所作的任何改进，通常是不值得的，会因新旧联想间的冲突而使其含义变得模糊不清。

因此在本书中，讲到财富时，指的仅仅是物质财富，生产性劳动指的仅仅是这样的努力，这种努力产生了体现在物质对象中的效用。但是，既然对词语的含义作了这样的限定，我就打算充分利用这种被限定的含义。对不以物质产品作为其直接成果的劳动，只要物质产品的增加是其终极后果，我将不拒绝称其为生产性的。例如，我把花费在学习制造技能上的劳动看作是生产性的，不是由于技能本身，而是由于用技能创造的制成品，学习技能的劳动从本质上说是有助于产品生产的。政府官员的劳动是以某种方式提供保护，这种保护对工业的繁荣来说是必不可少的，因而也必须将其看作是生产性的，甚至是生产物质财富的，因为没有它，物质财富不可能像现在这样丰富。这种劳动可以说是间接生产性的，而耕作者及棉纺工的劳动则是直接生产性的。它们的共同之处是，它们使社会的物质产品比以前更为丰富；它们增加了或有助于增加物质财富。

第四节　所有其他劳动，不论多么有用，都归入非生产性劳动类

与生产性劳动相反，非生产性劳动是指不创造物质财富的劳动；无论多么大规模地或成功地从事这种劳动，它都不会给整个社会和整个世界带来更丰富的物质产品，反而会使物质产品减少，减少额等于被雇用来从事这种劳动的人消费的物质产品额。

用政治经济学的术语来说，凡是最终只带来眼前享受，而不增加耐久性享受手段积累量的劳动，都是非生产性劳动。按照我们在本书中所下的定义，所有那些带来持久利益的劳动，只要所获得的利益中不包含物质产品的增加，则不论多么重要，都应归入非生产性劳动类。搭救一个朋友生命的劳动不是生产性的，除非这个朋友是个生产性劳动者，并且生产的东西比他消费的东西要多。对于一个信教的人来说，灵魂的得救要远比生命的得救重要得多，但他不会因此而把传教士或牧师称为生产性劳动者，除非他们像“南海布教团”有时所做的那样，除传教以外还传授文明世界的生产技艺。显而易见，一个国家供养的传教士或牧师愈多，它能花在其他方面的钱就愈少；而它明智地在养活工农业劳动者方面花的钱愈多，它能用于干其他各种事情的钱也就愈多。在其他情况不变的条件下，该国的物质产品存量，会因前一种做法而减少，因后一种做法而增加。

非生产性劳动可能和生产性劳动一样有用；或者从持久利益

的观点来看，甚至更为有用；或者用途可能只存在于愉快的感觉之中，随着感觉的消失而消失，不留任何痕迹；或者连愉快的感觉也没有，是完完全全的浪费。总之，社会或人类不会因它而更富些，只会因它而更穷些。非生产人员消费掉多少物质产品，就会暂时从社会拥有的物质产品中减掉多少物质产品。但是，虽然社会不能靠非生产性劳动变富，个人却能靠非生产性劳动变富。非生产性劳动者可以从那些因他的劳动而得到享乐的人手中，得到一笔相当可观的财富作为他的报酬。但是，前者的所得正是后者的所失；后者的花费也许得到了充分报偿，但他们花费多少，也就穷了多少。裁缝做好一件上衣并把它卖掉时，钱从顾客那里转移给裁缝，除此之外还多出了一件以前没有的上衣；但演员却仅仅是从观众口袋中得到钱，而并未留下物质财富酬报观众。因而演员的劳动没有使整个社会得到任何东西。演员花费掉多少自己所挣的收入，社会也就损失多少物质财富，而只保留下他所积存的。然而，一个社会却可以利用非生产劳动靠损害其他社会来增加财富，就像个人可以利用非生产性劳动靠损害他人来增加自己的财富那样。意大利的歌剧演唱家、德国的家庭女教师、法国的芭蕾舞演员等在国外的收入，在他们回国时，便成为本国财富的一个来源。希腊境内的一个个小城邦，特别是那些比较原始和落后的城邦，是士兵的来源；他们受雇于东方的王公贵族来从事无用和破坏性的战争，然后携带积蓄回到自己的国家安度晚年；他们是非生产性劳动者，他们得到的报酬连同掠夺所得，对于提供这些报酬的国家来说是没有回报的支出；但是，虽说整个世界毫无所得，可希腊却有所收获。晚些时候，希腊及其殖民地向罗马帝国提供了另一类冒险家，即所谓哲学家或演说家，这些人向上层阶级子弟传授所谓最宝贵的技艺；他们大都是非生产性劳动者，但他们优厚的报酬却是本国财富的一个来源。以上这些人都不会增加世界的财富。这些劳动者的服务，即便是有用的，对整个世界来说，也是通过牺牲一部分物质财富而获得的；如果没有用，则对整个世界来说，这些劳动者消费了多少物质财富，也就浪费了多少物质财富。

然而，浪费是一种不局限于非生产性劳动的倾向，生产性劳动如果所花费掉的多于对生产的实际贡献，也可能同样被浪费掉。如果劳动者技术欠佳或领班判断失误导致了滥用生产性劳动，如果一个农民坚持用三匹马和两个人耕地，而经验已表明两匹马和一个人就已足够，那么，多使用的劳动，虽说是用于生产目的，却被浪费了。如果所采用的一种新生产方法并不比以前的方法好，甚至还不如以前的方法好，那么花费在完成和应用这个发明上的劳动，虽说是用于生产目的，却也被浪费了。如果生产性劳动所产生的财富（即所增加的有用物品或合意物品的存量），不是人们当前需要的，例如当商品因生产数量超过目前的需求而卖不出去时，或者当投机者过早地修建船坞和仓库时，生产性劳动反而会使国家更穷。北美的一些无力还债的州过早地修建铁路和运河，看来就犯了这种错误；有人认为英国过快地发展铁路事业，在某种程度上也重蹈了北美的覆辙。当社会有紧急需要或财源有限而要求迅速回收资金时，为了在遥远的未来获得收益而投入劳动，不但会使国家在当时陷于贫困，即所雇用的劳动者消费多少，国家就损失多少，而且即使是到最后，国家也不如采取另一种做法富裕，所谓另一种做法，就是从一开始便寻求眼前的收益，而推迟远期获利的事业。

第五节　生产性消费和非生产性消费

生产性和非生产性的区别不仅适用于劳动，而且也适用于消费。虽然并非所有社会成员都是生产者，但所有社会成员却都是消费者，而消费或是非生产性的或是生产性的。谁对生产既没有直接贡献也没有间接贡献，谁就是非生产性消费者。只有生产性劳动者才是生产性消费者，所谓生产性劳动，当然既包括执行的劳动，也包括指挥的劳动。但即令是生产性劳动者的消费也不全是生产性消费。生产性消费者也有非生产性的消费。他们在保持或改善健康、体力和工作能力，或抚养下一代生产性劳动者方面的消费，乃是生产性消费。但是娱乐或奢侈方面的消费，不论是懒惰者所为，还是勤劳者所为，因为生产既不是其目的，也不会因此而有任何进步，所以必须看作是非生产性的。不过，也许一定数量的享乐可以认为是必需的，因为缺了它，会使劳动达不到最高效率。只有用于保持和提高社会生产力的消费，才是生产性消费，而社会生产力或蕴藏在土壤、原料、生产工具的数量和效率中，或蕴藏在人民中。

有很多产品，可以说除作非生产性消费外别无他用。每年在金线带、菠萝形装饰品，或香槟酒方面的消费必须看作是非生产性的，因为这些东西既对生产毫无帮助，又不是用于维持生命或体力，而可以用便宜得多的东西来替代。因此可以说，用于制造这些东西的劳动，不应当看作是政治经济学家所说的生产性劳动。我承认，为非生产性消费者生产物品所耗费的劳动，无助于社会的持久富裕。为非生产人员做上衣的裁缝是生产性劳动者;但几周或几个月后,衣服破损了,而穿上衣的人并未生产任何东西代替它。社会财富没有因这个裁缝的劳动而有所增加,其结果和用这笔钱到歌剧院去看戏一样。不过,在上衣未被穿坏以前,社会财富却因这个裁缝的劳动而有所增加,也就是说,在该劳动产品被某一非生产性社会成员拿去消费以前财富有所增加。金线带或菠萝形装饰品的情形与此没有什么不同,只不过同上衣相比,它们距离必需品更远。这些东西在被消费掉以前也是财富。

第六节 为生产性消费供给物品的劳动和为非生产性消费供给物品的劳动

然而,我们由此却可以看出,对于社会财富来说,有一种甚至比生产性劳动和非生产性劳动之间的区别还要重要的区别,即为生产性消费供给物品的劳动和为非生产性消费供给物品的劳动之间的区别,也就是维持或增加国家生产资源的劳动和其他方面的劳动之间的区别。一国的生产物中,只有一部分注定要用于满足生产性消费,其余的生产物则用来满足生产者的非生产性消费和非生产性阶级的全部消费。假如用于前者的生产物占年生产物的一半,那么就只有一半生产性劳动者为国家生产持久性财富。另一半生产性劳动者则年复一年、代复一代地生产没有回报的、一经消费便消失的物品;因此,就国家资源所受到的持久性影响来说,这一半生产性劳动者所消费掉的物品,同非生产性消费一样,被白白浪费掉了。假设这后一半劳动人口停止工作,政府或教区让他们赋闲并供养他们一整年，即便在这种情况下，前一半劳动人口也能像以前一样生产出他们自己的必需品和后一半劳动人口的必需品，并能保持原料和工具的存量不减少；的确，非生产性阶级要么会挨饿，要么将被迫生产自己的口粮，整个社会在一年中将只有刚够维持生活的必需品；但是，生产的源泉却未受到损害，下一年的产量不一定会比没有出现这种停产的状况时少；而如果情况倒转过来，如果前一半劳动者暂时停止日常生产，后一半劳动者继续工作，那么国家在年底就会陷入一贫如洗的境地。

富国每年用很大一部分生产物去满足非生产性消费，若对此表示惋惜，那就大错特错了。社会从必需品中抽出这样多的物品来供人享乐，供人从事更高级活动，这并没有什么可惋惜的。正是用这部分生产物满足了除最低生存以外的所有社会需要，衡量出了社会具有多少供人享乐的手段，具有多大的能力来达到除生产以外的所有目的。如此多的剩余可用来达到这些目的，实际上是值得庆贺的事。应感到惋惜的只不过是，这种剩余的分配太不公平了，大部分用在了毫无价值的事情上，落入了不提供等价服务，不给予回报的人手中，当然，这种状况并非无法加以纠正。

第四章　论资本

第一节　资本是拨出来运用于再生产的财富

如前面几章所述，除了劳动和自然力这两种基本的和普遍的生产要素外，还有另一种生产要素，若没有它，工业便只能处于最初的原始而简陋的状态，而不可能进行任何其他生产活动。这就是以前劳动产物的积累。这种劳动产物的积累称为资本。彻底弄清资本在生产中的作用是极其重要的，因为有关资本的很多错误观念都来源于对这一点的不全面的、混乱的理解。

在完全不熟悉这一问题的人看来，资本就是货币。要揭穿这一误解，就得重复一下绪论中说过的话。货币不是财富，同样也不是资本。货币本身并不能执行资本的任何职能，因为它不能向生产提供任何帮助。为了向生产提供帮助，必须把货币换成别的东西；而任何能与其他东西交换的东西，都能在相同程度上对生产作出贡献。资本为生产所做的事情，是提供工作所需要的场所、保护、工具和原料，以及在生产过程中供养劳动者。这些是当前的劳动向过去的劳动，向过去劳动的产物要求提供的服务。无论什么东西，只要用在这方面，即用来满足生产性劳动所必需的以上各种先决条件，就是资本。

为了熟悉这一概念，让我们看一下投入一国各生产性行业的资本究竟用在了哪些方面。例如，某一制造商的资本，一部分以建筑物的形式存在，为从事生产活动提供场所。另一部分以机器的形式存在。第三部分取决于他制造的产品，如果他是纺纱业者，便以原棉、亚麻或羊毛的形式存在，如果他是织布业者，便以麻纱、毛线、丝或棉纱的形式存在，如此等等。按现代的习惯，工人所需的食品衣着，不由他直接提供；除了食品或衣着的生产者外，很少有资本家使其资本中任何值得一提的部分以食品或衣着的形式出现。每个资本家持有的不是食品或衣着，而是货币，他把钱付给工人作为报酬，让工人自己去购买食品衣着。此外，仓库中还有制成的货物，把这些货物卖掉后，他可获得更多的钱，用这些钱支付工人的报酬，以及用来补充原料，修理房屋和机器，更换报废的房屋和机器。不过，他拥有的货币和制成品并不全都是资本，因为他不是把它们全部用在这些方面。他用一部分货币和出售制成品所得的货款来满足他个人和他家庭的消费，雇用马夫和听差，供养猎人和猎犬，教育子女，缴纳税款或捐给慈善机构。那么，他的资本是什么呢？精确地说，乃是他用于进行再生产的那部分所有物，不论这些所有物以什么形式存在。其中一部分甚或全部，是否能直接用来满足工人的需要，这无关紧要。

例如，假定资本家是一个五金制造商，假定他的资本，除机器外，目前全都是铁制品。铁制品是不能用来养活劳动者的。然而，只要改变一下铁制品的用途，他就能供养劳动者。假设他原来打算用一部分收入养一群猎狗，或雇一些仆人，而现在改变了主意，把这部分收入用于从事生产活动，用于向增加的工人支付工资。这些工人由此而能购买和消费原来会被猎狗或仆人消费掉的食物。由此可见，雇主无需看一眼或碰一下食物，便能使该国较多的食物用来供养生产性劳动者，而使较少的食物用在非生产性消费上。现在改变这个假设，设想不是用养仆人或猎狗的钱来改发工资，而用购买餐具和珠宝的款项改发工资。为了使结果更加明显，我们假定这一改变的规模相当大，购买餐具和珠宝的一大笔钱转移来雇用生产性劳动者，假定这些劳动者像爱尔兰农民那样，以前处于半失业状态。这些劳动者得到增发给他们的工资后，不会用来购买餐具和珠宝，而是用来购买食物。然而该国没有多余的食物，而且也不像在前面的例子中那样，可把一些非生产性劳动者或动物的食物转用于生产目的。因此如果可能，将进口食物；如果不可能，劳动者暂时仍将处于半饥半饱的状态。但是，资本家的花费从非生产性支出转变为生产性支出，会使商品需求发生变化，其结果乃是下一年生产的食物将增多，而餐具和珠宝将减少。这再次表明，无需直接对劳动者的食物做任何事情，只要有人将其一部分财产（不论是哪类财产）从非生产性用途转变为生产性用途，就会使生产性劳动者消费的食物增加。由此可见，“资本”与“非资本”之间的区别并不在于商品的种类，而是取决于资本家的意向，看他将其用于何种目的；任何一种财产，不论多么不适合于劳动者使用，但只要这种财产或得自这种财产的价值用于生产性再投资，它就是资本的一部分。由各个所有者指定用于生产性再投资的全部价值总和构成了国家的资本。这些价值是否都具有可直接用于生产的形式，这无关紧要。不论它们以什么形式出现，都是暂时的和偶然的；一旦被指定用于生产，它们就会以某种方式转变成能够应用于生产的东西。

第二节　指定用于生产的资本要多于生产中实际使用的资本

因为凡是用于生产的产品都是资本，所以反过来便可以说，国家的全部资本都用于生产。不过，对第二个命题，必须施加一些限制并作一些解释。一笔资金可能正在寻求用于生产，但可能尚未找到符合其所有者心意的用途，此时这笔资金虽说是资本，却是未使用的资本。或者，资本可能是尚未出售的货物，不能直接用于生产性目的，一时又卖不出去，因而这些货物在卖掉以前，也处于未使用的资本状态。再有，人为或意外情况可能使人必须提前拥有较大量的资金，也就是说，开始生产之前拥有的资本必须多于生产本来需要的资本。设想政府在生产的较早阶段就征税，例如征收原料税。制造商必须提前纳税，在开始生产以前就纳税。因而制造商拥有的资金，就必须多于生产所需要或实际使用的资金。他必须用较多的资本来维持同样的生产性劳动量，或者换句话说，他必须用给定的资本来维持较少的劳动。因此，这种课税方式不必要地限制了国家的产业。所有者指定用于生产的基金，有一部分偏离了其目的，成了垫付给政府的款项。

另一个例子：农场主租种土地时，可能被要求在获得收成以前支付 1/4、1/2 乃至 3/4 的地租。因此，这种地租必须从他的资本中支付。如果支付地租是为了土地本身，而不是为了劳动对土地的改良，则这种地租就不是生产性开支。支付这种地租不是为了养活劳动者，不是为了准备工具或原料（它们是劳动产品），而是为使用一种已被人占有的自然要素而付出代价。的确，这种自然要素同工具一样是必不可少的(甚至比工具更不可缺少)，但却不是必须为使用它付出代价。就工具(劳动生产的一种物品)来说，支付某种代价是其存在的必要条件，而土地却是自然存在的。因此，为土地支付的款项不是生产性开支；由于必须从资本中支付这种款项，因而必须拥有的资本额，或必须拥有的过去劳动产品的积累额，就得大于自然需要的数额，或大于另一种土地制度下需要的数额。这种额外需要的资本，虽然其所有者原打算用在生产方面，但实际上却被用在了非生产方面，每年不是由其自身生产的产品来偿还，而是由农场主其余的资本养活的劳动者所生产的产品来偿还。

最后，一个国家的生产资本虽然有很大一部分用于支付劳动者的工资和薪金，但很显然，这部分资本并非全都是生产所必不可缺的。超过维持生命和健康实际需要的那部分(就熟练劳动者来说，通常会超出很多)，不是用于养活劳动者，而是用于酬劳劳动者，劳动者可以等到生产完成后再得到这种酬劳，因而不必作为资本而预先存在。即使劳动者不幸必须完全放弃这种酬劳，生产也丝毫不会受到影响。要每日或每周向劳动者预付全部报酬，就必须事先准备好比足够维持现有生产规模更多的资本，将其拨归生产使用。不论劳动者得到多少报酬，总要比精明的奴隶主为了自身利益而给予奴隶的报酬要多些。事实上，只有在已经积累起大量资本以后，才有可能预先向劳动者支付超出最低限度口粮的报酬，因为付给劳动者的这种报酬，实际上不是用于生产，而是用于生产性劳动者的非生产性消费，这就需要有足够充分的生产基金，将其一部分经常用于单纯的享乐。

人们可能注意到了，我一直假设劳动者总是靠资本而生存，实际情况显然就是这样，尽管资本并不一定非得由称为资本家的人提供。当劳动者靠自己的资金为生，当自耕农靠自己的土地产品生活或工匠自立门户工作时，他们依然是靠资本为生，也就是靠预先准备好的资金为生。农民不是靠当年的收成过日子，只是靠上一年的收成过日子。工匠不是靠手中正在干的活生活，而是靠已经制成和已卖掉的产品生活。他们各自靠自己的小额资本为生，定期用其劳动产品予以补充。大资本家也同样是靠事先准备好的资金为生。如果他亲自经营管理自己的业务，则他个人或家庭的开支只要不超过按市价计算的他的劳动报酬，就应看作是生产资本的一部分，而他的个人消费，就生活必需品而言，乃是生产性消费。

第三节　考察某些可以说明资本概念的实例

尽管可能会使读者感到厌烦，我还是要再加上几个实例，来把资本概念说得更明白清楚些。正如萨伊先生所指出的，用实例来说明政治经济学的基本原理是非常有用的，因为政治经济学中一些常见的大错误，都可以归因于没有透彻地理解基本概念。这没有什么好奇怪的，一根树枝有病，所有其余部分仍可能是健壮的，但树根有病却会使整棵树枯萎。

因此让我们来看一下，那些靠利息生活而本人不参加生产的人的财产能不能算作资本，以及在什么情况下可看作是资本。在日常用语中，这种财产被称为资本，仅就个人来说，这没有什么不妥之处。任何一笔资金，若所有者能从中获取收入，又能在不消耗资金本身的情况下使用这种收入，则这笔资金对所有者来说就相当于资本。但把对个人来说是正确的命题轻率地转变为普遍正确的命题，则是政治经济学中无数错误的根源。在本例中，对个人来说实际上是资本的资金，对整个国家来说是不是资本，这要看其他人有没有把它（我们假设所有者没有把它挥霍掉）挥霍掉。

例如，甲拥有一万镑财产，借给农场主或制造商乙，用在乙的事业上而产生利润。该财产就如同是属于乙的资本。甲本人虽不是农场主或制造商，但就其财产来说，实际上却可以把他看作是农场主或制造商。价值一万镑的资本被用于生产——用于养活劳动者并提供工具和原料。这笔资本属于甲，而由乙来使用，乙得到的报酬是该资本产生的利润与付给甲的利息之间的差额。这是最简单的情况。

接下来我们假定甲的一万镑，不是借给乙，而是在有抵押的条件下借给土地所有者丙，丙用这笔钱筑篱、排水、修路或改良土壤，以此提高其地产的生产力。这一万镑被投在土地上，而没有被挥霍掉。它们会产生持久的报酬。如果使用得当，土地的产量会增加。足以在几年内收回这笔钱，最终使其增加好几倍。这样，这一万镑乃是用于提高国家的产量。它便是一笔资本。如果丙把土地租给了别人，他就会以高地租的形式得到报酬，而放债人甲则以利息的形式按约定的金额每年得到报酬。我们现在把所说的情况改变一下，假定丙并未用这笔贷款改良土地，而是用于归还以前的债务，或为子女存起来。这样用掉的一万镑是不是资本，取决于最终得到的人如何使用这笔钱。如果其子女把所得到的财产投资于生产，或者收回贷款的债主又把这笔钱借给另一个土地所有者去改良土地，或借给制造商去扩充其业务，这笔钱就仍然是资本，因为用在了生产方面。

然而，假设这个借钱的地主丙是一浪荡子，他以土地作抵押借来的钱不是用于增加他的财产，而是挥霍浪费掉，用于声色犬马之好。在一两年内就用光，得不到回收，甲仍然像以前一样富有。但他不再有他的一万镑，而是有土地的扣押权，可以把土地卖掉来收回这笔钱。丙则比以前要少拥有一万镑，而没有人会比以前富有。有人会说，花费这笔钱时从中得利的人会比以前富有。毫无疑问，如果丙是因赌博而丧失了这笔钱，或这笔钱是被仆人骗走了，这仅仅是一种转移，而不是毁灭，得到这笔钱的人还可将其用于生产。但若丙花费这笔钱已得到相等价值的生活必需品或奢侈品，而这又全被他本人或他的仆役、宾客消费掉了，则这些商品将不复存在，而且没有生产出什么来替代这些商品。反之，若把同一笔钱用于耕种或制造，则在年终时，劳动所创造的产品便能抵消所发生的消费而有余。由于丙的浪费，本来在消费时能得到收益的资金被白白浪费掉了。卖商品给丙的那些人，固然可在这一交易过程中得到利润。但假如资本是用于生产，则建筑工人、篱笆匠、工具制造者和向劳动阶级供应消费品的商人也会创造出相等的利润，在约定期满时，丙会收回一万镑（且不说还有利息），而现在却失掉了这一万镑。因此，从总的结果来看，对社会是不利的，至少是有一万镑的差异，即丙的那笔非生产性支出额。对于甲来说，这个差异不是实质性的，因为他的收入是有保证的，只要担保是可靠的，市场利率保持不变，他就总能按原价将抵押品售出。因此，对于甲来说，对丙的地产的那一万镑扣押权实际上就是那笔资本。但对于社会来说也是这样吗？不是的，甲曾有一万镑资本，但这已经消失——被丙浪费挥霍掉了。甲现在的收入，不是来自其资本的生产物，而是来自属于丙的另一收入来源，或许是来自丙的地租，也就是说，来自农场主从他们自己的资本生产物中付给丙的款项。整个国家的资本减少了一万镑，整个国家的收入也有所减少，减少额等于把那一万镑当作资本使用所能产生的收入总额。损失不会落到甲的身上，因为挥霍者已经同意给予赔偿。挥霍者的损失也仅仅是社会所遭受的损失的一小部分，因为可以供债主使用和消费的只是利息；资本本身本来可以经常用于养活一定数量的劳动者，这些劳动者可不断再生产出他们所消耗的资本，但现在他们却被剥夺了这种维持生活的资本而得不到任何补偿。

现在让我们进一步改变假设，设想钱不是借给某个地主，而是借给国家。甲将其资本借给政府去进行一场战争。他向国家购买所谓公债，即每年支付一定利息的国债券。如果政府用这笔钱修铁路，这笔钱便是用在了生产上，甲的财产仍然是用作资本。但因为现在是用于战争，用于向什么也不产生的军官和士兵支付薪饷，用于购买弹药，政府便处于丙的位置，即那个挥霍成性的地主的位置。作为国家的资本来说，甲的那一万镑已不复存在了，实际上就财富或生产来说，等于是扔到大海里了，虽然根据其他理由这样使用可能是正当的。甲以后的收入不是来自他自己资本的生产物，而是来自对社会其余资本的生产物课征的赋税。对于社会来说，甲的资本没有产生任何收益来补偿这种支出。甲的资本已被花掉而不复存在了，甲现在所拥有的是对其他人的资本和劳动收益的要求权。他可以出售这种要求权,收回其资本的等价物,然后可将其用于生产。实际情况确实如此,但他收回的并不是他自己的资本,也不是他的资本所生产出来的东西。他的资本连同全部可能的收益已被毁灭了。他所得到的乃是另一个人的资本,此人愿意用自己的资本换取甲对赋税的扣押权。另一个资本家代替甲成了公众的债权人,而甲则代替这个资本家成了生产(或可用于生产的)资金的所有者。社会生产力不会因这一交换而增加或减少。政府用掉甲的钱时,国家的资本已被毁掉,已从生产中提取了一万镑资金,转用于非生产性消费,并把它毁灭了而未创造出等价物。

第五章　关于资本的基本命题

第一节　劳动受资本的限制

如果前面的解释已达到预定目的，则读者不仅对资本的定义已有了很全面的了解，而且还熟悉了具体的资本，熟悉了在各种复杂而含混的情况下出现的资本。这就足以使甚至外行的读者也能理解某些关于资本的基本命题或定理。全面理解这些命题或定理，乃是从黑暗走向光明的重大一步。

这些命题中的第一个乃是，劳动受资本的限制。这一点是显而易见的，以致在日常用语中都有所表现；但是偶尔领悟某一真理是一回事，而经常承认该真理，不容许任何命题与其相违背则是另一回事，直至最近，这一公理还普遍受到国会议员和政论家的漠视；而与其不相容的学说仍在被大肆宣扬和鼓吹。

下面列举的日常用语，就包含有这一真理。把劳动用于某一行业，通常说成"把资本运用于"该行业。把劳动运用于土地，就是向土地投资。把劳动运用于制造业，就是向制造业投资。这意味着，劳动的规模要受资本的限制。其实，只要有了清楚的理解，就必定会同意这个命题。当然，"运用资本"是比喻性的说法，实际运用的是劳动，资本是一必不可少的条件。此外，我们常说"资本的生产力"。这种说法严格说来是不正确的。只有劳动和自然要素才具有生产力；即使能牵强附会地说资本的某一部分具有生产力，这也只是指工具和机器，这些东西，可以说能像风或水一样与劳动相配合。劳动者的食物和用于生产的原料，是没有生产力的，但若没有食物和原料，劳动也就无法发挥其生产力。劳动不可能超过可用于加工的原料和可供食用的食物的供应量。一个国家的人民，不是靠现在劳动的生产物而是靠过去劳动的生产物来供养的，其需要也不是靠现在劳动的生产物而是靠过去劳动的生产物来满足的，这一点是不言自明的，但却常常被人忘记。他们消费的是已经生产出来的东西，而不是即将生产出来的东西。不过，在已经生产出来的东西中，只有一部分拨出来用于供养生产性劳动；因而生产性劳动不可能超过拨出来的生产物（即国家的资本）所能供养并供给生产用原料和工具的劳动。

然而，尽管以上事实是显而易见的，可人们长期以来一直认为，法律和政府在不创造资本的情况下，便能创造出劳动。不是靠使人们更加勤劳，或提高他们劳动的效率；这些是政府在某种程度上能间接地作出贡献的目标。人们认为，即使不提高劳动者的技能或能力，不促使懒惰的人去劳动，政府也能在不增加资金的条件下创造出更多的就业机会。一国政府可以靠禁运法制止某种商品的输入；这样一来，就可促使该商品在国内生产，因此而可以吹嘘使国家增添了一新的产业部门，把产量和就业人口数都堂而皇之地列入统计表，把所有这些都看作是禁运法给国家带来的利益。虽然这种政治算术在英国已受到一些人的怀疑，但在欧洲大陆各国还是很能蛊惑人心的。假如议员们意识到劳动受资本的限制，他们就会看出，由于国家的资本总量并未增加，因而他们通过法律转向新兴产业部门的那部分资本，必然是从其他部门提取或扣除的。

这部分资本在新的部门所雇用的劳动量,也许和在原来的部门雇用的劳动量差不多。①

第二节 但劳动并非总是达到资本设置的限度

然而,我们并不能因为劳动受资本的限制便推论说,劳动总是达到了资本设置的限度。资本可能暂时未得到使用,如在货物未售出,或资金未找到投资目标时就是如此;此时,资本未使任何劳动投入工作。或者可能没有那么多的劳动者来让资本供养和雇用。在新开辟的殖民地就发生过这种事,在这些地方资本有时因缺乏劳动力而被无所谓地花掉。斯旺河殖民地(现称西澳大利亚)在建立后的头几年就是一例。另外,有很多人靠现有资本供养,却什么也不生产,或生产出来的东西远远少于所能生产的东西。如果降低这些劳动者的工资,或在同样工资条件下使他们工作更长时间,或使其已由资本供养的家属对增加产量作出更大贡献,则某一给定资本就会使更多的劳动投入工作。生产性劳动者的非生产性消费,现在全都靠资本供应,可以停止这种消费,或把这种消费

① 若实施限制进口法导致建立起来的产业是所谓家庭制造业,情况则与此不同。从事家庭制造业的是已得到供养的人,是工人家属作为副业进行的,因而除了原料和工具所需的资金外,无需向这一行业转移资本,而原料和工具费用往往是微不足道的。所以,如果课征保护性关税导致建立起来的家庭制造业,国家的产量确实会有所增加。

为了使我们的理论命题无懈可击,必须考虑到这种特殊情况,但这并不损害实际执行的自由贸易理论。家庭制造业从本质上说无需加以保护,其原因是,从事家庭制造业的劳动者的口粮来自其他方面,因而产品的价格,不管降到多低,几乎全部是净收益。所以,如果家庭生产者退出竞争,这决不会是出于迫不得已,而是因为在这些最精明的人看来,花费劳动制作产品已得不偿失。与其自己缝制衣服,还不如花钱买衣服穿。除非社会给予他们的报酬高于他们自己估价的产品价值,否则他们便不会再生产这种产品。

推迟到产品到手时;由此而可以用这笔钱供养更多的生产性劳动者。靠这种方法,社会可以从其现有资源中获取较大数量的产品,实际上,每当有很大一部分资本被突然毁灭,因而暂时必须让剩下的资本发挥尽可能大的效用时,就不得不采用这种方法。

在劳动未达到资本设置的限度时,政府可以用各种方法,例如靠输入劳动者,使其接近于这一限度,譬如向西印度群岛输入苦力和自由黑人。政府还可以用另一种方法创造更多的劳动。它们可以创造资本,即征收租税,把征得的税款用在生产方面。政府采用以下方法,也可以达到几乎相同的目的,即可以对收入和支出课税,将征得的税款用于偿还公债。公债持有者得到偿还后,仍想从其财产中再得到收入,因而会将大部分财产用于生产,而政府征得的税款很大一部分来自非生产性资金,因为人们不会完全用本来打算用于储蓄的钱交税,缴纳的税款即令不是大部分,也至少有一部分是来自本来会花掉的钱。还应补充一句:由于技术的改进等而造成的资本(或更加确切地说,是劳动)生产力的提高,会促使劳动就业机会增加,因为当总产量增加时,总有可能把增加的一部分节省下来转化为资本,特别是当生产性劳动的收益增加时,会更加诱使人们将资金从非生产性用途转向生产性用途。

第三节　资本的增加可以使更多的劳动得到雇用,而且这没有明确的限度

一方面,劳动受资本的限制,因而另一方面,资本的每一增加都会或者说能够使更多的劳动得到雇用,而且这是没有明确限度

的。我并不想否认资本或部分资本可能被固定在机器、房屋、土地改良等等上，因而不能用于供养劳动者。资本大量增加时，常有很大一部分资本如此使用，仅仅与劳动者相配合，而不是供养他们。我想说的只是，(假如其他情况不发生变化)指定用于供养劳动者的那部分资本可以无限增加，不会找不到使用的地方。换句话说，如果有能干工作的人，有供他们吃的食物，则总可以雇用他们生产某种东西，对这一命题需要多说一点，因为这类命题用日常语言表述时，人们很容易接受，但面对错综复杂的社会事实，却不那么好把握。而且该命题也与常见的学说大相径庭。一般人总认为，富人的非生产性开支对穷人的就业来说是必需的。在亚当·斯密以前，几乎没有人对此提出疑问，甚至在他之后，一些非常著名和卓越的著述家[①]仍认为，如果消费者节约和转化为资本的收入超过一定份额，用于非生产性消费的金额不占国家资本的一定比例，则多余的积累会白白浪费掉，因为将没有人购买用这种资本生产出来的商品。在政治经济学中，有许多错误产生于人们不是先考察简单的事例，而是一头扎进复杂的具体现象中而不能自拔，我认为，上述学说就属于此列。

每个人都可以看出，如果一个仁慈的政府拥有社会的全部食物，全部工具和原料，则它给予所有能劳动的人一份食物，便能迫使他们从事生产性劳动，而无需担心这种生产性劳动没有用武之地，因为只要有某个人的某一需要尚未得到满足(并且这种需要能用物品来予以满足)，社会拥有的劳动就会转而生产能满足这一需要的物品。拥有资本的个人在用新的积累增加其资本时，所做的

① 例如马尔萨斯先生、查默斯博士、西斯蒙第先生。

事情与我们假设仁慈的政府所做的事情完全一样。既然可以借助于假设来进行说明，就让我们设想一种最极端的情况。假定每个资本家都认为自己没有品行端正的劳动者贡献大，不应比他们生活得好，因而从良心出发把剩余利润储存起来；或者假定这种禁欲不是自觉自愿的，而是法律或舆论强加在所有资本家和地主头上的。非生产性开支由此会降到最低限度。于是人们会问：增加的资本怎样才能找到出路？谁会购买增加的资本生产的商品？甚至连以前已经生产出来的商品也不再有人购买。因此，（据说）这些商品将卖不出去，将在仓库中腐烂掉，直到资本数量降至原先的水平，或更确切地说，直到资本数量降至与消费需求相等的程度。但这似乎只是事情的一半。在所假设的情形下，就资本家和地主而言，不会再有对奢侈品的需求。但当这些阶级将其收入转变为资本时，他们并没有因此而消灭他们的消费力，而只不过将消费力转移给了他们雇用的劳动者。就劳动者而言，可能会出现以下两种情况，就是劳动者的人数要么随着资本的增加而增加，要么资本增加，而劳动者的人数不增加。如果是前一种情况，则事情便很简单。新人口所需生活必需品的生产取代了一部分原先的奢侈品生产，并恰好补足所失去的就业机会。但假设人口不增加，则以前资本家和地主花在奢侈品上的那些钱就会以增加工资的形式分配给现有的劳动者。我们假定这些劳动者的生活必需品本已得到充分的供应。那么会出现什么情况呢？这些劳动者会成为奢侈品的消费者，原先用于生产奢侈品的资本仍可以用于生产奢侈品。所不同的只是，奢侈品由社会普遍分享，而不是仅限于少数人享用。严格说来，增加的积累和增加的生产可以持续下去，直到每个劳动者对财富的每一种欲望都得到满足(假定他们的劳动力从物质上来说是足以为他们全体生产出所有这些东西的)。由此可见,财富的限度决不会是消费者的不足,而是生产者和生产力的不足。资本的每一增加要么会创造更多的就业机会,要么会增加劳动报酬,要么会使国家更富裕,要么会使劳动阶级更富裕起来。如果能找到更多的人手去工作,总产量会增加。如果人数不变,他们可得到较大的份额。甚至在后一种情况下,由于劳动者受到刺激后会更卖力地干活,产量本身也会扩大。

第四节 资本是节省的结果

有关资本的第二条基本定理讲的是资本的来源。资本是节省的结果。前面有关这一主题的论述中,具有这方面的大量证据。但对这一命题仍需进一步作些说明。

如果每个人都把自己生产的全部东西以及从他人那里得到的全部收入花在个人癖好上,资本便不会增加。全部资本,除很少一部分外,最初都是节省的结果。我说有很少一部分是例外,是因为一个自食其力的人可以把他所生产的全部东西都为自己花掉,而不会变穷,同时在他获得收获或卖掉商品以前维持他生存的那些必需品,虽然实际上也是资本,却不能说是节省下来的,因为这些必需品全都用于满足他自身的需要,也许会像坐吃山空那样很快消耗光。我们可以假想一些个人或家庭各自居住在分散的小片土地上,每个人或家庭都自食其力并且把全部产品都消费掉。但即令如此,也必须从他们个人的消费中节省下种子。因此,即使在这种最简单的经济状态下，也必须节省下一些产品；人们生产出来的东西必须多于使用掉的东西，或者说使用掉的东西必须少于生产出来的东西。人们必须节省下更多的东西，才能雇用其他劳动者，才能使产量超过靠自己的手所能生产出来的产量。任何人用以供养他人劳动的产品，最初必定是靠节省积聚起来的；必定有人先生产出了这些产品，并克制自己不把它们消费掉。因此，我们大体上可以说，所有资本，特别是全部增加的资本，乃是节省的结果。

在充满暴力的原始社会状态下，拥有资本的人往往并不是节省资本的人，而是某个较强壮或有权有势的人。他靠掠夺，将资本占为己有。即令在财产受到保护的状态下，很长一段时期以来，资本的增加通常也主要来自剥夺，剥夺虽然在本质上和节省是一回事，一般却不叫这个名称，因为它不是自愿的。实际的生产者是奴隶，他们在暴力威胁下被逼迫着生产尽量多的东西，而只消费严厉的主人出于自身利益的考虑，或出于往往很微弱的仁慈心允许他们消费的那一点点东西。然而，这种强制性的节省，除非其中一部分被主人自愿地再一次节省下来，否则是不会使资本增加的。如果他把迫使奴隶生产并节省下来的全部东西用来满足个人欲望，那他就不会使自己的资本增加，也无法供养更多的奴隶。要供养奴隶，就得事先节省下一些产品，至少是事先要储备一些食物。然而，这些产品或食物可能不是靠奴隶主的自我剥夺节省下来的，而更可能是靠奴隶的自我剥夺节省下来的；剥夺了奴隶人身自由的战争或劫掠，也把他们的积累转移给了征服者。

在另一些情况下，节省这个词，连同这个词通常引起的各种联想，并不完全适合于描述资本赖以增加的方式。例如，如果说加速资本增加的惟一途径是更多地节省，那也许会使人联想到要更加节制欲望，生活会更加贫困。但很显然，只要劳动生产力有所提高，就会创造出可节省下来的额外资金，就可以扩大资本，不但生活不会更贫困，个人消费反而会增加。不过，从科学意义上说，节省下来的还是增多了。虽然消费得多了，但节省下来的更多。生产超过了消费。因而称其为更大的节省是完全正确的。虽然这个词不理想，却也没有比它更理想的词了。消费少于生产，就是节省；这就是资本赖以增加的方式；消费不一定要绝对地减少。我们不应沦为词语的奴隶，不敢越雷池一步，在上述意义上使用节省这个词。这样使用这个词时，只要记住以下一点也就够了，就是除了减少消费外，还有另一种增加资本的方法，即增加生产。

第五节 资本都是要消费掉的

资本的第三条基本定理，与刚刚讨论过的紧密相联，即资本虽说是节省下来的，是节省的结果，但却要被消费掉。节省这个词并不意味着不把节省下来的消费掉，甚至也不一定意味着要推迟消费；仅仅意味着，如果立即被消费掉，并不是由节省者来消费。如果仅仅留作将来使用，就说是储藏起来了；而若储藏起来，就是不消费。但若用作资本，则要全部消费掉，虽然不是被资本家消费掉。部分换成了工具和机器，工具和机器在使用中被磨损；部分换成了种子或原料，种子或原料本身在播种或加工过程中被毁掉，然后在最终产品被消费掉时被完全毁灭。其余部分作为工资付给生产性劳动者，他们用其满足日常需要；或者如果他们也节省一部分的话，这一部分一般说来也不是被贮藏起来，而是（通过储蓄银行、互助储金会或某些其他渠道）重新用作资本并消费掉。

上述原理是有关资本的最基本的原理之一，但未思考过这一问题的人一般却对此一无所知，有人告诉他们时，又大都不愿予以承认，这就充分说明，确实有必要强调一下有关资本的那些最基本的原理。对一般人来说，所节省的都要消费掉，并不是显而易见的事。对他们来说，每个节省者看上去都像是守财奴。他们或许认为，若是为了养家糊口而节省，这种行为还情有可原，甚至是值得称道的。但是他们没有想到这会对别人有什么好处。对他们说来，节省就是为自己保存一件东西，而花费则是把东西分给别人。谁把自己的财产花在非生产性消费上，谁反而被认为是在施惠于左右，会大受称赞，以至于花费别人财产的人也会受到称赞。花费别人财产的人不但毁掉了自己的资本（假如他有资本的话），而且还通过借贷，通过对偿还的承诺，获得了别人的资本，把别人的资本也毁掉。

这一流行的错误产生于人们往往只注意到了节省或花费所带来的一小部分结果，而完全未想到所有那些看不到的结果。眼睛所看到的，只是节省的钱放进了保险箱，花费的钱落入了商人和仆人之手。在这两种情况下，人们都未看到钱的最终去处。节省（即为生产性投资而节省）和花费在其过程的第一阶段很相似。两者都以消费开始，最初都毁灭一部分财富；区别仅仅在于消费的物品不同，消费的人不同。在一种情况下，工具被磨损，原料被毁灭，一定数量的食物和衣着被劳动者使用而丧失；在另一种情况下，消费即毁灭的则是酒、器皿和家具。至此，对国民财富造成的后果是一样的；在两种情况下都毁掉了同样数量的财富。但就花费来说，最初阶段就是最后阶段；一定数量的劳动产品消失了，没有留下任何东西；反之，节省者则在毁灭的同时，使劳动者从事恢复工作；劳动者最终不仅将补足所消费掉的物品，而且还会生产出更多的物品。因为即便没有新的节省这一过程也能无限重复下去，所以一次节省下来的钱可以成为永久供养相应数目劳动者的基金，这些劳动者每年都会再生产出他们自己的给养外加一定数量的利润。

正是由于货币的介入，外行人往往看不清这些现象的实质。几乎所有支出都是用货币进行的，货币便被看作是交易中的主要因素；因为货币不消失，仅仅转手，人们便忽视了发生于非生产性支出情况下的毁灭。货币只是被转移，人们就认为财富也只是从浪荡子手里转到其他人手里。但这实际上是把货币和财富混淆在一起。所毁掉的财富不是货币，而是用货币购买的酒、器皿和家具；这些东西被无偿地毁掉了，整个社会的财富因此也就相应减少。有人也许会说酒、器皿和家具不是口粮、工具和原料，无论如何不能用来供养劳动；它们只能用在非生产性消费方面；因而它们是在生产时而不是消费时给社会财富造成损害的。就这种论点本身而言，我乐于表示赞同，如果这些昂贵的奢侈品取自现有的资本，无需加以补充，这些人也说到了点子上。但因为情况与此相反，只要有人消费奢侈品，奢侈品就会不断被生产出来，而且如果要求增长，产量也会增长，所以，如果消费者每年花 5000 镑购买奢侈品，那每年就会有相当数目的劳动者被雇用来生产这些对生产毫无用处的东西；这些劳动者所做的工作对国民财富的增长毫无帮助；而他们每年消费的工具、原料和食物要从可用于生产的社会总资本中扣除。一国的某一阶级愈奢侈浪费，该国的劳动便愈多地用来生产供该阶级享用的奢侈品；此时不仅所雇用的生产性劳动者会减少，而且赖以雇用生产性劳动者的口粮和工具实际上也会减少。

简言之，节省会使社会与个人富裕，而花费则使之变穷；换句话说就是，整个社会会因用于供养和帮助生产性劳动的支出而变富，会因用于享乐的支出而变穷[1]。

---

① 固然，在某些情况下，个人的挥霍使总财富遭受的损害在某种程度上会有所减轻，或损害本身会或多或少地提供补偿。这些情况是值得予以注意的。其中一种情况是，挥霍者通常并未成功地花掉他们的全部钱财。由于他们大手大脚惯了，他们便在各方面经常被骗、被盗，而行骗者和盗窃者则往往是具有节俭习惯的人。一些大手大脚的财主雇用的代理人、管家甚至于仆人，常积聚有大量财产。这些财主无论购买什么东西，支付的价格都比精打细算的人高得多，这使他们成为受欢迎的顾客。所以，他们实际上所能占有和毁灭的财富，决不等于他们挥霍掉的财产。很大一部分只是转移给了别人，这些人会节省下一部分。应注意到的另一件事是，某些人的挥霍可能会强迫另一些人节省。假定某一挥霍者忽发奇想，大量购买某种商品，致使需求突然增加，由于事先没有预料到需求增加，供应通常不会增加。在这种情况下，价格将上升，并且可能上升得超过某些经常性消费者的资力所能承受的限度，他们因此而可能放弃惯常的嗜好，节省下这笔钱。如果他们不这样，而是继续像以前一样花费同等数量的钱在这种商品上，那么，商人出售同以前一样多的物品，就可以获得更多的报酬，增加的报酬来自挥霍者支付的全部货款。因而挥霍者损失的那笔钱全部转移给了商人，加到了商人的资本中。挥霍者的个人消费增加多少，其他买主的个人消费也就减少多少，这些买主用同一代价所能得到的满足减少了。另一方面，某处肯定在进行与此相反的过程，因为挥霍者在该方面的支出增加，在其他方面就得减少购货量。他收回的也许是用于供养生产性劳动者的资金。在这种情况下，出售粮食和生产工具的商人就会有东西卖不出去，或者虽然卖出的数量和以前相同，但得到的报酬却比以前少。不过，勤劳的人在收入或资本方面遭受的这种损失，除非数额特别巨大，否则是会通过省吃俭用来弥补的。因此，社会的资本总的看来不会减少。挥霍者纵欲所损害的，可能不是永久性的资源，而是别人的暂时享乐和舒适。因为，如果某人的花费致使其他人缩减开支，社会的富裕程度就不会减低。某些人的挥霍还会以另一些更为隐秘的方式致使其他人更加节省，从而补偿挥霍造成的损失，但是，这些只能留待第四编去考察了，该编将论述限制资本积累的因素。

第六节　资本不是靠保存，而是靠不断再生产积累起来的

再来看我们的基本定理。生产出来的每件物品都是要消费掉的。节省下来的和花费掉的都是如此，而且两者消费得同样快。日常语言却往往掩盖这一点。当人们谈到一个国家的古代财富，谈到从祖先那里继承下来的财富时，总认为这些传下来的财富是很早以前生产出来的，是最初获得它们时生产出来的，总认为除当年增加到资本总额上的以外，当年未生产出任何其他资本。事实并非如此。英国现有的大部分资本是人力在最近12个月中生产出来的。巨大的资本总额中实际上只有很小一部分是10年前就存在的——除农场房屋和厂房，少数几条船和机器以外，国家现有生产资本中只有极小一部分是原有的；即令这些东西，如果在一段时期内没有投入劳动进行维护保养，大都也不会用得这样久。土地，而且几乎只有土地能长久存在。生产出来的每件东西都会消失，而且大部分东西会很快消失。大多数资本从其性质来看不适宜长期保存。少数产品、而且也只有少数产品可以存在很长时间。威斯敏斯特大教堂已存在了许多世纪，只偶尔需要进行维修；一些希腊雕像已存在了两千多年；金字塔存在的时间更长，也许已达四千或六千年。但这些都是用在非生产方面的东西。如果把桥梁和沟渠（在某些国家还需加上水池和堤坝）刨除掉，工业用建筑物就很少有能用得久的；这类建筑物既不耐损耗，把它们建造得按永久保存所要求的那样坚固也不值得。资本得以一代一代地存在下去，靠

的不是保存，而是再生产。资本的每一部分通常在生产出来后很快就被用掉和毁掉。但消费这些东西的人同时也被雇用来生产更多的东西。资本的增长类似于人口的增长。每个人都有生有死，但每年出生的人数却要超过死亡人数。因此，人口总是在增长，虽然构成人口的每一个人都是最近才来到人世的。

第七节　为何国家会迅速从灾难状态恢复过来

资本的这种不断的消费和再生产，可解释一种常常使人惊奇的现象，即国家能极其迅速地从灾难状态恢复过来，地震、洪水、飓风和战争所造成的一切破坏迹象在短时间内会消失。敌国可以用火与剑使一个国家变为废墟，把它全部可搬动的财富都毁掉或拿走，使全部居民都破产，可过不了几年，一切又几乎都恢复了原样。这种自愈力一直让人百思不得其解，一直被引用来证明节省原则的神奇力量，认为是节省在如此短的时间内弥补了这么巨大的损失。其实这毫无神奇之处。敌人所毁坏的，是居民自身在短期内同样会毁坏的，而他们如此迅速地再生产出来的财富，也是无论如何在同样短的时间内所需要并会再生产出来的。除了在再生产时这些居民现在不能消费以前所生产出来的东西以外，什么都没有发生变化。他们能否迅速从灾难中恢复过来，主要取决于国家人口有无减少。如果其劳动人口在战时并未被灭绝，战后也没有饿死，那么，由于他们以前掌握的技能和知识依然存在，由于土地和对土地的永久性改良并未受到破坏，由于较坚固的房屋并未遭到损坏，或是只遭到了部分损坏，他们就拥有生产出以往产量的全部必要条件。如果留下来的食物,或能用于购买食物的值钱东西能使他们在勒紧裤带的条件下生存下来和干活,他们就将在短时间内把产量提高到以前的水平,就将共同创造出和从前同样多的财富和资本;而要做到这一点,他们只需在各自的职业中花费同以前一样多的力气。这也并未表明一般意义上的节省原则具有的力量,因为所发生的并不是有意识的禁欲,而是非自愿的贫困。

然而,学者们却不可救药地习惯于仅仅依靠一套专门术语思考问题,而又没有理由自夸不具有俗人的那种智力缺陷,因而就我所知,在查默斯博士以前,没有一个政治经济学家曾作出过这样简单的解释。查默斯博士的许多观点我认为并不正确,但这个人却有这样一个优点,即常常直接研究各种现象,并用自己的话来表达看法。他们看法常常揭示出真实情况,而标准术语却往往掩盖真实情况。

第八节 用公债支付政府开支的后果

查默斯博士沿着同一思路就另一与此紧密相关的问题,得出了一些重要结论,这个问题就是政府为战争或其他非生产性开支而举债会产生什么结果。这种公债是从资本中抽出来的(这和赋税不一样,赋税通常由收入支付,并且部分或全部因经济的增长而得到补偿),因而依据我们提出的原理,必定会使国家贫困,然而,这种开支规模最大的年份却常常是表面很繁荣的年份。国家的财富和资源并没有减少,相反却在这一过程中显示出迅速增长的迹象,而且在其结束后扩充到很大的规模。众所周知,英国在上一次旷日持久的欧洲大陆战争（译者按：指 1792—1815 年的拿破仑战争）期间就出现了这种情况；由此而在政治经济学中产生了许多无根据的理论，人们一时都相信这些理论。这些理论几乎都赞扬非生产性支出，而贬损生产性支出。列举出所有这些理论，要占很大篇幅。有许多因素致使这种对一国生产资源的突然抽取没有产生预料的结果，我们不准备仔细观察所有这些因素，而只假设有可能出现最为不利的情况，即政府借得并毁灭的全部款项是放债人从已投入生产的投资中抽出来的。因此国家在该年的资本也就相应减少。但是，除非所抽走的款项非常巨大，否则该国的资本在下一年就没有理由不和以往一样多。公债不可能取自购成工具、机器和房屋的那部分资本。公债肯定全部取自支付劳动报酬的那部分资本，劳动者会因此而受苦。但如果没有劳动者饿死，如果他们能忍受工资的这种减少，如果慈善机构能使他们免于陷入绝对贫困，就没有理由认为他们的劳动在下一年会比上一年生产得少。如果他们生产得同往年一样多，而他们所得到的报酬却少了几百万镑，那么这些钱就落入了雇主手中。这样，国家资本遭受的损失立即得到了弥补，不过这是用劳动阶级的贫困以及真正的苦难换来的。这就是为什么在这种时期，即令在最不利的情况下，仍有人会很容易地获得暴利，而这些人的兴旺发达往往被社会看作是国家的繁荣昌盛。[①]

① 另一方面，则必须记住，战争从生产中不仅抽走资本，而且还抽走劳动者，从生产性劳动者的报酬中抽走的资金部分用于支付给这些劳动者或其他人以进行非生产性劳动，这部分资金即战争开支造成的影响正好与查默斯博士所指出的相反，直接抵消了正文中描述的那些结果。就从生产部门征用劳动者去服兵役而言，劳动阶级并未受损，资本家并未得益，只是国家的总产量因战争开支而减少了。因此，查默斯博士的学说，虽

由此便导向了查默斯博士特别提到的那个令人伤脑筋的问题，即一国政府在额外的非生产性开支方面所需的资金，是靠发行公债来筹措，赋税只提供利息好呢，还是靠课征赋税一下子把所需的款项都筹齐(用财政术语来说，这叫年收年支)好。查默斯博士坚决主张采用后一种方法。他说，一般认为，要求在一年内得到全部金额，这是在要求做不可能做到的事或很难办到的事；人们一下子从年收入中付出全部金额困难很大；最好是要求人们每年以利息形式支付小笔金额，而不是一下子作出这样大的牺牲。对此查默斯的看法是：在两种情况下所作的牺牲是同样的。不论花费多少，都得从年收入中抽取。国内生产的全部或每一部分财富，产生或帮助产生了人们的年收入。以赋税形式抽取所需款项固然会带来贫困，但以公债形式抽取所需款项，同样会带来贫困。苦难并未被防止，只不过转嫁给了劳动阶级，转嫁给了最无能力并且最不应该负担的阶级，而为了经常支付利息课征租税所产生的一切身体上、道德上和政治上的麻烦，也是纯粹的损失。每当从生产中或从生产基金中抽取资本，借给国家用在非生产性方面时，抽走的全部金额便是从劳动阶级身上扣得的。所以，公债实际上当年就得到了偿还；偿还公债所需作的全部牺牲实际上也已作出，只是付错了

然适用于我国，却完全不适用于情况不同的国家，例如不适用于拿破仑战争时期的法国。在拿破仑战争时期，法国连续多年从劳动人口中抽走了大量人力，而大部分战争费用则靠对法国军队蹂躏的国家课税来提供，只有一小部分取自法国的资本。因此，在法国，工资并未下降反而上升了；劳动的雇主们并未得益，反而受到损失；国民财富由于生产性劳动被如此大量地中止或全部取消而减少。在英国，所有这些事情都是反过来的。英国相对而言很少雇用更多的美国士兵和水手，同时却从生产部门拨出几亿资本用于供应大陆盟国的军火和军队。因此，正如正文所说的那样，英国是劳动者受苦，资本家发财，国家的永久性生产资源并未减少。

人,因而并未消除债权;并且是靠最坏的赋税,一种只向劳动阶级征收的赋税来偿付的。而在以这种最痛苦和最不公正的方式作出了偿还债务所需的全部努力之后,债务却依然存在,依然要长久地为其支付利息。

我认为,就公债所吸收的价值如不这样使用就可用于国内生产这一点而言,上述观点是完全正确的。然而,实际情况却很少完全符合这样的推测。不太富裕的国家的公债,主要来自外国资本,外国资本也许只会向较有保证的政府债券投资。而富裕繁荣的国家的公债,通常不是从生产资金中抽取的,而是来自收入不断造成的新积累,一部分新积累如果不这样使用,就会转移到殖民地,或者向国外寻求别的投资机会。在这种情况下(后面将对此进行更加详细的考察[①]),靠公债获得所需的款项,非但不会损害劳动者,不会扰乱整个国家的工业秩序,反而同靠课税筹集款项的方法相比,也许对劳动者和整个国家的工业更为有利,因为赋税,特别是沉重的赋税,几乎总有一部分要由本来可以节省下来增添到资本上去的资金来支付。而且很显然,如果一个国家每年能如此大量地增加其财富,能拿出一部分作非生产性开支而不会减少资本,甚至不会妨碍资本大幅度增加,那么在这样的国家,即使公债抽取的都是资本,都是在国内可以得到利用的资金,劳动阶级遭受的损害,也要比所假设的第一种情况少得多,反对靠公债筹款的理由也弱得多。有关这一问题的讨论放在后面也许更为合适;这里简要地预先予以讨论,是为了防止人们从列出的前提条件中得出错误的推论。

① 参见本书第四编第四、五章。

第九节 对商品的需求并非对劳动的需求

现在来讨论有关资本的第四个基本定理,该定理也许比前面任何一个定理更经常地被人忽视和误解。维持和雇用生产性劳动的,是其工作所花费的资本,而不是买主对劳动产品的需求。对商品的需求并非对劳动的需求。商品需求决定的是劳动和资本将用于哪一个生产部门,决定的是劳动的方向,而不是劳动本身的多少,不是维持劳动的手段和支付给劳动的报酬的多少。这些取决于资本量,或其他直接用于劳动的供养和报酬的资金。

例如,假设有对天鹅绒的需求,有用于购买天鹅绒的资金,却没有建立天鹅绒制造业的资本。在这种情况下,不管这种需求有多大,都毫无用处;除非有资本被吸引进这一行业,否则便造不出天鹅绒,因而什么也买不到;事实上,除非买主的欲望是如此强烈,以致他把要付的一部分价款事先付给工人,使他们可以从事天鹅绒的制造,也就是说,除非他将一部分收入转化为资本,并将这部分资本投放于天鹅绒制造业,否则什么也不会发生。我们现在把这一假设反过来,设想有足够的资本准备好用于制造天鹅绒,但没有任何需求。在这种情况下,也不会制造出天鹅绒;但资本并不是专门用于制造天鹅绒的。制造商和劳动者进行生产不是为了使顾客高兴,而是为了满足自己的需要,既然他们拥有资本和劳动这两样生产要素,他们就可以生产人们需要的其他东西,或者如果人们不需要其他东西而他们自己需要某种东西,他们可以生产他们自身消费所需要的物品。所以,劳动是否被雇用不取决于买主,而取决于资本。当然,这里没有考虑情况突然发生变化所带来的结果。如果商品已经生产出来之后,需求出乎意料地中止,则这会使问题发生某种变化:资本实际上已用于生产没有人需要或使用的东西,因而资本已毁灭,劳动的雇用也终止了,这不是因为没有需求,而是因为没有资本。所以,这一事例并未能检验我们的原理。要真正检验我们的原理,就得假设变化是逐步的,是被预料到的,没有资本被浪费掉。停止制造天鹅绒仅仅是由于未更换磨损的机器,未把出售产品得到的钱重新投资于天鹅绒制造业。因此,资本可随时投放于新的事业,在这一事业中,资本得维持和以前一样多的劳动。制造商和工人遭受的损失是,他们在天鹅绒制造业中获得的技能和知识现在没用了,这种技能和知识在其他行业中只有一部分使用得上。这就是社会因这种变化所遭受的损失。但是这些劳动者们仍能工作,以前雇用这些劳动者的资本,仍会被原先的老板或者被借得这些资本的其他人,用于雇用他们或相同数目人员来干其他工作。

这一定理,即购买产品并非雇用劳动,对劳动的需求取决于生产前预付的工资,而不是取决于对商品的需求,需要尽量详尽地予以说明。在一般人看来,这是一种谬论。即令在著名政治经济学家中,也很难指出哪个人自始至终掌握了这一定理。除李嘉图先生和萨伊先生外,几乎所有其他人都认为,购买商品即劳动产品的人是劳动的雇主,就像以支付工资的方式直接购买劳动本身那样,实际上创造了对劳动的需求。由于这一基本问题尚未得到解决,所以无怪乎政治经济学发展得如此缓慢。在我看来,如果对劳动的需求意味着工资可因此而提高或雇用的劳动者人数可因此而增加，则对商品的需求便不构成对劳动的需求。我认为，购买商品自行消费的人没有给劳动阶级带来益处，只有节制消费，把节省的钱直接付给劳动者以换取劳动，才能给劳动阶级带来益处，才能使他们的就业人数有所增加。

为了更好地说明这一原理，让我们来看以下情形。消费者可以把其收入或用于购买劳务，或用于购买商品。他可以用其一部分收入雇用泥瓦匠造房子，雇人挖掘人工湖，雇人种植树木和布置娱乐场；或者不做这些，而用这笔钱购买天鹅绒和花边。问题乃是，这两种花费收入的不同方式会对劳动阶级的利益产生什么影响。明摆着的是，在前一种情况下，他雇用劳动者，在后一种情况下，这些人将不会受雇，或至少不会受到这样的雇用。但是，与我意见不同的那些人说，这没有什么意义，因为消费者购买天鹅绒和花边，同样要雇用劳动者，即雇用制造天鹅绒和花边的人。然而，我坚持认为，在后一种情况下他并没有雇用劳动者，而仅仅决定了另外某个人雇用劳动者来干什么样的工作。消费者并不用自己的钱来支付纺织工和花边工每天的工资。他购买做好的商品，即已由劳动和资本生产出来的商品，他既没有付工钱也没有提供资本，这些都是制造商提供的。假设他过去习惯于用这部分收入雇用泥瓦匠，这些泥瓦匠把工资花在食物和衣着上，这些东西也是靠劳动和资本生产出来的。然而，他现在决定要天鹅绒，由此而创造了对天鹅绒的额外需求。这种需求没有额外的供应便得不到满足，而这种供应没有额外的资本也生产不出来。那么，资本来自何处呢？消费者改变主意决不会使国家的资本增加。因此，假如天鹅绒需求增加时未腾出增加天鹅绒生产所需的资本，则增加的需求量暂时就得不到供应。消费者现在用于购买天鹅绒的款项，以前是付给泥瓦匠的，他们曾用它来购买食物和生活必需品，而现在或者不再买，或者通过竞争从其他劳动者那里挤榨过来。因此，以前为泥瓦匠生产必需品的劳动和资本，被剥夺了市场，必须寻找别的出路。他们在为新的需求制造天鹅绒方面找到了出路。我并不是说，就是生产必需品的那些劳动和资本转而去生产天鹅绒，而是说不管它们怎么转弯子，总之最后生产出了天鹅绒。现有资本可用于做两件事中的一件，要么制造天鹅绒，要么为泥瓦匠生产必需品，但不能两件事都干。究竟生产什么，这得看消费者的意愿；如果他决定要天鹅绒，泥瓦匠就不会有必需品。

为了进一步说明，让我们假设情形与上面所说的相反。消费者已习惯于购买天鹅绒，但决定不再继续这种花费，而将每年用于购买天鹅绒的钱用来雇用泥瓦匠。如果一般看法是正确的，则花费方式的这一改变不会增加被雇用的人数，只不过把制造天鹅绒的工人转变成了泥瓦匠。然而，若加以更为仔细的考察，就会看到，用于支付劳动报酬的总金额增加了。假设天鹅绒制造商事先知道对其商品的需求将减少，则他会减产，相应地腾出一部分资本。从天鹅绒制造者那里所抽出的这笔资本，并不是顾客用于供养泥瓦匠的那笔资金，而是另一笔资金。因此，现在有两笔资金用于供养劳动者和为劳动付酬，而以前只有一笔。天鹅绒制造工人并没有改行去当泥瓦匠，而是泥瓦匠的就业机会增加了，天鹅绒制造工人改行去当了别的劳动者，很可能是去生产泥瓦匠消费的食物和其他东西。

对此有人会说，虽然花在购买天鹅绒上的钱不是资本，但它却替代了资本;虽然它并未创造出对劳动的新的要求,它却是维持现有需求的必要手段。(有人会说)制造商的资金搁死在天鹅绒上时,不能直接用于供养劳动;只有在天鹅绒被卖掉,制造天鹅绒的资本从买主的花费中得到补充以后,制造商的资金才构成对劳动的需求;因而有人会说天鹅绒制造者和天鹅绒买主没有两笔资本,在他们之间只有一笔资本,这笔资本通过购买由买主转移给制造商,所以如果买主购买劳动而不是购买天鹅绒,他只不过是把这笔资本转移到了别处,在一处创造了多少对劳动的需求,在另一处也就消灭了多少对劳动的需求。

这一论点的前提是不容否定的。腾出一笔原先搁死在商品上,不能用来供养劳动的资本,这对于劳动者的利益来说,无疑和创造出一笔新资本是一样的。的确,如果我花 1000 镑来购买天鹅绒,我就使制造商可用 1000 镑来供养劳动,天鹅绒未卖出去时,这些劳动就不会被如此雇用,如果我不购买,天鹅绒永远卖不出去,因此毫无疑问,当我改变主意,不购买天鹅绒而雇用泥瓦匠时,我并未创造出对劳动的新需求,因为当我一方面用 1000 镑雇用劳动时,我在另一方面却永远消灭了天鹅绒制造者的 1000 镑资本。但是,这把突然变化所产生的结果与变化本身所产生的后果混淆在了一起。如果买主停止购买时,用于为他制造天鹅绒的资本必定消失,则他用购买天鹅绒的钱雇用泥瓦匠并没有创造就业机会,而仅仅是使人改行。除非天鹅绒制造者的资本能腾出来,否则我所说的劳动就业是不会增加的,而且也只有等到天鹅绒制造商的资本腾出来时,劳动就业才会增加。但每个人都知道,如果时间足够长,投放于某一行业的资本是能够抽出来的。如果天鹅绒制造商由于未接到往常的订货单而事先得知需求有所减少，他就会少生产 1000 镑天鹅绒，把相应的资本腾出来。如果他事先毫无所知，因而货物留在他的手中，则库存量的增加会导致他下一年度在把存货处理掉以前停产或减产。这一过程完成时，制造商会发现自己和过去一样富有，雇用一般劳动的能力并未降低，虽然现在他的一部分资本会被用于维持另一种劳动。直到这种调整发生以前，对劳动的需求仅仅发生了变化，并没有增加，可是一旦调整完毕，对劳动的需求便增加了。以前只有一笔资本用于供养织工来制造价值 1000 镑的天鹅绒，现在这同一笔资本用来制造别的物品，此外还有 1000 镑分配给泥瓦匠。现在有两笔资本用于支付两批劳动者的报酬，而在以前，这两笔资本中的一笔，即顾客的那一笔，只不过充当机器上的一个轮子，以使制造商的那笔资本能年复一年地雇用劳动。

我的看法实际上可表述如下：即一个人不是靠他消费，而是靠他不消费来对劳动者做好事。这在某些人看来是自明之理，另一些人却认为是谬论。如果我不用 100 镑购买酒或丝绸，而用它来付工资，两种情况对商品的需求是完全相等的。在一种情况下，是对价值 100 镑的酒或丝绸的需求，在另一种情况下，是对具有同样价值的面包、啤酒、工作服、燃料和其他物品的需求。但是，在后一种情况下，社会上的劳动者会多出价值 100 镑的社会产品在他们之间分配。我的消费减少了 100 镑，我的消费力转让给了劳动者。如果不是这样，我减少了消费而并不能使别人消费得多些，则这显然是有矛盾的。生产未减少时，一个人所少消费的东西一定会分配给另一个人，因为前者把购买力转移给了后者。在这种假设的情况下，我的消费不一定最终会减少，因为我所雇用的劳动者会给我造一座房屋，或为我将来的消费制造出一些别的东西。但无论如何我推迟了我的消费，将我在当前社会产品中所应享有的那一份额的一部分转给了劳动者。如果过一段时间我得到补偿，这不是来自现有产品，而是来自随后增加的产品。因此我让别人消费更多的现有产品，而且使劳动者有力量来消费这些产品。

济贫法可以最有力地证明与此相反的学说是不能成立的。如果不论我花钱购买物品供自己消费，还是拨出一部分以工资或施舍的形式供劳动阶级直接消费，对劳动阶级都同样有益，那么，既然我的非生产性花费对劳动阶级同样有好处，而且我还能由此而得到享乐，又怎样才能证明要我出钱供养贫民的政策是正确的呢？如果社会能使鱼与熊掌两者兼得，它又何乐而不为？但常识告诉每一个人，就他个人来说（他并不能看得更远），他所缴纳的济贫税，实际上要从他本人的消费中节省出来，而且并不会因支付的提前或推迟而使两个人能吃同一碗饭。如果没有让他缴这种税，因此他能自己花这笔钱，则贫民所占有的国家总产量的份额会相应减少，他本人则可以相应地多消费一些。[①]

---

① 下面的事例，以略微不同的形式表述了我的论点，可以用作进一步的说明。

假定有一个富人某甲，每天以工资或施舍方式花掉一笔钱，而接受者在得到这笔钱后立即以粗茶淡饭形式将其花掉和消费掉。甲死后将其财产留给乙。乙停止了这一开支项目，代之以每天把这笔钱花在自己餐桌上的美味佳肴上。我这样假设，是为了使两者的情况完全相同，而只在要进行比较的那一点上有所不同。为了不让货币交易这一迷惑人的媒介掩盖基本事实，我们进一步假定甲和其继承人乙都是地主；接受甲付款的人所消费的食物和供乙享用的奢侈品，都是他们庄园自身生产的；他们收取实物地租，事先指定要什么样的产品。问题是，乙的花费是否也和甲的花费一样给予穷邻居同样多的就业机会或同样多的食物。

按照所述的情形，甲活着时，他花在工资或施舍上的那部分收入会从其庄园以食物

由此可见，把需求推迟到工作完成以后，不提供任何垫款，而

形式给予劳动者，并会这样消费掉，而继承人乙则代之以获得美味佳肴供其家庭消费；因而同甲活着时相比，农民在乙的统治下每天生产的普通食物减少，而昂贵的美味佳肴增加，结果在全年中劳动阶级和贫民阶级所分配到的食物便相应减少。以上所述同正文阐述的原理相一致。但想法不同的人一定认为，乙所要求的奢侈品不是代替而是增加到先前供应给甲的劳动者的食物生产上，因而国家的总产量会有所增加。但如果问如何进行这种双重生产，即当租地农场主的资本和劳动被全部占用时，他如何能在不减少别的物品生产的条件下满足乙的新要求，则回答只能是，他应首先生产出食物，然后把这些食物给予甲原先供养的劳动者，靠他们的劳动生产出乙需要的奢侈品。这似乎就是反对者们被追问时实际所能给予的回答。但对此显然可以这样说，根据这一假设，乙必须等到下一年才能得到奢侈品，而当年却得不到。可是按照原来的假设，他天天要消费这些美味佳肴，而且要和以前甲作为口粮分发给他的劳动者的面包和马铃薯同步地消费。没有时间先来供养劳动者，然后再供应乙。乙的需要和劳动者的需要不能同时得到满足，乙只能通过听任劳动者的一部分需要（即以前用甲的资金满足的那部分需要）得不到满足，才能满足自己的需要。

的确，反对者会回答说，既然在这种情况下，只要有充足的时间，就可以使乙的花费雇用的劳动和甲的花费雇用的劳动一样多，那么为什么我们不可以假设乙会推迟自己对个人奢侈品的额外消费，直到甲雇用的人的劳动能提供这些奢侈品为止呢？对此我们可以说，在这种情况下，乙雇用和供养的劳动会与其前人一样多。毫无疑问会这样，但为什么会这样呢？因为他的收入和其前人的收入完全一样地花在了支付工资上。甲从他个人消费上留出一笔资金直接付给劳动者。乙也是这样做，只不过不是由他本人付给他们，而是交给租地农场主由其代付。根据这一假设，在第一年中，乙就其个人而言，既没有按甲的方式也没有按他自己的方式把这笔钱花掉，实际上是把这部分收入节省下来借给了租地农场主。如果在以后几年中，乙只使用当年的收入，他就使租地农场主欠下了一笔钱，这笔欠款变成了追加资本，租地农场主可以用这笔资本维持雇用和供养甲的劳动者们。没有人认为这样一种变化，即从把收入花在劳动工资上转变为将其节省下来作为投资，会使任何劳动者失业。认为会使劳动者失业的，是我们原先假设的那种变化；即从雇用劳动者转变为购买个人使用的商品。

在我们的说明中，我们假设没有买卖，也没有使用货币。但我们所描述的情形，除作用过程的细节外，却完全符合实际情况。任何国家从整体上看实际上都是一个农场和制造厂，每个社会成员从中取得指定的产品份额，一定数量的称为英镑的筹码放到他的手中，他可以用这些筹码在合适的时候换回自己所喜爱的商品。他并不像我们所假想的情形中那样，事先通知他需要什么东西；但是商人和生产者完全能通过观察发现他需要什么，因而需求发生变化后，供应会立即相应地发生变化。如果一个消费者改变主意，不再把他的一部分收入用来支付工资，而于当天（不是以后遥远的某一天）用这部分收入购买供自己消费的物品，并且保持这一做法直到生产有时间来适应需求的这种变化，那么，从那时起该国为劳动者生产的食物和其他物品就会减少，减少量正好等于现在额外需要的奢侈品的价值，因而劳动者作为一个阶级来说，其生活境况便相应地恶化。

只偿还由别人提供的垫款,对劳动的需求是毫无贡献的;这样花费的钱,对劳动阶级的就业来说,全部结果只不过等于零;它只能靠牺牲已经存在的其他就业机会来创造新的就业机会。

然而,虽然对于劳动和资本的使用来说,对天鹅绒的需求只不过使原有的劳动和资本不转入其他方面,但对于已经从事天鹅绒生产而又不打算退出该行业的人来说,这一点却具有极其重要的意义。对于他们来说,需求的减少是实实在在的损失,即令货物最终全都卖得出去,这种损失也会使他们不堪忍受,为减少遭受的损害而不得不退出该行业。反之,需求增加则使他们能扩充业务,也就是说,如果他们拥有更多的资本或能借到更多的资本,使他们能获得更多的利润;由于资本周转得更为迅速,他们将更经常地雇用劳动者,或比以前雇用更多的劳动者。因此,一种商品需求的增加,在该特定部门实际上常常使同样多的资本能雇用更多的劳动。错误在于人们未察觉到,在上面所假设的情形下,一个部门中的劳动和资本所得到的这种好处,全部取自另一个部门;一旦这种变化产生其自然结果,即相对于需求的增加而把额外的资本吸引进该行业,这种好处也就不复存在了。

充分理解了一个命题的依据,通常也就会对该命题受到的限制有所了解。上面叙述的一般原理是,商品需求决定的只是劳动的方向和新生产的财富的种类,而不是劳动的数量或效率,或财富的总量。但这一原理有两个例外。第一,当劳动已被供养,但并未得到充分利用时,若对劳动所能生产的某种物品产生新需求,则这种需求会刺激劳动更加努力,其结果是财富增加,使劳动者自己和其他人都得到好处。另有生活来源的人在业余时间干的工作,(如前所述)不需要从其他行业抽取资本,只需要一笔钱来支付工具和原料方面的开支(通常很小),而且即令这点开支常常也由专门为此储蓄的钱支付。这样一来,我们的定理的依据就不存在了,因而定理本身也就不成立了,某种商品的需求的突然增加,可以在不剥夺其他行业的就业机会的条件下,产生生产该商品的行业。即令在这种情况下,需求也只是通过现有资本对劳动产生作用,但它提供了一种刺激,致使现有资本能调动比以前更多的劳动。

第二个例外我将在下一章详尽论述,涉及商品市场的扩大所产生的那个众所周知的结果,即商品市场的扩大乃使分工得以不断发展,从而使社会生产力得到了更有效的分配。这一例外和第一个例外一样,与其说是实质上的例外,不如说是表面上的例外。不是买主支付的钱,而是生产者的资本,为劳动付酬,因为需求仅仅决定以什么方式使用资本,以及资本为哪一种劳动付酬;但如果需求增加,使人们大规模地生产该商品,则它就能使相同的资本生产更多的商品,并且由于间接地使资本增加,而最终使劳动者的报酬也增加。

商品需求在交换理论方面比在生产理论方面是一个更重要的问题。总起来看,并从长远观点来看,生产者的报酬是来自生产者自己的资本的生产力。出售产品以换取钱币,随后用钱购买商品,仅仅是为了彼此的便利而交换相等的价值。诚然,行业的划分是提高劳动生产力的主要手段之一,交换力使产量大幅度增长;但即令如此,给劳动和资本以报酬的,仍是生产而不是交换。交换,无论是物物交换,还是借助于货币的交换,都仅仅是这样一种过程,通过这一过程,每个人能将其劳动或资本的报酬转化为最便于持有的那种形式，而决不是报酬本身的来源，关于这一点，我们的想像愈严格愈好。

第十节 关于征税的谬误

上述各项原理表明很多流行的论点和学说是错误的，但这些论点和学说却以新的形式重新出现。例如，课征所得税的理由是，这种税只落在上层和中层阶级身上，穷人可以不交所得税，但一些辜负了众望的人却认为，这种看法是错误的；有些人甚至说这是欺诈；因为他们认为，这种税从富人那里拿走了本来可以花在穷人身上的钱，所以如同向穷人直接征收一样，会对穷人造成损害。对于这种学说，我们现在知道应该怎样看。的确，从富人那里征收的税款，如果不征收的话，也许会节省下来，转变为资本，或用于供养仆役或任何其他非生产性劳动者，用于向他们支付工资，就此而言，劳动的需求无疑会减少，穷人无疑会因为对富人征税而受到不利影响；而由于几乎总是或多或少地会产生这种影响，因而对富人征税时总有一部分税转嫁到贫民身上。但即令如此，也有这样的问题，即政府收到税款以后，难道不会像纳税人那样用一部分税款直接购买劳动吗？在全部税款中，有一部分如果不付给政府，本来会用于购买商品（甚或花在劳务上，如果资本已预付税款），这部分税款，根据前面考察的原理，肯定会落在富人身上，而决不会落在穷人身上。就这部分税款而言，课税以后和课税以前，劳动需求不会发生任何变化。迄今用于雇用劳动者的资本保留了下来，并且仍能雇用同样数目的劳动者。同样数量的产品用于支付工资，或用于向劳动者提供衣食。

如果那些与我争论的人是正确的，则除了向穷人征税以外不可能向任何人征税。如果向劳动者征税，即对花在劳动产品上的钱征税，则劳动阶级将支付全部税款。然而，根据与我争论的那些人的论点，同样可以证明，根本不可能向劳动者征税，因为税款要么花在劳动上，要么花在商品上，最终会全部还给劳动者；结果税收会具有这样一个奇怪的性质，即它落不到任何人身上。按照这一说法，把劳动者的全部所有拿走，分配给社会其他成员，不会给劳动者造成任何损害，因为拿走的东西反正会“花费在他们中间”，而根据上述理论，这和不拿走没什么两样。之所以会产生这种错误，是因为没有直接观察现象的本质，而把注意力仅仅放在了支付和花费这一表面现象上。如果我们注意的不是对仅仅转一下手的货币产生的影响，而是对所使用和消费的商品产生的影响，我们就可以看出，由于课征所得税，支付所得税的阶级实际上将减少他们的消费。正是由于他们减少了消费，所得税落在了他们身上。所得税是用他们本来可以使用和享受的东西支付的。另一方面，如果所得税并未落在他们的消费开支方面，而是落在他们本来可以节省下来维持生产的开支方面，或落在可用于供养非生产性劳动者的开支方面，则这种所得税会相应地减少劳动阶级使用和享受的物品。但是，如果政府实际上拿出一部分税款，数额与纳税人本来要花在生产上的完全相等，用来直接雇用劳动，如雇用水手、士兵和警察，或者用于还债（若用于还债，甚至会使资本增加），那么，劳动阶级不仅不会因为课征所得税丧失任何就业机会，反而有可能得到一些就业机会，全部所得税便落在了缴纳所得税的人的身上。

在国家的全部生产物中，劳动者以外的人为他自身所真正消费掉的那部分生产物，丝毫无助于供养劳动。纯粹的消费只是使消费者本人受益。一个人不能既消费自己的收入，又把收入让给别人消费。通过征税取走一部分收入不会同时剥夺他和别人的消费，而只会要么剥夺他的消费，要么剥夺别人的消费。要弄清谁是受害者，就得了解谁的消费会因此减少。不论这个人是谁，他都是真正负担租税的人。

第六章 论流动资本和固定资本

第一节 固定资本和流动资本的含义

资本通常分为两类，为了全面说明这一主题，就必须谈及这一点。这种区别是非常明显的，前面两章虽然没有给其取名称，但已常常谈到。现在是给其下精确定义并指出由此而带来的一些后果的时候了。

生产任何一种商品的资本中，都有一部分用过一次以后，就再也不是资本了；再也不能对生产提供服务，至少不能提供同样的服务，也不再能对同一种生产提供服务。例如，由原料构成的那部分资本就是如此。用来做肥皂的牛脂和烧碱，一旦用于制造肥皂，就不再是牛脂和烧碱了，并且不能再用于肥皂制造业了，尽管其变体肥皂可以在其他制造部门作为原料或工具使用。作为工资而支付的那部分资本，或作为劳动者的生活资料而消费掉的那部分资本，也应归入这类资本。棉纺业主付给其工人的那部分资本，一旦付出以后，就不再是他的资本了，其中工人消费掉的那部分资本，就根本不再是资本了，即令工人节省下一些，也只能把节省下的资本看作是新资本，看作是第二次积累行为的结果。以这种方式完成全部生产职能的资本，即作一次使用的资本，称作流动资本。这一名称并非十分恰当，取这一名称是因为这部分资本需要靠出售成品来不断地更新，而更新后便用来购买原料和支付工资。因此它不是靠保持、而是靠转手来执行其职能。

然而，还有很大一部分资本，存在于耐久性或大或小的生产器械之中。这部分资本不是靠转手、而是靠保持来起作用，其效用不会由于一次使用而耗尽。属于这一类的有房屋、机器以及称为器具或工具的全部或大部分物品。其中一些是十分耐久的，它们作为生产器械的功能能持续存在于多次重复的生产操作中。投资于土地的永久性改良的资本，也应归于这一类。此外还有在事业开始时为以后的经营铺平道路所一次花费的资本，例如，开矿、开渠、筑路、筑船坞的开支。还可以举出另一些例子，但这些已足够了。凡以上述耐久形态存在、并在与此相应的时期内产生收益的资本，均称为固定资本。

有些固定资本需要不定期地或定期地更新。所有器械和房屋就是如此。它们每隔一段时间便需要通过维护检修来部分更新，最终会完全用坏，再也不能当房屋和器械使用，重新归入原料类。在另一些情况下，除非遭受某种不寻常的事故，否则固定资本不需要完全更新，但也总需要一些支出用于维护，这种支出或者是定期的或者至少是不定期的。船坞或运河，一旦造成后，除非有意识地加以破坏，或除非因地震那样的大灾难使其堵塞，是不需要像机器那样重新制造的。但是需要有定期和经常性的开支来对其进行维修。开矿的费用无需花第二次，但除非有人肯花钱排水，否则矿井很快就会废弃。各类固定资本中最持久的，是用于提高某一自然要素如土地的生产力的资本。给像贝德福平原这样的沼泽地带或洪水泛滥的地带排水，填海造田或筑堤防护，都是永久性的改良，但排水沟和堤防需要经常维护检修。挖地下排水沟所进行的土地改良也具有同样永久的性质，这种改良能大大提高黏土的生产能力；施加长效肥，也是对土地的永久性改良，所谓施加长效肥就是加到土壤中去的，不是会进入植物因而会被植物消耗掉的物质，而是这样一些物质，它们仅仅改变土壤与空气和水的关系，如对重质土壤掺沙和石灰，对轻质土壤掺黏土和泥灰。然而，即令是这样的改良，也需要有不定期的开支来维持其发挥充分的效力，尽管开支数额也许很小。

然而，这些改良会名副其实地提高收益，在扣除了进行改良的全部开支以后还会有一个余额。这个余额便是最初投资的收益，这种收益不像机器那样，由于机器的磨损而告终，而会永远存在下去。由此而提高了生产力的土地，在市场上会具有与此成比例的价值，因而通常认为投入土地改良的资本仍存在于增加了的土地价值中。然而，决不应产生误解。此处的资本和其他所有的资本一样，已经消耗掉了，消耗在了土地改良者的生活上和他们使用的工具的磨损上。但它却消耗在了生产上，对人们占有的自然要素土地产生了永久性影响，提高了土地的生产力。我们可以认为，产量的增加是土地和固定于土地的资本共同作用的结果。但是因为资本实际上已消耗掉，不能再抽走，因而其生产力此后便和土壤的原品质所具有的生产力不可分割地融和在了一起；所以使用土地的报酬此后便不再依赖于支配劳动和资本收益的法则，而是依赖于支配自然要素报酬的法则。什么是支配自然要素报酬的法则我们将在后面论述。[①]

---

① 参见本书第二编第十六章（《论地租》）。

第二节 在牺牲流动资本的情况下增加固定资本,对劳动者可能是有害的

流动资本和固定资本对国家总产量的作用有很大差别。由于流动资本一经使用,自身便被毁灭了,或至少对于其所有者来说就不复存在,由于靠这种一次性使用所得到的产品是所有者收回资本,或为生产性使用获取报酬的惟一源泉,因而所得到的产品必须足以达到这些目的,换句话说,这种一次性使用必须再生产出所用掉的全部流动资本外加一定的利润。不过,固定资本的情况则不一定是这样。因为例如机器不会因使用一次就全部消费掉,所以也就不必用使用一次得到的产品收回全部固定资本。如果机器在每一段时间内带来的收益,足以抵补修理费和折旧费,外加一可以为机器的总价值带来通常利润的余额,则这台机器对于其所有者来说就是合算的。

由此可见,固定资本若是靠牺牲流动资本而增加,则必然有损于劳动者的利益,至少是暂时有损于劳动者的利益。这不仅对机器来说是如此,而且对一切需要投资的改良来说也是如此,它们会使资本永远不能用于供养劳动和为劳动付酬。假设有一个人耕种自己的土地,有资本 2000 夸特小麦,用来维持劳动者 1 年的生活(为简单起见我们略去了种子和工具)。这些劳动者的劳动为他每年生产出 2400 夸特小麦,利润为 20%。我们假设他每年都把利润消费掉了,年复一年地以他原来的 2000 夸特资本进行经营。我们现在假设他花掉一半资本来对土地进行永久性改良,这种改良

由他的一半劳动者来进行，他只雇用这些人1年，在此之后他将只需要从前一半的劳动者来有效地耕种他的土地。其余的资本仍像往常那样使用。头一年劳动者的状况没有什么变化，只是有一部分劳动者现在是因改良土地领取报酬，而以前他们是因耕地、播种和收割取得报酬。然而到年末，这个土地改良家就不再像以前那样拥有2000夸特资本了。只有1000夸特资本是照往常那样再生产出来。他现在只有1000夸特资本和经过改良的土地。他在下一年及以后每年中将只雇用半数劳动者，并在他们之间分配仅相当于原数量一半的口粮。如果改良的土地以及减少的劳动量像以前那样生产出2400夸特，损失会很快得到弥补，因为收益增加得这么多可能会促使土地改良家节省下一部分，加到资本上，从而雇用更多的劳动。但可以想像情况不会是这样，因为(我们可以假设改良将无限期地有效，要维持它也花不了多少钱)即使土地现在出产的不是2400夸特，而是1500夸特，土地改良家从改良中得到的收益还是很大，原因是1500夸特便可以收回目前1000夸特的流动资本，而且对包括固定资本和流动资本在内的全部资本来说，利润将达到25%(而不是以前的20%)。所以，这一改良对他说来是非常有利的，但对劳动者来说却是非常有害的。

上述假设纯粹是理想的，或至多只适用于例如将耕地改作牧场的情形，人们在以前常常这样做，但现代农业家却认为这不是改良，而是倒退。本世纪在苏格兰北部把一些小租地农场主赶走，就是这方面的一个事例，从马铃薯荒和谷物法废除以来的爱尔兰，是另一个事例。最近爱尔兰农业总产量引人注目的下降，在某种程度上显然就是将供养劳动者的土地改用于饲养牲畜引起的，而不通过移民和屠杀把很大一部分爱尔兰居民搞掉，是不可能改变土地用途的。因此，在最近的这两个事例中，所谓的农业改良反而降低了国家供养其居民的能力。不过，现代科学技术所引起的所有改良则会增加总产量，或无论如何也不会减少总产量。但是，这对我们的论点并无实质性的影响。假设改良不是按上面假设的方式进行，不能节省下一部分原先雇用来耕种土地的劳动，而能使相同的劳动生产出更多的产品。并假设相同的劳动靠改良从土地中获得的较多产品，是人们所需要的，是能够找到买主的。土地改良家在这种情况下会需要与以前同样数目的劳动者，工资也不变。但从何处他能找到资本来支付他们呢？他已不再拥有可用于这一目的的原来那 2000 夸特资本。其中 1000 夸特已不复存在，用于搞改良了。如果他要雇用同以前一样多的劳动者，并且支付同样高的工资，他就必须借入，或从其他方面获得 1000 夸特来弥补这一缺额。但这 1000 夸特已用于供养，或已准备用于供养同等数量的劳动。它们不是新创造出来的，只不过是从一个生产部门转到另一个生产部门。虽然这个农业家弥补了其流动资本的缺额，但整个社会流动资本的缺口却没有堵上。

一些人认为机器决不会损害劳动阶级。这些人的论点大都是：机器可以降低产品价格，大大增加需求，从而很快就会使比以往更多的人找到工作。在我看来，这一论点并不像通常所认为的那么有力。不过，虽然有夸大其辞之处，情况却毫无疑问常常是这样。印刷术的发明固然导致了抄写员的失业，但毫无疑问其人数很快就被取代他们的排字工和印刷工超过了；现在棉纺业中劳动者的人数，要比哈格瑞夫斯和阿克赖特的发明问世以前多好几倍，这表明，棉纺业现在不仅投入的固定资本数额巨大，而且还使用了比以往任何时候都多得多的流动资本。但如果这种流动资本是抽自其他行业，如果替补昂贵的机器投资的资金不是由改良引致的增多的储蓄所提供，而是抽自社会的总资本，那么劳动阶级怎样会从这种单纯的转移中得到好处呢？流动资本转变为固定资本使劳动阶级遭受的损失，难道仅仅由于一部分剩余的流动资本从老行业转到新行业就会得到补偿吗？

一些人力图证明，劳动阶级作为整体来说**不会**因采用机器，或投资于永久性的改良而受苦，我认为这种看法肯定是错误的。通常都承认，而且常识也告诉我们，在实施革新的特定工业部门劳动阶级会吃苦头。但人们常常说，虽然一个部门的就业机会减少了，但另外一些部门的就业机会相应增加，因为消费者由于某一物品降价所省下的钱，使他们能扩大其他物品的消费，从而增加对其他种类劳动的需求。这看来似乎有道理，但如上一章所示，包含有一个谬误；商品需求和劳动需求，是完全不同的两码事。确实，消费者现在有更多的财力来购买其他物品，但这并不会创造出其他物品，除非有资本用于生产它们，而改良纵然没有从其他行业吸收资本，可也未腾出任何资本。因此，其他部门的生产和就业机会并不会像所推测的那样增加。某些消费者对商品需求的增加，会被另一部分人需求的停止所抵消。这部分人就是被改良所取代的劳动者。他们现在要么靠竞争，要么靠施舍才能在别人的锅中分享一杯羹。

第三节　但这种情况很少发生

然而，我认为，实际情况是，生产上的改良很少对整个劳动阶级造成哪怕是暂时的损害。只有在突然而大量地进行生产上的改良时才会损害劳动阶级，因为此时投入的许多资本必定要由已经用作流动资本的资金来提供。但改良总是进行得很缓慢，很少或从不从实际生产中抽取流动资本，而是靠每年增加的资本来完成。在流动资本不迅速增加的时候和地方，固定资本很少大幅度增加。贫穷落后的国家不会进行耗资巨大的大规模生产改良。为持久收益而向土地投资——或采用昂贵的机器——是为长远目标牺牲眼前利益的行为；并表明，第一，财产所受到的保障较为全面；其次，工商业很活跃；第三，所谓“有效的积累欲望”很高，这三者正是资本迅速增加的社会的特征。所以，虽然不仅在固定资本靠牺牲流动资本而增加的情况下，而且甚至在固定资本增加得过多过快而阻碍流动资本按人口增长速度相应增加的情况下，劳动阶级都必然会吃苦头，但实际上却几乎不可能发生这种情况，因为也许不会有哪个国家的固定资本从比例上说增加得比流动资本快。假如在1845 年的投机狂热时得到国会批准的全部铁路都已如期竣工，则很可能会发生这种本来不会发生的意外情况；但这一事例却提供了一突出例证，说明要把供给老行业的很大一部分资本转为新的用途时会遇到多大的困难，大得足以阻止要求投资的事业发展太快，阻止其对雇用现有劳动的资本造成损害。

此外应补充说一句，即令改良暂时真的减少了社会的总产量和流动资本，改良最终也会使两者都增加。改良会增加资本的收益，资本收益的增加，必然会使资本家和顾客都受益，使前者的利润增加，使顾客所付的价格降低，在这两种情况下，都会增加进行积累的资金，同时利润的增加也会刺激积累。在前面所假设的那种情况下，改良的直接结果是把总产量从 2400 夸特减到了 1500 夸特，然而资本家的利润却不是原来的 400 夸特，而是现在的 500 夸特，额外的 100 夸特，如果定期节省下来，就会在几年内补足减少的那 1000 夸特流动资本。所以，凡进行改良的部门，其业务量几乎肯定会扩充，这会强烈刺激该部门的资本家增加资本，因而改良最终吸收的大部分资本，是以人们通常进行改良的缓慢步伐，从改良本身带来的增加的利润和增加的储蓄中抽取的。

生产上的改良有助于增加积累，从而有助于最终增加总产量，尽管有时会暂时减少总产量。如果资本的积累和土地产量的提高都有规定的限度，这一趋势会更为明显。一旦达到这些限度，产量的进一步增长就会停止，但生产上的改良，不论会产生其他什么影响，却有助于使其中一个限度或两个限度都向后移。这是千真万确的真理，到考察的下一阶段人们会看得更加清楚。人们将看到，一国积累的甚或能够积累的资本量，以及一国生产的甚或能够生产的总产量，是同该国现有的生产技术状况相适应的；每一项改良纵然暂时会减少流动资本和总产量，但最终却会使两者都比以前有所增长。这就是对反对机器的论点的明确答复；并由此而证明，即令在目前的社会状况下，机器的发明最终也会造福于劳动者，读者在下文将看到，这一证明是不容反驳的。[①] 但这并不能使政府推卸应负的责任，政府有责任减轻并尽力阻止这种最终的福利源泉可能给当代劳动者带来的不幸。如果投资于机器或有用工程的速度非常快，以致大大减少了供养劳动的资金，议员们就义不容辞地应采取措施来降低其速度。既然从整体上来说并不减少就业机

① 参见本书第四编第五章。

会的改良，几乎总是会使某一特定阶级的劳动者失业，所以国会议员关心的对象，就应是那些为了其同胞和子孙后代的利益而作出了牺牲的人。

让我们回到固定资本和流动资本的理论区别上来。因为用于再生产的全部财富都归入资本类，所以有些资本从定义上说就既不是固定资本，也不是流动资本。例如，制造商或商人任何时候在其仓库内都有一些尚未出售的成品存货。这种存货虽然从目的上来看是资本，但还不是实际运用的资本。它尚未参与生产，先要卖掉或交换掉，也就是说，先要转化为另一些商品的等价物，因而还既不是固定资本也不是流动资本，但将会变成其中任何一个，或最终在两者之间分配。制造商售出成品得到收入后，会把一部分收入付给工人，一部分用来补充原料，一部分用来添置新的厂房和机器或维修旧厂房和机器；但究竟各个方面使用多少，则要看他所从事的是哪种制造业，要看当时的需要而定。

应该进一步指出，以种子或原料的形式消耗的那部分资本，虽然和固定资本不一样，需要从总产量中一下子取出，但它与劳动就业的关系却同固定资本是一样的。花费在原料上的资本和投入机器的资本，都同样要从供养和酬报劳动者的资本中抽出来。如果现在花在工资上的资本转而用来准备原料，则对劳动者造成的损害同把它转变成固定资本是一样的。然而，决不会发生这种变化。生产上的改良总是趋于节省，而决不会增加给定产量在种子或原料上的花费；因而不必担心劳动者的利益会受到损害。

第七章　论决定生产要素生产力程度的原因

第一节　土地、劳动和资本在不同的时间地点具有不同的生产力

我们已对生产要素作了全面论述。我们已发现可将它们归结为三种：劳动、资本以及由自然提供的原料和动力。其中，劳动和地球上的原料是基本的和必不可少的。自然动力可以用于协助劳动，是生产的助手，但不是生产所必需的条件。另一要素即资本，本身是劳动的产物，因此它对于生产所起的作用，实际上就是劳动间接地对生产发生的作用。不过，资本仍需要单独予以说明。为了产生出工作时所要耗费的资本，需要事先投入劳动，这种劳动在必要性上丝毫不亚于工作本身所使用的劳动。而且绝大部分资本只有通过维持生产劳动的生存才能对生产作出贡献，其余资本即工具和原料，同自然要素和自然供给的原料一样，直接对生产作出贡献。

现在来讨论政治经济学中的第二个大问题，即这些生产要素的生产力程度取决于什么因素？显而易见，生产要素的生产效率在不同的时间、地点变化很大。具有同样的人口和领土，有些国家

的产量比另一些大得多，而同一个国家的产量在某一时候也比在另一时候要大。请把英国同俄国境内相同大小的一块土地或相等的俄国人口作一番比较；请把现时的英国同中世纪的英国作一番比较；请把现在的西西里、北非或叙利亚同它们在被罗马征服以前最繁荣的时候作一番比较。造成生产力差别的某些原因是明显的，另一些则不那么明显。下面我们将说明其中的几个原因。

第二节 生产力较高的原因。有利的自然条件

生产力较高的最明显原因是有利的自然条件。这些条件很多。土壤的肥力是主要之一。在这方面情况差别很大，从阿拉伯的沙漠到恒河、尼日尔河及密西西比河的冲积平原，良好的气候甚至比肥沃的土地更加重要。有些国家适宜居住，但对农业来说却过于寒冷。其居民不能超越游牧阶段。他们若不是像可怜的爱斯基摩人那样以渔猎为生，就是像拉普兰人那样靠饲养驯鹿生活。还有些国家只长燕麦，不长小麦，例如苏格兰北部。还有些地方小麦虽能生长，但因雨量过多和日照不足，收成是靠不住的，如爱尔兰的部分地区就是这样。一步步向南，或者从欧洲的温和地区一步步向东，某些新的农业部门先是有可能存在，然后成为有利可图的部门；葡萄、玉米、无花果、橄榄、蚕丝、大米、海枣等相继出现，终于有了糖、咖啡、棉花、香料等。在这些地方的气候条件下，可以种植较常见的农作物，并且只要略加耕作，一年就可以收获两三次。不仅在农业方面气候的差别是重要的，它们的影响在很多其他生产

部门也是感受得到的。例如经受风吹雨打的建筑物就是如此。假如凯尔奈克和卢克索的庙宇没有受到人为破坏,它们也许可以完好无损地永远存在下去,因为残留下的一些碑文,虽然是史前的文物,却比我们这里50年前的碑文还要清晰。而在圣彼得堡,三四十年前用花岗岩建造的一些宏伟建筑物,由于交替地受到酷暑和严寒的侵袭,据旅行家告诉我们,几乎已需要加以重建。南欧织物在色彩的丰富和明亮方面要胜过英国的织物,原因就在于气候较好,在我们潮湿多雾的气候下,无论化学家具有多么高深的知识,无论染色工具和技术有多么好,也不能造出与其完全一样的东西。

气候的另一种影响在于可以减少生产者的物质需要。在热带地区,即使住房条件较差,衣着较少,人们也可以过得很舒服;在寒冷的气候下,燃料是必不可少的生活必需品,但在热带地区,除了供工业使用外,即使没有燃料,人们也可以生活。热带地区的人们需要的食物也较少;这一点早已被经验所证明,理论是这样来加以说明的:我们所消费的大部分食物并不是实际滋养人体器官所需要的,而只是用于保持体温,用于给予生命机能必要的刺激,而这些在热带气候下空气和阳光便可以充足地提供。所以,在热带地区,无须像其他地方那样,为获得简单的生活必需品而花费很多劳动;如果其民族特性没有诱使他们把这些有利条件耗费在过快地增加人口和贪图安逸上,他们就拥有较多的劳动可用来达到更崇高的目的,获得更高级的享受。

在有利的自然条件中,除土壤和气候外,还必须提到丰富的矿藏,特别是如果这种矿藏位于交通便利的地方,不用花太多劳动就可以开采的话。例如英国的煤田,这种有利条件对某些居民来说可以补偿气候上的不利;还有英国和美国拥有的高品位和浅埋藏的富饶的铁矿资源,这些资源紧挨着可供炼铁使用的煤田。在山区和丘陵区,丰富的水力资源可大大补偿这些地区通常由于土地贫瘠所处的不利地位。但最大的有利条件也许是位于海边,特别是当伴随有良好的天然港口时。第二大有利条件是拥有大的通航河流。这些有利条件固然只在于节省运输费用,但是,没有考虑过这个问题的人,不会充分理解这会带来多么巨大的经济利益;若不想一想交换和所谓分工对生产的影响,也无法对带来的经济利益作出充分的估计。这种有利条件十分重要,常常足以补偿土壤的贫瘠和几乎每一种不利的自然条件,特别是在工业发展的早期,那时劳动和科学还不能提供能和自然相匹敌的人工交通手段。在古代和中世纪,最繁荣的社会不是疆土最辽阔、土地最肥沃的社会,而是这样一些社会,这些社会由于土地贫瘠而不得不最大限度地利用其有利的海洋性地理位置,如雅典、提尔、马赛、威尼斯、波罗的海沿岸的各自由城市就是这样。

第三节 较大的劳动干劲

关于有利的自然条件,就谈这些。若其他条件相同,则有利的自然条件的重要性是显而易见的,不会被人所低估。但是经验证明,有利的自然条件对一个社会所起的作用不会比命运和地位对人的性格和能力起的作用更大。无论是现在还是过去,拥有最佳气候和土壤的国家并非就是最富强的国家,反而(就人民大众来说)通常属于最贫穷的国家之列,不过全体人民在贫困之中倒也过得挺快活。在这些国家,人只要有点东西吃就能活下去,穷人很少感到焦虑,气候使人活着就很舒服,人们最喜欢的奢侈生活就是游手好闲。在感情发出呼唤时,他们也有旺盛的精力,但却不表现在坚韧不拔的劳动上。因为他们不那么关心远大目标,未建立起良好的政治制度,因而对产业的热情由于其成果得不到良好的保护而被进一步削弱。成功的生产同很多其他成就一样,更多的是依靠人的素质,而不是工作环境。活跃的体力和脑力是在艰难困苦中而不是在安逸舒适中培养起来的。因此,侵犯和征服别人并使别人为自己劳动的部落,大都是兴起于困厄之中。他们或者生活在北部的森林之中,或者像希腊人和罗马人那样用人为的严格军事纪律来创造艰苦的条件。自从现代社会环境中断了这种纪律以来,南欧再也没有出现过征服者的国家。尚武精神以及思辨活动和工业活力,这一切的重心都转移到了自然条件较差的北方。

因此,我们可以把较大的劳动干劲列为生产力较高的第二个原因。这种干劲不能只有五分钟热度,而应是有规律的和习惯性的。北美印第安人比任何其他人都更能毫无怨言地承受大量暂时性的疲劳和痛苦,更能使其体力和脑力处于长时间的极度紧张之中。然而,众所周知,只要他能从当前需要的压力下获得一点喘息时间,他就会懒散起来。个人或国家在强烈短暂的刺激下能够和愿意进行的努力差别并不大,差别在于为远大目标所作的努力,和日常坚持不懈的工作。在某种程度上具有这种品质是人类取得任何伟大进步的必要条件。为使野蛮人开化,必须激发起新的要求和欲望,即令是不很高尚的要求和欲望,只要能刺激他们的体力和脑力进行稳定而有规律的努力。如果牙买加和德梅拉拉的黑人在获得解放以后像所预料的那样仅仅满足于享有生活必需品，不肯多干一点儿活(因为在人口稀少而富饶的热带土地上，只要干一点儿活，就足以维持生存)，则虽然他们也许不会比原先的奴隶状态更为不幸，但却会陷入更加野蛮的境地。最常用的诱使他们工作的方法，是利用他们对精美衣着和个人首饰的喜爱。没有人会支持培养这种嗜好，在大多数社会中，沉溺于这种嗜好只会带来贫困，而不会带来富裕。但就黑人的精神状态来说，只有这种嗜好能刺激他们自觉地从事经常性劳动，从而养成和保持自觉劳动的习惯，然后才谈得上做更有价值的事情。在英国，需要向人们灌输的，不是对财富的欲望，而是如何更好地使用财富，如何正确看待财富所买不到的或无需财富便可以获得的欲望对象。如果真想改善英国人的性格，不论是使他们有更高的抱负，还是仅仅使他们更正确地评价眼前的欲望对象，就得减弱他们追求财富的热情。然而，却没有必要减少那种勤勤恳恳、踏踏实实的实干精神，英国最优秀的工人都具有这种精神，这是他们最宝贵的品质。

值得向往的是一条中庸之道，但人类却常常未认识到这一点，即劳动时应竭尽全力，特别是要倾注全部心智；但若仅仅是为了赚钱，则一天劳动的时数要少些，一年中劳动的日数要少些，一生中劳动的年数要少些。

第四节 较高的技能和知识

决定社会劳动生产力的第三个要素，是社会拥有的技能和知识，不论是劳动者本人掌握的技能和知识，还是劳动管理者掌握的技能和知识。工人灵巧的双手、管理者的才智以及有关自然力和物体性质的知识(这种知识可转而服务于工业),都极大地提高了工业的效率,这一点是无需加以说明的。同样不言自明的是,一国人民的劳动生产力是受他们所掌握的技术知识的限制的;技术知识的进步及其在工业上的应用,会使同样数量和同样强度的劳动生产出更多的产品。

技术改良的一个主要领域是工具和机器的发明和使用。在本书中无需专门详细论述技术改进是如何提高产量和节约劳动的。巴巴奇先生在其著名的《机器和制造业经济》一书中已科学地且通俗地对此作了说明,并列举了许多实例。该书用整整一章的篇幅列举实例,来说明机器在"发挥人力所达不到的力量,和进行人手所不能完成的精细操作"方面的功效。我们可以很容易地找到例子来说明劳动不靠工具的帮助是无法发挥作用的。没有蒸汽机或其他机器驱动的水泵,在许多情况下就排不掉矿井中聚集的水,这些矿井未挖多深就会报废;没有大小船只,就永远无法跨越海洋;没有某种工具,就砍不倒树,也不能穿凿岩洞;要耕种土地,就得有犁,至少得有锄头。不过,迄今为止人类所从事的大部分工作,实际上只要有非常简单和原始的工具提供帮助就足够了;后来的发明主要是使活儿能干得更好,特别是能大大减少劳动量,由此而节省的劳动可用于别处。

知识对生产的帮助,决不限于使用机器这一种方式。在农业和园艺中,除犁和少数另外几种简单农具的发明和不断改进以外,机器只是现在才开始表明它能从事某些重要工作。最伟大的农业发明在于对土地本身和生长在土地上的植物直接应用更合理的农艺:例如采用轮作法,以避免土地每隔两三季便休耕一季;为提高地力而施肥,以恢复因种植作物而消耗掉的肥力;翻耕表土和底土,为表土和底土排水;把泥塘和沼泽地改造成可耕地;以经验证明值得采用的各种方法对植物和树木进行修剪、整枝和支撑;若不惜花钱,还可以疏种或移栽以及将根和种子四周的土壤弄得更细。在制造业和商业中,一些最重要的改良带来的益处是节约时间,使劳动和支出能更迅速地获得收益。另一些改良带来的益处则在于节省原料。

第五节 整个社会的知识水平和相互信任程度较高

关于较高的知识水平对增加社会财富的作用,因为最没有文化的人也可以从像铁路和轮船这样惹人注目的事例中看到,故无需作多少说明。尚未被人们十分理解和认识到的一件事,是知识在人民当中的广泛传播所具有的经济价值。企业管理人员,甚至多少需要运用一些脑力的技职人员总是供不应求的,这可以从付给这些人员的薪水和普通劳动者的工资之间的巨大差别看出来。头脑简单和缺乏条理使大多数劳动者糊里糊涂,连生活也安排不好,大手大脚,马里马虎,什么都没有计划,因而他们必然只能从事低级劳动,劳动效率低下。普通教育的重要性,即令从这有限的方面来看,也是值得政治家们,特别是英国的政治家们,给予充分注意的;因为据一些常年雇用不同民族的劳动者而又善于观察的人说:他们常常发现其他国家的工人无需指导就表现得很聪明,而英国的劳动者除了伐木或打水外，从事任何其他工作，都得先接受有关的教育然后才能动手干，尽管他们大都是靠自修来接受这种教育。苏黎世的埃歇尔先生（一个工程师和棉纺织家，雇有不同民族的工人近两千名）在其1840年提供的有关培训乞儿的证词（见《济贫法委员会报告》）中，将英国工人和欧洲大陆工人做了一番对比。我相信，所有具有类似经验的人都会同意他所作出的结论。

"意大利人头脑敏捷，这表现在他们能很快理解任何放到他们手中的新活计的说明书，能迅速理解雇主的意思，能很快适应新的环境。在这方面他们比别国工人要强得多。法国工人具有类似的自然素质，但略差些。我们发现，英国、瑞士、德国和荷兰工人在理解力方面要迟钝得多。毫无疑问，作为工人来说，英国人比较受人喜爱，因为正如我们所看到的，他们全都是专门人才，在有关的领域受过较好的训练，并能集中思想干工作。不过，若是挑选业务人员或一般职员，挑选雇主身边的人员，我则宁愿要撒克逊人和瑞士人，特别是撒克逊人，因为他们受过很全面的普通教育，这使他们的知识面超出某一专门行业，稍加准备，就能拿得起交给他们的任何工作。如果我让一个英国工人安装蒸汽机，他就只会安装蒸汽机，而对于机械领域的其他事情或其他分支，不论与蒸汽机关系多么密切，他都一筹莫展，不知如何应付可能出现的各种情况，不知应采取什么适当的措施，提不出合理的建议，甚至连工作报告也写不清楚。"

关于劳动阶级的教养和道德之间的关系，埃歇尔先生说："我们发现，受过较好教育的工人在每一方面都表现出较高的道德品质 。首先，他们不酗酒；在享乐上很谨慎，他们的享乐是有理性的和文雅的；他们喜欢与上层社会交往，表现得彬彬有礼，因而很容易被上层社会所接受；他们喜欢音乐，喜欢读书，喜爱风景，并结伴到乡间旅行；他们是节俭的，不仅为自己省钱而且还为主人省钱；因而他们是诚实和值得信任的。”在回答有关英国工人的问题时，埃歇尔先生说：“就他们受过专门训练的工作来说，他们是最有技术的，但就品行来说，他们却是最伤风败俗、最放荡和最不守秩序的，是我们所雇用的各国工人当中品行最差、最不诚实的工人。我的这些话，表达了曾与我交谈过的每一个欧洲大陆制造商的经验，特别是英国制造商的经验，他们的怨气最大。这些堕落行为不会出现在受过教育的英国人身上，而是出现在另一些英国人身上，所受的教育越少，堕落得越厉害。未受过教育的英国工人，在英国被雇主用铁的纪律束缚着，一旦他们解脱出来，受到大陆上有教养的工人从雇主那里得到的文雅而友好的对待，他们就忘乎所以了，忘记了自己的地位，很快就变得无法无天，不堪雇用了。”① 这一观察结果为英国本身的经验证实。一旦平等观念进入未受过教育的英国工人的头脑，他的头脑就会被搅乱。他不再卑屈顺从时，便目空一切。

劳动者的道德品质对其劳动的效率和价值来说与智力是同等重要的。且不说放纵对其体力和脑力的影响，且不说轻浮毛躁的脾性对其工作干劲和持久性的影响（这些影响是显而易见的，无需再加以说明），只是好好想一想他们劳动的总效果在多大程度上依赖于他们的诚实可信。现在要花费大量劳动监督或检验工人的工

① 不仅这个聪明而有经验的劳动雇主的全部证词值得重视，而且该报告中其他证人在类似问题上提供的证词也值得重视。

作，在这样一种辅助性职能上花费多少劳动，实际上就会减少多少生产性劳动，这种职能并不是事物本身所需要的，而只是用来对付工人的不诚实。大量的表面预防措施不会有多大效力，因为当前在几乎所有使用雇佣劳动者的地方，只要略微放松一下警惕，就会有人乘机不履行合同。建立相互信任的关系对人类的好处，表现在人类生活的各个方面，经济方面的好处也许是最微不足道的，但即使如此，也是无限大的。让我们只看一下人类的不诚实所造成的财富浪费中最明显的那部分；在所有富裕社会中，都有一些居民靠掠夺或欺骗他人为生；其人数无法可靠地查清，但按最低估计，在像英国这样的国家，这样的人也是非常多的。供养这些人是国民产业的一个直接负担。由于有这样的人而不得不承受的第二个负担，是警察机关，整个惩罚和刑事机关以及部分民事审判机关。收费昂贵的律师业，就其工作并非由律师自己制造的法律漏洞造成的而言，主要是靠人类的不诚实来维持的。随着整个社会诚实程度的提高，所有这些花费会逐渐减少。但这只是单纯的节省，而如果劳动者诚实地完成他们所从事的工作，雇主精神振作，感到心里很有底，信心十足地安排各项工作，确信工人会很好地干活，那就会大幅度提高产量，节省大量时间和开支，由此而带来的利益不知要比单纯的节省大多少倍。人们在多大的程度上相互信任，就有可能在多大的程度上开展协作。在一些具有一流工业能力的欧洲国家，妨碍做大生意的最严重障碍，是很少有人在收付大笔款项方面值得信任。商人对有些国家的商品是怀有戒心的，因为他们无法相信货物的质量是否同样品一致。在英国的出口贸易方面，这种目光短浅的欺诈行为并非很少见。大家都已听说过“魔鬼的灰埃”。巴巴奇先生列举了许多这类事例，其中之一是某一外贸部门由于伪造和欺诈行为过于普遍在很长一段时间内实际上不复存在了。另一方面，巴巴奇先生在其著作中也列举了许多事例，用以说明商业交往可以从已得到证实的信誉中得到多么巨大的利益。“在我国的某个最大的城镇，每天做成许多规模很大的买卖，但有关各方却无需交换书面文件”。请想一想，这种相互信任为该市的生产者和商人节省了多少时间、麻烦和费用，给每年的交易活动带来了多么巨大的好处。“上次战争（译者按：指 1792—1815 年的拿破仑战争）期间，当英国的制造品受到欧洲大陆排斥时，已确立的信誉在产生信任方面发挥了巨大作用。我国一家大公司曾和德国中部的一家商号有大量的生意来往，但在内地港口不进口我国的制造品时，所有违反柏林和米兰禁令的人都将被课以很重的罚金，然而，这位英国制造商却继续接到订货单，接到说明如何托运，说明将何时付款和以何种方式付款的信件。这些信件的笔迹他是熟悉的，但往往只签有商号中某人的教名，有时甚至根本没有签名。他执行了这些订货单，而且没有一次未按时得到付款。”①

① 我们可以列举巴巴奇先生提到的几个小事例来进一步说明社会成员相互不信任所造成的浪费。

“买主的花费是他为货物所付的价款，加上检验货物质量是否符合合同规定的费用。在某些情况下，货物的好坏一看便知。在这类情况下，不同商店中的价格不会有多大差别。例如糖块的好坏一看便知，因而其价格在不同的商店基本一致，利润很小，没有一个杂货商急于卖掉它。另一方面，茶叶的质量则非常难于判断，掺假的茶叶，甚至能骗过有经验的眼睛，因而茶叶有很多种不同的价格，每个杂货商都急于把它卖给顾客。在某些情况下，检验的难度和费用会大得使人认为偏离公认的原理是正当的。例如，有这样一条通用的原理，即政府购买物品要比自己制造物品便宜，然而，人们却认为，政府建立庞大的面粉厂（如德普福德的那些面粉厂）自己磨面，比起检验每袋购入的面粉和雇人来发明鉴别层出不穷的掺假的办法要节省一些。”如果诸如美国这样的国家如此不受人信任，它就会丧失很大一部分面粉出口贸易。

第六节　较高的安全感

在决定生产要素的生产力的次要原因中，最重要的是安全感。这里所说的安全感，是指社会为其成员提供全面的保护而使人感到很安全。这包括政府提供的保护和针对政府的保护。后者更为

再有："几年以前，一种以所谓'整复'的工艺来特别处理旧三叶草种子的方法变得如此流行，以致引起了下议院的注意。根据提交给一个委员会的证词：整复白三叶草旧种子的方法，是先将其略微弄湿，然后用硫磺烘干；整复红三叶草种子的方法，是将种子和少量靛蓝放入口袋中摇匀来改善其颜色。但过了一段时间则发现，整复家们使用了一种洋苏木制剂，有时用少许绿矾，有时用铜绿来澄清过滤。这样一来，旧种子的外观虽然好看了，但却降低了（如果不说破坏了）旧种子本来已经衰老的生长力。即使这种处理方法对好种子并无任何损害，可外观的改善却会使每英担的市价从5先令提高到25先令。但这种处理方法带来的最大弊害，是使无用的旧种子在外观上看起来同最好的种子一样。有个证人试种了一些经过处理的种子，发现100粒中发芽的连1粒也不到，而且长出来的后来也死掉了，而未经过处理的种子通常则有约80%或90%发芽。这样处理过的种子卖给了国内的零售商（他们当然力图以最便宜的价格买进），零售商又卖给了农民。但无论是零售商还是农民都无法鉴别种子的真假。因此，很多耕种者减少了对这种物品的消费，另一些人则不得不出较高的价钱向那些能够鉴别真假且诚实可信的人购买。"

巴巴奇先生说，爱尔兰的亚麻虽然其自然品质一点也不比其他地方的差，但却要比其他国家或英国的亚麻在市场上每磅少卖一至两个便士。差价部分是由加工上的疏忽造成的，部分则是由柯里先生的证词提及的原因造成的。柯里先生曾当过多年爱尔兰亚麻管理委员会的干事，他说："亚麻的所有者几乎都是社会下层人士，认为可以通过欺骗买主来最大限度地增进自身的利益。亚麻是按重量出售的，于是便采用方法来加大分量。每一种方法都是有害的，特别是加水，这是一种常用的方法，会使亚麻在以后发热。每捆（捆的大小也各不相同）内都塞满了卵石或泥沙以增加重量。这样的亚麻便出售和出口到大不列颠。"

有人向下议院的一个委员会提供证词说，诺丁汉的花边贸易，由于有人制造假货和次品而一落千丈。"有人制造出了一种称为单边锁口的花边"（我仍引用巴巴奇先生的话），"这种花边虽然看上去不错，但洗过以后就会因脱纱而几乎完全损坏。一千人中没有一个能区别单边锁口和双边锁口的花边。即令是工人和制造商也必须使用放大镜才能把它们区别开来；此外还有另一种称为荷叶边的花边，也得使用放大镜才分辨得出来。"

重要。若一个人被人知道拥有一定资产,总担心随着局势的每一次动荡会被贪得无厌的政府官吏夺走,那就不大可能会有很多人努力生产多于生活必需品的东西。这是亚洲很多一度很富庶的地区陷于贫困的公认原因。从这里到欧洲治理得最好的地区,安全感按程度来说可以分很多层次。大革命以前,在法国的很多省份,残酷的土地税收制度以及无法抗拒的横征暴敛,使每个耕作者不得不装出穷困的样子,因此而不好好种田。只有一种不安全感会完全挫伤生产者的积极性,那就是政府或政府官吏造成的不安全感。对于所有其他掠夺者的掠夺,还有靠自身进行防卫的可能。古代世界的希腊和希腊殖民地、中世纪的佛兰德和意大利,并未享有现代意义上的安全感,社会动荡不安,生命和财产的安全时刻受到威胁,但它们是自由国家。人民通常既不受其政府任意的压迫,也不受其政府有组织的掠夺。各项制度使个人焕发的活力,足以对外敌进行成功的抵抗,因而这些国家的劳动具有特别高的生产力,在它们仍是自由国家时,财富也在不断增长。罗马的专制统治结束了整个帝国内部的战争与争吵,使人民摆脱了以往的不安全感。但是因为专制统治残酷掠夺本国人民,人民变得衰微贫困了,以致后来被野蛮的但却是自由的侵略者轻而易举地打败了。他们不愿再战斗或劳动了,因为政府不再允许他们享有他们战斗和劳动的成果。

现代国家中人身财产的安全感大多是来自习俗和舆论,而不是来自法律。在现代或近代的一些欧洲国家,君主虽然从名义上说是专制的,但是由于公认惯例的约束作用,事实上没有一个臣民感到会出现政府随意没收其财产或向他们征收贡品的危险。然而，由于专制统治的一般特征是缺少公开性，因而在这种统治下，必然无法克服下级官吏很多小量的勒索和其他暴行。在英国，人民受到了制度和习俗的较好保护，得以免受政府官吏的敲诈勒索；但是人们能免受其他坏蛋的侵害，靠的却不是惯例和制度。当法律要收取令人咋舌的费用才能保护财产，以致人们宁愿财产受损也不要这种保护时，便不能说法律提供了这种保护。在英国，财产的安全靠的是舆论（除受到公开的暴力威胁外）和对揭露的畏惧，这些比法律和法庭的威力还要有用得多。

除了社会对合法财产提供的保护不完善以外，不良的制度还以许多其他方式妨碍国家生产资源得到最佳利用。我们将随着讨论的深入提及很多这方面的事例。在此只要指出以下一点就够了：劳动效率的高低取决于劳动者能在多大程度上得到其劳动成果；社会协议是否有利于调动劳动积极性，要看能否使每个人的劳动报酬尽可能与其所作的贡献成比例。所有只有利于一个阶级或一类人的法律或惯例，由于会妨碍其他人追求幸福，会把劳动和劳动成果分离开来，因而是违背经济政策的基本原则的，会降低社会的总生产力，尽管还可以根据其他各种理由谴责这种法律或惯例。

第八章　论合作或劳动的联合

第一节　劳动联合是生产力较高的一个主要原因

前面列举了提高劳动生产力的一些因素，但尚未提及一个因素。这一因素因极为重要且涉及面太广，需要单独加以论述。这就是合作，或许多人的联合行动。这一因素对生产的促进作用非常巨大，由此而出现了一独立的研究领域，名之为分工，引起了政治经济学家们很大的注意。这确实是非常值得的，但却忽视了有关这一内容广泛的法则的其他事例和例证。我认为，是韦克菲尔德先生首先指出，错误在于以偏概全，由此而带来了有害的后果；在分工法则的背后，还有一个更为基本的法则，包含了前一法则的内容。

韦克菲尔德指出①，合作有"两种，第一种合作是几个人从事同一工作时的互相帮助；第二种合作是几个人从事不同工作时的互相帮助。前者可称为简单合作，后者可称为复杂合作。"

"简单合作的好处可用打猎的例子来说明。据说，使两只猎犬一同追要比 4 只猎犬狼奔豕突能杀死更多的野兔。在人类所从事的很多简单工作中，两人共同劳动显然要比4个人或16个人分

① 韦克菲尔德版亚当·斯密：《国富论》第 1 卷，第 26 页编者注。

开来劳动所干的活儿多。例如，在抬重物、伐木、锯木、抢收，在大片土地上赶时间排水、拉纤，为大船划桨、开矿、搭脚手架、敲碎铺路用的石头等等。在所有这些简单工作中，许多人在同一时间、同一地点、以同样方式工作，是绝对必需的。新荷兰的野蛮人即令在最简单的工作中也是从不互相帮忙的，因而他们的境况并不比他们时常捕到的野兽强，在某些方面还不及野兽。只要设想一下英国的劳动者突然停止在简单工作中的互相帮助，就会明白简单合作的巨大好处。在无数工作中，劳动产量在某种程度上是和工人间的相互帮助成比例的。这是社会进步的第一步。”第二步是：一旦“一群人联合起来劳动生产出超过自身需要的食物，就会促使另一群人联合起来劳动，以生产出超过自身需要的衣着，这样，一群劳动者就可以用剩余的衣着购买另一群劳动者剩余的食物；如果这两群劳动者合起来生产出的食物和衣着多于他们的需要，则他们通过交换就可获得适当的资本，可在各自的行业中使更多的劳动者工作。”由此便在简单合作之外，产生了韦克菲尔德先生所谓的复杂合作。前者指的是若干劳动者联合起来在同一组作业中相互帮助，后者指的是若干劳动者联合起来靠作业分工来互相帮助。

“在简单合作和复杂合作之间有一个重要的区别。前者，合作者在合作时总能意识到，对最无知、最粗俗的人也是明显的。后者则只有非常少的人在某种程度上觉察得出来。之所以有这种区别，原因很容易看出来。当若干人在同一时间、同一地点抬起同一重物或拉同一绳索时，毫无疑问他们是在相互合作。一眼就可以看出这个事实。但当若干人或若干群人在不同时间、不同地点干不同的事时，他们彼此之间的合作，虽然也是确定无疑的，却不像前一种情况能那么容易地觉察出来，要觉察出这种合作，得动脑筋好好地思考一番。”

在目前的社会状况下，养羊是一部分人的工作；为纺毛工精整羊毛是另一部分人的工作；将羊毛纺成毛线是第三部分人的工作；将毛线织成绒面呢是第四部分人的工作；染色是第五部分人的工作；做上衣是第六部分人的工作，这尚未把这一过程各个阶段使用的许许多多搬运工、批发商、代理商和零售商计算在内。所有这些人彼此并不认识也不了解，但却为生产出最终产品即上衣而相互合作。然而，合作生产上衣的人远非限于这些人，这些人都需要食物，以及很多其他消费品，除非他们能指望别人会为其生产这些物品，否则他们是不能把全部时间花在自己的工作上的。每个为这些生产者生产食物或盖房子的人，也都不知不觉地把自己的劳动与这些生产者的劳动结合在了一起。依靠一种未明说出来的但却是实实在在的协作，“拥有多余食物的那群人得以同拥有多余衣服的那群人进行交换。如果这两群人因相隔太远或因不愿彼此往来而相互隔绝——除非这两群人实际上合为一群人，以生产足够全体需要的食物和衣着作为共同目标——他们就不能把生产充足食物和衣着的全部工作分为两部分。”

第二节　分工的作用

分工对生产的影响比通常论述这一主题的方式使读者所认为的更为重要。不仅不同物品的生产成为不同人的专门或主要职业时，每种物品的产量会大得多。分工的实际作用远不止于此。没有某种程度的分工，只能生产出为数很少的几种物品。

假设一些人，或一些家庭，全都从事完全相同的活动。每个家庭住在一片自己的土地上，在这片土地上靠自己的劳动种植为维持其生存所需的粮食。因为在全都是生产者的地方，没有人购买剩余的产品，所以，每个家庭必须在其内部生产自身所消费的全部其他物品。在这种情况下，如果土壤较肥沃，人口不是紧跟在生活资料的后面增长，则毫无疑问，会有某些家庭制造业，也许会靠妇女的劳动（这是分工的第一步）在家庭内部为全家纺织衣着，而且会靠人们的联合劳动造起住房并进行维修。但是除了简单的食物（食物的供应量也是不稳定的，随季节的变化而变化）、粗劣的衣着和非常简陋的住房外，每个家庭几乎不可能生产出更多的东西。通常，他们要尽最大努力才能生产出这些东西。由于工具极为简陋，即令是在生产粮食方面，他们的力量也无法充分发挥出来。要为自己生产出便利品或奢侈品，则要花太多的时间，而且在很多情况下，还得去别的地方。因此，产业的种类很少，只有生产必需品的产业，即便是这些产业，效率也极低，不仅是由于工具不完善，还因为当土地和靠土地滋养的家庭工业可以使单个家庭自给自足时，在家庭人口保持不变的条件下就不会有动力来促使土地或劳动生产更多的产品。

但假定发生了一件事，使这小小的居留地发生了一场革命。假设一群工匠，带着工具和足够维持一年生活的食物，来到这个国家并居住下来。这些新来的移民生产的是当地淳朴的人们喜爱的用具或装饰品；他们在吃完所带的食物以前，生产出了相当数量的这些物品，并打算用来交换更多的食物。当地居民的经济情况由此而发生了巨变,他们现在可以获得舒适品和奢侈品了。这些物品过去仅仅依靠他们自己的劳动是无论如何也生产不出来的,所以也就无从获得,而现在他们若能生产出更多的食物和必需品,就能获得这些物品。他们因此而受到刺激,提高其劳动的生产力。在他们初次获得的便利品当中,可能还有较好的工具。除此以外,他们也有动力更加勤奋地劳动,有动力采用发明来提高其劳动效率。借此他们通常会成功地使其土地不仅为他们自己生产出食物,而且还会生产出余粮供应新来者,用余粮购买这些工匠的产品。新的移民建立了所谓剩余农产品市场。他们的到来不仅用他们所生产的物品使居留地富裕起来,而且还提高了粮食的产量。这些粮食如果没有他们来此消费,是不会生产出来的。

这一学说和我们以前强调的那一命题,即商品市场并不构成对劳动力的使用,毫无矛盾。[①] 农民的劳动已得到使用,不是有了新来者的需求,他们才能供养自己。这种需求对他们所起的作用,是使他们的劳动具有更大的活力和效率,以新的动力刺激他们去作新的努力。新来者的生活和工作靠的也不是农民的需求,他们备有一年的口粮,可以和原来的居民并肩住下来,可以和原来的居住者一样只生产少量食物和必需品。不过,我们可以看到,对于提高劳动者的劳动生产力来说,极其重要的是,附近有从事不同产业的生产者。一种劳动产品能与另一种劳动产品相交换,是提高劳动生产力的一个条件,若劳动产品不能交换,劳动总量几乎总是会减少。当某种劳动产品获得了新市场,从而产量增加时,产量的增加并非总是靠牺牲另一种产品而取得。多生产出来的产品常常是

① 见前面第 100—107 页。

新创造出来的，是新劳动的成果，或者是改良或合作帮助劳动获得的成果，而如果没有提高产量的动机，人们也许不会进行改良，也不会进行合作。

第三节 城镇和乡村间劳动的联合

从以上考察中可以看出，除非一个国家拥有大量的城镇人口，或者农产品大量出口到其他国家，否则该国就几乎不可能拥有生产力较高的农业。我是为了简便而使用城镇人口这个词，用以指非农业人口，即为了联合劳动而集中在城镇或大村庄中的人口。韦克菲尔德先生把这一真理应用在了殖民理论上，已引起很多人注意，毫无疑问还会引起更多人注意。这是有实践意义的伟大发现之一，然而这一真理一旦被发现，便昭然若揭，人们也就看不到发现者的功绩了。韦克菲尔德先生第一个指出，当时普遍采用的建立新殖民地的方法——使一些家庭相邻地定居，每家分一块土地，以完全相同的方式从事生产——虽然在有利的环境下可以确保这些家庭获得基本充足的生活必需品，但却不利于大规模生产，不利于产量的迅速增长。韦克菲尔德先生提出了另一种建立殖民地的方法，要确保每个殖民地从一开始就拥有和其农业人口成比例的城镇人口，确保土地耕作者不住得过于分散，以致因相互距离太远无法将城镇居民作为其产品的市场。这一方案所依据的原理与以下理论毫不相干，即把土地集中起来，交由雇工耕种会得到较高的生产力。即使当土地分成小块并由自耕农耕种时，确实会获得最高的产量，但城镇人口对促使这些自耕农提高产量，也同样是必需的。如果他们离最近的非农业产业太远，以致不能把其作为吸收剩余产品的市场，从而不能靠其使他们的其他需要得到满足，那么一般说来就不会生产出这种剩余产品或与其相等的东西。

首先是城镇人口的不足限制了像印度这样的国家劳动的生产力。印度的农业完全采用小农制度。然而，劳动联合的规模相当大。村社制度与习俗是印度社会真正的框架结构，必要时靠这些来采取联合行动。这样办不到时，政府（当政治还算清明时）就会插手，靠赋税收入并靠联合劳动来建造必不可少的蓄水池、堤防和灌溉工程。然而，农具却非常原始，耕作方法非常落后，以致尽管土壤很肥沃，气候对植物生长很有利，但土地的产量却低得可怜。可以使土地在小农制度下为比现有数目多得多的居民生产出充足的粮食。但要做到这一点，要有刺激，要有众多的城镇人口，城镇与乡村靠简易而廉价的交通手段相连接。然而，城镇人口并未增长，原因是耕作者没有什么欲望，没有雄心大志（以及不久以前兵祸连绵、横征暴敛，致使财产很不安全），因此而不想消费城镇产品。在这种情况下，及早开发印度生产资源的最佳方法，便是迅速增加其农产品（棉花、靛蓝、食糖、咖啡等）向欧洲市场的出口。这些货物的生产者将消费其印度农民同胞供应的食物。由此而为余粮开辟的市场，如果伴随有清明的政治，会逐渐增加人的欲望，从而对欧洲商品产生需求，或对印度制造业人口增加后才会生产出来的物品产生需求。

第四节　较高程度的职业划分

以上讨论的职业划分，是劳动联合的一种形式，舍此就不可能有工业文明的发端。然而一旦这种划分完全确立了起来，一旦每一个生产者向其他许多人供应一种商品，又从他人那里得到自己所消费的大部分物品已成为一般习惯，则虽然紧迫性要少些，但确实有理由进一步应用职业划分原则。人们发现，职业划分得愈细，每个劳动者工作的范围愈窄，劳动生产力愈高。最后便出现了那些所谓分工的著名事例，想必本书的所有读者是熟悉这些事例的。亚当·斯密所举的制造别针的例子，虽然已尽人皆知，但因为这个例子太恰当了，所以我还要再一次引录斯密的原话。斯密说："别针的制造分为约 18 项不同的工序。一个人拔丝；另一个人弄直；第三个人切断；第四个人磨针尖；第五个人打磨其顶部以便装上别针头；做别针头需要两或三项不同的作业；装别针头是一项特殊的工作；涂白这些别针是另一项工作；甚至用纸把别针包起来也是一个行当。……我见过一个只雇了 10 个人的小厂，因此，一些人要干两三种不同的工作。但是虽然他们很穷，只有很简陋的必不可少的机器设备，可是如果他们努力工作，他们每天却能制造出约 12 磅别针。每磅有 4000 多枚中号别针。因此，这 10 个人每天能够制作出 48000 多枚别针，也就是说每人每天制作出 48000 枚别针的十分之一，即 4800 枚别针。但如果他们是分开来独立地工作，而且他们中间没有任何人曾受过这方面的专门训练，那么他们每个人一天肯定做不出 20 枚，甚至一枚也做不出来。"

萨伊先生提供了一个更加强有力的例子,用来说明分工的效果,尽管这个例子取自一个不很重要的行业,即扑克牌制造业。萨伊说:"据该行业的人说,每张牌,就是像手掌那样大的纸片,在出售前,至少要经过七十道工序,每道工序都由不同的工人来完成。如果某家扑克牌制造厂没有70个工种,那是因为分工尚未达到所需的程度,因为同一工人要完成两道、三道或四道不同的工序。这种分工的影响是巨大的。我曾经见过一家扑克牌制造厂,在那里30个工人每天生产15500张扑克牌,每个劳动者的产量超过500张。可以设想,如果每个工人都必须各自完成全部工序,则即令他技术非常熟练,可能一天也做不出两张牌。因而那30个工人,就不是每天生产15500张牌,而只能生产出60张牌。"①

关于钟表制造业,巴巴奇先生说:"根据提交给下议院一个委员会的证词,这个行业有120个不同的部门,每个部门都可以有自己的一个学徒。他只学他师傅的行当,学徒期满后,不能在任何其他部门工作。装配工的工作是将很多散件组装起来,是这120人中惟一能在任何其他部门工作的人。"②

第五节 试析分工带来的利益

分工之所以会提高劳动效率,其中一些原因是众所周知的,无需再加以说明,但仍值得把它们一一列举出来。亚当·斯密将其

① 萨伊:《实用政治经济学教程》第1卷,第340页。靠如此繁多的手工工序制造出来的物品,竟能以非常低的价格出售,这就无可辩驳地证明,这种精细的分工可以节省大量劳动。

② 《机器和制造业经济》第3版,第201页。

归纳为三点："第一，提高了每个工人的灵巧性；第二，节约了更换活计时通常会损失的时间；最后，发明了很多方便和节省劳动的机器，使一个人能干很多人的工作。"

其中，每个工人灵巧性的提高是最明显和最普遍的。并非是因干熟了就干好了，而是取决于工人的才智，取决于专心的程度。但一件事反复干，却会变得容易些。身体各器官若频繁使用会更加有力量：肌肉会更加强壮，筋腱会更加柔韧，脑子会更加好使，全都不那么容易感到疲劳。能够容易地干的工作至少有较多的机会干好，并且肯定会干得更快。起先干得慢者将会干得快。起先慢工出细活，最后快工也能出细活。脑力活动和体力活动都是如此。即令是幼儿，在做过大量练习以后，也能极为迅速地把一串数字加起来。讲某一种语言、流利阅读、看谱奏乐都是熟能生巧的显著事例。在体力活动方面，跳舞、体操、摆弄乐器都是要靠反复练习来达到敏捷熟练的例子。在较简单的手工操作中当然还会更快见效。亚当·斯密指出："在某些制造业中，人手从事一些工作的敏捷程度，对于从未见过的人来说，确实是难以想像的。"① 当然，分工愈细，获得这种技能所需的时间愈短，但如果工人所要执行的操作种类很多，而每一操作重复的次数不够频繁，便达不到上述熟练水平。好处并不限于最终提高了效率，还包括减少了学习技艺过程

① "在天文观测中，操作人员的感官因习惯变得如此敏锐，以致能估计出 1/10 秒的时间，能按每英寸分为 5000 份的刻度调整测量仪器。在最普通的制造工艺中也是这样。一个装别针头的孩子可以连续几小时重复一种操作，这种操作需要每分钟使肌肉做几种不同运动上百次。一份最近的曼彻斯特文件说，一种特别的编织品，刚开始时值 3 先令，现在只值 1 便士，而这不是像平常那样靠发明了新机器，完全是靠工人灵巧程度的提高。"（《爱丁堡评论》1849 年 1 月号，第 81 页。）

中损失的时间和浪费的材料。巴巴奇先生说[①]:“学习技艺的每一个人总会白白消费或糟蹋一定数量的材料。他每干一种新的活计,都会报废一些原材料或半成品。如果每个人不断地变换工作岗位,报废的数量将会比固定于一个工作岗位时多得多。”通常如果每个人专心致志地学习一种技艺,比起三心二意者来,他会更快地取得合格证明。

亚当·斯密列举的分工带来的第二个好处,我认为他和别人都强调得过分了。为了公平评判他的意见,我在此要引用一下他的原话。他是这样说的:“在节省因更换活计损失的时间上所带来的好处,要比我们乍看上去所能想到的要大得多。人们不可能很快地从一种工作转到使用完全不同的工具而且在不同地方进行的另一种工作。一个耕种小块土地的乡村织工,一定会在从织布机到田间的来往途中损失大量时间。当两种行当能在同一习艺所进行时,所损失的时间毫无疑问要少得多。然而,甚至在这种情况下,损失也相当大。一个人在变换活计时通常要闲逛一会儿。刚开始干新工作时,很难立即精神饱满地投入工作。如人们所说的那样,他的心还安不下来。在一段时间内,与其说他是在工作,还不如说是在闲混。由于农村劳动者不得不每半小时更换一下工作和工具,不得不几乎每天以 20 种不同的方式劳动,因而他们自然而然地或更确切地说不可避免地养成了吊儿郎当、马马虎虎的习惯,这使他们总是懒洋洋的,即令在最紧迫的场合也是没精打采的。”对能充分调动劳动积极性的国家来说,这一有关乡村劳动力效率低下的描述肯定是非常夸张的。很少有人比园丁更频繁地变换工作和工

① 第 171 页。

具。是否园丁总是没精打采的?很多高级艺人必须用各种各样的工具做许许多多种工作。诚然,他们做每一种工作的速度赶不上只干一种工作的车间工人,但是,除了单纯从手的动作速度上来说外,从所有其他意义上说,他们都是更熟练的劳动者,都是更加精神饱满的劳动者。

巴巴奇先生步亚当·斯密的后尘,这样说:"人的手或人的脑若在一段时间内从事某一工作,则一旦变换工作,便不会立刻充分发挥效力。工作中所运用的四肢的肌肉在用力时会获得一种柔韧性,而工作中不运用的那些肌肉在休息时则会变得僵硬,因此而在每次刚变换工作时动作缓慢和不适应。长期的习惯也使得到使用的肌肉产生强得多的承受疲劳的能力。变换脑力劳动似乎也会发生这种情况。开始研究新课题时总是没有像过一段时间以后注意力那样集中。在相继工序中使用不同的工具,是变换作业造成时间损失的另一个原因。如果这些工具很简单且更换不太频繁,时间损失还不大。但在很多技艺中,工具非常精密,每使用一次都要进行精确的校准,用于校准工具的时间在许多情况下同使用工具的时间相比显得很长。滑动刀架、刻线机和钻机就属于此类。因此,在足够大的制造厂内,一台机器只用于一种工作是比较经济的。例如,以一台机床沿其床面全长相对于其滑动刀架做螺旋运动,只用于加工汽缸;另一台机床,具有使工件在通过夹具的位置上速度不变的运动,用来磨削表面;第三台机床则只用于切削加工轮子。"

我并非认为上述看法是毫无意义的,但我认为有些反面意见是被忽视了。如果某种体力或脑力劳动同另一种劳动不一样,那么正是因为这一点，后一种劳动可以在某种程度上得到休息。如果说干第二种工作时不能一下子获得最大的活力，那么第一种工作也不能在不略微放松一下的情况下无限期地干下去。根据一般经验，工作的变换常常能提供换一口气的机会，否则就得完全休息。一个人在不断更换工作时，要比在全部时间内只干一种工作可以不疲倦地多干很多小时。不同的工作使用不同的肌肉或不同的脑力，某些肌肉或脑力在其他肌肉或脑力工作时可以得到休息和恢复。干脑力劳动时体力可以得到休息，反之亦然。这种变化本身对所谓元气（由于没有更科学的说法，只好使用这个词）具有刺激作用。这对于所有非机械性工作的效率来说都是重要的，即令对机械性工作来说也不是不重要的。以上因素的相对重要性对不同的人来说是不一样的。有些人比起别人来更适合于长时间从事一项工作，不大适合于变换工作。他们需要较长的时间才能鼓起劲，不大容易感到厌倦，需要较长的时间才能使他们的才能得到充分发挥，因此，一旦才能得到发挥，他们就不愿停下来，而愿不间断地长时间干下去，即令会伤害他们的健康也置之不顾。气质同这些差别也有关。有些人的才能似乎天生发挥得很慢，并且在工作很久以后才会有成就。另一些人固然才思敏捷，但要不了多久就会江郎才尽。然而，在这方面同在其他许多方面一样，虽然是有先天差别，但习惯的差别更大些。从一行很快地转入另一行的习惯，可以像其他习惯一样，靠早期培养来养成。有了这种习惯，就不会在每次变换工作后出现亚当·斯密所说的闲混的现象。非但干劲和兴趣不会减弱，养成这种习惯的工人反而会生气勃勃、精神饱满地从事每一项新工作，而如果某一项工作干得时间过长（除非有不寻常的刺激)，则不会有这种感觉。妇女比起男人来(至少在他们目前的社会环境下)具有大得多的易变性。这里讨论的问题是很多事例中的一个事例，说明在形成人类的见解方面，妇女的思想和经验是多么无足轻重。很少有妇女会认为，时间拖得愈长，工作的精神愈饱满，她们不会认为在更换新工作以后的一段时间内工作效率会降低。即令就妇女来说，我也认为造成这种差别的原因，与其说是天性，还不如说是习惯。男人从事的工作十之八九是专门性的，妇女从事的工作十之八九是一般性的，涉及多种多样零七八碎的事情，干每件事情只需很短的时间。妇女经常很快地从一种手工操作转到另一种手工操作，脑力的变换还要多些，因此很少值得她们去花力气或花时间。而男人则通常长期而稳定地从事一种工作或非常有限的几种工作。但情况有时候会反过来，性格也随之改变。妇女从事单调的工厂工作效率并不比男人低，否则就不会这样广泛地雇用妇女去干工厂工作了。一个男人若是已养成了做多种工作的习惯，则他非但不会成为亚当·斯密所描述的那种懒散怠惰的人，反而常常是精力非常充沛的，充满活力的。然而，即令对于最多才多艺的人来说，工作也确实不宜更换得太频繁。不断地变花样比起千篇一律更容易使人疲劳。

亚当·斯密所认为的分工带来的第三个好处，在某种程度上是实实在在的。一个人愈集中精力干某一项工作，干某一项工作的时间愈长，愈有可能在该项工作中搞出节省劳动的发明。一个三心二意的人不大可能对某一方面的工作作出实际的改进。但这更多地取决于全面的智力和动脑筋的习惯，而不是工作的专门化。如果这种专门化达到不利于培养智力的程度，则将失大于得。还应加上一句，不论什么是搞出发明的原因，发明一旦搞出来，劳动效率的提高就应归因于发明本身，而不应归因于分工。

从现代制造业的精细分工中获得的（仅次于工人灵巧程度的提高的）最大好处，亚当·斯密没有提到，但巴巴奇先生却注意到了，这就是按能力给工人分类，可以更为经济地分配劳动。同一工作的各不同部分，其所需的熟练程度和体力也不同。让技术最高的工人专门从事最复杂的工作，让体力最好的工人专门从事最艰苦的工作，这可以充分发挥他们的作用；谁都能干的工作可以留给只适宜干这类工作的人去做。只有当生产过程的每一部分需要多少技能和体力，便使用多少技能和体力时，生产效率才会最高。制造别针的工作，其各个不同部分看来需要程度大不相同的技能，以致工人的工资从 4.5 便士一天到 6 先令一天各不相同。如果工资最高的工人必须完成全部生产过程，那他就把一部分时间浪费在了报酬为 6 先令至 4.5 便士之间的工作上。即使不考虑完成的工作量会遭受多大损失，并假设他能在 10 个工人联合劳动制造出 10 磅别针的同样时间内制造出 1 磅别针，据巴巴奇先生计算，制造费用也会是分工时的 3 ³/₄ 倍。巴巴奇先生接着说，在制造缝衣针方面，差别还要大些，因为生产过程不同部分的报酬级别从一天 6 便士直到一天 20 先令不等。

上面说的是分工可以从工人的技能中获取最大的效用，在这种利益之上，可以加上与其类似的另一种利益，即分工还可以从工具中获取最大的效用。一位才华卓著的著述家说[①]："如果某个人拥有很多不同工作所需要的全部工具，则至少会有四分之三的工

① 约翰·雷：《政治经济学某些新原则的陈述》，波士顿，第 164 页。

具老是闲着不用。因而很明显，与其每个人拥有全部工具，交替地用于每一种工作，还不如建立这样一个社会，在这个社会中，把这些工具分给每个人，每人只限于干某一工作。这种改变对整个社会，从而对社会中的每个人都有很大的好处。首先，各种工具会被经常使用，由此而使购置工具的费用得到较高的报酬。因而其所有者花得起钱来改进工具的质量，使其更为完善。结果是，为整个社会未来的需要作好了更充分的准备。”

第六节　分工受到的限制

正如论述过这一主题的所有著述家所指出的，分工受市场规模的限制。如果将别针制造分成 10 项不同的工作，一天能够制造出 48000 枚别针，那么，只有在消费者的数目大到每天需要 48000 枚别针时，这才是可取的。如果只有 24000 枚的需求，则分工只能按每天生产较小数量的规模来进行。因此，对某一商品需求的增加会提高生产该商品的劳动的效率。市场规模可能受以下几个因素的限制：人口太少；人口太分散，住处相距太远，相互来往很不方便；缺少道路和水陆运输；最后，居民太贫穷，也就是说，他们的集体劳动效率太低，无力消费大量商品。因此，那些可能购买某种商品的人的懒惰、缺乏技能和缺乏劳动联合，会限制该商品生产者之间劳动联合的实际规模。在文明的早期阶段，当每一地区的需求肯定都很小时，产业只是在这样一些人当中蓬勃发展，这些人控制着海岸或通航河流，能把全世界或所有沿海地区或通航地区当作其产品的市场。世界总财富的增加，当伴随有通商自由、航运的改进以及国内道路、运河或铁路运输的改进时，会使各国产品的市场极大地扩大，其结果通常是使生产这些产品时的分工得到很大发展，从而提高各国劳动的生产力。

在很多情况下，分工还受到工作性质的限制。例如，农业就不能像很多制造部门那样分工分得那么细，因为各种农活不可能同时进行。一个人不能总是犁地，另一个人不能总是播种，另一个人不能总是收割。一个人若只干一种农活，则在一年中会有 11 个月无事可做。即使一个人一样接一样地干所有农活，在大多数气候条件下，也有很多空闲时间。进行大规模的农业改良，常常需要很多人一块工作，但通常除少数指挥人员外，他们全都以同样方式工作。运河的开凿或铁路路基的建设如果没有很多人联合起来劳动是完不成的，但是除了工程师和少数几个办事员以外，全都是挖土工。

第九章　论大规模生产和小规模生产

第一节　制造业中大规模生产方法带来的好处

从劳动联合的重要性可以明显地看出，在很多情况下，进行大规模生产，可以大大提高生产效率。如果为了最大限度地提高劳动效率，许多劳动者必须联合起来，即便只是为了简单合作而联合，那么企业的规模就必须足够大，以把许多劳动者聚在一起，资本就必须足够多，以供养这些劳动者。当工作的性质允许，市场的规模足够大时，更需要进行细致的分工。企业愈大，分工也就可以愈细。这是大型制造厂存在的主要原因之一。即便扩大生产规模不会导致进一步的分工，把生产扩大到某一规模，使每个适宜从事专门工作的人工作饱满，也会有很好的经济效果。这点巴巴奇先生已作了很好的说明。①

“如果机器24小时内一直工作”（显然这是使用机器的惟一经济方式），“就需要有某个人来照看工人们的交接班。不论门岗或雇来干此事的其他人，是照看一个人的进出，还是照看20个人的进出，他的休息都会受到同等的打扰。有时还需要调整或修理机器。这事由熟悉机器制造的工人来做要比由使用机器的工人来做好得

① 第214页及以下各页。

多。既然机器的良好性能和使用寿命在很大程度上取决于消除其部件的振动或缺陷的快慢，因而现场工人及时的注意将大大减少因机器磨损产生的开支。但在单台花边机或单台织机的情况下，这一办法是太费钱了。由此便出现了另一个要扩大工厂规模的情况。应该使机器的台数恰好等于一个工人的全部时间用于保持它们运转正常的台数。如果超过了这个数目，根据同样的经济原则，就必须使机器台数增加两倍或三倍，以便占用两个或3个熟练工人的全部时间。

"当工人劳动的一部分如在织布和许多类似的技艺中仅仅是运用体力时，制造商很快就会想到，如果这部分劳动由蒸汽机来完成，那么，在织布的情况下，同一个人就可以同时看两台或更多台的织机。因为我们已经假设雇用了一个或几个跟班技师，因而织机台数可以安排得使他们的时间充分用于保持蒸汽机和织机正常运转。

"遵循同样的原则，制造厂逐步变得如此大，以致夜间照明费用会达到相当可观的数目。既然已经设置了整夜不睡的值班人员，可以经常照管照明设施，又有装修机器的技师，因而增添煤气灯会导致生产的进一步扩大，同时可以减少照明开支和火灾的危险，由此而对降低制造费用作出贡献。

"在工厂达到这一规模以前很久，它就会发现需要建立财会部门，雇用职员来为工人发工资，并且监督他们是否准时上班。这个部门必然跟供应原料和出售成品的代理商有来往"。这些职员和会计为大批工人发工资比为少数工人发工资多花不了多少时间，多费不了多少事，核对大笔交易的账目比核对小笔交易的账目，也多花不了多少时间，多费不了多少事。业务量翻一番，也许需要增加会计或供销代理商的数目，但肯定无需加倍。业务规模愈大，完成全部业务活动所需的劳动量从比例上说就愈小。

一般说来，业务开支并不与业务量成比例地增加。让我们举邮政局的一系列业务活动为例。假设譬如说伦敦邮局的业务，不是集中于一个单独的康采恩，而是分给五六个相互竞争的公司去管，则每家公司就要被迫维持一个几乎同现在一样大的机构。因为每家公司都必须为收发伦敦所有地方的信件作好安排，所以每家必须派出邮递员到每条街道和几乎每条胡同，而且如果要使服务干得同现在一样好，每天的投递次数也要同现在邮政局每天投递的次数一样多。每家公司都必须在每个地区设一个收信的办事处，还得设立从不同的办事处收拢信件和分发出去的全部辅助机构。除此之外，还要雇用比过去多得多的高级职员，由他们来管理和检查下属的工作。这不仅意味着付给这些人的薪水支出将增加，而且也许在很多情况下，只能满足于雇用不太合格的人员，因此而达不到预期的目的。

在自由竞争状态下，大规模生产所得到的好处在特定情况下是否会超过小商号通常孜孜以求的蝇头微利，可以根据一准确可靠的检验标准来加以确定。在大小商号做同样生意的地方，在当前环境下生产效率最高的一方能靠降价倾销挤垮另一方。一般说来，持久降价倾销的能力只能来自劳动效率的提高。而这种能力如果是靠进一步分工，或靠给工人适当分类以节约技能获得的，就不仅会使较少的劳动生产出同样的产量，而且还会使同样多的劳动生产出较高的产量，也就是说，增加的不仅是剩余产品，而且还有劳动的总产量。如果该物品数量不需要增多,有一部分劳动者会因此失业,那么用于供养和雇用他们的资本也就会腾出来;把他们的劳动用于别处,国家的总产量也就将得到提高。

然而,出现大制造厂的另一个原因,是采用了需要配备昂贵机器的生产工艺。配备昂贵的机器,一是需要有大笔资本,二是除非打算让机器发挥全部生产能力,并有希望售出全部产品,否则是不会采用机器的。由于这两个原因,在使用昂贵机器的地方,大规模生产就不可避免了。但是在这种情况下,降价能力并不像在前一种情况下那样,是检验大规模生产是否对社会总产量产生了有利影响的准确标准。降价能力不是取决于绝对产量的增加,而是取决于产量与生产支出的比例是否有所上升,如前所述①,甚至在年总产量下降的情况下,这种比例也有可能上升。由于采用机器,原先不断被消耗而又不断再生产出来的流动资本转化成了固定资本,维持这种固定资本每年只需要少量开支,而且只要有少得多的产量就足以负担这点开支,足以收回生产者余下的流动资本。所以机器非常适合制造商的需要,使他可以降价挤垮竞争对手,尽管国家的总产量也许没有增加而是减少了。确实,用机器生产的物品会卖得便宜些,因此,就这一种物品来说,卖出的数量也许会增加,而不是减少,因为社会的损失从整体上说会落到工人头上,他们即便是大多数制造部门的主顾,也不是其主要的主顾。但是,虽然这一特定产业部门本身可以扩展,可它却是靠整个社会来补充其减少了的流动资本。如果该部门的劳动者避免了失业,那是因为失业分摊到了所有劳动人民头上。如果他们中的一些人沦为非

① 前面第六章。

生产性劳动者，靠自愿或法定救济为生，那么国家的总产量就会相应减少，一直到正常的积累过程将其补足为止。但如果劳动阶级的境况使他们能承受工资的暂时下降，被解雇的劳动者为其他职业所吸收，则他们的劳动仍然是生产性的，社会总产量的减少得到了弥补，尽管工人遭受的损害并未得到补偿。我把前面已经讲过的东西重复一遍，是为了使人对下面这一点有更深的印象，即一种生产方式不一定因为能使某种商品卖得便宜些，就会增加整个社会劳动的产物。售价降低一般会使产量增加，但却不是必然会使产量增加。不增加产量的情况仅仅是一种在理论上有可能出现的例外情况，而不是实际经常出现的情况，其原因前面已经说过，后面还有更详尽的说明，这里就不再说了。

用大生产体制代替小生产体制所节省的很大一部分劳动，是资本家自己的劳动。如果100个拥有小资本的生产者分别进行同一业务，则每个业主也许要花全部精力来管理企业，至少没有时间或心思去干别的事。而一个拥有相当于他们资本总和的制造商，雇用10个或12个办事员，就可以管理他们的全部业务，还有空干别的事。小资本家通常事无巨细都要管，而大资本家则把有些事交给下属去做。小农场主要亲自犁地；小商人要站柜台；小织布商要踩动自己的织机。在大多数情况下，这种职能的联合是不经济的。业主要么把其指挥才能浪费在了日常事务上，要么他只适宜于做指挥工作，因而把日常事务搞得一团糟。然而，必须指出，有人十分重视节省这种劳动，但我却不这样看。毫无疑问，花在监督很多小资本上的劳动要比花在监督大资本上的劳动多得多。然而，小生产者通常感到自己是主人，而不是某个雇主的奴仆，由此而为付出的这种劳动获得了充分的补偿。可以说，如果他们看重这种独立性，他们就会甘愿为此付出代价，甘愿减价出售其产品来同大商人或大制造商竞争。但他们不能老这样干，同时又能维持生存。因此，他们逐渐从社会上销声匿迹。在延长无望的挣扎中耗尽了自己小小的资本以后，他们或是沦为雇佣劳动者，或者依靠别人生活。

第二节 合股原则的优点和缺点

合并许许多多小资本形成大资本，或换言之成立股份公司，极大地促进了大规模生产。合股原则的优点很多而且很重要。

首先，很多事业所需要的资本量超出了最富有的个人或非公开性公司的财力。任何个人都无力修筑从伦敦到利物浦的铁路；即便建成铁路后，任何个人能否经营其运输业务，也是值得怀疑的。诚然，政府既能修建铁路，也能经营其运输业务；在合作尚处于早期阶段的国家，只能指望政府来搞需要大量资金的工程，因为政府可以通过征税获得所需的资金，而且也已习惯于管理大事业。然而，由于人所共知的以及后面要详细说明的原因，当有别的可采用的办法时，政府管理工业活动通常是最不适宜的。

其次，有些事业虽然并非个人绝对不能经营，但个人经营的规模和连续性却无法满足社会日益增长的苛求。个人完全能够从英国向世界各地发出客船和邮船，在出现股份公司以前就已有人这样干了。但是，随着人口、贸易和支付手段的增加，公众已不再满足于偶然的机会，而要求班轮定期开出，对某些地方每天开出一两次，对另一些地方每周开出一次，对另一些地方必须每月两次定期开出大型豪华轮船。很显然，要维持这样昂贵的定期的业务周转，需要有多得多的资本和多得多的合格管理人员，而这不是个别资本家所能做到的。还有另外一些事业虽然完全可以用小资本或中等规模的资本来经营，但却需要有大笔认购的股金来向公众担保金钱方面的契约将得到履行，特别是当业务的性质要求很多人愿意把自己的钱托付给有关的企业时，例如银行业和保险业的业务。合股原则对这两个行业是非常适合的。然而，由于统治者的愚蠢和自私，我国直到不久以前还用法律禁止这两个行业采用合股原则，禁止集资办银行和海损保险公司，目的在于给予政府特许的机构，即英格兰银行和两家保险公司（即伦敦交易所及皇家交易所）以有利的垄断地位。

合股或合伙经营的另一个优点，是公开性。公开性虽然不是合股原则的必然结果，但却是该原则的自然结果，并且在某些重要情况下已成了强制性的。在银行业、保险业和其他完全依赖信用的行业中，公开性比起已缴的大量资本来是取得成功的更为重要的因素。个人开办的银行发生重大亏损可以保密；即令在亏损已大到会引起银行倒闭的情况下，银行家仍可以维持好些年，试图恢复其地位，结果是更为悲惨地破产。但定期公布账目的股份公司却不那么容易隐瞒亏损情况。账目即便被窜改，也仍具有某种抑制作用；股东若在股东大会上对账目的真实性表示怀疑，便会使公众有所提防。

以上便是合股经营优于个体经营的一些方面。但看一下问题的另一面，就会发现个体经营也有大大优于合股经营的一些方面。

其中主要的是个体经营者对事业成功的关心程度要大得多。

股份公司的管理机构主要由雇员组成。尽管董事会负责监督经营管理并且实际上也由董事来任免经理，但他们仅在个人所持有的股份的范围内，与公司经营的好坏有切身利益，而他们的股份常常是公司资本的很小一部分，通常也只是董事本人财产的很小一部分，而且他们一面参与公司的管理，一面从事许多其他对其自身利益来说同样重要或更为重要的事情；除了雇用来的管理者外，没有人把股份公司的经营管理当作主要关心之事。但经验表明，表达日常经验的谚语也证明，雇佣者的经营管理不知要比切身利益者的经营管理差多少倍，不得不雇人管理企业时，“主人的眼睛”一定要盯牢。

经营管理好一个工业企业，需要有两个完全不同的条件，即忠诚和热情。雇来管理企业的人，其忠诚是可以放心的。当其工作是严格地有章可循时，不容易昧着良心去捣鬼，一旦失职饭碗就会被打破。但要使一家大企业生意兴隆，需要做许许多多事情，这些事情都无法事先确定，不可能将其转化成明确无误的责任。首先最为重要的是，要求领导人时时刻刻把企业放在心上，不断地拟订增加利润、节省开支的方案。不大可能指望一个受雇于他人、为他人利益管理企业的人，会如此强烈地关心企业的事情。人类的实践活动已证明了这一点。请看一下整个统治阶级和政府部长们的情况。委托给他们的工作是所有职业中最有趣和最激动人心的；国家的兴衰同他们的自身利益是息息相关的；而且公众对他们的毁誉褒贬，是看得见、摸得着的，对此人们有最强烈的感受和最广泛的了解。然而，绝大多数政治家却无所用心，对所有这些诱惑无动于衷。他们很少考虑造福公众的计划，除非不闻不问会给他们带来更多的麻烦；他们除混日子以外什么打算也没有，以此来逃避舆论的指责。小而言之，所有雇用过工人的人都有充分的体验，即工人只要不被解雇，就总想尽量少干活儿。再就家庭仆役来说，除非长期相处和相互照顾已使仆人变得忠心耿耿，具有了某种共同利益感，否则，只要是无法立规矩的事，主人的利益就得不到照顾，这是大家都看得很清楚的。

股份公司的另一个缺点是不会精打细算，所有大企业在某种程度上都有这一缺点。在管理大笔资本和大笔生意时，特别是当经理与其没有多少自身利益时，人们往往对小笔金额是毫不在乎的；似乎犯不上为小笔金额费神，而且不计较这些鸡毛蒜皮的事还会得到慷慨大方的美名。但是小利能聚沙成塔，小花费也会造成大亏损，对此大资本家是很清楚的，也知道应建立相应的制度，如果严格执行这种制度，就可杜绝大企业中常见的习惯性浪费。但即使建立了真正节约的制度，股份公司的经理也很少竭尽全力在企业的每件小事情上坚持不懈地贯彻执行这种制度。

根据这种考虑，亚当·斯密提出了这样一条原理，即除了在银行和保险等大体上可以照章办事的行业外，永远不能指望股份公司在没有垄断权的条件下维持下去。不过，亚当·斯密常对正确的原理加以夸张，以上所述，就是其中一例。在他生活的年代，除了他提及的那类公司外，很少有股份公司不靠垄断能持久兴旺；但从那时以来，已有了不少这样的公司。联合精神和联合能力两者的持续增长，无疑还会产生更多这样的公司。亚当·斯密只注意到独资业主会坚持不懈地以较旺盛的精力来管理自己的企业，而忽视了很多会抵消这种即令是具有很大优势的因素。

其中最重要的抵消因素之一,涉及领导者的智力水平和所具有的活力。个人利益的刺激是努力的某种保障,但如果智力低下,再努力也是没有用的。在大部分靠资本家个人经营的企业中必然会出现这种情况。当企业规模较大,且能提供足够的报酬吸引较优秀的求职者时,就有可能为企业管理部门和所有低级熟练工作岗位挑选有学问和教养的人员。他们的聪明才智足以补偿他们对经营结果的关心不足。他们比普通人精明,即令只使用一部分心思,也能发现普通人竭尽全力也看不出的获利机会。他们的知识较丰富,看事情看得比较准,使他们得以少犯错误,而别人遇到获利机会却惟恐犯错误,不敢进行越出常规的冒险。

必须进一步指出,向所雇用的人员,不论是高级职员还是低级职员支付固定薪金,并非股份经营的必然后果。有很多方式可以使雇员的利益同公司的盈亏或多或少地密切相关联。在自负盈亏到按日、周或年领取固定工资之间有各式各样的做法。即便是普通非熟练劳动,也可以实行计件工资制;这种做法效率很高,是人所共知的,只要工作可以明确地加以划分,且无需太麻烦地对工作好坏进行监督,精明的雇主就经常采用计件工资制。对于股份公司的经理,以及很多独资企业的监督管理人员,经常采用的做法是把他们的经济利益和雇主的利益挂上钩,以利润分红的方式向他们支付部分报酬。由此而给予雇员的个人利益从强度上说是无法同资本家与企业的利益相比的,但却足以极大地刺激雇员的热情和认真负责的态度,常常使工作质量提高到远远超过大多数老板自己所能达到的程度。这一报酬原则可以进一步推广,具有重大的社会和经济意义，本书还将更为详尽地加以论述。

正如我在前面对照比较大企业和小企业时已经说过的那样，在自由竞争的条件下，竞争的结果将表明在具体情况下是独资企业还是股份公司最适宜生存，因为效率最高、最经济的一方最终能靠降价挤垮另一方。

第三节　大规模生产所需的条件

大规模生产能否代替小规模生产，这当然首先取决于市场规模。大规模生产只有在交易额很大时才是有利的。因此，这意味着，必须人口众多和经济繁荣，或者具有广大的出口市场。而且，这种变化同生产方式的其他一切变化一样，在很大程度上受着资本积累的影响。一般说来，只有在一国的年资本增长额很大时，才会有大笔资本寻找投资机会，而靠新资本要比靠从现有用途抽调资本能快得多和容易得多地开办新企业。少数人手中拥有大量资本时，这种变革也会方便得多。诚然可以靠广泛集资来得到同样多的资本。但这并非适用于所有产业部门，而且还得具有这样的先决条件，即整个社会中商业信用程度非常高，弥漫着创业精神，因而只有在较为先进的工业发展阶段才能采用广泛集资的方法。

在市场最广大、商业信用和创业精神最普及、年资本增长额最大、个人拥有的大资本最多的国家，各个产业部门都愈来愈强烈地显露出了大企业代替小企业的趋势。在所有这些特征表现得最为明显的英国，不仅大制造企业在不断增多，而且在买主足够多的地方，大零售商店和大货栈也在不断增多。这些大企业几乎总能挤垮小商人，不用说，这一方面靠的是分工和量才用人，另一方面无疑是由于大规模交易节省了劳动，例如做一大笔生意并不比做一小笔生意多花多少时间和精力，而比做很多笔小生意要少花许多时间和精力。

仅仅从生产和最大限度地提高劳动效率的角度看，这一变革是完全有利的。在某些情况下会有一些弊端，与其说是经济的还不如说是社会的，其性质前面已有所暗示。但不管从小生产转变为大生产可能具有什么样的缺点，在从大生产转变为更大规模的生产时却没有这些缺点。若在某一行业，根本不可能存在独立的小生产者体制，或这一体制已被取代了，已完全确立了许多工人受一个机构管理的体制，那么在这种情况下，进一步扩大生产规模通常就是绝对有利的。举例来说，很显然，如果伦敦的煤气或自来水由一家公司供应而不是像现在这样由多家公司供应，那会不知节省多少劳动。即令只有两家公司，也意味着各种设施都是双重的，而如果只有一家公司，设施稍加扩充，就可使全部业务完成得同样好。如果有两家公司，就要有两套机器和厂房，尽管所需的全部煤气或自来水通常只用一套设备就能生产出来；如果两家公司未能就划分供应区域达成协议，甚至无法防止像双重管路这样无谓的花费。如果只有一家企业，它可降低收费，并保持现在实现的利润率不变。它会这样做吗？即令它不这样做，整个社会仍然是受益者，因为股东也是社会成员，即使消费者支付的费用不变，股东也会获得更高的利润。若认为几家公司竞争会使价格不断下降，那就错了。在竞争者非常少的情况下，他们最终总是会达成协议停止竞争。他们会步调一致地降价来搞垮一个新来者，但一旦新来者站稳了脚跟，他们就会同他修好。因此，凡是对公众具有真正重要意义的事业，如果大规模经营才有利可图，以致几乎不允许自由竞争，那么维持几套昂贵的设施来向社会提供这种服务，就是对公共资源的一种不经济的分配。较好的办法是立即把它看作是公用事业，如果这种事业不适宜于政府经营，那就应将它全部交给能以最有利于公众的条件经营它的公司。例如，就铁路来说，谁也不愿看到在已经通铁路的地方再修筑第二条铁路，由此而造成资本和土地的巨大浪费（且不说增加公害），因为两条铁路不会比一条铁路提供更好的运输服务，过不了多久也许就会合并。应该只允许建一条这样的铁路，但国家决不应放弃控制权，而只能像在法国那样，给予暂时的特许权。国会已给予现有公司的那些法定权利，同违反公众利益的所有其他垄断权一样，只有被看作是要求赔偿的权利时，在道德上才是站得住脚的。

第四节　大面积耕作和小面积耕作之比较

农业上的大规模生产和小规模生产问题——即大面积耕作和小面积耕作问题——在很多方面从根本上不同于工业上的大规模生产和小规模生产问题。其社会方面和财富分配方面的问题将在后面讨论。但即令作为一个生产问题，大农业体制的优越性也决不像在制造业中那样明显。

我已经指出，农业经营很少得益于分工。即令在最大的农场，分工也很有限。当然，不会由同一些人来放牧、做生意和种地，但除了这些初步和简单的分工以外，就没有更细的分工了。农业中可以进行的劳动联合，主要是韦克菲尔德先生所谓的简单合作，即一些人在同一时间、同一地点相互帮助干同样的活儿。但老实说，在我看来，这位富有才华的著述家过高估计了这种合作对于严格意义上的农业具有的重要意义。没有一种普通的田间作业需要很多这种合作。让很多人在同一块田地上一起犁地、翻土、播种没有什么特别的好处。即令是收割，除非时间很紧，也无需如此。一般说来，一户人家便能提供这些田间作业所需的全部联合劳动。即便是确实需要很多人联合起来干的活儿，小农场也几乎都能干。

分地会浪费生产力，常常带来巨大灾难，但这主要是由于把土地分得太小，以致种植者没有足够多的土地耕种。在这一点上，推荐大制造厂的那同一原则也适用于农业。为了达到最高的生产效率，一般说来，每一农户应拥有足够耕种的土地，使牲畜和农具得到充分的利用（不过，即使是这一命题也必须加上限制条件才能接受）。然而，并非只有大农场能做到这一点，在英国很小的农场也能做到这一点。大农场主在畜栏方面享有某种有利条件。将很多牲畜养在一个畜栏里，比将它们分散养在几个畜栏里花钱要少些。在农具方面也享有某种有利条件。小农场主不大可能拥有昂贵的农具。但主要农具，即令是最好的，也值不了多少钱。小农需要脱粒的谷物数量较少，因而拥有一台打谷机也许是不合算的。但这种机器，或许可由邻近的农户共有，或由某人购置，租给别人使用，特别是当这种机器靠蒸汽运转，可以移动时。[①] 大农场主可以节省

① 汽犁和收割机的发明也许要求对正文中的说法作某种程度的修改。然而，这些发明物对大农场和小农场相对优势的影响，不取决于这些工具的效率，而是取决于其费用。没有理由认为小农场主或小农场主联合起来也买不起它们。

一些运输费用。把少量产品运到市场上和把大量产品运到市场上麻烦差不多;在运送肥料和日用消费品方面也是如此。大量购买东西也会便宜一些。必须在某种程度上考虑到上述各种有利条件,但却不应把它们估计得太高。在英格兰,过去几个世代几乎没有经营小农场的经验;但爱尔兰却有这方面的丰富经验,不仅有经营得最糟的经验,也有经营得最好的经验,因而可以引用爱尔兰权威人士的话反对英格兰广为流行的意见。例如,布莱克先生(此人系北爱尔兰最有经验的农业家和成功的改良家之一,他的经验主要来自耕作得最好的,同时也是划分得最细的农田)认为,租地人租佃不超过 5 至 8 英亩或 10 英亩土地就可以过得很好,就可以付出像大租地农场主那样高的地租。他说[①]:"我坚信,亲自扶犁翻地的小租地农场主,如果适当轮种作物,又有畜栏饲养牲畜,是可以把大租地农场主挤垮的,换句话说,他付得起大租地农场主付不起的地租。我的这种看法已被许多很好地思考过这一问题的实干家们所证实了。……租佃有 700—800 英亩土地的英格兰农场主,便称得上是乡绅。他必须有马可以骑,还要有双轮马车,也许还得雇用一个监工来看管工人。他肯定无法亲自监督在 800 英亩土地上劳动的工人。"在作了一些其他说明以后,他又说:"小租地农场主就没有这些缺陷,除了所有这些缺陷外,还要花费很多费用把肥料从所住的地方运到很远的地方,把收获的作物运回来。一匹马所消耗的土地产品比养活一个小农和他的老婆及两个孩子还要多。而更为重要的是,大租地农场主向工人说:去干活,而小租地农场主需要雇用工人时却说:来干活。我想聪明的读者都会理解其间的

① 威廉·布莱克:《爱尔兰地产管理获奖论文》(1837 年),第 23 页。

差别。”

最常见的反对小农场的一个理由是，小农场不会而且也不能相对于其土地面积而言像大农场那样饲养那么多牲畜，而这会引起肥料不足，以致使小农场的土地总是贫瘠的。然而，人们会发现，只有当小块土地落到穷得养不起足够数量的牲畜的农民手中，细分土地才会产生上述结果。小农场和饲养牲畜少的农场并不是同义语。要公正地作比较，就必须假设大农场主拥有的资本量与小农场主拥有的资本量相等。具有这种条件或接近这样的条件时，并实行厩养(厩养现在甚至在大农场上也被认为在经济上是有利的)时，经验非但不会证明小农场不利于牲畜的繁殖，反而会证明事情完全与此相反。在佛兰德的一个个小农场，牲畜成群，粪肥充裕，这可以说是佛兰德农业最引人注目的特点，一切内行人，无论是英国的还是欧洲大陆的，都对此赞不绝口。①

① 一篇有关佛兰德畜牧业的论述详尽而精辟的论文(这篇论文是根据作者的亲自观察和最可靠的资料写成的，由“有用知识传播协会图书馆”出版)指出：“全部土地为可耕地的农场竟饲养有那么多牲畜，这使那些不知道从何处得到饲料的人惊讶不已。一般的比例是每3英亩土地就有1头牲畜。在面积很小而不得不精耕细作的租种地上，比例还要高一些。对照比较一下不同地区厩养母牛的平均产奶量就会发现，佛兰德地区母牛的产奶量大大超过了我国最好的奶牛场饲养的奶牛的产奶量。而且从某一给定数量牛奶中得到的黄油数量也要大些。只租佃10英亩或12英亩松质可耕地的人竟能饲养四五头牛，确实令人惊讶，但这在瓦埃斯农村却很常见。”(第59、60页)

对于这一问题，帕西先生在其《论耕作制度及其对社会经济的影响》一书中作了非常精辟的论述，可以说，在法国出版的这类书籍中，该书最为公正地讨论了这两种耕作制度。

“无疑是英格兰，在相同的土地面积上饲养了最多的牲畜。只有荷兰和伦巴第的某些地区能同英格兰在这方面竞争。但这是否只是耕作方式的一种后果，而与气候和地理位置无关？我认为确实是这样。不论过去有什么议论，事实却是，凡是在大面积耕作和小面积耕作并存的地方，小农场主虽然不能饲养那么多羊，却拥有最大数量的造粪牲畜。

同资本主义的耕作方式相比较，如果说小面积耕作或小农耕作有缺点的话，缺点肯定主要是技能和知识的低下，但这种低下并

“例如，在比利时，农场规模最小的两个省为安特卫普和东佛兰德，在这两个省，每100公顷（250英亩）耕地平均有74头牛和14只羊。农场规模最大的两个省是那慕尔和埃诺，在这两个省，每100公顷耕地平均只有30头牛和45只羊。若根据习惯，10只羊抵1头牛，则我们会发现，在前一情况下是76头牲畜维持土壤的肥力，而在后一种情况却连35头都不到。这一差别不能不说是巨大的（参见内务部长公布的统计数字）。在比利时土地分得最细的地方，牲畜的充裕程度同英格兰差不多。只按可耕地面积计算一下英格兰的牲畜数，则每100公顷土地有65头牛和约260只羊，合计相当于91头牛，只多15头。还应记住，在比利时几乎全年都是厩养，粪便很少丢失。而在英格兰，放牧会大大减少能安全利用的数量。

“再者，在法国的诺尔省，农场规模最小的县饲养着最大数量的牲畜。里尔和哈泽布鲁克两县，除有大量马匹外，还饲养了520只羊和46头牛，而农场规模较大的敦刻尔克和阿维纳两县只饲养了440只羊和40头牛（见法国商业部长公布的统计数字）。

“考察法国其他地区的情况会得出类似的结果。在城镇的近郊，毫无疑问，不养牲畜的小农可以很容易地买到肥料，但通常要使土地出产最多，就必须更致力于提高肥力。小农场肯定不能饲养很多羊，这是一种不利，但它们却比大农场饲养更多的牛。这样做是由于在消费者有需求时它们不得不如此。如果它们不能满足这一条件，它们就肯定会垮台。

“下面引述的是有关万萨区（多姆山省）的详细资料，其准确性完全可由我引用的资料的可靠程度来担保，我引用的是万萨区区长朱塞劳博士最近公布的统计数字。这些统计数字之所以特别有价值，是因为它们全面反映出了该区小农耕作制的发展对牲畜数目和种类产生了什么样的影响，正是靠上这些牲畜的粪便，土壤的生产力得以保持和提高。该区有1612公顷土地，分成4600小块，归591个地主所有，其中耕种了1466公顷。1790年，17个农场占有全部土地的三分之二，其余土地归另外20个农场。从那以后，土地一再被划分，现在划分已达到顶点。对牲畜的数目有什么影响？增加相当多。1790年只有约300头牛和1800—2000只羊。现在牛有676头，羊只有533只。1300只羊被376头公牛和母牛代替了，因而肥料数量（把各种因素都考虑在内）以490对729的比率增加，或者说增加了48%，且不说牲畜现在更强壮和喂得更好，由此而对增加土壤肥力作出了比以前大得多的贡献。

“这就是事实对我们的论点所作的证明。说小农场饲养的牲畜比大农场少，是不正确的。相反，在同样的环境下，小农场饲养的牲畜更多，它们不得不这样做，因为要从土壤中索取更多的产品，它们就得作出更大的努力来维持土地的生产能力。对小面积耕作制提出的所有其他指责，只要和有关的事实一一加以核对，就会发现同样是没有什么根据的，并可以看出，提出这些指责仅仅是由于所比较的国家处于不同的地理位置，农业繁荣兴旺的原因不一样而已。”（第116—120页）

非普遍的事实。佛兰德和意大利是实行小面积耕作和小农耕作的国家,它们比英格兰早很多世代就有了很好的农业,并且从整体上说,它们的农业也许仍然是世界上最好的。小农常常具有很高的经验性技能,这种技能是通过日常仔细观察事物获得的。小农还具有丰富的传统性知识,例如,在出产佳酿的国家,小农就具有特别丰富的酿酒知识。毫无疑问,他们缺少科学,至少是缺少理论,在某种程度上缺少改良精神,不愿采用新方法。还缺乏做实验的资金,只有富裕的地主和资本家能有效地做实验。至于在大片土地上进行的系统性改良(如大规模的排灌工程)或由于其他原因确实需要很多人共同劳动的改良,则通常不能指望小农甚或小地主去进行,不过他们并非没有为此进行过联合,随着他们的才智进一步增加,这种联合会变得更为常见。

在小农占有土地的地方,上述不利因素均可以被极大的劳动热情所抵消,这种劳动热情在其他农业制度下是绝对见不到的。权威人士在这个问题上的意见是一致的。在一些地方,小耕作者仅仅是承租人,甚至不是按固定条件承租,而是(如在前不久的爱尔兰)按高得无力支付的名义地租承租,因此实际上是按不断变动的所能支付的最高地租承租,在这样的地方,是无法对小规模耕作制作出公正评价的。要理解小农制,就得研究这样一些地方的情况,在这些地方,耕作者自身就是土地所有者,或至少是对土地享有永久使用权的分益佃农,他所作出的提高产量和改良土地的努力,将全部或至少部分地给他本人和他的子孙后代带来好处。我们将在后面较为详细地讨论土地所有权这一重要问题,在那里再引证自耕农惊人勤奋的证据。在这里只需指出,英国农民即令没有永佃权,在政府分配的小块土地上也获得了非常高的产量,不知要比大农场主从同样大小的土地上获得的产量高多少倍。

我认为,大面积耕作之所以对于仅仅为了获利而投资来说一般是最为有利的,其真正的原因有如下述。大农场主占用的土地,从某种意义上说,并没有得到充分的耕种。花在它上面的劳动也不像花在小块土地上的劳动那么多。这并不是因为合作节省了劳动,而是因为使用的劳动愈少,相对于支出而言,收益也就愈高。自耕农甚或佃农在劳动成果全部归己时,会拼命干活儿,但却不能指望被雇用的工人像他们那样拼命干活。不过,这种劳动也是生产性的,有助于增加总产量。如果掌握的技能和知识相等,大租地农场主获得的产量肯定少于小土地所有者或受到充分刺激的小租地农场主获得的产量。但是,大租地农场主的收益虽说较少,可使用的劳动更少,既然他必须为雇用的劳动付酬,所以雇用较多的劳动是不合算的。

然而,虽然在其他条件相同的情况下,小农经济下的土地总产量最高,虽然一个国家因此而能在小农经济下供养较多的总人口,但英国著述家一般都认为,在小农经济下,所谓净产量即耕作者食用后剩下的产量肯定较少;因而可以用于所有其他方面的人口,用于制造业、用于商业和航运业、用于国防、用于提高知识水平、用于从事自由职业、用于执行政府各种职能、用于从事文学艺术的人口必然较少,因为所有这些人都依靠剩余产量为生;因而该国(暂且不谈实际耕作者的境况)一定会在国力的主要方面和一般福利的很多方面差些。然而,人们过于想当然了。毫无疑问,在小农经济下比在大农经济下非农业人口与农业人口的比例要小些。但在小农经济下,非农业人口的绝对数并不一定较少。如果农业和非农业的总人口较多,则非农业人口本身也会较多,然而占总人口的比例要小些。如果总产量较多,净产量就可能较多,然而与总产量的比例要小些。不过,连韦克菲尔德先生有时似乎也会把这些不同的概念搞混。据估计,法国三分之二的人口为农业人口,英国至多三分之一的人口为农业人口。因而韦克菲尔德先生推断说:"既然在法国两个耕作者的劳动只能养活 3 个人,而在英格兰两个耕作者的劳动能养活 6 个人,所以英国农业的生产力是法国农业的两倍",这是由于依靠劳动联合,大面积耕作的效率较高。但首先,事实本身被夸大了。在英格兰,两个人的劳动并不能养活 6 个人,因为从外国和爱尔兰进口了不少食物。在法国,两个耕作者的劳动则不止供给 3 个人的食物。它向 3 个人,有时还有外国人,提供亚麻、大麻,并在一定程度上提供蚕丝、油料、烟草,近来还提供食糖,而这些东西在英格兰全都是从国外进口的;法国所用的几乎全部木材都是国内生长的,而英格兰所用的几乎全部木材都是进口的;法国的主要燃料是靠算作农民的人采集并运到市场上,而在英国这种人则不算作农民。我没有计入皮革和羊毛,因为这两个国家都有这些产品,也没有计入国内消费的葡萄酒或白兰地,因为英格兰也相应地生产啤酒和烈性酒;但英格兰没有大量出口啤酒和烈性酒,却大量进口烈性酒,而法国则向全世界供应葡萄酒和烈性酒。我没有谈到水果、蛋类等不那么重要的农产品,法国在这些方面的出口贸易额是巨大的。但是,我们可以不过分强调这些细微之处,而只看韦克菲尔德的说法本身。假定在英格兰两个人真能生产 6 个人的食物,而在法国,为同样目的,则需要4个人的劳动。那么,英格兰是否一定拥有较多的剩余产量可用来养活非农业人口呢？回答是不一定，只不过英格兰能将三分之二的总产量用于此目的，而不是三分之一。实际情况可能是，由于在法国的制度下所使用的劳动数量较多，同样的土地也许会生产出供养 12 个人的食物，而在英国的制度下也许只生产出供养 6 个人的食物。如果是这样（这完全符合假设的条件），那么，虽然在法国 12 个人的食物是由 8 个人的劳动生产，而在英格兰 6 个人只靠两个人的劳动供养，但在这两个国家可从事非农业活动的人却一样多。我并没有说实际情况就是这样。我知道从整体上说，法国（虽然其最先进的地区另当别论）每英亩土地的总产量平均大大低于英格兰，而且相对于这两个国家的面积和土地肥沃程度而言，英格兰在我们目前所说的意义上，拥有更多的可自由使用的人口。但这种差别肯定不应按韦克菲尔德先生的简单标准来衡量。若用韦克菲尔德先生的标准衡量，则可以说美国农业劳动的效率比法国还低，因为根据最近人口普查的数字，每 5 户人家就有 4 户从事农业生产。

法国农业的落后（就整个法国来说，必须承认这一点，虽然这一点常被过分夸大），也许更多地是该国工业技术和能力的一般平均水平较低造成的，而不是任何特殊原因造成的。即令部分是细分土地所造成的，也不能证明小面积耕作是不利的，只不过证明法国的农场常常太小了（这无疑是事实），而更糟的是，土地被分成了多得几乎令人难以置信的小块，相互隔得很远，造成了极大的不便。

就净产量而非总产量这一问题来说，大面积耕种和小面积耕种到底孰优孰劣，特别是当小农就是土地所有者时，尚不能认为已有定论。这是行家至今仍争论不休的一个问题。英国流行的看法有利于大农场,在欧洲大陆,权威人士则似乎倾向于另一边。海德堡的劳教授(此人著有一部现今论述最为全面而详尽的政治经济学著作,并与其德国同胞一样,对与自己讨论的题目有关的事实和典故如数家珍)认为以下一点是确定无疑的,即小农场或中等规模的农场不仅会生产出较多的总产量,而且还会生产出较多的净产量,不过,他补充说,还应该有一些大地主来充当新的改良的带路人。[①]我所见到的最公正、最有辨别力的意见是帕西先生的意见,他(总是针对净产量展开讨论)在谷物和饲料方面赞成大农场,但认为,需要大量劳动和照顾的作物,其优势则完全在小面积耕作方面;后者不仅包括葡萄和橄榄(对每一棵这样的植物都必须给予很多的照管,付出大量劳动),而且还包括块根植物、豆科植物和提供工业原料的经济作物。根据所有权威人士的意见,农场的规模小因而数量多对于许多次要农产品的丰富来说是十分有利的。[②]

很显然,任何劳动者只要从土地取得的食物多于他本人及其家庭的消费量,就增加了供养非农业人口的手段。即令他的剩余只够买衣着,做衣服的劳动者也是非农业人口,有可能靠他生产的食物生存。因此,任何农民家庭,只要生产出了自己的生活必需品,就对农业净产量作出了贡献。每个出生在农村、从事农业生产、刨除自己的消费后使总产量有所增加的人也是这样。问题是,

① 见1839年在布鲁塞尔出版的法文译本第352、353页,根特市的弗雷德里克·德克默特先生译。

② 帕西先生说:"在诺尔省,一个占地20公顷(50英亩)的农场一年可生产出价值1000法郎(40英镑)的牛犊、奶产品、家禽和蛋,刨除开支后,每公顷土地增加净产品15—20法郎。"(见《论耕作制度》,第114页。)

在欧洲分得最细的由自耕农耕种的地区，农业人口的增殖是否已使土地的分割接近于或趋向接近于极限。在法国，虽然这种分割已公认过细，但却有确凿的证据表明，它还远没有达到减弱供养非农业人口的能力那一点。这已被城镇人口的剧增所证明；最近城镇人口增加得比总人口快得多①，表明（除非城镇劳动者的生活状况急剧恶化，但却没有理由相信这一点）即令按这一不公平和不适宜的比例来检验，农业生产力也必然在提高。还有同时存在的最充分的证明，即在法国比较先进的地区，和直到最近还落后的某些地区，农村人口本身所消费的农村产品增加的幅度很大。

我确信严谨的著述家在讨论政治和社会问题时应尽最大努力加以避免的错误，是不顾事实的夸张和武断，因而我在本书前几版中只发表了非常温和的看法。当时我不大清楚讲到什么程度才不致言过其实，我还没有足够的依据来说明法国农业有多大的实际进步。著名的农业统计权威莱翁斯·德拉维纳先生根据法兰西学院道德和政治研究院的要求所作的考察，得出了这样的结论：自从1789年革命以来，法国农业总产量翻了一番；利润和工资两者也增加了差不多一倍，而地租增加得更多。德拉维纳先生的最大优点之一是公正无私，他对上述考察结果确信无疑，以致他尽力要说明的不是法国农业已经取得多大成就，而是还有多少事情需要法国农业去做。他说："我国花70年时间开垦了200万公顷荒地（500万英亩），耕种了一半休闲地，农业产量翻了一番，人口增加了30%，工资增加了100%，地租增加了150%。按照这一速度，我国要达到

① 在1851年人口普查和1856年人口普查之间，仅巴黎一个城市的人口增加额就超过了全法国的人口增加总额，同时几乎所有其他大城镇的人口也有增加。

英格兰已经达到的水平，还需要七八十年。”①

在有了这一证明以后，我们现在肯定不再会认为小地产和小农场与农业进步势不两立了。惟一尚未解决的问题是速度问题，即农业在哪种制度下发展得更快；对这两种制度都很了解的人一般认为，将它们适当搭配在一起，农业发展得最快。

在本章中，我只从生产和劳动效率方面讨论了大面积耕作和小面积耕作的问题。这两种耕作方式对产品分配的影响，对耕作者本人的实际和社会福利的影响，将留待下文讨论，因为这些问题值得并且需要进行更详尽的考察。

① 《法国1789年以来的农村经济》，法兰西研究院院士和法国农业总会会员莱翁斯·德拉维纳先生著，第2版，第59页。

第十章　论劳动增加规律

第一节　生产增加规律取决于劳动、资本和土地三要素增加的规律

前面我们逐一考察了各种生产要素或生产条件，考察了如何提高这些不同要素的功效。在结束与生产有关的讨论时，还剩下一个头等重要的问题。

生产不是固定不变的，而是不断增加的。生产只要不受到有害的制度或低下的技术水平的阻碍，就总是趋于增加。生产不仅受到生产者扩大其消费手段的欲望的刺激，还受到消费者人数不断增加的刺激。什么是生产增加的规律，生产增加受哪些条件的制约，生产增加实际上有没有限度，限度是什么，在政治经济学中没有比弄清这些更重要的了。政治经济学中人们最模糊的也是这一问题，在这个问题上所犯的错误会造成而且也确实造成了最大的危害。

我们已经看到，生产的必要条件有三个，即劳动、资本和自然要素。资本这个词指的是劳动创造的所有外界物质条件，自然要素这个词所指的外界物质条件则不是劳动创造的。但在自然要素中我们无需计入那些数量无限、无法被人占有并且性质永远不会改变的东西。这些东西总是随时向生产提供同等程度的帮助，不

论生产规模有多大,如空气和阳光就是这样。既然现在要考察的是限制生产而不是便利生产的因素,所以我们需要谈一下在数量或生产力方面容易感到不足的自然要素。这些全都可以用土地这一名词来表示。从狭义上说,土地是农产品的主要源泉。如果我们扩大这个词的含义,把矿山和渔场也包括在内,即不仅包括土地表面生长和喂养的东西,而且还包括地下或水中存在的东西,那么,它就把我们现在所关心的一切都包括进去了。

这样,我们无需作太多不必要的说明,就可以说,生产的必要条件是劳动、资本和土地。因此,生产的增长取决于这些要素的性质。生产增长或是这些要素本身增加的结果,或是其生产力提高的结果。生产增长规律肯定是生产要素规律的结果;生产增长的限度肯定是生产要素规律确定的限度,不论是什么样的限度。我们将逐一考察这三种要素所产生的这种作用,或换言之,将首先考察生产增长规律对劳动的依赖,然后考察其对资本的依赖,最后考察其对土地的依赖。

第二节 人口规律

劳动的增加,就是人类的增加,也是人口的增加。关于这个问题,马尔萨斯先生的人口论所引起的讨论已弄清了事实真相,虽然没有被普遍接受,然而却已是尽人皆知,因而这里也许只需对这一问题作一比较简要的考察。

一切有机物固有的繁殖力可以看作是无限的。任何一种动植物,只要将整个地球任凭该植物和供养该植物的东西摆布,都会在短短几年内遍布地球上适宜其生存的每一区域。繁殖的快慢程度对不同纲目的生物来说是不一样的，但全都会非常迅速地布满整个地球。有很多种植物，一棵每年会长出成千胚芽。即便只有两棵长成，14 年后这两棵也会繁殖到 16000 多棵。一年翻四番的动物，只能说具有中等程度的生殖力；即使半个世纪内只增加这么多，1 万只在两个世纪后也会增加到 250 多万只。增加能力必定是按几何级数提高，只不过比值不一样而已。

就生物的这种性质而言，人类并非例外。其增殖力是无限的，如果这种增殖力得到最大限度的运用，则人类的实际增殖会是非常迅速的。这种增殖力从未得到最大限度的运用，不过在最有利于生存的环境中，即在勤劳而文明的社会所殖民的富饶地区，人口已一连几代人，不超过 20 年就增加一倍(不算新来的移居者)。[①]人类的增殖力比这还要大。在气候适宜、盛行早婚、卫生状况良好、夭折人数很少、生活资料充裕的地方，只要看一下普通家庭有多少子女，就会明白这一点。如果我们假设，在良好的卫生条件下，每代人仅比上一代人增加一倍，那这只能说是对增殖力非常低的估计。

二三十年以前，上述命题仍然需要给予相当多的强调和解释，但有利于它们的证据是如此充分和无可争辩，以致它们成功地反驳了所有的反对意见，现在可以看作是自明的了，不过，总有人非常不愿意承认这些事实，不断地提出各种各样的短命理论，企图把人类的增殖力解释成为适应社会要求的天意安排，在不同的环

① 对于这一点，人们是有争论的，但据我所知，关于美国人口翻一番(不包括新来的移民及其后裔)所需的时间，最高的估计也不超过 30 年，这是凯里先生估计的时间。

境下有不同的增殖规律。[1]正确理解这一问题的障碍并非来自这些理论，而是由于对在大多数时候和地方人口的实际增长远远落后于增殖力的原因认识不清。

第三节　人口的增长实际上受哪些抑制因素的限制

然而，这些原因一点也不神秘。是什么阻止了野兔在地球上繁殖过多？不是缺乏生育能力，而是另有原因，即天敌众多和食物不足；不够吃并且会被吃掉。人类一般说来不会遭受天敌的威胁，与其相当的是战争和疾病。人类的繁殖如果像其他动物那样听凭盲目本能的驱使，便会像其他动物的繁殖那样受到限制；出生人数将达到人类体质所允许的最高限额，人口只有靠死亡来减

① 其中一种理论，即道布尔戴先生的理论，或许需要顺便提一提，因为它近来得到了一些信徒，因为它是以生物学的推理作为幌子的。该理论认为，人类以及所有其他生物的繁殖能力是与食物的数量成反比的，就是说吃不饱的人口会迅速繁殖，而所有生活优裕的阶级，按照生理规律，其生育力是低下的，以致不从贫穷阶级那里得到补充就几乎无法维持其人数。无疑，对于动物和果树来说，养料过量是不利于繁殖的。而且，当食物供应受到某种限制时，生育能力的生理条件很可能会达到最佳状态，尽管无法证明这一点。但是，任何人若想由此得出甚或承认与马尔萨斯先生的原理相左的结论，只要翻一下贵族姓名录，看一下普遍很大的贵族家庭，或想一想英国牧师和中等阶级的大家庭也就行了。凯里先生说得有道理，要与道布尔戴先生的理论相一致，美国人口的增长（移民除外），应是有史以来最慢的才对。

凯里先生有他自己的理论，也是以生理学作为依据，他说有机体所接受的全部养料以最大比例送到系统中最常用的部分。据此他预料人类生殖力的降低，不是由于吃得太多，而是由于伴随先进文明出现的用脑较多。这种看法似乎很有道理，经验也许将证明这一点。但是，即便人体结构确实发生了凯里先生所假设的那种变化，该变化之所以会导致生殖力降低，也不是由于不再有自我克制的必要，而是由于能更容易地进行自我克制，因为最高的生殖率与很少运用生殖力完全是并行不悖的。

少。①但是人的行为或多或少受到对后果的预见的影响，受到优于动物本能的冲动的影响。因此，他们不会像猪那样繁殖，并且能够，虽然程度各不相同，靠深思熟虑或社会影响来抑制生育，以免生下来的孩子夭折或陷于贫困。随着人类脱离野蛮状态的程度不断提高，抑制人口的因素愈来愈多地是对贫困的畏惧，而不是贫困本身。即令没有饿死的问题，很多人也会因为担心失去体面的生活而抑制生育。到目前为止，在大多数人中还没有发现比上述两者更强的动机，足以抑制人口增长的倾向。中等阶级和下层阶级的大多数人，一旦不再受外界的控制，就会尽早结婚，而且在大多数国家会多生子女，限度仅仅是他们能过符合其出身的生活，或惯常过的那种生活。中等阶级当中的许多人还受改善生活境况的欲望的抑制，但这种欲望在劳动阶级中却很少出现或很少起作用。劳动者只要能养家糊口，生活不低于自己小时的生活小平，则哪怕是他们当中的深谋远虑者也会心满意足。他们常常连这也不想，只是听天由命，靠政府或民间的施舍度日。

在非常落后的社会状态下，如在中世纪的欧洲和目前亚洲的许多地区，人口确实是靠饥饿来抑制的。正常年景不会出现饿殍，荒年则饿殍遍野。在这种社会状态下，灾荒要比现在的欧洲频繁和

① 凯里先生一再强调以下推测的荒谬性，即物质呈现为有机体的最高级形态（即人类），要快于物质呈现为有机体的低级形态（即人类食物），也就是说，人类繁殖得比萝卜和白菜快。但是，按照马尔萨斯先生的学说，人类增殖的限度并不取决于萝卜和白菜的增加能力，而是取决于可以种植它们的土地数量。只要土地数量像在美国那样实际上不受限制，从而食物能按最高的自然速率增加，人类在获取口粮方面就不会遇到很大困难，就会以最高速率增加。只有当凯里先生能够证明，不是萝卜和白菜，而是土壤本身，或其所含的营养元素能自然地繁殖，并且繁殖速度能超过人类最快的增长速度时，他才说到了点子上。在此之前，他的议论，至少就上面引述的而言，可以认为是毫无意义的。

剧烈得多。在荒年,饥馑和随之而来的病疫,会夺去很多人的生命,而随后连续几年的好年景会使人口再度膨胀,遇到荒年又大批饿死,令人惨不忍睹。在较进步的社会状态下,即令在最贫穷的人当中,几乎也没有人仅仅能维持最低限度的生活。限制人口增长的因素,不是超量死亡,而是节制生育。生育可以用各种方法来节制。在一些国家,它是深思熟虑的或自觉的自我约束的结果。劳动人民往往有其所习惯的生活;他们会察觉到,如果家庭人口过多,他们的生活水平必然会降低,或无法使他们的子女保持目前的生活水平。他们不会选择这种前途。就我所知,自觉地大规模节制生育时间最长的国家,是挪威和瑞士的部分地区。关于这两个国家,碰巧有非常可靠的资料,马尔萨斯先生细心地收集了许多资料,而从那时以来又得到了很多补充资料。在这两个国家,人口增长都很缓慢;抑制人口增长的,不是人口的大量死亡,而是出生人数较少。出生率和死亡率相对于人口而言都非常低,平均寿命是欧洲最长的。人口中孩子所占的比例较低,壮年人所占的比例则比世界上任何其他国家都高。低出生率使人民生活优裕,直接有助于延年益寿。毫无疑问,低出生率不仅有助于消除贫困的主要根源,而且也有助于消除疾病的根源。值得注意的是,这两个特别令人尊敬的国家,都是小土地所有者占主导地位的国家。

在另一些情形下,人民自己不深谋远虑,而是由国家为人民深谋远虑;在男女双方能表明他们有相当不错的收入以前,国家不允许结婚。在这种法律下(我在后面还要更详细地讨论这种法律),据说人民生活得不错,私生子也不像所预料的那么多。而且在一些 地方,抑制人口增长的因素,与其说是个人的明智,还不如说是某种普遍的甚或偶然的习惯。在英国农村，上个世纪人口的增长非常有效地被难于找到住房所抑制。按照当时的习惯，未婚的劳动者可以在雇主那里寄居和搭伙，已婚的劳动者则必须有房子，同时英国的济贫法规定，教区必须供养其失业的贫民，这使得地主们不愿意促成婚事。上世纪末，战争和制造业对人力的巨大需求，致使人们把促进人口增长看成是爱国行为，大约与此同时，租地农场主长期受益于高涨的谷价，日益想过富人的生活，想让下等人住得远些，加上可以滥用济贫法获利的动机，他们逐步把劳动者赶入了农舍，地主们现在也不再拒绝允许盖房子了。在有些国家，流传很久的风俗是，一个姑娘在没有为自己纺织出足够的嫁妆(要够她结婚后一生所需)前不得结婚，据说这一风俗极大地抑制了人口增长。目前在英国，在经济情况不好的年份，工业区内结婚的人数便会减少，这可以看作是深谋远虑抑制了人口增殖。

但无论是在什么地方，无论是什么原因使得人口的增长速度较慢，只要抑制动机一减弱，增长率很快就会提高。劳动阶级生活境况的改善，只是使他们暂时过得宽裕一些，这很快就会被人口的增加所抵消。他们在生活境况得到改善后，往往会立即多生育子女，从而使其子孙的生活境况又趋于恶化，等于没有改善。除非普遍提高他们的文化与道德修养，或至少提高他们所习惯的舒适生活水平，使他们知道怎样更好地利用较优裕的生活境况，否则他们的生活境况是得不到永久性改善的，最为雄心勃勃的计划最终也仅仅是使人口增加，而不是使人民更幸福。所谓劳动阶级所习惯的生活水平，指的是这样一种生活水平(假如有的话)：高于它，劳动者便会增多，低于它，劳动者则不会增多。劳动者在知识水平、文化教养和社会地位方面的每一提高,都有助于提高他们所习惯的生活水平;毫无疑问,在西欧各先进国家,这一水平在逐步而缓慢地提高。在英国,口粮和就业人数从未像过去 40 年增加得那么快,但从 1821 年以来,每次人口普查都表明,人口增长率低于前一时期的水平;法国工农业产量的增长速度在不断加快,而每 5 年进行一次的人口普查则表明,出生率在不断下降。

不过,我们将在别处讨论人口与劳动阶级状况的关系这一问题。在此我们仅仅把人口看作是一种生产要素。就这一点而言,我们不能不指出,人口的自然增长力是无限的,但在大多数情况下,由于各种各样的原因,这种无限的增长力实际上只有很小一部分得到运用。在简要指出这一点后,我们将进而讨论其他生产要素。

第十一章　论资本增加规律

第一节　节约的手段和动机取决于什么

生产要素为劳动、资本和土地，从上一章中已经看出，生产增加所受到的阻碍并非来自这些要素中的第一个。劳动无论在规模上还是在速度上都不会阻碍生产的增加。人口具有按几何比率均匀而迅速地增加的能力。如果劳动是生产的惟一必要条件，产量自然就会按与人口相同的比率增加，不会有任何限度，直至人口因缺少生存空间而停止增加为止。

但生产还有其他要素，其中之一就是我们接下来要考察的资本。在得到当前劳动的产品以前，任何国家或整个世界的人口决不会超过过去劳动的产品所能供养的数目。在任何国家或整个世界上，生产性劳动者决不会超过这样一部分过去劳动产品所能供养的数目，这部分过去劳动产品是由其所有者为了进行再生产而从享用中节省出来的，被称之为资本。所以，我们接下来就要考察资本增加必须具备哪些条件、资本增加的速度取决于哪些因素以及资本增加必然会受到哪些限制。

因为所有资本都是节约的产物，是为了将来的利益而节制当前消费的产物，所以资本的增加必然取决于这样两个因素，一是能够节省的资金的数量，二是节省意向的强度。

可以节省的资金，是劳动产品向所有生产人员（其中包括补给原料的人员和维修保养固定资本的人员)供应完生活必需品后所剩下的部分。在任何情况下,节省都不会超过这一余额。尽管节省可以达到这一程度,实际上却从未达到过。这一余额用来向生产者提供生活必需品以外的享乐品,用来供养所有非生产人员,并用来增加资本。它是国家真正的净产量。净产品这个词常常在狭义上使用,只用于指资本家的利润和地主的地租,按照这一用法,净产品仅仅是偿付生产费用后资本家得到的报酬。但这一词义过于狭窄。雇主的资本形成劳动者的收入。如果用这一收入购买生活必需品后尚有节余,劳动者便可将节余用于享乐或储蓄。要想谈论工业净产品,就应把这一余额包括在净产品之内。只有把这一余额包括进去了,净产品才可衡量出国家的实力,衡量出国家可节省多少产品用于兴办公益事业,或供私人挥霍;这部分产品国家可以随意处置,可用于达到任何目的,或满足政府或个人的任何愿望;既可用于满足现在的需要,也可以为了将来的利益而节省下来。

这笔资金,这种净产品,这种超出生产者物质需要的多余部分,是决定节省量的一个因素。供养劳动者后所剩下的劳动产品愈多,能够节省下来的劳动产品也就愈多。这部分劳动产品还在某种程度上决定节省的数量。人们有节省的动机,部分是因为有可能从节省的产品中得到收入,因为用于生产的资本不仅能再生产出自身,还会使其增加。资本利润愈高,积累资本的动机也就愈强烈。事实上,诱使人进行储蓄的,不是提供储蓄手段的全部资金,不是一国土地、资本和劳动的全部净产品,而只是其中一部分,即形成资本家报酬的那一部分,这部分净产品被称为资本利润。

不过，即令尚未读到后面的解释，读者也很容易看出，当劳动和资本的总生产力很大时，资本家的收益也会很高，而且通常在这两者之间会有某种比例关系，虽然这种比例关系并非一成不变。

第二节　造成积累欲望的实际强度参差不一的原因

但储蓄倾向并非完全取决于外界的诱因，也就是说，并非完全取决于得自储蓄的利润额。同样的金钱诱因，对于不同的人和不同的社会，会引起迥然不同的储蓄倾向。实际的积累欲望不仅会因个人性格的不同而强度不一，而且还会因整个社会和文明状态的不同而强度不一。同所有其他道德品质一样，人类的储蓄倾向也因环境和社会发展阶段的不同，而显示出巨大差异。

对于一些论题，若进行充分的考察，势将超出本书分配给它们的篇幅。值得庆幸的是，我们可以向读者推荐另一些著作，这些著作对这些问题作了较详尽的论述。在人口问题上，马尔萨斯先生的著名《人口论》作出了宝贵的贡献。在现在所讨论的这个问题上，我可以同样自信地提及另一本著作，即约翰·雷博士的《政治经济学新原理》，尽管该书不及《人口论》有名。① 在我所知道的书

① 这部论著是经常出现的例子中的一个，说明一本书的声价更多地取决于偶然因素，而不是其质量。假如约翰·雷的著作发表得是时候，机会赶得巧，那它是具有取得伟大成功的一切必要条件的。这位著述家，一个移居于美国的苏格兰人，知识丰富，思想富于独创性，具有很强的哲学概括能力，且擅于生动而夸张地表述和说明思想概念，使读者受到强烈感染，我想，这有时也对他自己的心情产生了影响。该书的主要缺点是表现出咄咄逼人的样子，对亚当·斯密采取了敌对态度，一些人对老问题有新见解时，往往喜爱争论。我称这为一个缺点（虽然我认为很多批评是正确的，有的是很有远见

中，该书从原理和历史两方面最为清晰地论述了决定资本积累的原因。

所有的积累都要为将来利益而牺牲目前的利益。但是作这种牺牲的合算程度在不同情况下差别很大，作这种牺牲的自愿程度差别更大。

在权衡将来和现在的利害得失时，未来的不确定性是首要因素；而这种不确定性在程度上是千差万别的。因此，“凡是能增加我们自己或别人享受储蓄的可能性的因素”，都正当而合理地“有助于增强积累的实际欲望。所以，有利于健康的气候和职业，会增加预期的寿命，从而会增强这种欲望。人们从事安全的职业和生活在有利于健康的国家时，要比从事有损于健康或危险的工作和生活在对健康有害的气候下时更乐于节省。海员和士兵总是大手大脚。在西印度群岛、新奥尔良、东印度群岛，居民们花起钱来是毫不吝惜的。但同样这些人，若住在欧洲有益于健康的地方，未沾染上奢侈风尚，则会节俭地生活。战争和瘟疫过后，常常会继之以浪费和奢侈。因此，凡有助于增加社会生活安全感的因素也有利于增强积累的欲望。就此来说，法律和秩序的普遍推行以及长期和平安宁的前景，对积累欲望是有很大影响的”。[1] 安全感愈大，积累欲望就愈强烈。在财产不大安全或毁灭性的变迁比较频繁和严重的地方，很少有人储蓄。而那样做的人，大都要求更高的资本利润率，以使他们放弃目前享乐的引诱去选择难以预料的未来。

的），是因为根据约翰·雷博士的指责来看，两人并没有多少真正的意见分歧，因为他在他的伟大先行者那里发现的弱点主要是在前提中“过于注重人”，而这并非是确立他的结论所需要的或实际使用的。

① 雷，第 123 页。

这些因素影响着人们决定是否为了未来利益而牺牲眼前利益。但作出牺牲的倾向并不只取决于对利益的考虑。储蓄倾向常常是毫无理由的,而有时又过于理智。

积累欲望不够强烈,可能是目光短浅或对他人漠不关心造成的。目光短浅既有道德方面的原因,也有智力方面的原因。智力水平很低的个人和社会总是缺乏远见的。必须在某种程度上提高智力水平,才能使当前不存在的事物特别是未来的事物对人的想像力和意志力产生影响。只要我们想一想目前有多少积累并非是为了我们自身的利益而是以别人的利益为目的,如子女的教育、子女生活的提高,其他亲属的未来利益,以及为促进公私利益而花费金钱和时间,我们就会明白,对他人漠不关心确实会减少积累。如果人类的心情总是像在罗马帝国衰落时期那样不仅不关心朋友、公众或一切比他们存在得久的事物,而且也不关心其子孙后代,那他们就会过放纵挥霍的生活,顶多只为年老时的生活有所储蓄,而且这种储蓄会采取终身年金的形式或某种其他形式,随着年金所有者的死亡而消失。

第三节　积累欲望不强烈的例证

这些不同的原因,智力的和道德的,使各种人在积累欲望的强烈程度方面的差异比通常认为的要大。一般文明的落后状态常常更多的是积累欲望不足造成的,而不是其他原因造成的。例如,就狩猎部落的情况而言,“可以说人肯定是无远见和不顾未来的,因为在这种状态下,未来是无法预见或控制的。……不但缺少未雨绸缪的动机，而且还缺少深谋远虑的知觉和行为习惯，不能把一系列事件在头脑中连成一个整体。因此，即令有了促使人们作出努力的动机，也还面临着训练他们如何思考和行动的任务。”

例如：“在圣劳伦斯河沿岸有几处小小的印第安人村庄。它们一般是为大片土地所环绕。在这些土地上树木看来早就砍光了。此外还有大片森林。砍掉了树木的土地很少被耕种过，几乎可以说从未耕种过，也未修筑过任何林中小道来耕种土地。然而，土壤是肥沃的，即使不肥沃，房子旁边也有成堆的肥料。如果每家人圈起半英亩土地，加以耕作，种上马铃薯和玉米，收获就足够他们过上半年。但他们却时常严重地缺吃少穿，以致加上偶然的放纵，使人口迅速减少。这种我们感到很不好理解的冷漠态度，在很大程度上并非产生于对劳动的厌恶；相反，他们干马上能得到报酬的活儿是很卖力的。例如，他们总是乐于狩猎和捕鱼，除了这些他们特别感兴趣的活儿外，他们还经常被雇用来从事圣劳伦斯河上的航运业务，可以看到他们在大船上摇橹或撑竿，以及帮助木筏通过急流险滩。障碍也不是厌恶农业劳动。毫无疑问，他们对农业有一种偏见，但单纯的偏见很容易克服，不会产生这样的行动原则。当农业劳动的报酬迅速而巨大时，他们也会从事农业。例如，靠近圣雷吉斯的印第安人村落，圣法兰西斯湖上的某些小岛，适宜于种植玉米，是一本万利的营生，只要半成熟，就可以做出味道很美的饭。因此他们每年都在这些岛屿的最好土地上种植玉米。由于牲畜践踏不了岛上的这些土地，因而，不需要修筑篱笆。而如果需要这种额外开支，我猜想他们就不会耕种这些土地了，就像他们村庄邻近的公有地那样。这些公有地显然曾经被耕种过。然而附近村民的牲畜毁坏了没有用篱笆围起来的庄稼。这种额外的必要支出阻碍了这些公有地得到耕种，把它们归入了报酬速度不够快的土地之列，这个小小社会中的实际积累欲望尚未强烈到要耕种这种土地的程度。

“在此值得注意的是，他们不耕种土地则已，若耕种的话，就仔仔细细地耕种，他们耕种的小块玉米地，都彻底地除过草、松过土。这方面稍有疏忽就会大大减少收成，经验已使他们很清楚这一点，因此而不得不仔细耕种。很显然，妨碍扩大耕作面积的因素，不是缺少必要的劳动，而是得自这种劳动的报酬遥遥无期。我敢肯定，一些住得更远的部落在耕作上花的劳动比白人还要多。同样的土地在既不休耕又不施肥的条件下耕种，如果不是用锄和用手把土地弄得更碎，恐怕是不会带来任何报酬的。在这种情况下，白人会开垦一块新土地。新土地也许不大会在头一年使他的劳动得到报偿，他要等到随后几年才能得到报酬。对于印第安人来说，随后几年似乎是远不可及的，尽管若是为了获得几个月之后的劳动收获，他们干起活来比白人还卖劲。”①

这种观点已被一些耶稣会会士的经验所证实，他们试图开化巴拉圭的印第安人，所获得的经验饶有趣味。他们得到了这些野蛮人的最充分信任，对其产生的影响足以改变其整个生活方式。野蛮人对他们俯首帖耳。他们建立了和平，教野蛮人掌握了欧洲农业的全部技术和很多比较难的手艺。据夏勒瓦说，到处都可看到“镀金工、油漆工、雕刻工、金匠、钟表匠、木匠、细木工、染色工的作坊”。这些行业都不是工匠个体经营的。产品完全由教会支配，人

① 雷，第136页。

民自愿服从其专制统治。由此而完全克服了因厌恶劳动而产生的对生产的阻碍。真正的困难是人民无远见，无能力考虑未来，因而需要指导者一刻不停地进行仔细的监督。“例如，若一开始就让他们照料耕牛，他们由于懈怠和粗心也许会让耕牛在晚上还套着犁。比这更糟的是，有时他们竟把耕牛宰了当晚餐，受到申斥时，会振振有词地说他们饿了。……据乌罗阿说，这些神父必须走访印第安人的家庭，弄清他们真正需要什么东西，不这样细心地给予照料，印第安人往往什么打算和安排也没有。屠宰牲畜时，神父们也必须在场，不仅是为了均分肉，还要注意有没有东西遗失。”但是，夏勒瓦说：“尽管给予了这么细心的照料和监督，尽管采取了一切预防生活必需品匮乏的措施，可是传教士们有时仍被弄得很狼狈。印第安人留下的谷物常常连作种子都不够。若不很好地照料他们，他们很快就会断顿。”①

就实际积累欲望的强度来说，作为上述情形和现代欧洲两者之间的例子，中国人的情况是值得注意的。根据他们的个人习惯和社会状况可以期望，他们在节俭和自我控制力方面要优于其他亚洲人，但比大多数欧洲民族要差。下面是有关这一事实的证明。

“耐用性是表明实际积累欲望高低的主要标志之一。旅行家们证实，中国人造的工具远不如欧洲人造的工具耐用。关于房屋，我们听说，除了较高级的以外，通常都是用土坯、泥或涂上泥的竹片造成的，屋顶则用茅草和板条盖成。我们简直无法想像还会有比这更不结实或更不耐用的建筑物。隔墙是用纸糊的，每年都得

① 雷，第140页。

换一次。农具和其他用具的情形也是如此。它们几乎全部是木头的，金属用得很少。因而它们很快就会磨损，不得不频繁地更新。若实际积累欲望较强的话，他们也许会制造较昂贵但较耐用的农具。由于同一原因，很多在别的国家会被耕种的土地，在中国却未被开垦。所有旅行家都注意到，大片土地，主要是沼泽地，仍处于原始状态。开垦沼泽地，通常需要好几年的时间。先要将水排掉，曝晒很长一段时间，做完很多工作以后才能种庄稼。虽然所花费的劳动也许会得到很多的报酬，但这种报酬要等很多年才能得到。耕种这样的土地，需要具有比目前中国更强的实际积累欲望。

"正如我们所指出的，收获的产品总是达到某种目的的手段；若用于满足未来的需求，则受与其类似的手段所服从的规律的制约。中国主要出产大米。一年收获两次，6 月一次，10 月一次。因此，每年要为 10 月和 6 月之间的 8 个月准备口粮。由于难以预料这 8 个月的情况，因而为了保证不受匮乏之苦，他们不得不进行自我克制。但这种自我克制的程度似乎是很小的。帕里宁神父（此人似乎是最富于才智的耶稣会士之一，曾在中国各阶级当中生活了很久）宣称，在这方面缺乏远见和不肯节俭是频繁发生灾荒和饥馑的原因。"

限制中国生产发展的不是人民不够勤劳，而是没有长远打算，这一点比在半农业化的印第安人那里还要明显。众所周知，"在很快得到报酬的地方，在所制造的工具很快见效的地方，适应国家自然条件和居民需要的技术知识所取得的巨大进步"，使人的劳动干劲和劳动效率倍增。"温暖的气候，肥沃的土地，居民在农业技艺方面已获得的知识，以及优良品种的发现与逐步推广，使他们能非常迅速地从几乎每一块土地上获得报酬，其数量远远超过耕种土地所付出的劳动。他们通常收获两次，有时三次。当所种植的是高产作物稻子时，可从几乎每一块可耕地上得到非常丰厚的收成，他们的技艺确保他们能做到这一点。因此，凡是能立即耕种的土地都种上了稻子。丘陵乃至山脉，都开成了梯田；水在这个国家是重要的生产要素，被沟渠引到了各个地方，或靠这个非凡的民族远古以来就使用的精巧而简单的水力机械提升到高处。由于山上的土层很厚，覆盖着大量腐植土，因而他们能比较容易地灌溉梯田。更甚于此者，在他们很多的湖泊河流上，常常出现类似于秘鲁水上花园的木筏。筏上覆盖以土壤并种着蔬菜。劳动由此可以很快得到报酬。当温暖的阳光、肥沃的土壤和充足的水分这三个条件都具备时，植物的生长将无比的茂盛。这表明只要所制造的工具能很快发挥出效益，他们是乐于将最难加工的材料制成工具的。但在虽然报酬很高，却要在遥远的未来才能得到时，他们却不会这样做。欧洲旅行家们见到沼泽地边上的这些小小浮动农场时无不惊讶不已，要知道沼泽地只要将水排掉就可以耕种。使旅行家们感到不可思议的是，为何不将劳动花在坚实的土地上，这样劳动成果可以长期发挥效益，却宁肯建造这些要不了几年就会腐朽和毁坏的构筑物。中国人对未来不如对现在想得那样多。中国人的实际积累欲望在这两方面是很不相同的。欧洲人着眼于遥远的未来，他们对中国人因无远见和不大关心未来而长期劳累，并且陷入照他们看来是无法忍受的不幸之中，感到十分惊奇。中国人的目光比较短浅，得过且过，相信这样一种劳碌命是出于天意安排。”①

当一个国家在现有知识状态下把生产进行到这样一个水平，该水平产生的报酬额与该国实际积累欲望的平均强度相一致时，该国便达到了所谓静止状态；在这种状态下，除非生产技术有所改进，或积累欲望更加强烈，否则资本是不会进一步增加的。在静止状态下，虽然资本从整体上说不再增加，但有些人会变得更富，另一些人会变得更穷。那些节约程度低于一般水平的人会变穷，他们的资本会消失，使积累欲望超过平均水平的人能够进行积蓄。这些人可以买下其不大俭省的同胞的土地、工厂和其他生产资料。

究竟是什么原因使一个国家的资本报酬高于另一国家，是什么原因在某些情况下使增加的资本只有降低报酬才能找到投资机会，这将在下面予以说明。由于中国像我们所设想的那样，实际上已达到了静止状态，因而当资本报酬仍然很高，法定利率为12%，实际利率（据说）在18%与36%之间时，积累便停止了。由此可以推测，超过该国已有数量的资本将找不到利润率如此之高的投资机会，而较低的利润率又不足以引诱中国人放弃当前的享受。这与荷兰的情况迥然不同，在荷兰历史上最兴盛的时期，政府通常以2%的利率就能借到款项，私人若有可靠的担保以3%的利率也能借到款项。在缅甸或印度的土著邦，利息也很高，但这只不过是对放款人因国家或几乎所有私人借贷者信用都很差或很贫穷所冒的风险给予的一种必不可少的补偿。而中国的情形则与此不同，如果真的是在资本报酬仍然很高的时候资本就停止了增加，那便表

① 雷，第151—155页。

明，同大多数欧洲国家相比，中国人的实际积累欲望要低得多，只顾眼前，不考虑未来。

第四节 积累欲望过强的例证

到目前为止，我们谈的是积累欲望不够强烈的国家。在尚属安全的环境中，靠着理智和清醒的分析，积累理应更多一些。我们现在要说的是积累欲望的强度明显超过一般水平的国家。在欧洲比较繁荣的国家，有很多挥霍浪费者；在一些欧洲国家（英国也不例外），体力劳动者的节约程度一般不高，也不大为今后打算；可是，社会上却有很多种人，如自由职业者、工厂主和商人，兼备有比任何其他阶级更多的节约手段和节约动机，积累欲望非常强烈，以致到处都可以见到财富迅速增加的迹象，而且每当特定环境使大量资本投入某一方面，如铁路建设或国外投机活动时，寻找投资出路的资本数额之大总是会令人目瞪口呆。

在英国，有很多因素给予了积累倾向以特殊的推动力。英国长期幸免于战争蹂躏，很久以来财产就不再受军事暴力侵犯或任意掠夺，由此而产生了世代相传的长期信任感，人们不再害怕把钱交到别人手中，而这种信任感在大多数其他国家则出现得晚得多，也不那么稳固。在英国，由于地理上的原因，国力和国威的自然源泉是产业而不是战争，使不小比例的最有事业心和精力最旺盛的人才转向制造业和商业，使他们靠生产和节约，而不是靠占用已生产出来的和节约下来的物品来满足其欲望和野心。较好的政治制度也起了很大作用，由于给予了个人很大的行动自由，从而鼓励了个人的积极性和自立精神，由于允许自由地合伙和联合，推进了大规模工业企业的建立。这种制度还从另一方面给予了追求财富的欲望以最直接和强烈的刺激。封建主义较早的没落消除了或大大削弱了原先的商人阶级和一向瞧不起商人阶级的人们之间的恶感，由此而兴起一种使财富成为政治影响真正根源的政体；获取财富除了有其固有的效用外，还被赋予了人为的价值。财富变成了权势的同义语。因为在平民百姓看来，财富意味着权势，所以财富就成为个人追求的主要目标，成为衡量个人成就的尺度和标志。从某一社会等级上升到更高的等级，是英国中等阶级生活的最大目标，而获取财富则是上升的手段。由于至今不劳致富的人总是比劳动致富的人在社会上地位高，因而人们便力求尽量节省，不仅要在工作时能提供大笔收入，而且要在退休后也能提供足够的收入过富裕生活。在英国，人民的清心寡欲大大地增强了这些因素，清心寡欲是清教国家的特点。但是，虽然一方面不欢喜享乐使积累变得比较容易，可另一方面喜欢花费却使积累变得比较困难。个人权势与财富象征之间的联系如此密切，以致大多数英国人都愚蠢地想装出能大把花钱的样子，而且这种欲望往往同情欲一样强烈，尽管英国人从花费中得到的快乐也许比世界上任何其他国家的人都要少。因此，英国的实际积累欲望从未像荷兰那样高。荷兰没有一个懒惰的富裕阶级来树立乱花钱的榜样，商人阶级对社会有很大的影响力，可以确立自己的生活尺度和礼节标准，仍保留着节俭朴素的习惯。

很久以来在英国与荷兰，以及当前在欧洲的很多其他国家（它们正在迅速追赶英国），无需具有像亚洲那样优厚的报酬，人们就有积累欲望,尽管当前的利润率很低,人们却照样积累资本,积累非但没有减慢,反而似乎比以往任何时候都更为迅速。增加生产的第二个要素资本一直在增长,没有任何迹象表明资本会变得不足。就资本这一要素而言,生产可以无限制地增长。

如果资本的报酬进一步减少,积累进程无疑就会受到很大阻碍。但为什么资本的增加会带来这种结果呢?这一问题促使我们去思考生产三要素中的最后一个。既然限制生产的不是劳动和资本这两种要素增加的限度,那就必须考虑从本质上说数量受到固有限制的那惟一的一种生产要素的性质。也就是说,生产的增加必然取决于土地的性质。

第十二章　论土地与生产增加规律的关系

第一节　有限的土地数量及其有限的生产力，是对生产的真正限制

土地与另外两种生产要素劳动和资本不一样，是不能无限制地增加的。土地的面积是有限的，而生产力较高的土地面积更为有限。在某一块土地上所能达到的产量显然也不是毫无限制的。有限的土地数量及其有限的生产力，是对生产增加的真正限制。

有限的土地数量及其有限的生产力是对生产的最终限制，这一点人们肯定看得很清楚。但是因为从未达到过这一最终极限，因为没有一个国家的全部能产粮食的土地都已精耕细作到产量再也无法提高的地步（即令不考虑农业知识还会有新的进步），因为地球表面上还有不少地方尚未开垦，所以一般认为，并且自然会设想，对目前来说这一因素对生产和人口的限制还无限遥远，还要过很多世代才有必要认真地考虑这一限制因素。

我认为这不仅是一个错误，而且是政治经济学整个领域中最严重的错误。这个问题比任何别的问题都更重要和更为基本。它涉及在一个富裕勤劳社会中贫穷原因的全部问题。除非彻底弄清

这一问题，否则把我们的探讨继续进行下去将是毫无意义的。

第二节　土地生产规律，即随着所使用的劳动和资本的增加而报酬递减的规律

土地的性质对生产的限制，不像一堵墙所起的阻碍作用那样。墙屹立于某个地点不动，除了使运动完全停止外没有别的阻碍作用。我们不如把土地对生产的限制比作一条弹性很大的橡皮筋，这条橡皮筋从未被绷得太紧，以致不能再拉长，然而在远未达到最后的极限以前，却会感觉到其压力，而且愈靠近这一极限，压力愈大。

一旦农业的发展达到某一并非很高级的阶段，就会出现以下土地生产规律，即在给定的农业技术和知识状态下，靠增加劳动量，产量不会以同等程度提高；增加一倍劳动不会使产量也增加一倍；或者换一种说法，产量的每一增长要求对土地施加更高比例的劳动量。

农业的这一普遍规律，是政治经济学中最为重要的命题，如果规律不是这样，则财富生产和分配的几乎全部现象就不会是现在这种样子了。在这个问题上仍然十分流行的最根本的错误并非产生于两眼只盯着表面现象，没有看到表面现象之下起作用的规律，而是由于将这些表面现象误认为是终极原因。实际上这些现象只影响终极原因的形式，事物的本质是由规律决定的。

当为了提高产量而不得不利用劣等土地时，产量显然不会与劳动按相同比例增加。所谓劣等土地，是指投入相同的劳动而产

量较低的土地。土地可以在肥沃程度或地理位置上有优劣之分。前一种劣等土地要在种植方面花费较多的劳动，后一种劣质土地要在运输方面花费较多的劳动。如果土地 A 对于给定的工资、肥料等支出可生产出 1000 夸特小麦，而为了再生产出 1000 夸特小麦必须依靠土地 B，但土地 B 肥沃程度较低或者离市场较远，那么这 2000 夸特小麦所花的劳动就不止原先 1000 夸特所花的两倍，农业产量提高的比率将小于所花费的劳动。

人们也可以不耕种土地 B，而靠精耕细作来使土地 A 提高产量。可以增加犁地或耙地的次数；以深翻来代替犁地；犁过以后可将地再锄上一遍以使土更松；多除几遍草或除得更彻底些；使用较好或较复杂的农具；施用较多或较好的肥料，或施肥时将其与土壤较仔细地混合。以上所述便是可以用来提高同一块土地产量的方法。必须提高产量时，所用的方法和日常方法也没有太大的差别。但是，耕种劣等土地这一事实表明，用以上方法提高产量花费太大了。劣等土地，或离市场较远的土地，当然带来的报酬较少，如果依靠这种土地来满足不断增加的需求，成本必然会提高，从而价格必然上涨。如果在不提高最初单位成本的条件下，仅仅通过增加劳动和资本，就能继续依靠优质土地满足增加的需求，那么，优质土地的所有者或农场主便能比较低的价格挤垮所有其他人，而占有整个市场。在这种情况下，肥沃程度较低或离市场较远的土地，虽然可由其所有者为维持自身生存或自主而耕种，却不会有人为获取利润而租种它们。从这些土地上能获得足以吸引资本进行投资的利润，证明了在较好土地上的耕种已经达到某一极限，超过这个极限更多地运用劳动和资本所得到的报酬，不会高于以同样花费从肥沃程度较低或位置较差的土地上所能获得的报酬。

在英格兰和苏格兰的一些已得到充分开垦的地区，正在对土地进行精耕细作，这表明，人们为了提高产量已开始在不利的条件下耕种土地。这种耕作方法所费劳动较多，为获得利润，价格不得不定得比粗放耕作制度下的价格高。如果能得到肥沃程度相等的荒地，就不会采用这种耕作方法了。若能获得和已耕种的土地同样好坏的生荒地来满足社会不断增长的需要，人们就不会采用被认为是欧洲最好的耕作方法来从土地上榨取更多的产量了。土地的利用应以相对于所投入的劳动而言获得的报酬最多为限，不应超过这一点，多余的劳动应投入到新土地上。一位到过美国的富有才智的旅行家说[①]："英国人要看惯这种不高的收获量和不经心的耕种需要很长时间。人们不应忘记，这里土地非常充裕，劳动极其昂贵，因而必须遵循与人口众多的国家迥然不同的原则，以致在凡是需要付出劳动的事情上，都显得不那么令人满意和完美。"我认为，在所提到的这两个原因中，真正能够解释这种现象的是土地的充裕，而不是劳动的昂贵；因为，无论劳动多么昂贵，若需要食物，也总是会运用劳动优先生产食物。但用这种劳动耕种生荒地，要比用这种劳动更为精细地耕种原有土地，能更加有效地生产出粮食。只有当不再有可供开垦的土地或因为土地离市场太远或肥力太低，以致价格不大幅度提高就无利可图时，把欧洲的精耕细作方法应用到美国的土地上才是有利的；也许城镇近郊是例外，在这种地方，节省的运输费用可以补偿土地本身报酬的低下。正像美

---

① 约翰·罗伯特·戈德利：《美国来信》第1卷，第42页。并参见莱尔：《美国游记》第2卷，第83页。

国的耕作方式不如英国的耕作方式那样，英国的普通耕作方式也不如佛兰德、托斯卡纳或拉伏罗岛的耕作方式，在这些地方，靠投入多得多的劳动量得到了比英国多得多的总产量，但这种耕作方法却决不会给一心谋取利润的投机商带来好处，除非大大提高农产品的价格。

毫无疑问，在接受上述原理时，必须作一些解释和加上一些限制条件。尽管土地若已被非常仔细地耕作，则仅仅靠增加劳动或增加通常的施肥量不能产生与花费成比例的报酬，但如果投入比以前多得多的劳动和资本来改良土壤（通过排水或施加长效肥），这些劳动和资本仍会大大增加产量，从而得到和已经投入的劳动和资本同样丰厚的报酬。有时甚至会得到丰厚得多的报酬。如果资本总在寻找这种非常有利的出路并能经常找到这种出路，那就不会发生这样的事了。但如果这种非常有利的投资要等很长时间才能获利，那就只有在产业发展的高级阶段人们才会作这种选择；而即令在这种阶段，与土地所有权和土地使用权有关的法律和习惯法也常常会妨碍资本自由地流入农业改良的渠道，因而人口增长所需要的较多粮食，有时仍然要靠更精细地耕作，靠支付更多的成本来供应，尽管已知道了无需提高成本的生产方法。毫无疑问，如果下一年有充足的资本可以在联合王国的土地上进行所有已知的和得到公认的改良，而这些改良在现行价格下是有利可图的，也就是说，会使产量提高的比率与支出增加的比率一样大或更大，那么结果将是（特别是如果我们把爱尔兰也包括在假设中的话）很长一段时间将无需耕种劣等土地，也许很大一部分现在耕种的产量较低、位置不特别有利的土地将不再被耕种；或者（由于这些改良不太适用于良田，而适用于将劣等地改造成良田）主要是靠少施肥和不那么精细地耕作来缩减耕种面积，也就是倒退到采取近似于美国的耕作方式，只有那些不易改良的劣等地才被完全放弃。因此，全部耕地的总产量与所花费的劳动的比例将上升，一般的土地报酬递减规律将在此程度内暂时不起作用。然而，即令在这种情况下，也不能想像国家所需的全部产量能完全靠最优质的土地和位置最好的土地来供应。毫无疑问，很多产量还会继续在不太有利的条件下生产，报酬比肥力最高、位置最好的土地要低一些。当人口的进一步增加要求更多地增加供应时，一般报酬递减规律会重新起作用，产量的这种增加将靠投入较高比例的劳动和资本取得。

第三节 抵消报酬递减规律的因素；生产技术的进步

在其他条件不变的情况下，土地的产量随着所使用的劳动的增加而按递减比率增加，这一真理常常受到忽视或漠视而不是被否定。然而，这一规律却受到了美国著名政治经济学家 H. C. 凯里先生的直接攻击，他坚持认为，农业的真实规律恰恰与此相反，即产量的增加要比劳动快，换言之，土地可以向劳动提供不断增加的报酬。为了证实这一看法，他争辩说，耕作不是开始于较好的土地，不是随着需求的增加，从优质土地扩展到劣质土地，而是开始于劣质土地，经过很长时间才扩展到较肥沃的土地。移居到新地方的人开始时总是耕种地势较高的贫瘠土地。河边肥沃而潮湿的洼地，由于有害于健康，由于开垦和排水要花很多和很长时间的劳动，所以开始时不会被耕种。随着人口和财富的增加，耕种面积沿着山坡往下延伸，而最肥沃的洼地通常（他甚至说普遍地）要到最后才被耕种。这些命题，连同凯里先生由此得出的推论，在他最近出版的精心之作《社会科学原理》中得到了非常详尽的阐述。他认为，他由此而摧毁了他所谓的英国政治经济学的基础，推翻了其所有实际结论，特别是自由贸易学说。

就凯里先生所说的而言，他确实具有反对政治经济学的一些最高权威的很好理由。这些权威把他们所提出的规律想当然地宣称为普遍真理，而没有注意到在一个新开辟的国家内最初的耕种情况有所不同。在人口稀少和资本不足的地方，需要大笔开垦费用的土地最初必然不会被耕种，尽管这些土地被开垦后会比早先耕种的土地出产更多的粮食，不仅绝对产量较高，而且即令算上开垦所花的劳动，单位劳动量提供的产量也较高。但是，谁都没有说报酬递减规律在社会刚建立起来时就会起作用；虽然有些政治经济学家把该规律起作用的时间说得过早了，但该规律确实很早就起作用，足以支持他们根据该规律得出的一些结论。凯里先生不会认为，在任何古老的国家，例如在英国或法国，未开垦的土地现在要比已耕种的土地肥沃，或几百年来一直是这样。即便根据他那不完善的标准即土地位置——我无须说这一标准有多么不完善——来判断，是否能说现时在英国或法国，未耕种的土地是平原和河谷，而已耕种的土地是丘陵？相反，大家都知道，未开垦的土地是高原和贫瘠的土地；当人口的增长要求扩大耕种面积时，是从平原扩展到丘陵。也许偶尔会出现排干贝德福德蓄洪区或抽掉哈勒姆湖水的事情，但这些只不过是事物正常进程微小和短暂的例外，在古老文明的国家，已很少再有这样的事情可做了。[①]

凯里先生本人无意中最为有利地证明了他所反对的规律的真实性；因为他极力坚持的一个观点是：在先进的社会中，土地产品的价格具有不断上升的趋势。政治经济学最为基本的原理告诉我们，除非土地产品以劳动衡量的生产成本趋于上升，否则价格是不会上涨的。如果一般说来，向土地多投入劳动会使报酬递增，那么随着社会的进步，土地产品的价格不但不会上升，反而必然会下降，除非金银的生产成本下降得更多。而金银的生产成本很少大幅度下降，在整个历史上只有两个时期出现过这种情况，一是开发墨西哥和秘鲁矿山后的时期，一是我们目前所生活的时期。除这两个时期以外，贵金属的生产成本不是稳定不变就是上升的。因此，如果随着财富和人口的增加农产品的货币价格趋于上涨，那就无需其他证据便可以证明，需求增加时，在土地上生产农产品所需的劳动也趋于增加。

我不会走得像凯里先生那样远，我不会断言，农产品的生产成本因其价格必然会随着人口的增加而提高。虽然有这种趋势，但这种趋势有时会受到抑制，甚至会被抑制很长时期。这不是一个因素造成的结果，而是两个相互对立的因素造成的结果。有另外一种力量总是制约着土地报酬递减规律。我们现在就来讨论这一因素，即所谓文明的进步。我使用这个笼统的并多少有点模糊的

① 爱尔兰可以说是一个例外，该国很大一部分土地因为没有排水仍不能耕种。但是，虽然爱尔兰是一个古老的国家，可不幸的社会和政治环境使它仍处于贫穷落后的状态。即便将爱尔兰沼泽地上的水排干并对其进行耕种，也无法肯定它们是会成为凯里先生所说的肥沃的河谷土地呢，还是会成为最贫瘠的土地。

词语，是因为所包括的事情太多了，一个含义较严格的词语很难将全部有关的事情都包括进去。

其中最明显的是农业知识和技术的进步，以及新发明的不断涌现。农业的改进有两种：一些使土地无需相应增加劳动就能提高绝对产量；另一些不能提高产量，但可以减少所花费的劳动和开支。属于第一种的有采用轮作废除休耕，和推广适于轮作的新作物。上世纪末叶在不列颠农业中引种萝卜被称为一场革命。这些改进不但使土地可一年收获一次，而不再需要每隔两三年就休耕一年以恢复地力，而且还直接提高了其生产力，因为饲料的增加使牲畜数目大大增加，由此而大大增加了肥料。其次是引种了营养更丰富的新作物如马铃薯，或产量更高的品种如瑞典萝卜。在这一类改进中还应加上对肥料性质的进一步了解，和采用最有效的施肥方法；采用新的和更有效的肥料如鸟粪以及把过去的废物转变为肥料；深耕或暗渠的发明；役畜饲养的改进；饲料来源的扩大等等；另外一类改进只减少劳动，却不提高土地生产能力，它们是：改良农具；采用节约人力的新机械，如扬谷机和脱粒机；采用更省力的劳动方法，如在英格兰极为缓慢地推广苏格兰的犁地方法，即一个人赶两匹马，而不像原先那样由两个人赶三四匹马。这些改进并不提高土地的生产力，但它们同前者一样有助于抵消农产品的生产成本随人口和需求的增加而上涨的趋势。

在效果上与第二类农业改良相类似的，是交通工具的改进。好的道路也就等于好的农具。究竟是在生产粮食时节约了劳动，还是在把粮食运到消费地点时节约了劳动，这无关紧要。而且无需说，只要是减少了运送肥料的费用或方便了农场内部的运输，也就使耕种本身所花的劳动有所减少。铁路和运河实际上减少了所有通过它们而运往市场的物品的生产费用，而且实际上还减少了所有需要运输的生产资料的生产费用。有了铁路和运河，一些土地才可以耕种，否则这些土地在不提高价格的条件下是不会给予耕种者以报酬的。航运的改进，对于从海外输入粮食或原料来说，也有相同的作用。

根据类似的考虑可以看出，许多纯粹是机械上的改进，尽管从表面上看来和农业关系不大，然而却会使生产粮食所花的劳动减少。炼铁方法的巨大改进会降低农具的价格，降低铁路、车辆、船只，或许还有房屋以及其他许多东西（这些东西目前尚未用铁来制造，因为铁太贵了）的造价，由此而会降低粮食的生产费用。粮食加工方面的改进也会起同样的作用。用风力或水力来磨面会像农业中非常重要的发现一样降低面包的价格；制造面粉机方面的所有重大改进也会产生类似的影响。降低运输费用的作用已谈过了。还有一些土木工程方面的发明便利了在地球表面进行的所有大工程。水准测量方法的改进对于排水、开凿运河和修建铁路都是重要的。荷兰的沼泽地和英国某些地区的沼泽地是用风力或蒸汽作为动力的水泵来排干的。在需要灌溉渠、蓄水池或堤坝的地方，降低造价在很大程度上要依靠机械技术。

制造业方面的改进，有些丝毫无助于粮食的实际生产，因而无助于抵消土地报酬的递减。然而这些改良所起的另外一种作用，实际上却与此相等。它们虽然不能防止报酬的递减，但却能在某种程度上补偿报酬的递减。

制造业的原料全都来自土地，很多来自农业，特别是在衣着的原料方面,因而土地生产的一般规律,即报酬递减规律,最终也一定会像适用于农业那样适用于制造业。随着人口的增加和愈来愈难使土地增加产量,原料供应的增加同食物一样,必须要耗费更多的劳动。但是原料费用通常只占全部制造成本的很小一部分,因而在工业品生产中所花的农业劳动只占制造商品所花的全部劳动的很小一部分。随着产量的增加,所有其余的劳动会不断大幅度地减少。制造业比起农业来说更容易受到机械改进和节约劳动的发明的影响。前面已经说过,分工及其技术与经济上的分布在很大程度上取决于市场的规模和大规模生产的可能性。因此,在制造业中,有许多因素趋于提高劳动生产力,而只有一个因素趋于降低劳动生产力,前者的力量远远大于后者,从而社会进步引起的生产增加不会提高成本,而会不断降低成本。这一事实表现在两个世纪以来几乎每一种工业品的价格和价值的不断下降。最近七八十年中,机械的发明加速了工业品价格的下降,而且这种下降会无止境地持续下去。

现在完全可以想像,农业劳动的效率会随着产量的增加而不断下降;因此,粮食的价格会不断上升,生产粮食的人口在整个人口中所占的比例会愈来愈高;然而与此同时,所有其他产业部门的生产力会如此迅速地提高,以致可从工业中节省出所需的劳动,而且得到较大的产量,从而社会的总需求会比以前得到更好的满足。由此而带来的好处甚至会惠及最贫穷的阶级。衣着和住房的降价可以补偿粮食费用的上涨。

这样,生产技术方面任何可能的改进都会以某种方式对农业劳动报酬递减规律起相反的影响。不仅仅是工业方面的改进有这样的作用。政治上的进步以及几乎每一种道德和社会的进步,都会以同样的方式起作用。假设一个国家处于大革命以前法国的状况:税收几乎全部由工业阶级负担,似乎是在对生产课以罚金;而且贵族或宫廷给财产或人身造成任何伤害都得不到赔偿。大革命的风暴卷走了这种制度,即便仅仅从提高劳动生产力这一点来看,这场革命不也相当于许多工业发明吗?取消像什一税这样压在农业上的财政负担,其效果就如同是把生产目前产量所需的劳动一下子减少十分之一。废除谷物法或废除任何其他限制商品在成本最低的地方生产的规定,就如同生产得到了巨大改良。一旦以前用于狩猎或其他娱乐的肥沃土地改作耕种,农业的总生产力就会提高,众所周知,管理不善的济贫法在英格兰已产生了什么样的结果,有害的租佃制度又在爱尔兰产生了多么恶劣的影响,使农业劳动懒散而效率低下。改进土地使用权和所有权的法律,要比任何其他方面的改进对劳动生产力的影响都更直接。取消限定继承权、降低财产转让费以及其他一些措施会促进土地的自由买卖,使土地从不事稼穑的人那里转移到生产能人手中。用自愿的长期租佃制和人们可以容忍的租佃制度来代替糟糕透顶的爱尔兰小农制度,特别是,使耕作者对土地享有长久利益,所有这些都是同纺纱机或蒸汽机等发明一样真实的生产改良,有些甚至是同样伟大的生产改良。

教育方面的改进,可以说也有相同的作用。工人的智力是劳动生产力中一个非常重要的因素。目前在一些最文明的国家,劳动者的智力水平是如此低下,以致要使未来的生产力无限提高,最好的方法莫过于使那些目前只用手的人也能用脑。劳动者的细心、节俭和诚实可信与他们的智力水平同样重要。劳动者和雇主之间的友好关系,以及利害和感情的一致也极为重要,确切地说,是或许也极为重要,因为据我所知,现在还没有什么地方有这样的友好感情。而且不仅仅是劳动阶级智力和性格的改善,会促进产业的发展。就富裕阶级和有闲阶级来说,更高的智力、更扎实的教育以及更强的道德心、公益精神或慈善心,会使他们在国家的经济资源以及制度和风俗方面发起和促进最有价值的改进。让我们只看以下一些最明显的现象:法国农业在某些方面的落后状态,部分是富有的地主沉溺于城市的享乐造成的,而本来在这些方面是希望这一有教养的阶级能有所作为的。人类事务上的几乎所有可能的改善,都会直接或间接地促进劳动生产力的提高。固然,在很多情况下,思想更为自由和更富有创造性,会削弱对体力劳动的专心程度,但却会使实际投入的劳动更有效率。

由以上所述可见,农业的生产力取决于两种对立的力量,我们根据这两种力量的性质可得出一些基本推论。在指出这些推论以前,必须说明,上面我们有关农业的论述,几乎可以不加修改地应用于农业所能代表的其他产业,即所有从地球上获取原料的产业。例如,采矿业通常只有超比例地增加费用才能增加产量。不仅如此,即令保持年产量不变,采掘所花的劳动和资本也会愈来愈多。因为矿山不会再生产出已挖出的煤炭或矿石,所以不仅所有矿山最后都会被采尽,而且即令在还看不出任何枯竭迹象时,开采费用也会愈来愈高;井筒必须做得更深,巷道必须开得更远,排水用的动力必须更大;煤炭或矿石的提升高度也会加大,搬运距离也会更远。因此同农业相比,报酬递减规律更加无条件地适用于矿业。采矿业比农业更容易受机械改进的影响。蒸汽机的第一个伟大的应用是在矿山上，而在提取金属的化学工艺方面更具有改进的无限可能性。还有另外一种并非罕见的可能性，有利于抵消现有全部矿山被采尽的进程，即发现丰富程度相等或更丰富的新矿。

综上所述，所有数量有限的自然要素，不仅其终极的生产力是有限的，而且在远未达到其最高的生产力以前，它们就愈来愈难以满足更多的需求。然而这一规律会由于人类支配自然的力量的增强，特别是由于人类知识的进步和人类因此能在更大的程度上控制自然要素的性质和力量，而被中止或暂时受到抑制。

第十三章　前述规律的后果

第一节　当生产是因积累欲望不足而受到限制时的补救办法

从前述可以看出，生产的增长受到两方面的限制，一是资本的不足，一是土地的不足。生产的增长陷于停顿，要么是因为实际积累欲望不够强烈，不能促进资本进一步增加，要么是因为虽然拥有多余收入的人们有可能将收入的一部分节约下来，但由于社会所能支配的土地是有限的，使用追加资本所得到的报酬不足以抵偿他们为此所作的节省。

在一些国家，如亚洲各国，积累的观念很淡薄；除非受到巨大收益的引诱，否则人们既不肯储蓄，也不肯为储蓄而工作，甚至如果要等很长时间才能得到高额收益，他们也不肯储蓄；由于既没有充足的资本也无足够的远见卓识来采用新发明的机械，借以用自然力代替人力，致使生产仍很不发展，仍很原始；从经济上说，这些国家迫切需要解决的问题，是提高劳动热情，提高实际积累欲望。方法首先是要改善政治制度；使财产更加安全；降低赋税，不再以税收名义任意勒索人民；采用更持久、更有利的土地使用制度，以尽可能保障耕者所花费的劳动、技能和经济方面不可分割的利益。其次是要提高公众的知识水平；破除阻碍发挥劳动积极性的习俗和迷信;促进精神活动的发展,使人们热心于实现新的欲望。第三是要引进外国技术,以把追加资本的报酬提高到与低积累欲望相适应的水平;输入外国资本,这可以使生产的增加不再完全依靠本国居民的节俭和远见,同时还可以对他们起示范作用,这些即令并未改善居民的实际生活状况,而仅仅是灌输了新思想和打破了习惯的束缚,也会使他们产生新的需要和新的欲望,更多地为将来考虑。这些方法在不同的程度上适用于所有的亚洲居民,并且也适用于文明和工业程度较低的一些欧洲国家,如俄国、土耳其、西班牙和爱尔兰。

第二节 并非仅仅在财产不平等的国家有必要限制人口

但在另一些国家(英国居于这些国家的首位),劳动热情和实际积累欲望则无需任何鼓励;人们为了少量酬劳就会辛辛苦苦地工作,为了少量报酬就会拼命节省;虽然劳动阶级的节俭远未达到所要求的程度,但富裕阶层的积累欲望却太高了,需要的不是鼓励,而是予以降低。在这些国家,如果资本的增加不是由于报酬的锐减而被制止或陷于停顿,资本永远不会短缺。正是报酬不断递减的趋势,使得生产的增长常常伴随着生产者状况的恶化;这种趋势是土地生产的必要和固有条件带来的结果,最终会使生产的增长完全停顿。

在所有已超越了农业发展早期阶段的国家,人口增长所引起的粮食需求的每一增加,如果生产不同时得到改进,就总是会减少每个人按公平分配得到的份额。若缺少未占用的肥沃土地,又不进行有助于降低商品价格的改进,那就只有靠超比例地增加劳动才能增加生产。居民必须更辛苦地劳动,或减少粮食的消费,或牺牲一部分其他享受来换取通常所需的粮食。如果尽管人口有所增加,可这种必要性却被推迟出现,那是由于有利于生产的改良在继续,由于人类提高劳动效率的发明在与大自然进行着势均力敌的斗争,一旦原有的资源被人类的需要耗尽,就会从难以驾驭的自然力中索取到新的资源。

由此可得出这样一条重要推论,即并非像很多人所认为的那样,只有在财产很不平等的情况下才有必要限制人口。在任何一种文明状态下,较多的人口从整体上说都不会像较少的人口过得那样好。人口过多会使人受到惩罚,并不是由于社会的不公,而是由于大自然的吝啬。财富的分配不公甚至不会加剧灾难,最多只不过是使人稍微早一点感觉到灾难。有人说:"口"的增加会带来"手"的增加。这种说法是不真实的。新的"口"需要和老的"口"同样多的粮食,而新的"手"却生产不出同样多的粮食。如果所有生产手段作为共同财产由全体人民所拥有,产品在他们之间绝对平均地分配,如果在这样组成的社会中,劳动干劲和现在同样大而且产品也同样的丰富,则将有足够的产品使全部现有人口都过得很舒服;但在这种条件鼓励之下,若人们的习惯保持不变,则毫无疑问,只需 20 年略多一点的时间,人口就会翻一番,到那时,人们的情况将会怎样呢?除非生产技术在同一时间内得到了空前巨大的改进,否则就得求助于贫瘠的土地,就得在优质土地上进行更费力和收获很少的耕作来为这样多的人口获取粮食,这必然会使社会中的每一个人比以前穷。如果人口继续以同样速度增加，则每个人很快就会只拥有生活必需品，接下来每个人很快就会连充足的生活必需品都得不到，人口的进一步增长将会被死亡所阻止。

不论是在现在还是在任何其他时候，劳动生产率能否得到提高和人民的平均生活水平能否得到改善，均取决于人口的增长是快于还是慢于改良的速度。在已经达到某一人口密度，已获得了劳动联合的主要好处以后，人口的进一步增加就只会损害人民的平均生活状况；但是，改良具有相反的作用，可使人口增加时生活状况不恶化，甚至还不断地有所改善。改良在此处必须从广义上去理解，不仅包括新的工业发明，或原有发明的推广应用，还包括制度、教育、舆论以及一切人类事务上的改进，只要给予了生产新的刺激或新的便利，就应包括在内。在一国的人口有所增长，从而需要增加产量时，若该国的生产力相应提高，那就无需靠耕种劣质土地来增加产量，也无需靠在报酬递减的情况下向原有土地投入更多的劳动来增加产量；或者不论怎样，随着改良的推进，工业劳动的效率会提高，由此而可补偿地力的下降。增加的人口必然靠上述两种方法中的一种来维持生活，并可以过得同以前一样好。但是，如果人类支配自然的力量停止增长或受到削弱，而人口却不放慢增长速度，如果控制自然要素的力量保持不变，却要求自然要素提供更多的产量，那么，除非平均说来每个人付出更大的努力，或平均说来减少每个人从总量中得到的份额，否则增加的人口就不会得到较多的产品。

事实上，在某些时候人口的增长快于改良，而在另一些时候改良则快于人口的增长。在法国大革命以前的很长一段时期内，英国的人口增加得很慢;但改良至少在农业方面似乎更慢,因为虽然并未出现使贵金属降价的任何情况,可谷物的价格却大大上涨了,英国由谷物出口国一变而为进口国。不过,这一证据并不具有结论性,因为在该世纪的前半叶丰年很多,而在后半叶丰年则不多,由此而使谷物价格在后一时期不断上涨,尽管社会的进步处于正常状态。在此时期制造业的改良或进口商品成本的降低,是否补偿了土地劳动生产力的下降,这一点尚不能肯定。但自从瓦特、阿克赖特和他们的同时代人完成了伟大的机械发明以来,劳动得到的报酬很可能增加得同人口一样快,而如果报酬的增加并未引起人类固有繁殖能力的增强,则还会超过人口增长速度。在以往的二三十年间,农业生产进步得如此迅速,以致土地产量的增加超过了所耗费的劳动量的增加;甚至在谷物法的废除暂时大大减轻了人口对生产的压力以前,谷物的平均价格就已明显降低了。但是,虽然在一段时间内改良会与人口增长保持同步,甚或超过人口的实际增长,可是毫无疑问,改良永远不会达到人口可能达到的增长速度。如果不实际限制人口,便无法阻止人类生活状况的普遍恶化。如果人口受到较严格的限制,而改良照样进行,则对整个民族或人类来说,就会有比现在多的产品。改良从自然界那里榨取的更多产品不会全部用于供养新人口。虽然总产量不会大大增加,但按人口平均的产量却会提高。

第三节 即使在粮食进出口方面实行自由贸易，也必须限制人口

如果一国的人口增长速度超过改良的速度，那就必须耕种劣质土地才能满足增加的需求，该国获取生活资料的条件就必然愈来愈不利；此时，如果人口的增长速度仍和以前一样，该国可以采用两个权宜之计来缓解这一矛盾。一个办法是从国外进口粮食，另一个办法是移民。

从外国进口较便宜的粮食同采用农业发明以低廉的成本在国内生产粮食是一样的。它同样提高了劳动生产力。以前是用一定数量的劳动种粮食而得到一定数量的粮食；现在则用同样多的劳动生产棉花、器具或其他商品，而可以交换到更多的粮食。这种改进同农业上的发明一样，可以在某种程度上换回劳动生产力的下降。但在这种情况下同在另一种情况下一样，要不了多久事物就会恢复原样；退下去的潮水会马上又涨上来。诚然，当某一国家从全球的广大地区获取其粮食供应时，地球该小角落人口的增加只会对如此广阔的地域产生很小的影响，以致该国人口可以翻两番或三番，而不会感觉到生产的发条被上紧了，也不会感觉到整个世界的粮食价格有任何上涨。但是这忽略了以下几件事情。

首先，能输出谷物的地区并不是整个地球，而只是地球上的某些地区，主要是沿海地区或通航河流的两岸。在大多数国家，沿海地区是最先有人居住和人口最稠密的地方，因而很少会有多余的粮食。所以，主要的供应来源是某些通航河流（如尼罗河、维斯杜

拉河或密西西比河）的沿岸地带；在地球的发达区域内，并没有很多这样的地方能在不加剧对土地生产力榨取的条件下无限期地满足迅速增长的需求。在当前的交通状况下，要从内地获得大量的谷物供应，在很多情况下是办不到的。靠改善道路、开凿运河和修筑铁路，最终会克服这方面的障碍，但这是一个缓慢的过程；除美国外，在所有粮食输出国中，这方面的进展都非常缓慢；而除非人口的增长受到非常有效的限制，美国粮食生产的增长也无法和人口的增长保持同步。

其次，即令供应来自输出国的全部地区，而不仅仅是其一小部分地区，所能供应的粮食数量也是有限的，并且不可能在不增加生产费用的情况下得到供应。粮食出口国可以分成两类：一类国家的实际积累欲望较高，另一类国家的积累欲望则较弱。在澳大利亚和美国，实际积累欲望较强，资本迅速增加，粮食生产或许会很快扩大。但在这些国家，人口也增长得异常迅速。它们的农业不仅要供养输入国不断增加的人口，而且还要供养它们本身不断增加的人口。因此，它们必然会很快被迫耕种较为贫瘠、较远和交通不大便利的土地，并且不得不像古老国家那样采用劳动生产率较低和花费较大的耕作方式。

但是，粮食价格低廉而产业又繁荣兴旺的国家很少，只有那些已将文明生活方式成熟地移植到富饶且未开发的土地上的国家才能做到这一点。在古老国家当中，只是产业非常落后的国家才能出口粮食，因为在这些国家，资本和人口尚未增长到会使粮食涨价的程度。俄国、波兰和多瑙河平原就属于此列。在这些地方，实际积累欲望较弱，生产技术很不完善，资本短缺，资本增长，特别是国内资本的增长很缓慢。当向其他国家出口粮食的需求增加时，只能逐步提高粮食产量来满足这种需求。英国用来交换谷物的棉布和金属制品，俄国人和波兰人目前在国内并不生产。他们没有这些也行。生产者会因市场向他们的产品开放而受到刺激，加强努力，总有一天可以指望从这种努力中得到一些东西。但是在由农奴或刚刚脱离奴隶状态的农民构成农业人口的国家内，人们的脾性对增强努力来说，并不是有利的。甚至在当前剧烈变革的年代里，人们的脾性也不会迅速改变。如果要靠增加资本支出来提高产量，这些资本要么必须在新商品和更广泛的交往（在这种情况下，人口很可能会迅速增加）的刺激下靠缓慢的节约过程来获得，要么必须从外国输入。如果英国要从俄国或波兰得到迅速增加的谷物供应，英国的资本就必须输入这些国家来生产这些谷物。然而，这样做会有很多困难，遇到很大的阻碍。其中包括语言的不同、风俗的不同和由国家制度与社会关系造成的许许多多障碍；而且最终输入的资本会不可避免地刺激当地人口的增长，靠这些资本所增产的几乎全部粮食很可能在未运出国前就被消费掉了；因此，如果这不是引入国外技术和思想以及给予这些国家的落后文明以有效刺激的惟一方式，那么，靠此方法来增加出口以及持续不受限制地增产粮食来供应其他国家是不大可能的。但是，一国文明的进步是一个缓慢的过程，在此期间，不论是在供应粮食的国家还是在得到粮食供应的国家，人口都有可能大量增加。因而在需求增加的情况下，这种方法在阻止粮价上涨方面所起的作用，在整个欧洲并不会比在某一国家更明显。

所以，只要人口的增长速度快于改良的速度，劳动报酬递减规律就不仅适用于粮食自给的国家，而且实际上也同样适用于从粮价最便宜的地方进口粮食的国家。当然，粮价的急剧下降，不论是用什么方法造成的，都会像技术上的突然改进一样，使事物的自然发展趋势向后倒退一两步，不过这并不会改变事物的进程。伴随着粮食的自由进口也许会发生一件事情，这件事情带来的暂时性后果或许比粮食自由贸易的死硬反对派或忠实信徒所想像的要大。玉米是一种在数量上足以供养我国人口的产物，虽然其营养价值较低，但价格甚至比马铃薯还要便宜。如果用玉米代替小麦作为穷人的主食，粮食生产方面的劳动生产率将大大提高，家庭生活费用将大大减少。在这种情况下，我国的人口即使像美国的人口那样迅速增长，或许也得要好几代人的时间才赶得上粮食的这种巨大增长。

第四节　即使向外国移民，一般说来也必须限制人口

当一个国家人口的增长对其土地的生产能力（不是对其资本）造成很大压力时，除去进口谷物外，还有另一种补救方法。我指的是移民，特别是以殖民方式进行移民。这一方法本身确实是有效的，等于是向别处寻找无人居住的肥沃土地，如果国内有这样的土地，就可以在不降低劳动生产率的条件下满足不断增长的人口对粮食的需求。因此，如果所殖民的地区近在咫尺，而且人民的脾性惯于移居，该方法是完全有效的。从美利坚邦联的较古老地区向新地区的移民，实质上是一种殖民，由此而使整个美国的人口得以

不受限制地增长，既未降低劳动的报酬，也未增加谋生的困难。如果澳大利亚或加拿大的内地离大不列颠像威斯康星和衣阿华离纽约那么近，如果英国的过剩人口不用跨洋过海就能迁移到那里，而且都像其新英格兰亲属那样喜欢冒险，胆大妄为，不株守家园，那么，这些无人居住的大陆对联合王国就会像美国的新州对老州那样做出贡献。但是，即便如此，尽管组织得良好的移民是迅速减轻人口压力的最重要方法，尽管在像爱尔兰那样的例外情况下，即在马铃薯歉收、济贫法和全国性退佃的三重作用下，自发性的移民在发生危机时会比按国家制定的任何计划迁走的居民都多，可是仍然有待于经验来证明这种移民能否长期继续下去，能否像在美国那样完全消除每年增加的那部分过多的人口（在人口以最快的速度增长时，这部分过多的人口由于在短时期内超过了技术进步，会使社会上所有中等家境的个人生活更加困难）。如果不能做到这一点，则即令从经济观点来看，移民也不能免却限制人口的必要性。我们在此处无法更深入地讨论这一问题。本书将在后面较详细地论述殖民这个大题目，讨论殖民所涉及的实际问题、殖民对于古老国家的重要意义以及殖民所应遵循的原则。

第 二 编

分　　配

第一章　论所有制

第一节　绪言

在本书第一编中论述的各项原理，在某些方面，和我们现在要开始考察的有很大的区别。财富生产的法则和条件具有自然真理(physical truth)的性质。它们是不以人的意志为转移的。不论人类生产什么，都必须按照外界物品构成和人类身心结构固有性质所决定的方式和条件来生产。不论他们是否喜欢，他们的生产都要受以前的积累量的限制。如果积累量是一定的，生产就与他们的精力、技能、机器的完善程度以及他们利用协作劳动的优点是否得当成比例。不论他们是否喜欢，在同一块土地上，除非在耕作过程中作了某些改良，否则，投入的劳动量增加一倍不会使粮食产量增加一倍。不论他们是否喜欢，个人的非生产性开支只会使社会相应地趋于贫困，而只有他们的生产性开支才会使其富裕起来。对这些不同事物可能具有的看法或希望，都决定不了事物本身。实际上，我们无法预测，今后由于对自然法则具有更多的了解，可以提出我们目前毫无所知的新的生产工艺，会使生产方式发生多大变化，劳动生产力有多大的提高。但是，无论我们在物品构成所决定的范围内可以得到多少活动余地，我们知道这一定会有限度。我们无法改变物质或精神的根本性质，只能或多或少成功地应用这些性质，使我们感兴趣的事件能够出现。

财富的分配不是如此。这是一件只和人类制度有关的事情。一旦物品生产出来，人类就可以个别地或集体地随意处理。他们可按任何条件将这些物品交给自己中意的任何人支配。此外，当人类在社会中生活，而不是过绝对的独居生活时，人们不论采用什么处置办法，都要取得社会或代表社会积极力量的那部分人的同意。即令是某人靠自己辛勤劳动、没有别人帮忙生产出来的物品，若非得到社会的许可，他也无法保持。不但社会能把产品从他手里夺走，而且如果社会默认，或社会既不进行集体干涉，也不雇人来保护他的所有权，私人也可以把产品从他手里夺走。因此，财富的分配要取决于社会的法律和习惯。决定这种分配的规则是依照社会统治阶级的意见和感情而形成的。这在不同的年代和国家内是很不相同的。并且，如果人们愿意，差别还可以更大一些。

毫无疑问，人类的意见和感情不是偶然产生的。它们是人类本性的各种基本法则同当时的知识、经验、社会制度、智力和道德修养状况相结合的产物。但是，关于人类意见如何产生的法则不是我们现在要谈论的。它们是人类进步一般理论的一部分。对这方面的探索比政治经济学要广泛和困难得多。我们在这里要考察的，不是财富可据以分配的法则产生的原因，而是这种法则所造成的结果。至少，这些结果并不是可以任意指定的，而是像有关生产的各种法则一样，富于自然法则的性质。人们可以控制自己的行为，但控制不了其行为给他们本人或别人带来的后果。社会可以使财富的分配按它认为最好的规则进行，但是必须通过观察和推理，像寻求自然界或精神上的其他一切真理那样，明了这些法则的作用会产生什么实际结果。

然后,我们进而考察分配土地和劳动产品的各种方式,这些方式或者是已在实践中采用,或者是在理论上可以设想的。在这些方式中间,我们首先需要注意的是主要的和基本的制度,除某些特殊情况外,这一制度一直是社会采取各种经济措施的依据,虽然它的各种次要特性曾有变化,以后也会有变化。当然,我指的是私有财产制度。

第二节 问题的提出

私有财产,作为一种制度,并非来源于对其有用性的任何考虑。这种考虑是私有制建立以后人们为其辩护所持的理由。从研究历史和观察我们时代类似的社会状况获得的有关野蛮时代的知识充分表明,起初设立裁判所(它总是先于法律而存在)不是为了确定权利,而是为了压制暴虐和排除纠纷。由于主要考虑这一目的,他们自然会对最初占有赋予法律上的效力,而把行使暴力来夺取或企图夺取别人所有物的人当作侵害者看待。政府原先的目的——维持社会秩序就这样实现了。同时,对已经占有物品的人,即令这种物品不是个人努力的成果,也确认其占有,这附带地给与了他们和其他的人一种保证,即,凡属自己努力成果的物品,可以得到保护。

在将所有制作为社会哲学的一个问题来考察时,我们必须将它在欧洲任何现存国家中的真正起源排除在考虑之外。我们可以假定一个不受原先占有牵制的社会。一群殖民者最初占据了一个无人居住的地区,他们除了共有的物品以外没有携带任何物品,可以任意采用他们认为最合适的制度和政体；因此，他们要就按私有制原则，还是依靠某种公有制和集体力量来进行生产作出抉择。

如果采用私有制，我们必须假定并未伴有妨碍古代社会的私有制原则产生有益作用的原始的不平等和不公正。我们必须假定，每个成年男子或妇女都能自由使用和发挥其体力和脑力；生产手段——土地和工具在他们之间公平地分配，这样，就外界条件而言，任何人都处于同一起跑线上。也可以设想，在原先分配时就对自然的损害给予了补偿，并让身体虚弱的社会成员在分配上占些便宜，以取得平衡。但是，这种分配一经实施，就再也不受干预；各人要靠自己的努力和一般机缘来利用其所分配到的物品。反之，如果排斥私有制，则所应采取的方案是，把土地和所有生产手段均作为社会的共同财产，并按共同核算〔原则〕进行产业的经营。社会劳动的指挥由一位或几位行政官担任，可以设想，这些官员是由社会投票选出的，又必须假定，社会成员自愿地服从他们。产品的分配也同样是公共的行为。分配原则可以是完全平均，也可以按照各人的需要或功过来分配，无论采用什么办法都要符合社会中流行的公平观念或政策。

这种社团的实例，规模较小的，有摩拉维亚教派的信徒、拉普(Rapp)党徒等等。根据他们提出的从财富极不平等状态的苦难和邪恶中解脱出来的愿望，在对社会首要原则进行积极思索的所有时期，都重新提出了大规模地应用这种思想的各种方案并进行传播。在目前这样的年代里，当全面地重新考虑全部首要原则被认为是不可避免的时候；当受难阶级的发言权比历史上的任何时期都大的时候，这种思想不可能不得到更广泛的传播。欧洲最近的一些革命已诱发大量具有这种性质的思索，因此这种思想的各式各样形态引起了异常的注意；这种注意看来不会减少，而相反会愈来愈多。

抨击私有制原则的人可以分成两类：一部分人要求生活和享乐的物质手段的分配绝对平均；另一些人认为不平等可以存在，但是它必须以某种已有的或设想的公平或整体利益原则为依据，而不像现有的很多社会不平等现象那样只是出于偶然。第一类人中为首者是欧文先生和他的信徒。他们也是现代最早宣扬这种思想的人。最近则有类似教义的著名鼓吹者路易·布朗和卡贝（虽然前者只把平均分配作为向如下更高的公平标准的过渡来鼓吹，即，所有的人都应当尽其所能地进行工作，而各自取其所需）。这一经济制度有一个独特的名称，即共产主义，此词源自欧洲大陆，最近才传入英国。社会主义一词是英国共产主义者创造的，用以称呼他们自己的学说，但目前在欧洲大陆，它的意义比较广泛，不一定是指共产主义，或完全废除私有制，而是指主张土地和生产手段不应为私人所有，应为公社、社团或政府所有的任何思想体系。在这些体系中，知识抱负最高的两种是圣西门主义和傅立叶主义，它们都是以其真实创始者或被认为是创始者的人名为名的。圣西门主义作为一种思想体系已不再存在，但在它公开传播的短短几年中已播下了几乎所有社会主义思潮的种子，后来这些思潮在法国得到了广泛的传播。傅立叶主义的信徒在人数、才能和热忱方面〔1865 年〕尚处于旺盛时期。

第三节　对共产主义的考察

不论这些不同方案可能具有什么样的优缺点，它们确实不能说是不能实行的。任何有理智的人都不会怀疑，一个由几千居民组成的村社，在共有土地（其大小同现在供养上述人数所需的土地一样）的情况下进行耕作，和靠联合劳动和最先进的方法来生产他们所需的工业品，能够把产量提高到足以维持舒适生活的地步；它也有办法从该社团每个能干活的成员身上取得实现这一目标所需数量的劳动（在必要时可以强迫他们从事劳动）。

对于财产共有和产品平均分配通常有一种反对意见，即，每个人由此会不断地逃避他理应担负的工作，毫无疑问，这种异议揭示了一种实际困难。但是提这种反对意见的人忘记了，在90%的社会事业据以开展的现行制度下也存在同样的困难。这种反对意见认为，只有人们各自靠自身的努力来获利的劳动才是诚实而效率高的。但是，为自己的利益而工作的劳动者（从工资最低的到工资最高的），在英国全部劳动人口中所占的比例很小。从爱尔兰收割者或砖瓦搬运工算起，直到英国高等法院法官或大臣，社会上几乎所有的工作都是按日工资或固定薪水计酬的。工场工人在他的工作中的个人利害关系比共产主义社团的成员要少，因为他不像社团成员那样是为一个自身是其成员的合伙组织工作。确实有人会说，虽然在大多数情况下，这些劳动者本人在他们的工作中并无个人利害关系，但是，他们是处在对其工作有利害关系的人们的监视和监督之下的，那些人指挥他们的劳动，而且自行担任劳动的脑力部分。然而,即令这一点也远非普遍的事实。在所有的公共事业以及很多最大和最成功的私营企业中,不仅区区劳动〔的指挥〕,而且管理和监督也都委托领薪水的职员。虽然当主人警醒和聪明时,“主人的眼睛”具有价值,但必须记住,在一个社会主义的农场或工场内,每个劳动者不是处在一个主人之下,而是处在“全社会的眼睛”之下。在有人顽固地坚持不做其应做的工作的极端情况下,这个社会也可以采取与现今社会相同的办法,强迫他遵守社团的各种必要条件。解雇是目前惟一的纠正办法,但如可以从事这项工作的其他劳动者不比原来的劳动者好,则这种办法是无效的。解雇的权力只能使雇主从他的工人那里得到惯常的劳动量,而这种劳动也许是效率不高的。即令劳动者因懒惰或马虎而失业,在最坏的情况下,也不会比在贫民习艺所的管教下更为受罪。如果在一种制度下,避免这种痛苦的愿望可以成为劳动的充分动机,则在另一种制度下这也足够。我并没有低估如果额外努力的好处全部或大部分归劳动者所有对劳动所能起的刺激作用。但在现今的产业制度下,这种刺激在大多数情况下并不存在。即令共产主义劳动不像自耕农或自营劳动者那样富有活力,但比同他的工作根本没有个人利害关系的雇佣劳动者的劳动也许仍要好些。未受教育的雇佣劳动者阶级玩忽职守在现今的社会状况下是很可观的。共产主义纲要现在已把全民必须受教育作为一项条件,并设想做到此事后,社团所有成员毫无疑问会像领薪水的中高级职员那样勤奋地履行职责。从未想过这些职员必然会不忠于他们的职守,因为他们只要未被解雇,无论在履行职责时如何懈怠,薪水一点也不会少拿。毫无疑问,按照一般法则,以固定的薪金作为报酬不会使任何公务员阶层以最大的热忱工作。对于共产主义劳动这样说也是适当的。

这种缺点固然会存在，但其确实的程度不如那些对于超过自己所熟悉的事物状态并无达观习惯的人所想像的。人类的公益精神比现今的人们所能想像的要强得多。历史已证明把很多人教育成爱公如私是可以做到的。最适于这种感情滋长的土壤莫过于共产主义社团。因为现在努力追求各自利益的全部劲头和身心活动能力都会用于其他方面，用于追求社会的一般福利。天主教的僧侣在说明要为教会献身时常持的理由是，除了教会的利益再无任何利益，与此相似的理由，在共产主义制度下也可以使公民依附于公社。不管社会意向是什么，社团的每个成员都必须服从最普遍、最强烈的个人意向，也就是公众舆论。这种意向具有阻止社会明确指摘的某种行为或懈怠的力量，是没有人会否认的。为得到他人赞许而尽最大努力的竞赛的力量也为经验所证明。人类会在任何情况下公开地进行竞争。即令是为了无意义的事情，或者大家都得不到好处的事情，也会这样做。为了共同利益而相互争着多干，这种竞争社会主义者并不否定。因此，在共产主义制度下劳动的干劲会降低到什么程度，或者最后是否会完全消失，不能不认为是现在(1852 年)尚未解决的一个问题。

对共产主义的另一个反对意见和对济贫法所常提的差不多。即，如果社会每个成员都肯工作，他本人和任何数目的子女都保证会有饭吃，对人类繁殖的审慎的限制就会消除，于是人口开始以一定的速度增长，生活水平由此不断降低，终于使全社会陷于真正的饥荒。如果共产主义不使人们具有限制人口的动机，人口的增加又摆脱了其他的约束因素，则这种担心确实是有不少根据的。但是，在共产主义制度下，人们正可期望舆论强烈反对这种自私的放纵。人口的任何增加都会降低人们的生活水平或者使他们更为劳累，随后就会(现在不会)使社团中的每一个人立即明显地感到不便。这些不便是无法归咎于雇主的贪婪，或富人不正当的特权的。在已变动的社会状况下，舆论一定会谴责这样那样损害社会利益的放纵行为，如果谴责还不够，则可用某种形式的刑罚来制止。共产主义方案特别劝告人们预防人口过剩的弊害，并没有给人口过剩的威胁所引起的异议留下引申的余地。

更为现实的困难是如何在社会成员中间公平地分配社会的劳动。工作的种类很多，应当用什么标准来比较量度这些工作呢?谁来判断纺了多少棉花，从仓库发出多少货物，垒了多少砖，或扫了多少烟囱是相当于犁了多少地呢?共产主义著述家们深切地感觉到在不同性质的劳动之间进行调整的难处，因而他们通常认为，必须使所有的人轮流从事各种有用的劳动。这种废止职业分工的安排会牺牲掉很多协作生产的好处，从而大大降低劳动生产率。此外，即令在同样的工作中，有些劳动名义上是平等的，实际上却很不平等，因而如果强制实行，人们就会从正义的感情出发表示反对。并非所有的人都同样适合于一切劳动。同样数量的劳动也因各人身强或体弱、坚强或脆弱、敏捷或迟钝、聪明或愚昧而成为不相等的负担。

但是，这些困难虽然是现实的，却还不是无法克服的。按个人体力和能力分配工作，遇有极端情况，则在执行一般原则时有所变通；这对人类的智力来说，在其处于公正观念指导之下时是不成问题的。而且，在一种以平等为目的的制度下，对这种事情所能作出的安排即使极不合适，极不公平，同现今的劳动分配（且不谈报酬）相比，其不平等和不公平仍是微不足道的。我们还必须记住：共产主义作为一种社会制度，还只是在观念上存在；目前人们对它所存在的困难的了解远甚于对其具有的能力的了解；人类刚刚开始以其才智策划详细的组织方法，以便克服这种制度的困难而借其能力获得最大利益。

因此，如果要在具有一切可能性的共产主义和具有各种苦难和不公的现今的社会状态之间作出选择；如果私有制必定会带来我们现在所看到的后果，即劳动产品的分配几乎同劳动成反比——根本不干的人拿得最多，只在名义上干点工作的人居其次，工作越艰苦和越讨厌报酬就越低；而最劳累、消耗体力最多的劳动甚至无法肯定能否挣到足以糊口的收入；如果要在这种状况和共产主义之间作出抉择，则共产主义的一切大大小小困难在天平上都将轻如鸿毛。但是，要作出适当的对比，我们必须将处于最好状态的共产主义同私有制可能达到的状态相比较，而不是同现今私有制的情况相比较。私有制原则从未在任何国家作过公正的试验；我国同别的国家相比也许更是如此。现代欧洲社会制度的开始，并非由于作为公平分配或勤劳所得的结果的财产分配，而是由于作为征服和暴力行为的结果的财产分配。尽管多少世纪以来一直在以勤劳缓和暴力的作用，这种制度仍然保留着那种滥觞的不少痕迹。有关财产的法规从来都是和用来为私有财产辩护的原则不一致的。它们对不应承认所有权者给予承认，而对于仅有有限制的所有权者给予绝对的所有权。它们不是对任何人都公正对待，而是对某些人加以损害，对另一些人则给予优遇。它们故意鼓励不平等，阻止所有的人公平竞赛。固然，所有的人都在完全平等的条件下参加比赛，这是和任何私有财产法规不相符的。但是，如果肯像扩大私有财产原则的自然作用所造成的机会不均等那样，努力采用一切不破坏原则的办法来缓和不平等；如果立法的趋向有利于财产的分散，而不是集中，就会发现私有财产原则与自然和社会灾难之间并无必然的联系。几乎所有的社会主义著述家都认为两者是不可分离的。

为私有制辩护的人都认为，私有制的含义是对个人拥有其劳动和节欲的成果给予保证。对于没有任何功绩、也不作任何努力而占有别人劳动和节欲的成果的人也给予保证，这不是这种制度的本质，而不过是偶然发生的事。这种事发展到一定程度，就不但不会促进私有制合理目标的实现，而且会同这一目标相抵触。正当的为私有制辩护的理论是以公平原则（即报酬与努力成比例）为依据的。因此，要判断所有制的最终目标，我们必须假定使这一制度违反这一原则的每一件事都已纠正。我们还必须假定已实现两项条件，其一为普及教育，另一为适当地限制社会人口；没有这两者，不论是共产主义还是别的法规或制度，都不能防止大多数人处境恶化和陷入不幸。如果具备这两项条件，则即使是在现在的社会制度下，也不会产生贫困。又，如果如此假定，则社会主义的问题不是像社会主义者通常所说的那样，是奔向能避免压倒人类的各种弊害的惟一避难所的问题，而仅仅是权衡两者利弊的问题。这是将来必须加以解决的问题。我们对采取最好形式的私有制或采取最好形式的社会主义能取得什么样的成就都一无所知，因而无法确定这两种制度中哪一种会成为人类社会的最终形态。

如果可以冒险作一下推测，也许主要会按如下问题的答案作出抉择。那就是，两种制度中何者会给人类带来更多的自由和自主。在生活资料有了保障之后，人类的下一个强烈欲望就是个人自由。这种欲望(不像物质需要那样随着文明的进展而变得更加稳健和便于控制)会随着智力和道德能力的发展而日益强烈。社会制度和实践道德的完善是要保障一切人完全独立和行动自由，除不得损害别人外不受任何限制。如果教育教导人们或社会制度要求他们以摈弃对本身行为的节制换取一定程度的舒适或富裕，或者为了得到平等而放弃自由，则这样的教育或社会制度将夺去人性最高尚特性之一。共产主义社会制度在何种程度上能够容许这种特性存在，还有待说明。毫无疑问，同对社会主义方案的其他一切反对意见一样，这一方面是被过分夸大了。社团无须要求其成员过有甚于今的共同生活，或对他们如何支配个人分内的产品和可能很多的空闲时间(如果他们只限于生产确实值得生产的物品，他们会很空闲)加以控制。无须将个人束缚于一种职业或特定的地方。同大部分人类目前的状况相比，共产主义的管束反为自由。英国和大多数其他国家的一般劳动者几乎没有选择职业或移动的自由。这些实际上都要取决于固定的规则和别人的意愿，和真实的奴隶制所差无几。人类的半数(译者按：指妇女)完全处于家庭的奴役之下，更不待言。欧文主义和大多数其他形式的社会主义都肯定妇女在一切方面具有同迄今居于支配地位的男性一样的平等权利，这一点为她们带来了极大的荣誉。但是，不能靠与目前恶劣的社会状况作比较来判断共产主义的主张。靠允诺给予目前徒有虚名的自由民更大的身心自由也是不够的。问题在于,个性的庇护所是否还存在?舆论是否会成为暴君的桎梏?每个人绝对从属社会全体并受社会全体监督的做法,是否会使所有人的思想、感情和行动变成平庸而划一的?尽管目前的社会同共产主义制度下大概会出现的情况相比,教育和职业的种类要多得多,而个人对群体的依赖程度要低得多,但是上述那些仍然是它的一种显著的弊害。要对离心倾向进行指责的社会决非处于健全状态。还得弄清的是,共产主义计划是否会同意人性多种形式的发展,多种多样的差异;爱好和才能的五花八门和思想观点的不同;这些不仅构成人类生活的一大部分乐趣,而且才智相互冲突的刺激作用和向每个人提出他从未抱有的许多见解,会成为思想和道德进步的主要动力。

第四节 对圣西门主义和傅立叶主义的考察

至今为止我只限于对社会主义的极端——共产主义学说进行观察。按照这一学说,不仅生产手段——土地和资本都是社会的共同财产,而且产品和劳动也要尽可能平均地进行分配。对社会主义的反对意见,不论根据是否充分,矛头主要是针对它的这种形态。其他各种社会主义和共产主义的主要区别在于,前者不是单纯依靠路易·布朗所说的勤劳光荣,而是多少保留了个人金钱利益对劳动的刺激。因此,声称要实行按劳动比例付酬的原则,已是对严密的共产主义理论的一种修正。在法国由独立核算的工人的联合组织进行的将社会主义付诸实践的各种尝试,大多在开始时不考虑个人所完成的工作量，采用平分报酬的做法，但不久都放弃这种做法，而以工作量计算报酬。原先的原则要求具有较高的公平标准，因而适合于比现在高得多的人性道德状况。按照完成的工作支付报酬的做法，只在工作多做或少做可以自由选择时才是真正公平的。如果工作量取决于体力或能力的天然差别，这一报酬原则本身就是不公平的。它是锦上添花，给予天赋最优厚的那些人最高的报酬。然而，将它作为对目前道德标准所形成和现行社会制度所鼓励的自私性格的一种妥协，是非常方便的。在教育得到彻底改造以前，这样做较之在较高的理想下所进行的尝试，更有可能迅速收效。

非共产主义的社会主义的两种精巧形式，称为圣西门主义和傅立叶主义，通常极力主张反对共产主义的那些议论，对它们毫不适用。虽然它们豁达大度地对待反对自己的各种议论，然而由于它们在很多方面具有巨大的智慧力量（这是它们的特征），以及对社会和道德的某些基本问题进行了大量富于哲理性的论述，它们可以公正地当作过去和现在最引人注目的成就之一。

圣西门主义的方案不打算实行产品的平等分配，而打算实行产品的不平等分配。它不主张所有的人从事同样的工作，而主张人们的工作应依照他们的禀性和才能而有所不同。像军队中军官的情况那样，各人的职务是由指挥者选派的，薪金是和这项职务在指挥者心目中的重要程度和担任这项职务的人员的功绩成比例的。指挥机构的建立可以采用各种不同的做法，但要在根本上和该制度保持一致。它可以通过公众投票而加以任命。按照原作者的设想，指挥者都是才华出众和具有美德的人，他们可以凭借智力上的优势而得到其余人的自发支持。在某些特殊的社会条件下有成效地实施这一方案,这不是不可能的。历史上确有实行与此有点类似的方案而获得成功的实例,那就是我提到过的耶稣会在巴拉圭的实验。他们把一些蛮族用一种村社制度组织起来并置于文明人精神统治之下。这些野蛮人原先是非常厌恶为遥远的目标作出持续努力的,现在却恭恭敬敬地服从他们的绝对权威,听从他们的劝告学习文明生活的技艺并为村社劳动,但却没有一种动力能促使他们为自身劳动。这一社会制度为时不长,就被外国势力通过外交途径破坏了。它之所以能够实行,也许是由于少数几个统治者和所有被统治者之间在知识和智慧方面差距过大,在他们之间不存在任何中间等级(不论是社会的还是文化的)。在其他任何情况下,它可能会完全失败。这种社团的指挥者要有绝对的专制。如果按公众讨论的结果不时更换接受委托而实行专制的人(与这一制度倡导者们的意见相反),这种专制就不会有多大的改进。但是,设想不论怎样选拔的一个人或几个人,靠其下属机构的帮助,就能妥善地做到每个人的工作与其能力相适应,每个人的报酬与其功绩成比例,事实上成为对社会全体人员进行合理分配的执行者,或者设想他们不论如何使用这个权力,都能做到人人满意,或不靠暴力的帮助就能使人人都服从;这些几乎都是空想,无须反驳。人们会默认一定的规则,例如平等的规则,也会默认命运或苍天的安排。但如设想少数几个人会公平地估量每一个人,并完全根据自己的意志和判断,给甲多些,给乙少些,则除非大家相信这些人是超人,怀有不可思议的恐惧,否则,他们是不会服从的。

社会主义所有形态中最巧妙和最无懈可击的是傅立叶主义。

它并不打算废除私有制,甚至不打算取消继承权。相反,它公开承认要把资本同劳动一样作为产品分配的要素来考虑。它提出产业应该由有大约两千名成员的社团来经营,他们在自己选出来的首长领导之下,在面积约为一平方里格的一块土地上共同劳动。在分配上,首先对社团的每个成员,不论是否能劳动,都分给最低限度的生活资料。其余的产品则按事先确定的比例在劳动、资本和才干三个要素之间分配。社团的资本可以按不相等的股份归不同的成员所有,在这种情况下,他们就像其他任何合股公司那样按持股多少领取股息。每个人按才干应得的产品份额,是按其在所属集团中的级别或地位高低确定的。在任何情况下,这些级别都是按照集体的意愿授予的。各人得到的报酬无须共同花费或共同享用,居住是按户分开的。除去所有的社团成员都要住在同一个建筑群中(这是为了在建筑物上和家庭经济的每一方面节省劳动和开支)以外,并不要求实行其他的共同生活。社团的全部买卖业务都由一个代理人经营,现在被单纯的销售商拿走的、由很大部分劳动产品构成的巨额利润由此会减少到最低限度。

这个制度至少在理论上不像共产主义那样要把现今社会中各种促进工作的动力全部去掉。相反,如果这个制度按照它的设计者的意图实施的话,甚至还会使这些动力得到加强。因为每个人确信自己会因脑力或体力劳动技能的提高而获得更多的劳动成果,而在目前的社会制度下,只有处于最有利地位的人或运气特别好的人才能大有所获。傅立叶主义者还有一机智之处。他们相信自己已经解决了使劳动具有吸引力这一根本问题。他们以十分有力的论据争辩说,这件事不是不可能实现的。特别是在如下一点上他们和欧文主义者是一致的。这就是:人们以谋生为目的进行的劳动,不论多剧烈,其强度都不会超过其他一些人为寻乐而进行的劳动(他们已具有充分的生活资料)。这肯定是一意味深长的事实。研究社会哲学的人可以从中汲取重要的教训。但是,以此为依据的议论很容易被夸大。如果不舒适而又劳累的工作会被很多人当作娱乐随意进行,人们为什么不想一想,这样的工作成为娱乐活动,不正是因为这些工作是随意进行的,因而也可以随意不干吗?是否有离开某种工作的自由往往是痛苦和欢乐的分水岭。很多人一年到头住在同一个市镇、同一条街道或同一座房子里,从来没有搬家的念头,但是,他们若按当局的命令圈在同一地方,就会感到这样的监禁是绝对无法忍受的。

按照傅立叶主义者的看法,几乎没有一种有益劳动必然和肯定是不合心意的,除非这种劳动被认为是不光彩的,或者是过量的、无法激起竞赛兴趣或赢得他人同情的。他们坚决认为,任何人都不会过分劳累。因为在这个社会里不存在有闲阶级,不会像现在那样把大量劳动浪费在无益的事情上;组织起来又能够大大提高生产效率和节约消费。他们还认为,使劳动富有吸引力的其他必要条件是所有劳动都交给社会小组来承担。每个人可以根据自己的选择同时参加若干小组。他们在每个小组中的级别由他们的同伴根据所能提供的服务好坏投票评定。从公社的每个成员可以按照各自的兴趣和才能参加几个小组可以推断,人们从事各种各样的体力劳动和脑力劳动,并可在某一个或几个小组中占据高位。这样实际上就会达到或接近于真正的平等。但这不是靠对各种个人天赋的限制,相反却是靠最大限度地发挥这些才能来实现的。

从如此简短的概述中一定可以看出，这个制度不会违反影响人类行为的任何普遍法则（即令在现今这种德育和智育不完善的状况下也是如此）。现在说这个主义不可能成功或它的支持者的大部分希望均会成为泡影，是过于性急了。这个主义，和所有别的社会主义一样，都是令人向往的，因而完全有权利要求取得实验的机会。它们都可以适当的规模进行实验。除参加实验者外，是不会有什么人身或金钱上的风险的。要靠经验来确定哪一种公有制度可以在多大程度上或多快的时间内代替现在的以土地和资本私有制为基础的“产业组织”。同时，我们可以确信，在一个相当长的时间内，尽管无须试行限制人性的最终发展，政治经济学家所主要关心的还将是，基于私有制和个人竞争原则的社会的存在和发展条件问题；在人类进步目前阶段所具有的主要目标不是取消私有制，而是加以改良，使社会每个成员都能得到好处。

第二章　续论所有制

第一节　私有制意味着可按契约自由取得财产

下面要讲的是，私有财产的观念的含义如何，以及在私有财产原则的应用上有什么限制。

私有财产制度，就其根本要素而言，是指承认每个人有权任意处置他靠自身努力生产出来的物品，或不靠暴力和欺诈从生产者那里作为赠品或按公平的协议取得的东西。整个制度的根本是生产者对自己生产的物品具有权益。因此，对于现行的制度可能提出如下的异议，即，它承认人们对不是自己生产的物品具有所有权。例如（有人也许会说），一家工场的工人靠他们的劳动和技能创造出全部产品；但是，这些产品并不归他们所有，依照法律他们只能得到规定的工资。这些产品都要归仅仅提供资金的人所有，这个人也许对工作本身没有作过任何贡献，甚至连监督指挥都谈不上。对这一点的答复是，工业劳动只是生产商品所必须具备的条件之一。没有原料和机器，没有事先准备好的、在生产时用来向劳动者提供生活必需品的资金，劳动就无法进行。所有这些都是原先劳动的成果。如果劳动者们拥有这些，他们就无须把产品分给任何人；而只要他们没有这些，他们就必须对持有这些的人给予代价。这种代价包括两部分，一是对于原先劳动的代价，二是对于节欲（劳动产品不用于享乐，而用于上述用途）的报偿。资本也许不是、在大多数情况下肯定不是由于目前拥有资本的人从事劳动和节欲而产生的；但是，它是某个前人从事劳动和节欲的结果，也许实际上这个人被非法地剥夺了资本的所有权，而在目前的年代里，更加可能的是通过馈赠或自愿的契约把它转移到现在的资本家手中。因此，到现在的所有者为止，过去的各个所有者至少都曾经节欲。也许有人说，这些继承别人储蓄的人与其前人没有留给他们任何东西的那些勤勉的人相比，具有其不应享有的优惠，这种说法是对的。我不但同意，而且坚决主张，当富人们以其储蓄留给子孙时，这种不劳而获的利得应当削减到与公平原则相符的程度。但要是说劳动者与其祖先留有储蓄的那些人相比处于不利地位，也可以说劳动者的境况与其祖先毫无储蓄的那些不劳动者相比要好得多。他们和这些继承人共享这种利益，虽然程度有所不同。现在的劳动与过去劳动和储蓄的成果二者合作的条件是要通过当事者的协商来决定的。双方的关系是“焦不离孟，孟不离焦”。资本家离了工人什么也干不成，而劳动者没有资本也不行。劳动者为就业而竞争，资本家也在一国全部流动资本的限度内为招到劳动者而竞争。人们往往认为竞争肯定是劳动阶级困苦和地位下降的根源，似乎看不到高工资恰好同低工资一样也是竞争的产物。美国的高工资和爱尔兰的低工资都是竞争法则起作用的结果，同英国的情况相比尤其是这样。

所有权包括按契约取得财产的自由。每个人对自己产品的权利，包含着这样的意思，即，人们在经别人同意而取得别人生产的物品时，对这种物品也具有权利；因为这种物品是出于生产者的好意馈赠或以他们认为是等价的物品换得的，而妨碍他们这样做就是侵犯他们对自己的劳动产品的所有权。

第二节　规定的合法性

在考察私有制原则所未包含的事项前，我们必须对一包含在这一原则之内的事项加以说明，这就是，过一定时期以后，应按规定赋予所有权。固然，按照所有权的基本思想，对于靠暴力或欺诈取得的物品，或因不了解情况而占有别人已先取得所有权的物品，都不应承认其为占有者的财产。但是，过一段时间之后，如果证人全部死亡或失踪，而交易的真实情况已查不清，则不以他们的非法取得为不法，是保障合法占有者所必需的。所以，任何国家的法规都承认，若干年内从未在法律上提出疑义的所有权，是完全的所有权。即令这种占有是不合法的，过一个世代以后，由也许是*真正的*所有者取回这种物品，重新行使其久未行使的权利，这样做通常会比将原先的不公置之不问，带来更大的不公正，而且经常会带来更大的公私祸害。原属正当的权利仅仅过了一段时间就宣告无效，似乎有些严酷；但是，有时过了一段时间（即令只注意个别情况，不考虑对所有者安全感的普遍影响），苦乐的天平会向另一边倾斜。人们的不公正行为同天灾一样，随着时间的推移，会愈来愈难纠正。人类的交易，即令是最简单明了的，也不能按以下方式对待，即，某事在60年前是适当的，因此在今天也是适当的。几乎没有必要指出，不去改变以往不公正行为的这种理由，不能用于对待不公正的制度或规定；因为有害的法律或习俗并不是遥远过去的一种有害行为，只要这种法律或习俗还存在，有害的行为就会反复发生。

这就是私有制的本质。现在要考虑的是，在不同社会形态下曾经存在过或仍然存在的各种形式的私有制与私有制原则相符到什么程度，或从为私有制提供依据的理论来看是否可取。

第三节 私有制还包含遗赠权，但不包含继承权；继承问题的考察

所有权只包含以下各种权利，即每个人对自身才能、对利用自身才能所能生产的物品、对用它们在公平交易中换得的物品所享有的权利，以及他自愿将这些物品给予他人和他人接受并享用它们的权利。

因此，遗赠或死后赠与的权利成为私有制观念的一部分，但与遗赠有别的继承权却不是如此。把人们生前未作出安排的财产首先传给他们的子女，他们如无子女则传给他们最近的亲属，这种做法也许正确也许不正确，但都不是私有制原则所造成的后果。虽然解决这样的问题，不但需要作政治经济学的考察，而且要从许多方面进行思考，但在此叙述一下作者认为最可取的思想家们的观点，并非与本书无关。

没有理由可以认为在这一主题上各种现行观念是古已有之的。在古代，把死者的财产传给其子女和最近的亲属，这种措置是十分自然和明白的，不可能有其他的措置来取代它。首先，这些人通常就在现场；他们先行占有这种财产，他们即使没有别的权利，也具有这种先占的权利，这在社会早期状态下是很重要的。其次，

他们在所有者生前已经是这种财产的共有者。如果这种财产是土地，则国家通常是将它授予一个家族而不是授予个人；如果这种财产是由家畜或动产构成的，则它也许是靠家族中已达到可以劳动或可以战斗年龄的所有成员共同努力取得的，而且肯定是靠大家来保护的。近代意义的独占的私有财产，在那个时代的观念中几乎不存在；因此，当一个家族的族长死亡时，他留下的实际上只是他在分配中得到的物品，它转到了继承他权威地位的家族成员手里。如果不用这样的方法来处置财产，就会拆散这个由观念、利益和习惯联合起来的小小共同体，并使他们在世界上漂泊流浪。这些想法，虽然多半是感性的而不是理性的，但对人类思想产生了很大的影响，即人们由此建立了子女对其祖先的财产具有先天的权利的观念；这种权利是祖先本人也不能否认的。在早期社会中，遗赠很少得到认可。这件事明确地证明了(即使没有其他证明)那时所有权的观念是和现代的观念完全不一样的①。

但是家长制的最后历史形式——封建家族已消亡很久了，社会的单位不再是由一个共同祖先的全部子孙组成的家族或氏族，而是个人，或最多是一对夫妇加上他们未自立的子女。现在财产是属于个人的，而不是家族的。子女长大以后就与父母的职业或财产无关。倘若他们分得父母的金钱资产，这也是出于父亲或母亲的意愿，而且并非由于对全部财产的所有和管理具有发言权，通常只是由于某一部分财产的享有具有独占性。至少在英国父母亲有权取消他们子女的继承权，并把他们的财产留给外人(从限定继

---

① 关于此事的极妙例证和很多相似之处，可参阅梅因先生的渊博著作《古代法及其与现代观念的关系》。

承权或财产授予权来看有障碍者,不在此列)。通常认为较远的亲属是和家族完全脱离的,和家族的利益毫无关联。他们对于比自己富裕的亲戚所大抵具有的惟一权利,就是在其他条件相同时可以优先得到适当的职务,并在有实际需要的情况下取得某些帮助。

社会结构如此重大的变化肯定会使财产继承的依据产生很大的差异。对于没有遗嘱就死去的人的财产给予他的子女或近亲,现代著述家们所持的理由通常有如下两点:一是法律认为这种处置办法更接近于死者的心愿;二是让一直同父母一起过富裕生活的人一下子失去丰饶的享受而陷于贫困,会使他们感到痛苦。

这两种论据都有一些说服力。在死者未留下遗嘱,无人能知道他打算如何处理时,毫无疑问,法律应该按父母或保护人的责任来对待这些子女或抚养对象。然而,因为法律不能就个人的各种权利要求作出决定,它必须按一般规则行事。下面考察一下这些规则的内容。

首先,我们可以这样说,除非(对于特定的个人)有特殊的理由,任何人没有义务以金钱供养旁系亲属。除非偶尔没有直系继承人,现在没有人会指望旁系亲属继承财产;即便没有直系亲属,如果在无遗嘱的情况下法律未作出相应的规定,也不会有人指望旁系亲属继承财产。因此,我认为旁系继承权根本没有理由成立。边沁先生早就建议(别的权威人士也同意他的看法),如果在直系晚辈或直系长辈两方面都没有继承人,在死者没有遗嘱的情况下,财产应收归国有。对于较远的旁系亲属,大概对这一点不会有多少争论。很少人会坚决认为如下的事情(它时常发生)是十分合理的,即,某些无子女守财奴的积蓄在其死后(这事时常发生)应给予一位远亲，而这位远亲从未见过他，也许在得到遗产前从不知道他们之间的关系，未必比纯粹的陌生人具有更多的道义上的权利。这一理由对于一切旁系亲属甚至最近的旁系亲属也是适用的。旁系亲属都没有真正的请求权；他们和非亲属处于同等地位，在这两种情况下，若有正当的权利要求，以采用遗赠的方法处理为宜。

子女的权利要求具有另一种性质。这种权利要求是真正的，不能取消的。但即令这样，我还是认为通常采用的办法是错误的。哪些应归于子女，在某些方面会被低估，在另外一些方面在我看来是被夸大了。在所有的义务中最重要的乃是，除非其子女在童年时期能够舒适地生活，在成年时能够自行谋生，父母都不应使他们踏入社会；但在实践中它被人们忽视了，在理论上也受到轻视，在某种意义上说，这是对人类理智的一种玷污。从另一方面来说，当父母拥有财产时，要说子女对这些财产具有请求权，在我看来这种说法也是不对的。不论父母可能继承了多少财产，或除此以外可能得到了多少财产，我都不同意他仅仅因为某些人是他的子女，就把这些财产传给他们，让他们无须努力就富起来。即使其子女获得这种财产确实可以给他们带来幸福，我也不能同意。这是最靠不住的。它取决于个人性格。极端的事例姑置不论，可以肯定，在大多数情况下，遗赠给子女适度的而不是大量的财产，不论对社会或是对个人来说都更好一些。这些话是古今道德家的老生常谈。很多有识的父母也相信这样做是正确的。如果他们能不顾别人的说三道四，而更多地为子女的真正利益着想，他们会更经常地这样去做。

父母对子女的义务是和赋予人类生存权利分不开的。父母有义务使子女成为社会良好和有用的成员，有义务尽力使子女受到教育，尽力为他们创造条件使他们能靠自己的努力在社会上获得成功。每个子女都有提出这种要求的权利；但我不能同意他们有更多的要求权。人们可以从如下一种情况正确理解这种义务，而不致被表面情况蒙蔽或搅混，这就是非婚生子女的情况。一般以为做父母的应当给予非婚生子女相当的生活费，使其一生得以过大体过得去的生活。我认为，任何子女所得到的遗产均不应多于私生子所可得到的；如果并未忽视上述义务，而父母将剩余财产捐赠于公益事业或赠送给其他人，子女是不应对此有怨言的。

为了使子女能过上他们有权过的称心如意生活，通常不应使他们从童年期就养成他成长后无法继续的那种奢侈习惯。这种义务常常被不大会有财产遗留下来的人们公然违背。富人的子女过惯了父母所过的那种日子，父母通常有义务给他们多留一些财产（比在艰苦环境成长起来的孩子要多）。我说通常有义务，是因为即令在这种情况下，问题也还有另一面。可以断定，养成战胜困境的坚强意志，早点懂得生活的酸甜苦辣和在钱财上取得一些经验，对塑造性格和人生幸福都有好处。从小过奢侈生活的孩子日后多半不能再过这样的生活，他们为此感到不平，这是有充分理由的，因此，他们对遗产的权利要求应当同他们成长的方式有某种关系；这也是一种特别容易过分强调的权利要求。贵族和乡绅的长子以下的孩子们的情况尤其如此，因为贵族和乡绅的大部分财产是传给长子的。别的儿子通常人数众多，也是生长在和未来的继承人相同的奢侈环境中，但是，他们所分到的财产根据上述理由通常足以按他们的生活习惯来供养他们自身，却不足以抚养妻室儿女。他要成家立业就得靠自己努力，对此实际上没有人会抱怨。

因此，我以为，无论从公正还是从个人和社会的真实利益着想，父母给予私生子在义务上应该给予的数额，如同给与长子以外的孩子一般认为合理的数额，已经足够，因而，国家给予没有留下遗嘱而死亡者的子女在义务上应该给予的数额，有与上述相同的数额，即已足够。如果还有多余，我认为正确的做法是以之用于社会一般事业。然而，我并不是说父母给予孩子的数额不能超过孩子在道德上有权要求的程度。父母给予孩子的数额大大超过这一程度，在某些情况下是绝对必要的，在很多情况下是值得称赞的，而在一切情况下是可以容许的。然而，这可以采用自由遗赠的方法。父母应该有权按照他们自己的偏爱或他们自己对合理性的判断赠送他们的财富来表示慈爱，报答服务和牺牲。

第四节 应否对遗赠权有所限制，如何限制？

遗赠权应否受到限制，是一个非常重要的问题。遗赠与无遗嘱(*ab intestato*)继承不同，它是所有权的属性之一。若在所有者生前或去世时不能随意将物品赠送他人，则不能认为这种所有权是完整的。拥护私有制的一切理由均认为所有权的范围应扩展到这一程度。但所有权只是实现某一目的的手段，不是目的本身。遗赠权会像其他一切财产权一样和人类的永恒利益发生矛盾，甚至发生更大的矛盾。例如，立遗嘱者可能不以将庄园遗赠给甲为满足，事先指定甲死后应传给其长子，并如是世代相传。毫无疑问，人们有时会为建立永世的家业而更加发奋工作。但是这种永业权对社会造成的祸害超过其对工作积极性的激励作用。人们在有机会挣到大量财产的情况下,没有这种刺激也会有很高的积极性。当某人将财产遗赠于公益事业时,若试图事先规定今后使用的细节(例如,当他遗嘱建立一个教育机构时,他规定它永远只能教些什么),这也是遗赠权的滥用。任何一个人也不可能知道在他死了几百年以后,什么学问适宜于讲授。除非某一适当的当局可以不断(过一段时间以后)加以修订,法律不应同意对财产作出这样的处置。

上述这些都是明显的限制条件。但即令是最简单地行使遗赠权,如确定在立遗嘱人死亡时财产应立即交给什么人,也往往会被认为可按权宜的观念作出限制或变更的特权。到目前为止,这些限制条件几乎都只是对子女有利的。在英国,在原则上这一权利不受限制。惟一的障碍是遗赠要得到原所有者的同意。在这种情况下,眼下的所有者事实上不能把他的产业遗赠别人(他并无东西可作遗赠),他只具有终身使用权。按照欧洲大陆民法的主要依据——罗马法,原先根本不允许有遗赠。后来虽然许可遗赠,但规定有对每个孩子保留法定份额的义务。某些大陆国家的法律现在依然有这样的规定。按照大革命以后的法国法律,父母应将其财产平均分配给他们的子女,他们能以遗言处置的部分不得超过一个孩子应得的家产。这种办法可以称为限定继承,是把每个人的大部分财产交给子女共同支配。按我看来,这种办法与优待一子的限定继承相同,在原则上是不大可以辩护的,虽然它没有直接同正义观念发生冲突。虽然我曾经提出,从道德上说,子女有权利要求他们的父母将财产留给他们,但是我不同意强制他们的父母这样做。子女可能由于不成器或不孝顺父母而失掉这些权利。他们也可能有别的财源或前景。做父母的只要以前已使他们受到教育和将他们养大成人,可说已全面尽到了道德上的责任;其他人可以取得比他们更多的权利。

法国的法律对遗赠权的极其严格的限制,是作为一种民主措施实行的,目的在于取消长子继承权和抵制所继承的财产大量集中的趋势。我赞同这些目标是比较理想的想法,但不认为采用的办法是明智的。如果我能不考虑现存的意见和情绪而编制一套自以为最好的法典,我首先将不是限制一个人可以遗赠的范围,而是限制任何人可靠遗赠或继承取得什么东西。每个人应有权随意处置他的全部财产,但不得大手大脚地滥给,使某个人得到的财富超过一定限度(这个限度可以定得很高,以保证接受者能舒适地独立生活)。勤劳、俭朴、意志、才能以及某种程度的机遇上的差异所造成的财产不平等,是和私有制原则不可分割的。我们如果承认这个原则,就必须承受其一切后果;但我以为,对任何人不以自己的能力而靠别人的恩惠获得的财产规定一个限度,是无可反对的。他如果还想增加财产,就应该为此从事劳动①。我不认为对遗赠权施加某种程度的限制会使立遗嘱人感到是一种难以忍受的约束。这位立遗嘱人如果知道他的大笔财产的实在价值,知道能以此取

① 在资本是由所有者本人用于经营某种企业的情况下,他完全有权将其独资企业的全部资金都遗赠给某个人。他应该能够把企业交给他认为最适合管理企业的继承人手中,以使企业得到有效的管理。在这种情况下,企业主去世后留下的工业或商业上的设备就不致损坏(在法国法律之下,这种有害的现象是时常发生的)。同样,应该允许财产所有者在委托他的一个继承人负责(作为一种道义上的责任)维持祖先的宅邸、园林时,留下足够维修这些产业的其他财产。

得多少享受和好处，他就可以知道拥有适当财产的人和财产5倍于前者的人在幸福和享受方面所差无几。五分之四的收益是被别人花掉了。人们认为，为其所钟爱的人所能做的最好的事情，就是给予他们大量没有内在价值但要花很多钱才能买到的物品；只要实际上这种看法还在流行，即令能通过上述法律，也不会有多大用处。因为有人如果有此倾向，总有办法规避这种法律。除非得到公众情绪的有力支持，法律也是没有效力的。在社会和政府的某些状况下（从法国舆论对强制分割法的坚决拥护可以断定）非常可能这样做，然而在目前的英国事实往往相反。如果实际上这种限制能够有效地实行，则会有很多好处。不能再用于使少数人特别富有的财产，可以用于公益目的，或者分给许多人。除去炫耀或显示不正当的权力以外，没有人会需要巨大的财富用于个人目的。拥有巨大财富的人将大大减少，而生活舒适、悠闲，享受着除虚荣以外财富所能给予的一切乐趣的人则大为增加。这些人即所谓有闲阶级，由于他们的直接努力，或他们对公众的情绪和嗜好所产生的影响，可以按照人们的期望为国家作出比目前有益得多的贡献。而且，或者由于对国家的直接遗赠，或者由于对某些社会事业机构的捐赠，大部分勤劳成果的积累可能用于公益事业。在美国（该国有关继承问题的观念和做法看来特别合理和有益）这种做法已很普遍①。

① “对慈善事业或教育事业的巨额遗赠或捐献形成了美国特别是新英格兰近代历史上一个引人注目的特点。富有的资本家不但普遍地用遗嘱将他们的一部分财产捐赠给国家的社会事业机构，而且不少人在他们生前也会为同样目的大量捐款。那里并没有像法国那样的在子女间均分财产的强制性法律，也不像英国那样存在限定继承权或长子继承权的习俗。因此，富人觉得自己有权在他们的亲属和公众之间分配他们的

第五节 土地所有权的根据不同于动产所有权的根据

要考察的下一个问题是，私有制所依据的各种理由，是否适用于目前其专属的所有权得到承认的一切物品；如不适用，这种承认可以什么理由来辩护。

所有制的根本原则是保证一切人能拥有靠他们的劳动生产的和靠他们的节欲积蓄的物品。这个原则不能适用于并非劳动产品的东西，如土地出产的原料。如果土地的生产力完全得自自然，而不是得自劳动，或如果有办法将从各种来源取得的生产力区别开，则听凭个人独占自然的赐予，不但是不必要的，而且是极不公正的。在以土地用于农业时，这种使用必然是“排他的”；必须承认收获的人就是犁地和播种的人。但是，土地可以像古代日耳曼人那样只占用一季，可以随人口增加而定期重新分配，也可以使国家成为总地主，土地由耕种者按租约或随意租用。

但是，虽然土地不是劳动的产物，其大部分宝贵的品质却得自劳动。劳动不仅是使用工具的必要条件，而且也是制作工具的必要条件。在开垦土地、使之适于耕作时常常要用大量劳动。在很

财富。一个家庭和父母在他们生前很长时间经常高兴地看到他们所有的子女都得到很好的抚养和独立生活，这样的家庭和父母是不可能找到的。我曾见过一张马萨诸塞州最近 30 年有关对宗教、慈善和文学事业的遗赠和捐献的清单，总额不下于 600 万美元或多于 100 万英镑。”莱尔：《美国游记》第 1 卷，第 263 页。

在英国，若有人在有活着的近亲时，想以其财产遗赠给公共事业或慈善事业而数额略多一点，就有在死后被陪审团宣布为精神病患者的危险，至少，大法院因为怕浪费财产而会取消这种遗赠。

多情况下，即令土地已经开垦，也完全要靠劳动和技艺才能使其有出产。贝德福平地在靠人工排水以前几乎或完全没有出产。爱尔兰的沼泽地在抽干以前只长柴草。世界上最贫瘠的土地之一，由古德温沙构成的佛兰德的 Pays de waes，已经靠劳动变得极其肥沃，成为欧洲生产力最高的地方之一。耕作还需要房屋和栅栏，这些也完全是劳动的产品。这种勤劳的成果不是在短期内可以收获的。劳动和费用是即时的，而由此产生的收益则是持续多年的，甚至是永久的。如果土地所有者本人得不到利益，而由外人获利，他是不肯付出劳动和承担开支的。如果他要进行改良，他必须等很长的时间才能从这种改良得到利益；而当他没有永久使用权时，他是无法肯定会有足够时间的①。

① “人们还可以认识到，是什么因素使人们具有聪明才智和坚强毅力去劳动，又是什么因素使他们集中力量去为有益于自己同类的目标去奋斗，这就是对土地的永久私有权的认识。最肥沃的土地总是水流冲积而成的土地，但同时又是洪水泛滥所威胁的地方，或者遭到沼泽侵蚀的地方。在得到永久私有权的保障下，人便从事长期而艰巨的劳动，使沼泽有一个排水口，建筑堤坝来防洪，利用灌溉渠道来把丰沛的水引到土地上去，而在过去，这些水却使这片土地注定颗粒无收。还是在这种保障下，人们不再满足于每年从土地得到的收成，他们从野生植物中，区分出对他们有用的多年生作物、小树和大树，他们通过栽培，加以改良，可以说改变了它们的本质，并且加以繁殖。事实上，在水果中，可以看出有一些是经过好几个世纪的栽培才达到今天的完美程度的，还有一些是从十分遥远的地方引进的。与此同时，人类把土地深深地翻开，更新它的土质，把它的各部分混和起来，加入空气，使它更加肥沃。他们把丘陵上正在流失的土壤固定下来，把原野的全部面积用茂盛的作物覆盖起来，使得无论什么地方都对人类有用。在这些劳动中，有的是他们在 10 年或 20 年后才有所收益的，还有的是他们的子孙后代在几个世纪中还可以享受到的。所有的人都同心协力去增加大自然的生产力，使人类得到无限地更加丰富的收入，其中一个重要部分是由那些没有土地产业的人消费掉的，这些人似乎由于土地瓜分而遭到剥夺，但是如果土地不瓜分，他们本来可能找不到饭吃的。”（西斯蒙第：《政治经济学研究》第 1 卷，商务印书馆 1989 年版（下同），第 112—113 页。）

第六节 土地所有权只有在某些条件下才是有效的，但这些条件不是总能实现的。对有关所有权的各种限制条件的考察

以上所述以经济观点为土地所有权辩护的理由，看来只在土地所有者就是土地改良者时，才是站得住的。一般说来，在任何国家内，只要土地所有者不再是土地改良者，政治经济学对所确立的土地所有制就无从辩护了。没有一种合理的私有制学说曾经认为土地所有者应该仅仅是坐食者。

在大不列颠，土地所有者同时是土地改良者的屡见不鲜。但不能说总是这样。在大多数情况下，他以禁止别人进行改良为条件将土地让给别人耕种。在本岛的南部，因为通常没有租约，除依靠地主的资本外几乎不能进行永久性的改良。因此，在农业改良方面，南部比英格兰的北部和苏格兰低地要落后得多。真相是，地主对土地所作的范围很广的改良很难符合长子继承权的法律或习俗。当土地全部归于继承人时，这位继承人通常得不到其他资财，这些资财要用来抚养长子以下的孩子，土地本身也会因此而担负重担。因为没有资金，继承人也就无法改良土地。因此，地主除靠借钱即增加土地抵押债务（在他们继承土地的时候，这种土地大多已负有抵押债务）来改良土地以外，没有资力可以进行耗资巨大的土地改良。但是，负有巨额抵押债务的地主的地位是很不稳固的。对于表面上的财产大大超过实际资力的人，节约是很不容易的；而对于除其财产所产生的纯收入以外，几乎别无所有的人，即

使仅仅使其纯收入有所减少的地租和价格的各种变动都是很可怕的;所以,地主很少为了将来的利益而作出眼前的牺牲,就不足为奇了。假如地主真想改良土地,则那些认真学习过科学务农原理的地主,单靠自己的力量也能做到这一点,但大地主却很少会认真地进行学习。照说他们至少可劝诱租地农场主来做他们自己不肯做或不能做的事。但是,即使在订立租约的时候,英国的大地主也以根据古旧而已废弃的农业习惯订立的契约来束缚租地人(这种做法已引起人们普遍抱怨);大多数大地主根本不同意订立租约,只准租地农场主租种一熟,使得这些土地较之我们未开化的祖先时代更不适于改良。在那个祖先时代,

一望无际的无主土地
到处都是野生果实和谷物
请不要耕种超过一年

英格兰的地产制度从经济合理性来说是很不符合条件的。但是如果说在英格兰这种条件没有完全实现,那么,在爱尔兰可以说它完全被忽视了。除去个别例外(有些人是非常令人尊敬的),爱尔兰的地主们对其土地所做的,只是搜刮土地生产物。在关于"特别负担"的讨论中有人曾经挖苦地说过,"土地上最大的负担"就是地主,这句话用在爱尔兰地主身上是一点也没有错。地主们消费掉土地的全部产品,没有作过任何回报,只给居民留下一点仅能使他们不致饿死的马铃薯;当地主们想对土地有所改良时,第一步通常是把老百姓赶走,连这样一点微薄的收入都不留给他们,而任凭他们去行乞甚至饿死[①]。如果土地所有权建立在这样的基础上,

① 我必须恳求读者记住本段是在18年以前(1848年)写的。在我们的年代里道

就再也没有什么可以为它辩解的了。现在是这种情况应当有所改变的时候了。

当谈到"所有权的神圣性"时，应该经常记住，土地所有权并非在同样程度上具有这种神圣性。任何人都未曾创造土地。土地是全人类世代相传的。对土地的占用完全出于人类的一般利益。如果土地私有不再有利，它就是不正当的。把任何人排除于别人产品的分配之外并非冷酷无情。农民没有义务为地主生产其所使用的物品。而地主除不能分到本不应属于他的东西以外，什么也没有损失。但是，如果在有人出生时，大自然的全部赠品都已被别人先行占有，再也没有什么留给新来者，则对这个人来说，这是很冷酷的。所以，在人们一旦认识到他们应该有做人的道义权利之后，为使大家在这件事上取得一致，就必须使他们相信，土地的私有会给全人类(包括他们自己)带来幸福。但是，如果地主和农民的关系到处都同爱尔兰一样，没有一个心智健全的人会被说服。

即令是最坚持土地私有制的人，也会认为它不同于其他私有权。在社会的大多数人不能参加土地的分配，土地成了极少数人的藜脔的情况下，人们通常都试图通过如下的解释，即土地私有与一些义务相关联，具有法律或道义上的职责，以使土地私有与他们的公正观念相一致(至少在理论上)。但若国家有权像对待公职人员那样对待土地所有者，它只要把他们解雇就是了。地主对土地的权利要求完全取决于国家的一般政策。私有财产原则给予他们的，不过是在国家的政策可能使他们丧失若干利益时有取得补偿

德和经济都发生了十分惊人的变化，如果不是不断地修改这本著作，很难跟上这种变化。

的权利。这种权利是不能废除的。如果要征发地主或国家所承认的其他财产所有者的财产，则国家必须一次支付这种财产的代价，或者每年支付相当于这种财产所能提供的收入。从私有财产的一般原则来说，这是当然的。如果土地是地主本人或其祖先以劳动产品或节欲所得买下的，则地主自应因此而得到补偿；即令不是这样，他们按照惯例仍有要求给予补偿的权利。即令为实现某一目标所必需，也不能以牺牲社会一部分人的利益来使社会全体得益。如果某项财产是他们特别喜爱的，补偿应高于地价。在这种附带条件约束下，国家有权根据社会普遍利益的要求来处理土地所有权。建筑铁路或新公路的法案通过时所局部实行的（译者按：指征发土地），如有必要，也可推及全国。在土地的恰当耕作和决定土地占有的附带条件上，如果被称为地主的这种人已表明他们不能胜任，则社会将这些事情交给他们随意处理，是十分危险的。立法机关如果认为合适，可以使全体地主转变为公债持有人或领年金者，可以强行以爱尔兰地主的平均收入作为固定地租，而将承租人提升为业主。如果地主愿意接受这种条件，可以按土地的全价偿付他们。

后面还会讨论各种土地所有权和租佃的方式以及每种方式的优缺点。在本章中我们只谈权利本身，为其辩护的理由和（作为这些的推论）这种权利应受到的限制条件。照我看来，对土地所有权应作精确的解释，在存在疑问的一切情况下，天平不应倾向所有者，这几乎是不言而喻的公理。对动产和劳动生产物的各种所有权来说，则情况与此相反。所有者对这类财产的使用权和独占权，如果对别人没有实际损害，都应当是绝对的；至于土地，则除非独占权显然可以带来实际利益,不能给予任何人。让一部分人对共同继承的东西有独占权,另一些人则无份,已经是一种特权。一个人靠自己的劳动获得的动产不论多少,都不妨碍别人用同样的办法来获得类似的东西;土地则不然,任何人拥有土地,就能使别人不再能享用它。特权或独占权只在作为一种不可避免的邪恶时才可以认为是有理的;当它发展到不再能得到补偿的好处那种程度时就会变成不公平的行为。

例如,为了耕作而规定的土地独占权并不包含有禁止进入土地的意义。除非出于保护产品不受损坏和所有者的独处不受干扰的需要,不应承认禁止进入土地的独占权。英国有两位公爵自作主张把一部分苏格兰高地封闭起来,禁止他人进入好几平方英里的山区,以防止扰乱野兽的安宁生活,是一种权利的滥用;这已超越土地所有权的正当界限。如果地主不打算将其土地用于耕作,一般说来,他根本没有理由把它当作私产。如果某人说这块土地是他的财产,他应该知道,自己占有它是出于社会的宽容,而且,因为这样做不可能给社会带来任何好处,至少他的占有不得剥夺人们在土地未被占有以前他们可以取得的权利,这是他占有这块土地的条件。即令是耕地,虽然法律允许一个人(他只是几百万人中间的一个)占有几千英亩,他也没有资格认为这些土地都可以由他使用或滥用,而不许别人介入。他可以随意处置他能从这些土地取得的地租或利润,但是,对于这些土地,他所做的或不做的每一件事都在道义上受到约束,在可能的范围内,法律还要迫使他的利益和意向符合公益的要求。一般地说,人类仍然保有对他所居住的星球上的土地的原有权利,他们放弃的部分权利不得用于干与他们保有的权利相抵触的事情。

第七节　所有权的滥用

除去对劳动产品的所有权和对土地的所有权以外，还有一些可以作为或者曾经是所有权的对象，却都没有被认为是所有权。不过，它们在文明世界几已绝迹，所以无须在这里阐述。首先，就是人身所有权。几乎用不着说，这种制度在任何社会特别是在自称建立在正义和人类协作基础上的社会中，不应当存在。但是，既然国家在法律上加以认可，而且多少世代以来在这种认可下人类一直被当作物品买卖，当作财产继承，则在废除这种所有权时如果不给予充分的补偿，也是不适当的。1833 年实行的一项正义措施制止了这种不适当的做法。这是一个国家集体所曾做过的一件最正直的、实际上也最有益的事。其他不应视为所有权的实例有公职所有权，例如法国旧制度下的法官职务，以及在没有完全摆脱封建制度的一些国家内同土地一起继承的司法权。英国的恰当例子有，将校任命权和牧师推荐权。有时将向公众收税权也看成所有权，还有独占权或其他专有的特权。这种所有权的滥用在半开化的国家中固属常见，但在最文明的国家内也不乏这方面的例子。在法国有几个重要的行业和职业，包括公证人、诉讼代理人、经纪人、估价人、出版商和（最近以前）面包师傅及屠户，这些人的数目是受法律限制的。因此，这种人的特权在市场上具有很高的价格。情况既已如此，如果在废除这种特权的时候不予补偿，也许有失公道。还有一些更为含混的事例。问题转到，在这些特殊情况下,形成这种特权的时效是否充分;以及对于人们滥用特权所给予的法律承认是否足以使其制度化,或只是偶然的许可。税率显然是年年变动的,因而要求对这种变动所造成的损失给予补偿,是不合理的;要求对都铎王朝的暴君所授予的独占权给予补偿也是不合理的,因为这种特权本来就是随时可以收回的。

关于私有财产制度的说明到此为止。从政治经济学的目的来说,这个问题是必须讨论的,这种讨论如果只限于经济范围,是无益的。我们现在要研究一下,这一制度在社会不同成员间造成的各种关系之下,土地和劳动产品的分配受什么原则影响及其结果如何。

第三章　论获得产品分配的各阶级

第一节　有时产品由三个阶级分享

私有制既已认定为一事实，下一步我们就要列举它所造成的各个阶级；这些阶级的协力，或至少取得它们的同意，对生产是必要的。因此它们能按规定取得一份产品。我们要研究在有关生产者的利害关系的自发作用下，产品是根据什么法则在这些阶级之间分配的；然后进一步探讨法律、制度和政府的措施在取代或更改这些自发分配方面起着或可能起什么作用。

前已多次说过，劳动、资本和土地是生产的三要素。这里所说的资本是指过去劳动积累的成果的工具和器械，而土地是指大自然供给的原料和手段，它们或包含于地球内部，或构成其表面。因为这些生产要素可以被分别占用，所以我们认为，产业社会可以分为地主、资本家和生产性劳动者。这些阶级各自得到一份产品。如果不由它们让与产品，其他人或其他阶级就什么也得不到。事实上，社会上其余的人是向这些阶级提供或许具有相等价值的非生产性服务，而以它们的花费维持生活。因此，在政治经济学上可以认为，整个社会是由这三个阶级组成的。

第二节 有时产品全部归于一个阶级

虽然有时这三个阶级分别存在,并在它们之间分配产品,但不一定或并不总是如此。事实常常不是这样;只在一两个社会中,这些阶级的完全分离是作为一般规则存在的。世界上几乎只有英格兰、苏格兰以及比利时和荷兰的部分地区,其农业所用的土地、资本和劳动一般属于不同的所有者。通常的情况是,同一个人拥有两种要素或所有这三种要素。

同一个人拥有所有三种要素的事例,就劳动阶级的独立和尊严而言,包含现社会的两种极端情况。其一为,劳动者本人是生产要素的所有者。这种情况在美利坚合众国北部各州,在法国、瑞士、三个斯堪的纳维亚王国和德国部分地区,都是最常见的①;在意大利部分地区和比利时也屡见不鲜。毫无疑问,在这些国家中也有大地产。而且更多的地产,虽然土地面积不很大,但地主们也需要雇用短工或长工。然而,很多地产太小了,因而除农民一家以外再

① 根据挪威的统计(济贫法调查委员会委员说,他们可以通过驻外大使和领事得到几乎每个欧美国家的资料),"在1825年的人口调查中,在1051318人口中,有59464个地产完全保有者。这么多的地产完全保有者意味着有59464个户主或约300000人拥有土地;这些地产保有者占总人口的四分之一强。麦克格里戈先生说,在丹麦(也许包括谢兰岛和附属岛屿)总人口926110人中地主和租地农场主有415110人,接近于一半人口。在斯勒斯威克—霍尔斯坦,总人口604685中有196017人,或约三分之一。在瑞典土地所有者和租地农场主在总人口中所占的比例不清楚,但斯德哥尔摩的统计估计附属于每一两人住所的土地平均面积为1到5英亩。哥腾堡的统计提供的估计数较低,但它又说农民拥有很多土地,在符腾堡,听说三分之二以上的劳动人口自有住宅,而且几乎所有的人拥有四分之三英亩(至少)到1英亩半的园圃。"在某些报表上,地产主和租地农场主是分开的,但"所有的统计都说散工的数目很小"(国外通讯序言,第xxxviii页),工人人口的多数是雇佣工人,这种情况几乎是大不列颠所特有的。

也不需要别的劳动力，甚至农民一家的劳动也已太多。所使用的资本并非总是自耕农的，很多这种小产业是抵押出去以取得耕种资金的。但是投资的风险是农民承担的。虽然他为此支付利息，但不因此而受任何人的干涉，除非在付不出利息时土地的所有权可能被剥夺。

土地、劳动和资本属于同一个人的另一种情况是奴隶国家的事例。在这种情况下，劳动者本人也属于地主所有。奴隶解放前的英国西印度殖民地和尚未采取类似的正义行动的各国产糖殖民地利用工农业劳动（糖和朗姆酒的生产是两种劳动的联合）的大企业，就是这方面的例子。在这些企业中，土地、工厂（如果可以这样称呼的话）、机器和沦落的劳动者都是资本家的财产。在这种情况下，同与其极端对立的自耕农的情况一样，产品不进行分割。

第三节 有时产品分属于两个阶级

当三个要素并非均由一个人拥有时，常常会发生两个要素属于同一个人的情况。有时同一个人拥有资本和土地，但不拥有劳动。地主直接和劳动者订立契约，并供应耕种所需的全部或部分资金。这种制度在大陆欧洲劳动者既非农奴、也非地主的那些地区是常见的。它在大革命以前的法国是非常普遍的；现今在这个国家的某些地区，当土地不是耕种者的财产时，仍在采用。在意大利的平原地带，除去诸如托斯卡纳的玛丽麻和罗马平原这些以畜牧为主的地方以外，通常也盛行这种制度。在这种制度下，产品是在两个阶级——地主和劳动者之间分配。

在另一些情况下，劳动者并不拥有土地，但拥有所使用的少量资金，按习俗地主并不供应资金。这种制度通常流行于爱尔兰。在印度几乎普遍实行，在大多数东方国家也是如此；不论是由政府保持土地所有权(通常是这样)，还是允许个人绝对地或者在一定的意义上拥有部分土地。然而，印度的情况比爱尔兰要好得多，在印度，如果农民因缺乏资金而无法耕作，地主照例要给他们垫款。对于这些垫款，土著的地主通常要求支付很高的利息；但是主要的土地所有者——政府却发放无息贷款，而在收获以后将预付款连同地租一起收回。在这里，同上述情况一样，产品也是在两个阶级——地主和劳动者之间分配。

这些是农业劳动产品分配对象的主要类别。在工业中，产品的分配决不会超出工人和资本家两个阶级。在一切国家中，最初的手工业工人不是奴隶，就是家族中的妇女。在古代的制造业中，不论其规模大小，劳动者通常属于资本家所有。总的说来，如果有什么体力劳动可以认为适合于自由民的身份，那只有农业劳动。与此相反的制度，即资本属于工人所有的制度，是和自由劳动同时出现的，在这种制度下，制造业实现了第一次伟大进步。工人拥有其所使用的织机或少量工具，自负盈亏地工作；或至少是最后如此，虽然在他成为师傅以前，他通常要先当学徒，再当满师职工，为别人干若干年。但是，永久当满师职工，即一生的地位不出于雇佣劳动者，这在中世纪的行会中是找不到的。在农村中，木匠或铁匠虽能靠他们营业的收入过活，但不能养活雇佣劳动者，即令现在还得靠自己干；与此相似，有些店主也自兼店员。但是，在任何地方，只要市场的规模足够大，在资本家或劳动的雇用者和工人阶级之间会有极大的差别。通常资本家除了指挥和监督的劳动以外不从事别的劳动。

第四章　论竞争和习惯

第一节　竞争并非产品分配的惟一调节者

在私有制的支配下，产品的分配是两个决定性力量——竞争和习惯所造成的结果。弄清这些原因所具影响力的大小，以及两者的作用相互更改的方式，是很重要的。

政治经济学家一般都惯以为常地特别重视第一种力量，即夸大竞争的作用，而忽视另一种力量和相互矛盾原则。英国政治经济学家更是如此。他们容易在一切情况下把竞争想做到的事当成实际做到的事。如果我们考虑到，只有通过竞争原则政治经济学才配得上称为科学，则重视竞争在一定程度上是可以理解的。只要地租、利润、工资、价格是由竞争决定的，就可以确定各种有关的法则。假定竞争是它们的惟一调节者，就可以制定调控它们的具有普遍意义和科学精确性的各种原理。政治经济学家认为这就是他的专门职责，这是正确的；政治经济学作为一种抽象或建立在假想之上的科学，人们不能要求它再起什么别的作用，事实上它也起不了别的作用。但是，如果认为竞争实际上具有这种无限制的支配力，这是对人类事务实际进程的一种很大的误解。这里我不是就天然的独占或人为的独占而言，也不是就当局对生产自由或交换自由的干涉而言。对这类扰乱原因，政治经济学家们一直是有所考虑的。我说的是对竞争无所限制的情况（在事情的本质上不存在障碍,也不存在人为的障碍);然而其结果仍不取决于竞争,而取决于习惯或习俗;竞争或者根本没有出现,或者以一种与通常自然会采取的方式完全不同的方式起作用。

第二节 习惯对地租和土地租佃的影响

事实上,只是在较近时期内,竞争才在相当大的程度上成为契约的指导原则。我们看到,离开我们的时代愈远,一切交易和债务受固定习俗的影响愈大。理由是明显的,习俗是弱者防御强者侵害的最有力的武器;在保护弱者的法律或政府都不存在的地方,习俗是弱者的惟一保护者。习俗是一道屏障,即令是在压迫人类最甚的专制政府,对它也不得不有所顾忌。在一个兵荒马乱的社会里,对勤劳的人们来说,竞争自由是句空话。他们决不会由此处于对他们有利的条件下。这里总是有一个用武力强求勒索的主人,并由他将各项条件强加于人们。但虽然法律是最强者决定的,无限制地滥用法律也不符合最强者的利益,通常他也不会这样做。法律的每一次放宽都会变成一项惯例,每一项惯例都会变成一项权益。这样权利就出现了。在原始社会中,并非任何形式的竞争决定着生产者所享用产品的份额。在最近的社会以外的一切社会形态中,地主和农民之间的关系,以及农民对地主的各种支付,是按当地的习俗决定的。直到最近,未曾发现土地的占用条件(作为普遍规则)可由竞争决定的事例。如果目前的占用者履行通常的条件,普遍认为他有权保有他租入的土地;这样,他就在某种意义上成为土地的共有者。即令占用者并未取得确定的土地占有权,占用条件也常常是固定不变的。

例如，在印度及其他具有类似社会组织的亚洲社会，有所谓ryots（译者按：一般指印度农民）或 peasant-farmers（个体农民），他们并非地主可以解约的佃农，也不是凭租约租种的佃农。在大多数村庄中确实有一些农民是处于这种不稳定的地位，他们是由在人们所知道的较近时期定居该处的人或他们的子孙组成的。但是，被看成原居民的后代或继承人的一切人，甚至只是古时佃农的子孙或继承人的许多人，只要支付例租，也被认为有权保有他们的土地。这种例租是多少或应该是多少，多半已无法弄清；侵占、专制和异族征服已在很大程度上抹掉它们的痕迹。但是，如果对古老而纯正的印度公国受到英国政府统治或由其官员治理时税收制度的细目加以研究，通常会发现，虽然大土地所有者——国家的需求实际上已由于横征暴敛而无限度地增加，但每次增加诛求总得有独特的名称和单独的借口；因此，有时在定额地租以外还有三四十个不同的项目。如果地主拥有公认的增加地租的权利，这种迂回的增加支付的方式就肯定不会采用。这种办法的采用证明，一种有效的限制，真正的例租，确曾存在；而且，只要农民（ryot）能按惯例交租，在某一个时候他对土地的权利会高于名义上的。[①] 统治印度的英国政府经常把各种各样的赋税合而为一来简化租种条件，这就使地租在名义上和实际上都可以任意决定，或至少是可按特定的协议处理。但它对农民对于土地的权益是十分尊重

① 印度人的古代法典有时将产品的六分之一称为恰当的地租，有时又将产品的四分之一称为恰当的地租；但没有证据表明这些法典中的规则确曾在某一历史时期实行。

的，虽然在现代的改革（即令目前这种改革也只有部分实现）以前，它给农民留下的粮食很少超过维持生活所必需的数量。

在近代欧洲，耕作者已逐渐脱离奴隶状态。征服西欧帝国的野蛮人发现，治理他们所征服的土地的最简单的办法是让过去的地主继续保持他们的土地，并允许奴隶在向主人交纳粮食和服役的条件下保有一定程度的行动自主，以节省监督大量奴隶这种乏味的劳动。常见的办法是划给农奴一些专用的土地（其数量仅足维持农奴的生计），并在需要时迫使农民在其主人的其他土地上劳动。这些不明确的义务逐渐变成一种明确的义务，就是供应固定数量的粮食或提供固定数量的劳动。最后，这些主人宁愿用他们的收入去购买奢侈品而不用以供养仆役，实物地租就转变为货币地租。每次让与起初都是自愿的，可随意取消的，后来逐步具有惯例的效力，最后被法庭承认并强迫执行。这样，农奴逐步地上升为自由佃户，他们永恒地按一定的条件拥有土地。这种条件有时是很苛酷的，因而人民的生活极其悲惨。但是，他们的义务是由当地的习俗或法律决定的，不是由竞争决定的。

在农民从未受过（严格意义的）人身束缚或在他们不再受人身束缚的地方，一个贫穷落后的社会的迫切需要导致了另一种制度的产生。这种制度在欧洲的某些地区，即令是高度发达的地区，直到今天都还是十分有利的。我指的是分益佃农制度。在这种制度下，土地被分割为小农场，分属于许多农家，地主通常供应为该国农业制度所必需的资金，并按一定的比例收取部分产品以替代地租和利息。这一部分通常以实物支付，一般为对半分（诸如 *métayer*、*mezzaiuolo* 和 *medietarius* 等词中就包含这样的意思）。然而，有些地方，如那不勒斯省肥沃的火山土地，地主取走三分之二，而农民靠优良的农艺还可以对付着活下去。但不论比例是三分之二还是一半，都是固定的，不因农场或佃农的不同而有所变动。国家的惯例成为普遍的规则。没有人想提高或降低地租，或在不同于惯例的条件下租种土地。作为地租调节者的竞争并不存在。

第三节　习惯对价格的影响

当没有垄断时，价格比地租更早地受到竞争的影响，并比地租更为普遍地受到竞争的制约；但即令在目前的商业竞争活动中，这种影响也决不像人们有时想像的那样绝对。在政治经济学领域中我们最常听到的说法是，在同一个市场上不可能有两种价格。毫无疑问，这是竞争在无所阻碍的情况下必然产生的结果；然而每个人都知道，在同一市场上几乎经常存在两种价格。不仅在每个大市镇、几乎每个行业中有价格便宜的店铺和价格昂贵的店铺，而且同一家店铺也常常按不同的价格把同样的商品卖给不同的顾客。作为一种普遍规则，每个零售商都按其所料想的顾客等级采用不同的价格。在大宗贸易中，批发业确实是处于竞争的支配之下。在那里，买主和卖主都是商人或厂主。他们的买卖既不受懒惰或世俗的赶时髦的影响，也不取决于个人便利这类细微的动机，而纯属商业交易。因此，在批发市场上，一般地说，确实同一物品在同一时候不会有两种价格。各时候、各地只有一个市场价格，这种价格可以在时价表上找到。但零售价格，即由真正的消费者支付的价格，它所受到的竞争的影响看来极为缓慢和不完全；当存在竞争时，这种价格常常不是降低，而只是使较多的商人分享高价的利益。因此，消费者所付出的价款中相当大的部分变成零售商的赢利；而生产消费者所购买的各种物品的人所得的部分很少，任何人倘若调查一下实际情况，往往会大为惊讶。如果一座大城市的市场能够充分地诱引大资本家从事零售交易，人们通常会发现，较好的主意是靠廉价销售夺得巨额买卖，而不只是同别人划分营业地盘。在大城市的主要零售行业中，这种竞争的影响日益明显；而运输的迅速和运费的低廉使消费者较少地依赖于临近的商人，因而使全国愈益化为一个大城市；但迄今为止，只在一些大的商业区零售贸易才主要或在很大程度上取决于竞争。在别的地方竞争只是非经常地作为一种扰乱的力量发生作用（如果它有作用的话）；惯常起调节作用的是习惯，它不时根据买主和卖主对公平或公正的看法进行修正。

在很多行业中，交易的条件是在行业内部商定的。如有人背离了固定的习惯，行会就会采取手段使他处于麻烦的境地。众所周知，直到最近图书业还是这样的，尽管在这个行业中相互抗衡的情绪很激烈，但竞争并未自然地在打破行会规则上发生作用。所有职业的报酬都由习惯调节。医生和律师的收费几乎也是不变的。这肯定不是由于在这些职业中竞争不激烈；因为这种竞争的作用只是减少每个竞争者受聘的机会，而不会使酬金减少。

因为习惯具有对抗竞争的重大作用，即令在竞争精神由于竞争者众多和求利之心普遍而至为强烈的地方也是如此，我们可以肯定地说，更多的情况是人们满足于较少的赢利，而比较重视（对金钱利益而言）生活的舒适或欢乐。我相信在欧洲大陆常常可以看到某些地方的若干或一切价格和费用比离那里不太远的地方高得多，其原因往往只在于顾客已习惯于并默认这种高价。一位资本雄厚、有事业心的竞争者可以压低收费，并靠此发财；但那里没有这种有事业心的竞争者，拥有资本的人宁肯一成不变地运用他们的资本，或者以比较安稳的方式使用（虽然少赚些钱）。

以上所述，凡是与本书后面各章的结论有关的，不论我是否已明确指出，都应当看作是对于这种结论的一般校正。总的说来，我们的推论必须从我们所知道的下述一点出发，即，如果竞争没有受到某种实在障碍的限制，则竞争的自然后果实际上是由其产生的。在不存在妨碍竞争的事物而仍无竞争的地方，或者在存在竞争但其自然后果由于其他事物的作用而消失的地方，这种结论或多或少会不适用。为了在以政治经济学的结论应用于实际生活时避免犯错误，我们不但要考虑竞争达到最大限度时会发生什么，还要考虑竞争如果没有达到最大限度其后果会受到多大影响。

在有关经济的各种情况中，也有竞争并未发生作用，交易是由蛮力或固定的习惯决定的，这种情况首先要讨论和认识。这将是后面四章的主题。

第五章　论奴隶制

第一节　从奴隶状况来看奴隶制

在我曾经谈到的在私有财产制度的影响下采取的各种社会形态中，有两种社会形态尽管在其他方面很不相同，但有一点是非常相似的，这就是土地、劳动和资本都由同一人所有。二者之一为奴隶制社会，另一为自耕农制社会。前者是地主兼有劳动，后者是劳动者兼有土地。我们先讲前者。

在奴隶制度下，所有的产品都归地主所有。他所有的劳动者吃的粮食和其他生活必需品，都是他的支出的一部分。劳动者除持有地主认为应当给予他们的东西以外，别无所有，而且这些东西地主也随时可以收回来；他要他们怎样干他们就得怎样干，或者说，地主有可能强迫他们干多少他们就得干多少。使他们的悲惨命运有所限制的，只是地主的仁慈或金钱利益的考虑。第一点我们现且不说。关于第二点，在如此可憎的社会制度下奴隶主如何行事，取决于输入新的奴隶是否容易。如果身强力壮的成年奴隶能如数廉价输入，则奴隶主出于自身利益的考虑，会役使奴隶到死，并输入新的奴隶来补充，而不采取让奴隶们生儿育女这种替换较慢、花钱较多的办法。一般地说，奴隶主早就知道这种办法。众所周知，当奴隶贸易为法律所许可时，它在英国的蓄奴殖民地就曾实行。据说在古巴现在仍然如此。

在古代，当奴隶市场只能靠战俘或从散居在为人所知的偏僻地区的部落诱拐人口来提供所需奴隶时，通常让奴隶生儿育女以维持奴隶数目较为有利(这就必须给予他们较好的待遇)。由于这一原因，加上其他一些原因，古代社会奴隶的境况或许还不像近代各国殖民地的奴隶那样恶劣，尽管有时也极坏。古代斯巴达农奴通常被列为最骇人听闻的奴隶制的典型，但是如下事实表明这不太正确，他们是正式武装起来的(虽然没有穿上古代希腊甲兵的甲胄)，并且是国家军事力量的组成部分。毫无疑问，他们属于卑贱而凋敝的等级，但是他们的农奴地位在农奴制中似乎是最轻松的一种。在罗马贵族大肆掠夺新征服的世界的时代，罗马的奴隶制显得更为残酷。罗马人是残忍的民族。无能的贵族将无数奴隶的生命视同儿戏，供他们任意取乐，如同挥霍其他不义之财一样。然而，当还存在一线希望时，奴隶制尚未陷入绝境。奴隶的解放是容易并常见的。解放的奴隶一下子就取得公民的全部权益。事实上，他们常常可以得到财富，甚至以后还可以获得荣誉。由于在历代罗马皇帝的统治下法规逐渐宽大，奴隶终于得到法律的很多保护，他们开始拥有财产，奴隶制度的弊害大为减轻。但是，在奴隶制转变为较温和的农奴制以前，奴隶的处境很难使人口或生产迅速增长，直到奴隶制转变为农奴制，奴隶们才不仅取得财产权和法律上的各种权利，而且他们的义务也多少受到习惯的限制，他们可以部分地为自己的利益而劳动。

第二节　从生产状况来看奴隶制

只要奴隶国家的居民与他们的可耕地相比为数很少，奴隶在尚可忍受的管理下进行劳动，就能生产出比他们本身需要多得多的东西；特别是，因为对他们的劳动实行了必不可少的大量监督，防止了人口的分散，保证了共同劳动的某些利益，因而，在良好的土壤和气候条件下，拥有许多奴隶的人合理地考虑自身利益，就可致富。然而，这种社会状态对生产的影响是人所共知的。不言而喻，因为怕受惩罚而不得不进行的劳动效率是很低的、不生产的。确实，在某些情况下，可以用鞭子驱使人们去干甚至完成某些工作，这些工作是无论雇主愿意支付多高的报酬，人们都不会干的。一些需要大量劳动协同进行的生产活动，例如糖的生产，如果美洲各殖民地不存在可以集中大量劳动的奴隶制，就不可能那样快地推行。也有一些野蛮部落是很不乐意从事经常性劳动的，如果他们不被征服而成为奴隶，或征服别人而使别人成为奴隶，他们就决不会从事产业活动。但是，即使充分了解这些事实的意义，仍然可以肯定，奴隶制是同高度的技术发展水平和劳动效率不相容的。凡是实行奴隶制的国家，其需要复杂技艺的产品，通常都是由国外输入的。奴隶制带来的绝望心情压抑了聪明才智。虽然在古代世界和东方各国常常鼓励奴隶发挥聪明才智，但在比较先进的社会，奴隶的聪明才智却是严重威胁主人的因素，使主人极其畏惧，因而过去在美国的某些州内教奴隶读书是要受严厉处罚的。所有靠奴隶劳动经营的生产都是以极为原始和落后的方式进行的。即令就奴隶的体力而言，平均地说它也没有用到一半。对于蓄奴各州产业体制的低效和浪费，奥姆斯特德先生已在其重要著作中作了富有教益的说明。奴隶制的最温和形态当然是农奴制。农奴附着于土地，靠分得的土地养活自己，并每周为他的主人工作几天。只有一种意见认为农奴劳动效率极低。下面一段是从琼斯教授[①]“关于财富分配”(更确切地说，关于地租)的论著中摘引的，这本书收集了有关各国土地使用权的很多宝贵的事实。

“俄国人，或毋宁说曾经观察俄国习俗的德国著述家们就这一点提出过一些强有力的论据。他们说，两个密德尔塞克斯郡的农民一天割的草相当于6个俄罗斯农奴所割的；尽管粮食价格英国昂贵而俄国便宜，但收割一定分量干草的费用，一个英国农民只需半个戈比，而一个俄国地主则需3戈比或4戈比[②]。普鲁士参赞雅各布曾证明，虽然在俄国每样东西都很便宜，但一个农奴的劳动却比英国劳动者的劳动要贵一倍。施马茨根据他的了解和观察，对于普鲁士农奴劳动的不生产性作了一个令人惊奇的描述[③]。他明确地指出，在奥地利，一个农奴的劳动只等于自由雇佣劳动者的三分之一。在一本精心编写的农业著作中(我曾受益于从中摘引的某些资料)，为实用目的所作的这一计算，曾被用来决定耕作某一给定规模的庄园所需劳动者的数目。劳动地租对农业人口的勤劳所产生的不良影响确实是显而易见的，所以，在一般改革方案不易推行的奥地利，各种各样的劳动地租抵代方案和计划受人欢

① 理查德·琼斯：《论财富的分配和赋税的来源》，第50页。
② 施马茨：《政治经济学》第1卷，法译本，第60页。
③ 同上书，第2卷，第107页。

迎的程度，不低于北德各个不平静的省份。”①

劳动本身的性质所具有的缺陷，即使有优良的指挥和监督也不能弥补。琼斯先生接着说，土地所有者“以他们自己土地的耕作者的身份，必定会成为农业人口勤劳的惟一指导者和指挥者。”因为当劳动者属于地主所有时，资本主义农业家这样一个中间阶级不可能存在。任何地方的大地主都属于怠惰阶级，或者说，如果他们想干点什么，他们所热中的只是优越者总是能为自己保留最大、最好部分的工作。正如琼斯先生所说：“贵族地主阶级为了以特权和高位保护自己，或者由于地位优越和习惯的关系，也担任军事的、政治的职务，希望他们全都成为倾注心力的耕作者，是不现实的、荒谬的。”即令在英国，如果每块土地的耕作都依靠它的所有者，则其结果如何，任何人都能看出。广泛利用科学、努力工作的事例时或有之，有一些也获得若干成就，但是农业的一般情况总是不佳。

第三节　从奴隶所有者的利害关系来看奴隶解放

奴隶所有者是否本身会因奴隶解放而受到损失，这一问题与自由劳动和奴隶劳动中何者对社会比较有效是不同的。人们曾将它作为一个抽象的命题进行很多讨论，似乎认为有可能由此得到

① 匈牙利革命政府在它短暂的存在期间，给予了这个国家一项最大的福利（即使取代革命政府的专制政府也不敢将其取消），它使农民解除了农奴制的残余束缚，劳役地租；对地主的赔偿由国家支付，而不是由解放的小农支付。

某种一般性的解答。奴隶制或自由劳动中何者对雇主更为有利，取决于自由劳动者工资的多寡。而这种工资又取决于劳动人口与资本和土地的比例。雇佣劳动的效率通常要比奴隶劳动高得多，因而雇主即使付出比他以前用于供养奴隶的费用高得多的工资，仍然可以从这一变革中获得利益，不过，他不能无限制地这样做。欧洲农奴制的衰落以及西方国家农奴制的消灭，毫无疑问会因人口的增长能给主人带来金钱利益而得到加速。人口增长加强了其对土地的压力，这时，如果在农业上没有任何进步，则供养农奴的费用必然增加，农奴的劳动价值也随之降低。假使其工资水平一如爱尔兰或英格兰（在英格兰，考虑到工资同劳动效率的比例，其劳动同爱尔兰的劳动一样便宜），恐怕没有人会认为奴隶制是有利的。如果爱尔兰的农民是奴隶，他们的主人会愿意像地主们现在所做的那样，仅仅为了摆脱他们而支付大笔款项。很少人会怀疑，在土地肥沃、人口稀少的西印度群岛，自由劳动和奴隶劳动二者的利益相比，天平的一端将大大地倾向于奴隶制，为了废除奴隶制而给予奴隶所有者的赔偿不会高于、也许甚至少于他们的损失。

对奴隶制的起因已经作过充分的评述，这里无需多讲。奴隶制的缺点也不再是一个需要争论的问题，虽然大不列颠大部分有权势的阶级对美洲的斗争所流露的心情，显示出当前这一代英国人对这个问题的看法如何严重地落后于上一代人的积极行动。西印度黑奴解放者的子孙热切期望和鼓励建立一个强大的军事国家，这个国家按照它所信奉的原则并为强烈的利害关系所驱使，发誓要以武力将奴隶制推广到它的势力能渗透到的全球每一个地区。这表明英国中上层阶级的领导集团的精神状态极为可悲，它将在英国历史上留下一个不可磨灭的污点。幸运的是，他们对于这一罪恶事业（他们不以盼望它成功为可耻）除了给予语言上的支持以外很快停止了实际援助。只是由于美国自由各州的儿女流了宝贵的鲜血，而其精神和道德的价值由于无可估量地提高，奴隶制的灾祸才在伟大的美利坚合众国绝了迹。它只在巴西和古巴找到最后的暂时庇护所。除了西班牙以外，再也没有别的欧洲国家参与这一罪恶行为。甚至农奴制目前在欧洲也不再合法了。丹麦以其为欧洲大陆国家中最先仿效英国解放其殖民地奴隶的国家而获得荣誉。英雄而遭到诽谤的法国临时政府的最早行动之一就是废除奴隶制。荷兰政府也不甘心长期落后，现在它的殖民地和附属国，我相信已经没有真实的奴隶制；虽然为政府当局进行的强迫劳动仍然是爪哇公认的一项制度。我们可以希望，它很快会为完全的个人自由所取代。

第六章　论自耕农

第一节　英国和欧洲大陆对自耕农制度的不同看法

在自耕农制度下，同在奴隶制度下一样，全部产品属于单一的所有者，不存在地租、利润和工资的区分。在所有其他方面，这两种社会状态则是完全对立的。在奴隶制度下，劳动阶级受到最大的压迫和贬黜。在自耕农制度下，劳动阶级则能最为自由地支配自己的命运。

然而，小土地所有制的利弊是政治经济学领域内最争论不休的问题之一。在欧洲大陆，虽然有些人对流行的看法持有不同意见，但在大多数人的心目中，人数众多的自耕农的优越性却是不言自明的真理。然而，英国的权威人士们或是不知道大陆农学家的看法，或者对其置之不理，声称这些人毫不了解大地产的优点，大地产的优越性只有在拥有大农场的地方才能感受到；由于大地产的耕作所需要的资本积累规模大于欧洲大陆上通常所有的资本积累规模，因而欧洲大陆上的大地产，除去用作牧场者外，绝大部分都是分成小块出租耕种的。这种说法有某些道理，但并非完全站得住脚；因为如果说欧洲大陆由于经验不足对使用大量资本的大规模耕作了解得很少的话，一般英国著述家实际上对自耕农也所知甚少，对他们的社会地位和生活方式的看法常常是非常错误的。甚至英国的古老传统也是站在欧洲大陆普遍意见一边的。英国的“自由民”在其存在时曾被夸耀为英国的光荣，消失后一直受到沉痛的哀悼，他们都是小自耕农或小租地农民。尽管他们大都已不复存在，可他们所表现出来的那种倔强的自立精神却尤为引人注目。在英国的一些地方，现在仍经常可以见到自耕农，只可惜这样的地方很少。例如在坎伯兰和威斯特摩兰就有一些“自耕农”，虽然他们通常（如果说不是普遍地）要按习惯缴纳某些捐税，但这些捐税是固定的，并不比土地税更多地影响他们的自耕农身份。在那些熟悉农村情况的人当中，只有一个人对这两个郡的这种土地占有制度给予了赞许。华兹华斯笔下的农民，其原型肯定就是英格兰这两个郡的农民。①

然而，由于英国通常的耕作制度使英国人无从了解自耕农制度的性质和运转情况，由于英国人通常对其他国家的农业经济极端无知，所以英国人对自耕农这一概念很陌生，很难理解它。甚至

① 华兹华斯先生在其描绘英国北部湖泊地区风景的一篇短文中，作了如下叙述。在溪谷的上游地带，几百年来有“一个由牧羊人和农夫组成的理想国家，这些牧羊人和农夫多半是其所占据和耕种的土地的主人。每个人的耕耘仅限于养活自己一家人，或偶尔招待一下邻居。两三头奶牛向每家人提供牛奶和干酪。教堂是惟一高耸于这些住宅之上的建筑物，宛若这个纯朴国家的最高首脑。这个国家的成员，住在一个强大帝国的中央，组成了一个理想的社会或一个有组织的公社，四周的大山显露出宪法保护者的威容。这里既没有家世显赫的贵族骑士，也没有地主乡绅，然而这里很多卑贱的山民子孙却意识到，他们所居住和耕种的土地500多年来一直归他们同姓同种的人所有。……这些溪谷中每处庄园所种的小麦刚好足够为每个家庭提供面包。多雨和潮湿的气候促使他们在山地上用石块搭起一间间小屋来作为羊群的庇护所，遇有暴风雨，便在这些小屋中喂养羊群。每户人家均用自家的羊毛纺纱织布做衣服，几乎家家都有织布工，每户人家其他方面的需要也由各家自己织的布来满足，他们靠肩背手提或马驮把布运到市场上去卖，每周都有一个小小的商队下到谷底，或翻山越岭到最近的市镇去。”（《用笔墨描绘英国北部湖泊地区的景观》，第3版，第50—53、63—65页。）

在语言上也有障碍。对土地所有者常用的称呼是“地主”，与此相关联的词被认为是“佃户”。爱尔兰发生饥荒时，国会中和报纸上有人曾建议用自耕农制度改革爱尔兰的农业，当时，一些自命不凡的著述家，全然不了解“自耕农”一词的意义，竟把爱尔兰的投标佃农制度误认为是自耕农制度。由于人们对自耕农制度了解得很少，所以我认为，在讨论其理论以前，先说明一下自耕农制度的真实情况，是至为重要的；我将列举一些证词来较详尽地说明一些国家或地区的耕作状况和耕作者舒适而幸福的生活，在这些国家或地区的大部分土地上，除耕种土地的劳动者以外，既没有地主，也没有农场主。

第二节 关于瑞士自耕农制度的证词

我不想着重论述北美洲的情形。众所周知，在北美洲，只要是在摆脱了罪恶的奴隶制的地方，耕种者就几乎普遍是土地所有者。一个国家若将美洲的天然沃土同现代欧洲的科学技术结合在一起，它就享有得天独厚的有利条件，在那里，只要财产的安全得到保障，政府民主而开明，就几乎没有什么东西能对劳动阶级的繁荣造成大的损害。我也许应像西斯蒙第那样着重讨论古代意大利的情形，特别是拉奇奥区的情形，当时这片平原人口稠密，而后来在相反的制度下，因流行疟疾而变得人烟稀少。但我宁愿引述西斯蒙第根据自己亲眼所见而提供的证词。

西斯蒙第先生说：“要判明自耕农是否幸福，特别应对瑞士进行详细的考察和研究。在瑞士我们可以看到，由成果享受者本人从事的农业能使很多居民生活得很舒适，经济地位的独立带来了人格的真正独立，全体居民优裕的生活使商业繁荣兴旺，尽管这个国家的气候恶劣，土地不很肥沃，晚霜和易变的天气常常使耕作者的希望化为泡影。看到连最穷的农民也拥有非常宽敞、非常坚固、雕满图案的木屋，不能不使人羡慕不已。在房屋内，宽敞的走廊把大家庭的各个房间隔开；每间房内只放一张床，配有帷帐、被褥和洁白的床单；床周围考究地摆放着家具；衣柜里装满了衣服；牛奶房很宽大，通风良好且异常干净；每户人家都储存有大量的谷物、咸肉、干酪和木材；牛棚内养着欧洲最优良和照管得最细心的牲畜；花园里种满了各种花；男男女女都穿得干净而温暖。妇女得意地穿着古代的服饰；所有的人都显得那么健康和强壮。让其他国家去炫耀财富好了，瑞士常以其有这样的农民而自豪。”①

这位杰出的著述家从总体上对自耕农制度发表了这样的看法：

“凡是有自耕农的地方，也就会有舒适、安全、对未来的信心和独立意识，由此而保证有幸福和道德。农民及其子女承担了祖上传下来的那小块土地上的全部活计，不向上面的任何人缴地租，也不向下面的任何人付工资。他依据自身的消费来调节生产，吃自己种的粮食，饮自己酿的酒，穿自己收获的麻毛，不大关心市场的价格，因为他很少买卖，决不会因市场情况的突然变化而破产。他对未来无所恐惧而是充满了希望。他并非为当前的需要，而是为了子孙后代的利益而不停地劳动。哪怕只有几分钟的空闲，也要用来干各种各样的事，如栽树、挖渠，改良周围动植物的品种。他

① 《政治经济学研究》，第3篇论文。

继承的小小祖业就像是储蓄银行，随时接受他的全部微薄收益并利用他的全部闲暇时间。自然界的永恒作用力给他以百倍回报。他强烈地感受到作为土地所有者的喜悦。因此他经常迫切地想以任何价格买入土地，愿为土地付出高价，即使价钱高于土地给他带来的收益也在所不惜。他这样做是为了避免在工资市场上跌价竞争，为了无需用高价来买面包，为了保证经常有机会来投入他的劳动，难道他对由此得到的好处估价过高吗？

"自耕农在所有的耕作者当中获得的土地产品最多，因为他对未来盘算得最多，经验最丰富。他也最善于使用人力，在为全家人分派活计时，能保持每天都有活儿做，没有一个人吃闲饭。在所有耕作者当中，他是最幸福的，与此同时，在实行自耕农制度的地方，土地比任何其他地方养活的人口都多，而土地的肥力却不会耗竭。最后，在所有的耕作者当中，自耕农给予工商业的刺激最大，因为自耕农最富裕。"①

这是一幅勤恳劳作和对土地充满深厚感情的图画。英国人对瑞士文化程度较高的各州所作的观察，也证实了这种情况。英格利斯先生说："在苏黎世附近的任何地方，只要向左右看一看，就会

① 在另一本著作(《政治经济学新原理》，第3卷，第3章)中，西斯蒙第说："在几乎横穿整个瑞士，以及法国、意大利和德国的几个省份时，我们从不需要问某一块土地是属于自耕农的还是农场主的。若看到土地被照料得很好，雇农生活得很愉快，田园漂亮整洁，便可知道，这是自耕农的土地。当然，暴虐的政府有可能破坏人们因为拥有地产而享有的安乐生活和表现出来的聪明才智；税收有可能窃走田地最好的出产，政府官吏的蛮横有可能扰乱农民的安宁，无力对付有权有势的邻居有可能在心头播下沮丧的种子，因此而在重新归撒丁王统治的那个美丽地区，自耕农和打短工的人穿得一样褴褛。"他在此处说的萨瓦地区，在那里农民一般都是自耕农，根据可靠的报道，这些农民都极端困苦。但是，正如西斯蒙第先生接下来所说的："只遵奉政治经济学的一条规则是徒劳无益的，单靠它是不足以带来善的，不过至少可以减少恶。"

发现居民异乎寻常地勤劳。如果我们了解到此地自耕农有 10% 的收益时，我们会说，'这是应该的'。我现在讲的是农村劳动，当然我相信苏黎世人在每一行业中都非常刻苦；不过，我可以有把握地说，他们在耕种土地时所表现出来的勤劳是无与伦比的。我每天早上四五点钟打开窗子眺望湖水和远处的阿尔卑斯山时，便看到已有人下地了。而我在日落以后很久，也许是八点半钟，散步回来时，还有人在割草，或在绑扎葡萄架。……两眼所看到的每块田地、每个果园、每一处篱笆，甚至一草一木，无不使人感觉到人们花在土地上的巨大心血。例如，在穿越或紧靠田边的小路上，决不会像英国那样，让谷穗伸出到路上，任凭过路人去摘取、践踏，而是处处都围上了篱笆，每隔大约一码有一木桩，木桩间插着树枝，高约两三英尺。如果你在傍晚看一眼种有花椰菜或卷心菜的田地，你会发现每棵菜都浇了水。在苏黎世周围有很大的菜园，园内的每棵菜都得到了最仔细的照管。蔬菜似乎是以数学的精确性栽种的。看不到一根杂草，一块石子。不像我们那样用土埋起来就行了，而是种在小坑内，每个坑内放一点粪肥，每天浇水。在撒下种子的地方，上面的土层都被弄成了粉末；每一棵灌木，每一株花卉都捆扎在木桩上；在种有墙栽果树的地方，都靠墙搭有架子，把树藤绑扎在上面；那里每一件事都安排得那么妥帖。"①

这位作者是这样描述阿尔卑斯山脉上一个偏僻山谷的：②

"在整个恩加丁地区，土地归农民所有，同别的地方一样，这些

① H. D. 英格利斯：《1830 年的瑞士、法国南部和比利牛斯山脉》第 1 卷，第 2 章。

② 同上书，第 8 和第 10 章。

农民拥有的产业多寡差别很大。……一般说来，恩加丁农民完全依靠土地产品生活，只有其家庭所需的少数几种物品，如咖啡、糖和酒等是例外，产于其他地方。每家都自种、自梳、自纺和自织亚麻。每家还养羊产毛，羊毛不用通过染工和裁缝的手，就可以做成蓝上衣。耕种面积已无法再扩大，勤劳而又极为贪利的农民已做了所能做的一切。在恩加丁，没有一寸荒地，尽管最低的地方并不比斯诺登山的顶峰低多少。只要能长草的地方，都种上了庄稼。任何一块能长草的岩石上，都是绿油油的。凡是裸麦能成熟之处，无不种上裸麦。大麦和燕麦也有其适当的栽种地方。并且只要有可能，总会见缝插针地种上一片小麦。在恩加丁，穷人比欧洲任何一个地方都要少。在约有600个居民的苏斯村内，没有一个人不过得富富裕裕，也没有一个人欠别人哪怕是一口粮食。”

尽管瑞士的农民普遍都过得很富足，但却不能说在全国范围内贫穷已绝迹。最大和最富有的伯尔尼州便是一个例子；虽然在该州自耕农居住的地方同其他地方一样，自耕农非常勤劳，生活很富裕，但由于济贫法在整个欧洲（除实施新济贫法以前的英国外）是管理得最差的，该州却有人数众多的贫民。[①] 在某些其他方面，瑞士也不是能说明自耕农制度的所有优点的例子。瑞士各州都有关于当地土地和人口的统计资料。这些资料包含有近期的详细数据，大都编制得很认真仔细。从这些资料可以看出，土地往往分得过细；在富庶的苏黎世州，自耕农所负的债务之多，用克诺瑙的话

① 自从我写出正文中的这句话以来，伯尔尼州在制定和实施济贫法方面已发生了很大变化。但我对变化的细节不甚了解，故而在此无法说得更详尽。

来说,“几乎难以令人置信”①。然而,从这些书中所得到的一般结论乃是,自本世纪初以来,伴随着贵族或州政府的许多大地产被分给农民,农业的几乎每一个部门以及人民的衣食住行都得到了显著而迅速的改进。普皮科费尔甚至说,自从将封建领地分给农民以后,往往用三分之一或四分之一的领地生产出的谷物和喂养的牲畜,就同以前用整个领地生产出的谷物和喂养的牲畜一样多。②

第三节　关于挪威自耕农制度的证词

挪威是自耕农历史最悠久、自耕农在人口中所占比例最高的国家之一。关于该国的社会经济状况,莱恩先生作了令人颇感兴趣的叙述。他的叙述表明他非常赞同小土地所有制,我将摘引其中的几段话。

“尽管小土地所有者不是好的农场主,可这不是与苏格兰相同的原因,即懒惰和不努力造成的。在这些峡谷和山沟中所进行的灌溉工程的规模,显示出一种努力和协作(读者应特别注意这一点)精神,而苏格兰丝毫也没有这种精神。干草是牲畜冬季的主要

① 《瑞士历史地理统计图表》第1卷,《苏黎世州》,格罗尔德·迈尔·冯·克诺瑙著,1834年,第80、81页。他还说,在苏黎世的某些村庄,所有的地产业都是抵押出去的。然而,不能说,因为债务总额很大,每一个自耕农都受到了很多牵连。例如在沙夫豪森州,据说几乎全部地产都抵押出去了,但抵押额很少超过这些土地注册价值的一半(第2卷,《沙夫豪森州》,爱德华·因森著,1840年,第52页),而且抵押土地所得的贷款常常是用于改良和扩大地产(第17卷,《图尔高州》,J. A. 普皮科费尔著,1837年,第209页)。

② 《图尔高州》,第72页。

饲料，干草和谷物，还有马铃薯，很容易因土层浅和岩石反射强烈的阳光而枯萎，因而人们花费极大的力气从峡谷的源头引水浇田。从山丘间常年有水的溪流，通过密林，跨过深谷，沿着陡直的峭壁用木槽（用剖开的树干挖空做成）引水，在主槽上再接上支槽把水引到每户田头，然后再用活动的木槽将这一水源分配于田间。在这一季节，使用类似于漂布所用的戽斗不断地向每个田垄浇水，木槽则置于每两个田梗之间。若非亲眼所见，谁都不会相信用这种人工方法能在很短时间内灌溉面积这么大的土地。主槽所通过的区域很大。我在一个峡谷中走了 10 英里，发现两侧都有木槽，而在一侧，木槽沿着主要的山谷而下，竟长达 40 英里。① 做这种事情的人也许是拙劣的农民，但他们决不是懒惰的，他们相信协力工作的原则，愿意为共同利益维护这种设施。毫无疑问，在这方面，他们比我们苏格兰高地峡谷中的佃农村社要先进得多。他们感到自己是主人，可从自己的努力中得到好处。道路桥梁的良好状态是另一个证据，表明住在该地的人们对于维护这些设施有着共同利益。该地不征收通行费。”②

关于自耕农制度在总体上对欧洲大陆的影响，莱恩是这样

① 凯先生在其所著《英国和欧洲人民的社会状况和教育》一书中摘引了赖欣施佩格在《农业问题》一书中发表的以下看法：“在欧洲，以最完善的方式实施范围最为广泛，耗资最为巨大的草地和田地灌溉计划的地方，乃是土地分得非常细，土地掌握在小自耕农手中的地方。他列举出了巴伦西亚附近的平原，法国的几个南部省份，特别是沃克吕兹省和罗纳河口省，伦巴第区，托斯卡纳区，锡耶纳省，卢卡省，贝加摩省，皮埃蒙特区，德国的很多地方等等作为例证，说明在欧洲的所有这些地方，土地都在小自耕农间分得很细。在所有这些地方，都建有耗资巨大的大规模灌溉系统，而这些系统现在是靠小自耕农来维持的。由此而表明他们依靠联合可以完成需要花费大笔资本的工程。”凯，第 1 卷，第 126 页。

② 莱恩：《挪威纪事》，第 36、37 页。

说的：[1]

“如果我们听信大农场主、农学会和〔英国〕政治经济学家的言论，就会认为良好的耕作方法一定会随着大农场的消失而消失。他们认为，除了用大资本经营大农场外，不可能有其他良好的耕作方法。排水，施肥，经济合理地安排农活儿，除草，定期轮作，役使大牲畜，使用昂贵的农具，所有这些只有在大农场，在运用大笔资本和雇用劳动的情况下才能办到。这些听上去是不错的。但是，如果我们放下他们的书本去看一下他们的田地，把大规模耕作最好的地区和小规模耕作最好的地区冷静地比较一下，我们就会看到这样一个不容否认的事实，即在佛兰德、东弗里斯兰、荷尔斯泰因，简言之，在欧洲大陆从松德海峡到加来的全部可耕地，同从福斯湾到多佛尔的英国海岸上同一纬度、相等质量的土地相比，收成要好一些。在同等土壤和气候条件下，小块田地如果像在佛兰德、荷兰、弗里斯兰和荷尔斯泰因的迪特马什那样归农民所有，则精耕细作会明显地提高产量。我们的农业著述家们并不否认，甚至连贝里克郡、罗克斯巴勒郡或洛锡安的大农场主们，也无法像佛兰德的小农那样进行园田式耕作，那样认真地积肥、排水和除草、从小块贫瘠土地上获得那么高的产量。在苏格兰或英格兰耕作得最好的教区内，土地有很大的浪费。那里大农场的边角地过多，田间道路过宽（这种过宽是道路工程质量差所造成的，反之过宽又导致工程质量低劣），有好多被遗忘的公用地、荒地、杂树丛生的无用地带。这些土地如果归拢起来耕种，可养活教区的全部贫民而有余。毫无疑问，大农场只对最好的良田才投入大量资本，而对需要花较

① 《一个旅行家的笔记》，第 299 页以后。

多的时间和劳动加以改良因而不能迅速回收投资的土地则不屑一顾。但是虽然靠雇工无法有利地进行这种耕作,可是自耕农却可以进行这种耕作。自耕农起初不考虑更高的条件,只是为了糊口而耕种土地。几代人之后,土地变肥沃了,价值增加了;于是生活也就有了改善,甚至有能力采用非常先进的耕作方法。犁沟排水,夏季厩养、稀释施肥,在佛兰德、伦巴第和瑞士的小农场是极其普遍的,而我们最先进的大农场只不过刚刚开始采用这些方法。靠很多小农合作可以提供最大量的牛奶和干酪,[①]提供财产防火和防冰雹的相互保险,进行现代最科学和最昂贵的农业生产活动——甜菜糖的生产,和向欧洲市场供应亚麻和大麻;在国外,即令是最低阶层的家常便饭,也有丰富的蔬菜、水果和家禽,而在我国,甚至在中产阶级的餐桌上也不会这样齐全,这种丰富的供应实质上是同小农经济相关连的。所有这些都是实行小自耕农制度的国家的特点。这肯定会使考察者在听到我国土地专家的宏论时要忖度一番,是否真的只有靠雇佣劳动和投入大量资本的大农场才能最大限度地提高土地的生产力,才能为一国居民提供最大量的生活必需品和便利品。"

① 值得注意的是瑞士农民共同出资合作生产干酪的方式:"瑞士每个教区通常从弗赖堡州格吕耶尔地区雇人来放牧和做干酪。每40头奶牛需要一个干酪师傅、一个挤奶工和一个牧羊人。每个牛主每天记下每头牛的产奶量。干酪师傅及其助手挤牛奶,把牛奶收集起来做干酪,到每季度末,每个牛主得到他那一份干酪,其重量和他的奶牛挤出的牛奶数量成比例。这种合作计划取代了小规模自给自足的干酪生产,原先每个人只能加工三四头母牛的奶,现在他得到的奶酪重量相同而质量却好得多,因为这是由专门人员做出来的。对于干酪师傅及其助手用钱或奶酪按母牛头数支付工资,有时他们也把母牛租下,付给牛主钱或干酪。"《一个旅行家的笔记》,第351页。法国汝拉省实行了一种与此相类似的制度。详见德·拉韦涅的《法国的农村经济》,第二版,第139页以下。在劳动联合的这一有趣事例中,最引人注目的是对所雇用人员诚实的信任,经验肯定已证实了他们的诚实。

第四节　关于德国自耕农制度的证词

在广泛实行自耕农制度的德国很多欣欣向荣的地区中间，我选择了帕拉廷奈加以记述，这是因为这种记述具有从英文原始资料摘引个人对这个地区的农业和人民所作的观察结果的有利条件。著述家豪伊特先生惯于从光明面来考虑英国的一切事物和社会情况，他在论述莱茵地区的农业时，虽然不客气地指出农民们使用的工具粗笨、耕作方法低劣，但他仍说，农民们在自己拥有所有权这种心情的激励下，靠提高劳动强度弥补了工具的不完善。“农民耙地和除草非常认真。他们所能收获的作物看来是很可观的。”[①]“农民[②]是农村生活中伟大的和常在的人群。他们是农村的主要居民，因为他们本身就是所有者。事实上这个农村大部分是在他们手里。土地是划分成小块后分给群众的。……这些农民大多数不像我国农民——其与所耕种土地的所有权的关系完全被切断，完全依靠别人提供的劳动耕作——他们自己就是土地的所有者，也许就是由于这一原因，他们大概是世界上最勤劳的农民。他们忙忙碌碌，起早贪黑，因为他们知道是为自己劳动。……德国的农民进行着艰辛的劳动，但是他们实际上并不穷困。每个人都有自己的住宅、果园和路边种植的树木，这些树通常都果实累累，必须采取各种方法将其撑住并拿到手，否则就会碎裂无收。他们有谷物地、饲料用甜菜地和大麻地等等。他自己是主人；他和他家

① 《德国的农村和家庭生活》，第 27 页。

② 同上书，第 40 页。

里的每一个人都具有极大的劳动积极性。从超过全世界其他地方的持续不断的勤奋劳动和无比俭省中，你可以看到这一切的作用。事实上，德国人并不像英国人那样灵敏和活泼。你从来看不到他们在奔忙，或者打算在很短的时间内做很多工作。……相反，他们是慢慢吞吞的，但一直在干着。他们日复一日、年复一年地埋头苦干——最有耐心，孜孜不倦，富于坚忍不拔的精神。英国的农民已经毫无置产的观念，他们习以为常地认为拥有土地是大地主的法规所不容许的，因此他们灰心丧气，意志消沉。……相反，德国的农民把国家看成是为他和他的伙伴而存在的。他感到自己是人；他和他的许多邻居与国家利害攸关；只要他积极肯干和节约，任何人都不能用放逐或送入济贫院来对他进行威胁。因此，他挺着腰杆走路；他以自由而自尊的神态面对别人。"

关于他们的勤奋，这位作者进一步谈到："他们每时每刻都能找到自己可以干的工作。即使在冬天最冷的时候，如果气候允许他们走出门外，他们总能找到要干的活儿。当土地还封冻时，他们就向地里运肥。一化冰，他们就忙于清理沟渠和砍伐老朽或结实不好的果树。那些穷得无法储存足够木柴的人则不辞辛劳到深山老林去砍柴。英国的普通老百姓如果看到德国人砍柴时那样剧烈地劳动，一定会感到惊奇。在大雪封山时，你若走到山上和林间，就会看到他们在劈断树桩，砍伐树枝，并以林管局人员所允许的各种方法把它们以及一些木材收集起来，运回家里，其劳累和耐心程度令人难以置信。"① 在描述德国农民如何细心和吃力地栽培葡

① 《德国的农村和家庭生活》，第 44 页。

萄以后，他接着说[①]："英国有大量的牧场和大农场，一旦谷物入仓和牧草收割，农村就处于比较闲散和平静的状态。但在这里，不论什么地方或什么时候，人们都在锄地、刈草、种植、修剪、除草和采集。他们像一个以供应市场为目的的种菜园的人，总是有庄稼活儿要干。他们自己种植胡萝卜、罂粟属植物、大麻、亚麻、驴喜豆、苜蓿、油菜、芸苔、甘蓝、芜青甘蓝、黑芜菁、瑞典芜菁和白芜菁、起绒草、洋蓟、饲料用甜菜、欧洲防风、菜豆、蚕豆、豌豆、巢菜、玉米、荞麦、茜草、马铃薯、烟草和栗——全部或大部分种在自家的份地上，由自家的人照管。他们为收获这些作物，首先要播种，其中很多要移植，要锄地，要除草，要灭虫，要打尖；很多作物要相继收割和采集。他们拥有自己的灌溉牧草地（他们所有的牧草地几乎全部是灌溉牧草地），必须适时灌溉、收刈、再灌溉；要重开和更新水道；他们要把新鲜的蔬菜水果运往市场；要照料他们的牛、羊、小牛、小马（其中大部分是圈起来的）和家禽；要在暑天修剪葡萄树的繁枝茂叶。任何人都不难想像，这是一幅多么繁忙的景象啊！"

这种有趣描述的正确性，任何一位到这个耕作发达、人口稠密的地区旅行过的观察力敏锐的旅客都能提出证明。住在当地的著名教授劳在他的论述帕拉廷奈的农业的小册子[②]中所作的更加详细的叙述，也与此完全相符。劳博士不但证实了农民很勤勉，而且证明他们有较高的技能和智慧；他们的施肥方法很合理，轮作制度也很好；他们的农业在过去若干世代逐渐进步，现在他们仍在精神饱满地作进一步的改进。"这些乡下人的坚忍不拔同他们的热忱

① 《德国的农村和家庭生活》，第50页。

② 卡尔·H.劳：《论莱茵河谷特别是海德尔堡地区的农业》，海德尔堡，1830年。

一样有名，他们成年累月地忙个不停，从不闲着，因为他们把工作安排得很好，把适于工作的任何短暂时间都利用起来了，他们善于利用每一个机会，掌握有用的新颖事物，找到有利的新方法，这种热情是值得称赞的。人们很容易看出这里的农民对他的工作有长远的考虑；他对自己的做法总能提出理由，尽管这种理由并不总是站得住脚的。他同大部分观察员一样，不必靠计算，凭记忆就可以精确地进行盘算。他经常注意预示他会获益或受损的种种迹象。”①

德国其他各地的情况亦复类似。凯先生说：“众所周知，在萨克森，最近30年，从农民成为自耕农以来，农民的住房、生活方式和衣着，特别是土地的耕作，都有迅速而持续不断的改进。在一位德国导游的陪伴下，我曾两次游历人们称为 Saxon Switzerland 的地方（在萨克森之内），目的在于查看一下那里的村庄和耕种情况；其结果，我可以有把握地排除异议，断言萨克森的那个地方的溪谷间耕作的勤勉和仔细，欧洲任何其他地方都无出其右。那里的农场同伯尔尼州、沃州和苏黎世州以及莱茵各省的农场一样，非常兴旺。它们处于美好状态，并且一直管理得很好。地面整洁，一如庭园，不为树篱或灌丛所阻塞，几乎看不到一根灯心草、蓟草或其他滋生的杂草。每个春天都用庭园的排水充分灌浇牧草地。牧草之间毫无杂草，因此，看到萨克森的牧草地，我就想起英国的草坪。农民竞相在产品的数量和质量、在土地平整和一般耕作方法上胜过别人。所有的小自耕农都渴望找到极大地提高产量的耕作方法；他们一心追求新的改进；他们把自己的孩子送到农业学校去读书

① 卡尔·H.劳：《论莱茵河谷特别是海德尔堡地区的农业》，第15、16页。

以使他们今后能帮助自己工作；邻居所采用的每一新的改进措施，他们很快就会仿效。”① 如果这种描述没有言过其实，那么，他们的智力不仅和英国的农民大不相同，而且和英国的农场主也有很大的差别。

凯先生在1850年出版的那部著作，载有在欧洲很多地区进行的观察和调查中搜集到的大量事实，以及许多著名著述家的证词，它们都证明了自耕农制度具有积极作用。我从他所摘引的有关自耕农制度对农业的作用的证词中选录如下一些。

“住在普鲁士的土地分得很细的地方的赖欣施佩格为了说明土地完全保有制度的重大作用，出版了一部篇幅很大、阐述详尽的著作。他非常肯定地说，小农或自耕农拥有和耕种的土地，不仅其总产量高于少数大地主拥有而由租地农场主耕种的同一面积的土地，而且其扣除全部耕作费用以后的净产量也高于后者。……他举出事实证明，在地产很小的一些农村，其土地的肥沃程度一定在迅速提高。他说，普鲁士莱茵各省分成一些小地产的土地，其地价比大地产的地价要高得多，并且增长得快得多。他和劳教授都说，如果小地产的生产力不以同一比例（至少）提高，小地产的这种价格上涨就会使最后的买主破产；可是，尽管小自耕农买地时偿付的地价愈益增加，他们却愈来愈富裕，这种情况可以说明，小地产的总利润和纯利润都在逐渐增加，而且，在土地由小自耕农耕种的时候，每英亩土地的纯利润也大于由大地主耕种的土地；他的这种看

① “英国和欧洲人民的社会状况和教育，显示了外国的初级学校和地产分割的效果。”高等法庭律师和剑桥大学前巡回学士约瑟夫·凯文学硕士著，第1卷，第138—140页。

法显然是正确的。他还说(看来也是正确的),小地产地价的提高不可能仅仅是竞争的结果,因为如果只是由于这一点,小自耕农的利润和富裕程度就会降低,而地价的上涨并未产生这一结果。

"阿尔布雷希特·特尔,另一位论述各种农业制度的德国著名著述家,在其最近的著作之一《合理的农业原理》中表示,他坚决相信由小农耕种的土地的净产量要高于由大地主或其承租人耕种的土地。……特尔的这种意见是更加值得注意的,因为他在年轻的时候,曾经极力支持英国的大地主和大农场制度。"

凯先生根据自己的观察加上了一句话:"普鲁士、萨克森、荷兰和瑞士的小农经营是我曾目睹的任何国家的耕作方法中最完善和最经济的一种。"[①]

第五节 关于比利时自耕农制度的证词

但是,反对英国对自耕农耕作的偏见最为坚决的,是比利时的实例。比利时的土地原先是欧洲最劣的土地之一。麦克库洛赫先生说[②]:"西佛兰德、东佛兰德和埃诺各省的大片平原作物丰富,表明农民在耕作中进行过坚持不懈的照料和劳动;因为当地的天然土壤几乎完全是不毛的沙地,现在的地力则十分肥沃,这完全是非常精巧的管理和适当地施加各种肥料的结果。"在有益知识普及协会的《农场主丛书》中,收有一部精心编写的题为《佛兰芒的农业》的内容丰富的论著。作者说[③]:佛兰芒的农民"似乎只要有一块土

① 凯,第1卷,第116—118页。
② 《地理学词典》,"比利时"条。
③ 《佛兰芒的农业》,第11—14页。

地可以耕种就不缺什么了；不论土壤的质地如何，他们总有一天会使它生产出某种农作物。坎平的沙地只能同海滨的沙地相比拟，它原先可能就是这样的沙地。一步一步地跟踪这种土地的改良过程，是非常有趣的。你在这里看到，在这块前途无望的土地上建筑了一座小屋和简陋的牛棚。漫天的白沙被风吹成参差不一的一些沙丘，只是凭借灌木树根才聚拢在一起。只有很小一块地方是平整过的并且周围有沟渠。这块地的一部分覆盖着金雀花幼树，另一部分种着马铃薯，也许还可以看到一小片矮小的三叶草。"但是，不论是固体肥料还是液体肥料都收集起来了。"这是一个核心，过不了几年，在其周围就会出现一个小小的农场。……如果附近没有肥料，则起先只能在纯粹的沙地上种金雀花，这种植物在最贫瘠的土地上也可以生长；不到三年就可以收割，一捆一捆地卖给面包铺和砖瓦厂作为柴火，以得到若干收益。落叶可以使土壤略微肥沃一点，须根则增强了土地的紧密度。现在在这块土地上已经可以进行耕作，并且不施肥也可以种荞麦，甚至种黑麦。到荞麦或黑麦收割的时候人们也许已积起肥料，可以正式开始种庄稼，一旦种植的三叶草和马铃薯使这位农场主可以饲养奶牛和取得肥料，土地的改良就可以加速进行。要不了几年，土壤就会完全改观。它变得松软和饱含水分，并且由于获得三叶草和其他作物根部分解出来的植物质而肥沃起来。……在土地逐步改良和以正规方式耕种以后，在原先的好地和靠劳动及勤勉改良的土地之间看不出有多少差别。至少两者的收成同其他各国性质不同的土地的收成相比更为接近。这是佛兰芒制度具有优越性的一大证据；因为它表明土地可以不断改良，地力的不足可以靠耕种和施肥，特别是后者来弥补。”

在这种小地产或小农场上进行如此剧烈的劳动(因为这是为他们自己劳动)的人们,好多世纪以来就实行了轮作和合理施肥的原则,而这些原则在英国是算作近代的新发现的。因此,即使在今天,具有权威的行家也承认他们的农业从总体上说优于英国的农业。“佛兰德贫瘠的沙土,或其中等土地的耕作”,上述作者说[①]:“通常优于不列颠有很大改进的同类农场的耕作。我们在资本、在各式各样的农具、在牛羊的选择和饲养方面大大地胜过佛兰芒的农场主(虽然按照同一作者的看法[②],他们“在奶牛的喂养方面大大领先于我们”)”,“而且,英国农场主所受的教育程度一般也多于佛兰芒的农民。但是,在对于土壤品质的关心方面,在各种肥料的处理和使用方面,在作物巧妙地交替种植方面,特别是在节约土地,使其任何部分都经常处于生产状态方面,我们仍然有一些东西需要向佛兰芒人学习。”不是向各处有教养、有事业心的那些佛兰芒人学习,而是向一般做法学习。

这个国家很多耕种很发达的地区实行自耕农制度,土地由自耕农经营,一直全部或部分靠铁锹耕种[③]。“如果土地完全靠铁锹耕种,而没有养马,则每三英亩土地饲养一头奶牛,完全喂以人工种植的牧草和草根。这种耕作方式主要在瓦埃斯地区实行。那里地产都很小。所有的劳动都由家庭的各种成员负担;”人们很快就开始“按照他们的年龄和体力,帮着干各种轻微的工作,如除草、锄

① 《佛兰芒的农业》,第3页。

② 同上书,第13页。

③ 同上书,第73页以后。

地、喂牛。如果他们能够生产制造自己食用的面包所需的黑麦和小麦，并能生产奶牛食用的马铃薯、芜菁、胡萝卜和三叶草，他们的生活就可以过得很好；他们生产的油菜子、亚麻、大麻、黄油的出售所得，扣除购买肥料的支出（其金额往往很大），还可以带给他们很好的收益。假设土地的总面积为6英亩，就农户占用的面积而言，这是很平常的，它也是一个男人所能管理的”；则（作者对耕作作了描述以后，这样说）“如果一个人连同他的妻子和3个年轻孩子的劳力相当于3个半成年男子，则这个家庭将需要39蒲式耳谷物、49蒲式耳马铃薯、1头肥猪和1头奶牛所供给的黄油和牛奶。1英亩半土地将生产谷物和马铃薯，还可以收获一些玉米用于猪的催肥（除玉米外，还给这些猪喂点制造黄油的残渣）。另1英亩土地种植三叶草、胡萝卜、马铃薯和茬地萝卜，它们可用于饲养牛而有余。因此，两英亩半土地就足供这家人吃喝；另外3英亩半的出产可以出售，以其所得支付地租或购买土地的借款利息，还可以用来补充磨损的农具，增加肥料，并购买全家的衣着。但是，在这3英亩半土地中用于种植大麻、亚麻和菜子的部分，对农场最为有利；其中另1英亩土地种三叶草和块根植物，还可以养1头奶牛，并将其产品出售。因此，对于一个家庭如何靠6英亩中等土地生活和致富的问题，我们就能够作出说明”。这位作者在用计算表明这块土地无需雇工靠这个家庭就能以最完善的方式耕种以后，接着说：“在一个完全靠铁锹耕种的10英亩农场中，如果家庭成员增加男女各一，则所有的工作更易于进行；如果有马和马车可以用来运出肥料和运回产品，有时还可以用马拉耙，则这一家可以很好地耕种15英亩土地。……这样，我们就会明白”（这是几页详细记述和计算的结果[①]),"一个仅有一小笔资本和15英亩良好沙地的勤勉的男子,靠铁锹耕作,不仅可以维持自己的生活,养活一家人,交付适当的地租,而且可以在他的一生中积蓄一大笔钱。"但是,他用以做到这一点的坚持不懈的勤劳,很大一部分不是花费在单纯的耕作上,而是为了在遥远的未来取得报酬而花费在土地本身的改良上——这种勤劳与不付地租没有任何关联吗?如果不以事实上的永佃权或某种许诺为前提,或不以在租入的土地上勤恳地劳动和实行节约,日后确实可以成为自耕农为前提,这种勤劳能够做到吗?

至于他们的生活方式,"佛兰芒的农场主和劳动者的生活比英国同一阶级的人们节俭得多;除星期天和收获期以外,他们很少吃肉。脱脂牛奶、马铃薯和黑面包是他们的日常食物。"那些在欧洲走马看花的旅行者,以此为依据,断言欧洲大陆任何国家的农民都过着贫困和悲惨的生活,它们的农业制度和社会制度是失败的,只有英国的制度才能使劳动者得到幸福。不论英国的劳动者是否幸福,他们只是在这一制度下才确实永远不会试图过得更好些。英国的劳动者习以为常地认为一个劳动者不花光他所挣到的全部收入是不大可能的,因而,他们惯常把节俭的征兆误认为贫穷的征兆。请看一下对这个现象的正确解释。

"因此,他们逐渐获得资本,他们最大的抱负是自己拥有土地。他们热切地抓住每一个购买小农场的机会,土地的价格由于竞争而大大提高,因而土地带来的收益几乎不超过购地价款2%的利息。大地产逐步消失,并分割成若干小块,它们都以高昂的价格出售。但是,国民的财富和产业不断增加,它们散布于群众之中,而

① 《佛兰芒的农业》,第81页。

不是积聚在几个人的手里。”

这样的事实是人所共知和容易理解的，但人们大为吃惊地看到，有的人不以佛兰德的事例来推奖自耕农制度，相反地却认为它是对自耕农制度的一种警告；其理由仅为一种设想的人口过剩——这是从布拉邦特和东佛兰德的农民在发生灾荒的1846—1847年间陷入贫困推断的。我所摘引的一位熟悉这方面情况的著述家（他不靠任何经济理论来支持自己的说法）的证词，表明了这种贫困无论它可能严重到什么程度，都不是由于这些小农在正常情况下无法充分供应他们必须供养的一切人的需要而造成的。它来源于这些人耕种自己的土地，生产自己所需要的食物这一基本状况，就是说，季节旺淡的后果必须由他们自己承担，不能像大农场主那样转嫁到消费者身上。如果我们回忆起1846年的收成——所有的谷物都部分歉收，而马铃薯则几乎全部付诸东流，那么，在这样一种稀有的灾难中，6英亩土地（其中一半用于种植大麻、亚麻或菜子）的生产物不足以供应全家一年的口粮，就毫不足怪。但是，我们不应拿佛兰芒的不幸的农民去同耕种几百英亩土地的英国资本家作比较。如果这个农民是一个英国人，他不是那个资本家，而是资本家雇用的一个散工；那么，在收获不足的时期，散工的生活就不会困苦吗？我以为，没有理由可以相信，在歉收程度相同的情况下，比利时会比其他国家更为贫困。[①]

① 最近比利时所诉说的贫困在某种程度上带有永恒的性质，看来只限于本身从事工业劳动或既从事工业劳动又从事农业劳动的那一部分人。它是对比利时工业品的需求减少所引起的。

除前已引用的有关德国、瑞士和比利时情况的证词以外，还可以援引尼布尔有关罗马坎帕纳区情况的证词。他在发自蒂沃里的一封信中这样说：“在存在世袭的农场主或

第六节　关于英法海峡群岛自耕农制度的证词

英法海峡群岛自耕农制度的优越性具有极为有力的证据，除上述许多引证外，我还要在这里援引有关这些岛屿经济状况的部分描述。这是一位著述家通过个人观察并对别人提供的资料进行精心研究以后作出的，威廉·桑顿先生在他的《为自耕农请愿》（该书在材料和写作技巧方面颇具特色，应当看作是有关这一问题的标准著作）中就根西岛的情况作了如下的叙述："从这样狭小的地区运送这么多产品到市场上去，这在英国也很难看到。这件事本身就可以证明，这些耕作者一定在很大程度上摆脱了贫困，因为他们已成为自己生产的产品的完全所有者，所以他们出售的当然只是自己不需要的那一部分。他们在生活上的称心如意对任何观察者来说都是显而易见的，希尔先生说：'我发现根西小岛是我过去接触过的社会中最幸运的社会。'乔治·黑德爵士说：'旅行者无论走到什么地方，都可以看到那里的生活很舒适。'英国游客第一次徒步或驱车越出圣彼得港的范围时，极其意外地看到的是在其风景中稠密地散布着住宅的外观。不少住宅类似本土中层阶级人士的住宅；但是，他难于猜出住在其他一些住宅中的是哪一类人，虽然这些住宅一般对农场主来说并不够大，然而对散工来说从任何方面看都过分漂亮。……确实，全岛除少数渔民的小屋以外，任何

小自耕农的任何地方，都存在着勤勉和诚实。我相信，如果有人愿意将其大地产分割成可以由自耕农保有的小地产，山区的抢劫活动就会绝迹。"（《尼布尔的生平和信件》第2卷，第149页）

住宅都不像英国本土农场劳动者的普通住宅那样简陋。……卸任不久的根西岛行政官德·黑尔布罗克先生说：'打量一下英国农民的茅舍，并拿它们同本岛农民的村舍作比较。'……乞丐完全看不到了。……贫民，至少是身体健康的贫民，几乎同乞丐一样罕见。储蓄银行账目也就根西各劳动阶级的生活一般都很富裕提供了证明。1841 年，英国本土约 1500 万的人口中存款人数不到 70 万，即每 20 人有 1 人存款，平均存款额为 30 镑。在同一年，根西 26000 人口中存款人数为 1920 人，而平均存款额为 40 镑。"① 有关泽西岛和奥尔德奈情况的证词具有类似的性质。

桑顿先生就英法海峡群岛小农经济的效率和生产性提出了充分的证据，并将其效果总结如下："由此可知，在英法海峡两个主要岛屿的农业人口密度同不列颠相比，一个大 1 倍，另一个则大两倍。在不列颠，每 22 英亩耕地只有一个耕作者，而在泽西则每 11 英亩耕地有一个耕作者，在根西为每 7 英亩耕地有一个耕作者。然而，这些岛屿的农业，除耕作者以外，还要分别供养其密度相当于不列颠 4 倍和 5 倍的非农业人口。这种差别并不是海峡群岛的土壤或气候良好所造成的，因为泽西岛的自然条件比英国南部各郡恶劣，根西岛的自然条件也不比英国南部各郡好。这种差别完全是农场主们勤奋照管和大量施肥的结果。"② 他在另一个地方说③："1837 年，英格兰大农场中小麦的平均产量仅为 21 蒲式耳。任何一郡的最高平均产量也不超过 26 蒲式耳。自那时以后，全英格兰的最高平均产量为 30 蒲式耳。在泽西岛（该岛农场的平均面

① 威廉·托马斯·桑顿：《为农民所有者请愿》，第 99—104 页。

② 同上书，第 38 页。

③ 同上书，第 9 页。

积只有 16 英亩),按照英格利斯的记述,1834 年每英亩小麦的平均产量为 36 蒲式耳;但官方提出的数字表明,在到 1833 年为止的 5 年内为 40 蒲式耳。在格尔恩赛(该岛农场的平均面积更小),按照英格利斯的说法,每英亩 4 夸特可以认为是好收成,但这还是很一般的收成。""在英格兰,人们认为每英亩 30 先令[①] 对中等土地来说是一种很合理的租金;而在英法海峡群岛,除非常差的土地以外,每英亩土地的租金至少是 4 镑。"

第七节 关于法国自耕农制度的证词

自耕农制度不适宜的看法通常源自法国;人们常常断言法国是在可能最恶劣的农业条件下取得其成果的。由于土地的细分,它将很快陷入(如果不是已经陷入)饥饿的深渊。如此背离事实的看法为什么这样普遍地流行,其原因很难说明。在法国大革命以前,法国的农业极其惨淡,农民处在极端贫困之中。在那个时候,他们并非像现在这样普遍地拥有土地。然而,确有不少地方的土地在很大程度上是农民的财产,其中有很多对普遍恶劣的农业和普遍的贫困来说是极其引人注目的例外。在这一论点上的一个无可争议的权威——阿瑟·扬,是顽强地反对小农场的学者,现代英国农业学派的领袖。他在 1787、1788 和 1789 年几乎走遍了整个法兰西。当他看到非常优越的耕作方法时,毫不犹豫地承认它是自耕农制度的产物。他说[②]:"离开了索佛,我就惊奇地看到一

① 威廉·托马斯·桑顿:《为农民所有者请愿》,第 32 页。

② 阿瑟·扬:《法国游记》第 1 卷,第 50 页。

大片土地，那里除了巨大的岩石以外似乎什么都没有，然而其中大部分都已围住，并且在极其勤奋的照料下种植作物。每个人都有一棵橄榄树、桑树、杏树或桃树，在这些树之间散布着葡萄树；因而可以设想，整个地面是被零零散散地混杂在一起的这些植物和凸出的岩石覆盖着的。这个村庄的居民的勤勉应当受到奖励；如果我是法国的部长，我就会嘉奖他们。他们会很快地把自己周围的一切荒地变成园圃。一小群勤勉的庄稼汉之所以化岩石为沃土，我认为，这是因为那些东西属于他们自己，如果他们受到同一万能原则的激励，他们也会化荒地为沃土。”他又说[1]：“走到罗森达尔”（敦刻尔克附近），“勒布伦先生很有礼貌地带我参观了他对那里的沙丘所作的改良。在当地和市镇之间，盖了许多小巧的房屋，每座房屋都附有园圃和一两块用篱笆围住的田地。这些田地原先都是极其恶劣的沙土，色白如雪，现在已由于人们的辛勤劳动而得到改良。私有财产的魔术把沙土变成黄金。”他还说[2]：“走出甘奇以后，我惊奇地看到人们在灌溉方面作出了极其巨大的努力，其程度远远超过我过去在法国所曾见到的；随后我又经过布满耕作良好的梯田的崇山峻岭。在圣劳伦斯有很多水浇地。这个景色对农民来说是非常迷人的。从刚奇乘车穿越崎岖不平的山地，是我在法国的旅行中最赏心悦目的事情；到处是热火朝天的劳动和欣欣向荣的景象。这里有一种活力，简直可说是一往无前、无坚不摧。它使巉岩披上了绿装。如果询问其原因何在，对有常识的人来说是有失体面的；这必然是由于人们享有所有权。让一个人牢固地

① 阿瑟·扬：《法国游记》，第1卷，第88页。

② 同上书，第51页。

拥有一块充满岩石的荒地，他会使它变成一个园圃；让他以9年为期租种园圃，他会使它变成一片沙漠。”

在他对西比利牛斯山脉的山麓地方所作的描述中，他不再谈他所推测的，而只谈他所知道的。“启程前往莫能[1]，不久就看到一处我在法国从未见过的景色，我几乎无法相信自己的眼睛。这里有一连串用石块堆垒起来并以砖瓦覆盖的坚实而舒适的农家小屋；每一家都有一小果园，用修剪得很整齐的蒺藜篱笆围起来，种上大量桃树和别的果树，篱笆内部三三两两地长着若干美观的栎树，对小树的照料非常细心，这样的精心抚育只在其为园地的所有者时才能做到。每一家都附有一个农场，四周用草皮围住，谷地四周也围有整齐的草皮，围栏之间有门可通。在英国有一些地方(那里还存在着自耕农)很像贝尔恩的这块土地；但是很少有和我从波城乘车前往莫内尼的12英里旅行中所看见的相同的。那里一切都掌握在小自耕农手中，没有多少农场小到会使居民过恶劣、悲惨的生活。整洁、温暖和舒适的气息笼罩着全部土地。这从他们新建的房屋和马厩；从他们那小小的园圃；从他们的篱笆；从门前的空地；甚至从他们的鸡笼、猪圈，都可以看出。如果一个农民的幸福受到以9年为期的租约的限制，他是不会想到让他的猪过得舒服一些的。我们现在来到贝尔恩，它离亨利四世的发祥地只有几英里。当地的农民是否继续享有这位明君所赐予的幸福？这位明君的温良资质似乎仍在支配这个地方；农民们的生活都很安乐。”他一再指出法属佛兰德农业的优点。在那个地方，农场“都很小，但

① 阿瑟·扬：《法国游记》，第1卷，第56页。

大多在小自耕农手里”[①]。科镇也有小自耕农的村庄，但那里的农业很糟；对此他的解释是：它“是一个工业地区，对遍布全区的棉纺织业来说，耕作不过是一种副业”。[②]现在这一地区仍然是制造业的活动中心，小自耕农也相当多，不论从庄稼的长势或从官方的统计表来判断，这里都是法国耕作得最好的地区之一。“在佛兰德、阿尔萨斯和阿图瓦的部分地区，以及在加龙河岸上，法国的农业都不亚于我们。”[③]这些地方，以及奎尔西的大部分地区，“耕作得像园圃而不像农场。也许从地产狭小这一点看，它们是太像园圃了。”[④]在这些地方，有效的轮作已经普遍实行。这种轮作在意大利早已实行，但那时在法国通常不为人所注意。“一种作物收获以后马上播种另一种作物的快速轮作”（所有的观察者在莱茵河溪地方都可以看到与此相同的事实），“几乎不能颇为完善地做到，这一点对要实现良好耕作的其他一切地方来说也许是最根本的问题，如果作物是像我们通常在这些地方看到的那样合理地分布；在种植会使耕地受到污染、地力枯竭的作物之前，要先行种植可以净化和改善耕地的作物。”

然而，不能认为阿瑟·扬在自耕农问题上的证词是始终如一地有利于自耕农的。在洛林、香槟和其他地区，他发现农业经营得很不好，小自耕农的生活很困苦。但是，按照他的说法，这是土地分得过细的结果。他这样综述自己的看法[⑤]：“我在出发旅行以前

① 阿瑟·扬：《法国游记》，第1卷，第322—324页。

② 同上书，第325页。

③ 同上书，第357页。

④ 同上书，第364页。

⑤ 同上书，第412页。

曾经认为，小农场的耕作很容易搞好；占有这些农场的人无需支付地租，这就足以使他不费力地进行改良，并精力充沛地进行耕作；但是我在法国看到的情况，大大地改变了我对自耕农抱有的美好想法。在佛兰德，我看到30—100英亩的地产耕作情况很好，但在这里几乎看不到在别的地方常见的那种小地产。在阿尔萨斯和加龙河岸，土壤肥沃得无需农民作出什么努力，某些小地产也耕作得很好，在贝尔恩，我穿过了一个小农较多的地区，其外表整洁、舒适和愉快给我留下深刻印象；这只有靠小地产才能实现，但是这种地产决不是微不足道的，如以房屋之间的距离来判断，其面积为40—80英亩。不算这些和个别其他事例，我看不出小地产除使其所有者坚持不懈地辛勤劳动以外，还有什么值得称赞的地方。当然，我必须向读者强调如下一点，即，虽然我所见过的许多小地产的耕作恶劣到难以想像的地步，然而其所有者的勤劳极其显著，富有成效，因而不论怎样赞扬都不过分。这种情况足以证明，土地所有权是激励人们持续不断地进行剧烈劳动的最有效的动力。这一真理如此有力和广泛适用，以至我不知道要使附近的村民到山顶去进行耕作，除了允许他们取得那里的所有权以外，还有什么别的办法。我们看到过这样的实例：在朗格多克的山上及其他地方，村民背着装有泥土的竹筐到不毛之地去开辟田园。”

因此，这位著名的农学家和大规模耕作的鼓吹者的经验可以说是：由自耕农耕种的小块土地，如果它们不是小到不能充分利用全家的时间和心力，就会产生很好的效果。因为他常常以很明显的理由指出，尽管农民们怀着很大的热情以他们的知识和机智所能提示的一切办法去改良他们那家传的小地产，但如这种地产的面积太小，他们仍会有大量空闲时间。因此，他建议以法律规定土地细分的限度。如果某些地方土地的分割已然超出资本的状况和主要作物的性质所允许的限度并且仍在继续进行，则这种主张对这样的地方来说是有一定道理的。如果每个农民的一小块土地（即令他拥有全部产权）不足以使他过上舒适的生活，则这种耕作方式就具有小地产的全部缺点而几乎没有任何好处；因为这时他或者必须依靠自己土地的生产物过贫困生活，或者会失去土地而经常受雇于人，靠工资过日子。如果附近一切农场的土地面积大小差不多，他还很少有希望找到被雇用的机会。自耕农制度在他们的土地不分得过细的条件下才有好处；就是说，这些土地无需供养太多的人，供养人数同这些人能用这些土地生产的产品成比例。这一问题同大多数有关各劳动阶级状况的问题一样，也归结为人口问题。那么，小自耕农制度是会刺激人口过度增长，还是会制止人口过度增长呢？

第七章　续论自耕农

第一节　自耕农制度对劳动积极性的促进作用

在考察自耕农制度对劳动阶级最终经济利益(这种最终利益是由人口增长决定的)的影响之前,让我们先说明一下这种土地制度对道德和社会的影响,这一点可以说在道理上已经明确,也已为上一章所摘引的事实和典据所证实。

新接触这一问题的读者一定会因我提到的各种证据使那些证人产生的强烈印象——一位瑞士统计学家说,自耕农"几乎像超人那样勤奋"①——而感到震惊。至少自耕农的勤勉是权威们一致承认的。只见过一个小自耕农地区的人,总以为当地的居民是世界上最勤劳的。在观察家中很少会有人怀疑,这种非凡的勤劳同农民身份的某种特征有联系。这是"私有财产的魔术"。用阿瑟·扬的话来说,就是"变泥沙为黄金"。然而,财产私有的观念并不一定意味着没有地租,更不必说没有税收。它仅仅意味着地租应按定额交付,不能因土地占用者的改良或地主的意愿而违反土地占用者的利益予以提高。交免役租的承租人实际上就是地主;誊本土地保有权者或土地完全保有者无不如此。所需要的是固定租用期的长期占有。"将一块全是岩石的荒地给与某人,并保证其所有权,他会把它变成园圃;让他以 9 年为期租种园圃,他会把它变成一片

① 《沙夫豪森州》(见前),第 53 页。

沙漠。”

有关自耕农习以为常地辛勤经营的耕作制度，和他千方百计争分夺秒地努力增加今后生产物和土地的价值的情况，前面已有详细的叙述，从上述一些有权威性的著作中还可以找到更详细的论述。这种情况说明了前面[1]已经谈到的一点，即，小农场至少在其为耕作者所有时，能就同样质量的土壤，使用相同的农业知识得到大得多的总产量。《佛兰芒的耕作》一书着重阐述了不知疲倦的辛勤劳动如何能克服资源的贫乏、工具的不完善和对科学理论的无知。佛兰德和意大利的小农耕作，在相同的土壤条件下所得到的收成，比苏格兰和英格兰耕种得最好的地区还要多，这一点已经得到证实。毫无疑问，为生产这些农作物所花的劳动，如果由雇主支付工资，他会感到得不偿失；但是对自耕农来说，这种劳动不需他支付任何费用，他不过是利用闲暇时间（如果不说是以一种不能自己的热情）从事他所喜爱的活动。[2]

---

① 本书第一编第九章第四节。

② 关于自耕农对自己土地的感情，请参阅历史学家米什莱所作的如下描述。

“如果我们要想知道法国农民内心深处的思想感情，这是很容易的。请在星期天到乡下跟着农民走走。远远地盯着走在我们前面的他。现在是两点钟；他的妻子在做祷告，他穿着假日的衣服；我看出他是去看他的情妇。

“什么情妇？他的土地。

“我并非说他是直接到那里去。不，他今天没有事，可去可不去。从星期一到星期六他不是每天都去吗？因此，他转了个弯，走上另外一条路，他在别处有事。然而——他还是去了。

“确实，他经过了自己田地的附近；这是一个进去看看的机会。他到了那里，但是，看样子还不会走进去；为什么？然而——他却进去了。

“至少他不会做工；他穿的是假日的服装，他穿着干净的衬衫和上衣。可是，拔一下草，把那块石头扔出去，仍无妨碍。附近还有一根树桩，但他没有带工具，他打算在明天把它去掉。

“于是他交叉双臂，认真、仔细地察看着自己的田地。他看了很久、很久，似乎想得出我们也说过，佛兰芒的耕作者靠这种非凡的努力不仅取得了光辉的成就；而且，使他们具有如此巨大的劳动积极性的同一动力，还使他们较早地取得相当多的农业知识。在仅靠雇佣劳动进行耕作的地方，获得这种知识要晚得多。德拉凡尔纳先生就法国真正适合于小规模耕作的一些地区的小自耕农的农业技术提供了同样有力的证词。[①]"在佛兰德肥沃的平原，在莱茵、加龙、夏朗德、罗讷河各流域，小农们了解各种改良土壤和提高劳动生产率的办法，并且不惜花费多么大的费用加以实施。不管耕作如何积极，他们仍花很多钱收集大量肥料，用以恢复和不断提高地力。各种家畜养得很好，庄稼也长得挺壮实。有些地方生产烟草、亚麻、菜子、茜草、甜菜根；另一些地方生产葡萄、橄榄、洋李、桑葚，土地只把它们丰富的财富给予勤劳的人们。我们在巴黎附近花很多钱买到的菜园产品大部分不也是小规模耕作之所赐吗？"

第二节 自耕农制度具有锻炼才智的作用

对于自耕农制度，还有一点应当加以考虑，这就是把这一制度当作进行普通教育的必要手段。书本和办学校对教育来说都是绝对需要的，但是不够。智力运用得越多越能发展；有什么能比涉及许多利害关系的事使智力得到更多的运用呢？任何利益都不能忽视，而它们只有靠意志和智慧进行多种多样的努力才能得到。有

神。最后，如果他感到有人在注视自己，或者看到有人走过，他会慢慢地走开，走了30步，他停下来，转过身，向自己的田地阴沉而意味深长地看了最后一眼，但对能够看到这些的那些人来说，这一眼充满了热情、爱情和忠诚。"（J. 米什莱：《人民》，第1篇，第1章）

① 《论英格兰、苏格兰和爱尔兰的农业经济》，第3版，第127页。

些轻视小地产的人过分强调困扰莱因兰或佛兰德自耕农的烦恼和焦虑。正是这些烦恼和焦虑使自耕农胜过英国的散工。确实，说散工过的是无忧无虑的生活有点过甚其词。可以设想，在有可能失业的情况下，散工不能不焦虑不安；除非他们有机会得到教区慷慨的施与，并且不为要求得到这种施与而感到羞耻和勉强。在现在这种社会和人口的状况下，有很多事情使散工焦虑不安，这些事情没有任何鼓舞人心的作用，而且没有一件事情能够鼓舞人心。欧洲大陆自耕农的状况与此相反。令人精神沮丧、意志麻痹的那种顾虑——对能否糊口没有把握——他们已经极少。只是在诸如马铃薯歉收和普遍歉收同时发生的情况下，他们才会产生这样的顾虑。他们所牵挂的是平常收获的多少；他们所担心的是能否从生业(business of life)中取得公平合理的收入。他们已是自由人，并非老是孩子(按照现在通行的博爱主义，各劳动阶级似乎应当满足于孩子的地位)。他们不再是与中产阶级不同的阶层；他们具有与这些人相同的事业和目标，他们所受到的才智的磨炼，大部分也与这些人相同。如果在智力教育中有什么原则的话，则第一条原则应当是使这种训练对精神产生良好的影响，即，使精神成为主动的，而不是被动的。开发才智的秘诀，是让他们多做一些事情，并且使他们很想做这些事情。这一点也不贬低其他思想修养的重要性和必要性。农民拥有土地并不能防止他们变得粗鲁、自私和心胸狭窄。这要靠其他方面的影响和教育。但是对一种精神活动的强大刺激决不妨碍采用别的智力开发方法。反之，养成学以致用(即使获得的知识是片断的)的习惯，可以使上学读书更有成效(如果没有这种辅助的影响，则上学读书大多会像撒到岩石上的种子那样毫无收获)。

第三节 自耕农制度具有促使人们深谋远虑和自我控制的作用

自耕农的地位不仅能起增进智力的作用。它对树立慎重、节制和自我控制的道德风尚也大有助益。散工在劳动阶级主要是由他们组成的时候,通常是不注意节约的。他们毫不在乎地花光他们的全部收入,将来的事情将来再想办法应付。这是众所周知的事实。因此,很多对劳动阶级的福利很关心的人有一种固定的看法,即,除非在增加工资的同时能使他们的嗜好和习惯得到相应的改进,否则,增加工资对他们几乎没有什么好处。自耕农以及想成为自耕农的人处于另一个极端,他们对明天考虑得太多。他们经常以吝啬、而不是以挥霍浪费受到指责。他们摒弃适当的嗜好,为了节省而甘于藿食。在瑞士,几乎每个有储蓄能力的人都有储蓄;佛兰芒农民的事例前面已作介绍。虽然法国人是一个喜欢享乐和(被认为是)放纵的民族,但其中的农村人口充满了节俭的精神,而其节俭的程度,就全体而言,是恰当的。就个别而言则可以说是过分而不是不足。有些人住的是茅舍,吃的是树皮草根,旅行家们往往把这种情况误解为普遍贫困的证据和样本。实际上,这些人当中有不少人的皮袋里藏着很多法郎银币,除非为了实现他们的宿愿——购买土地,他们也许会在身边保存 30 年。如果说农民拥有土地这种社会状况对道德有所损害,这只是说它可能造成这样的危害,即,农民们由此对自己的金钱利益过分计较,变得狡猾起来，不怀好意地算计别人。法国的农民不是头脑简单的乡下人，也不是“莽张飞”[①]。在事实上和在小说中他们都是“狡滑的庄稼汉”。但是，这是人类才智的开发和人类的解放所必须经过的阶段，法国的农民目前正处在这样的阶段。在这一方面有点过头，同劳动阶级的漫不经心和挥霍浪费相比，其害较小，而且是暂时的；而以此作为换取自立这一最珍贵的美德（一个民族的一般特性）的代价，则这个代价是很低廉的；自立这一美德是人类具备优越品质的首要条件之一，是一种“砧木”，其他各种美德如果不在此接枝，就几乎不能生根；对劳动阶级来说，即使它要过还算可以的生活，这种品质也是不可缺少的。法国的农民和欧洲大多数国家的自耕农，都是靠这种美德胜过其他任何劳动人口的。

第四节　自耕农制度对人口的影响

一个在很多方面对节俭和审慎起促进作用的经济制度是否可能在人口增长这一根本问题上草率行事？大多数探讨过这一问题的英国政治经济学家认为这种制度会促使人口增加。麦克库洛赫先生的意见是众所周知的。琼斯先生肯定地说：[②]“报酬得自土地，并以实物消费的农民，其内在的控制力和使他们倾向于抑制人口增长的动机所起的作用是很微弱的。其结果，除非完全不以他们的意志为转移的某些外部原因迫使他们放慢人口增长率，否则，他们在有限的土地上很快会处于困乏和赤贫的状态，最终由于不可

① 见拉封丹的著名寓言。

② 《论财富的分配》，第146页。

能按自然法则获得生活资料人口增长才停止。”他在另一个地方[1]又说，这种农民“确实处于按动物本能增殖的状态，这种本能极少受上层阶级或文明人的那种使人口均衡增长的动机和愿望的制约。”琼斯先生答应在下一部著作中指出“这一特殊的原因”，但那部著作一直没有出版。因此，我无法猜测他是从什么有关人类本性和影响人类行为的动机的理论推知这种原因的。阿瑟·扬也承认“特殊”是一个事实；不过，虽然他不想使自己的意见过于和缓，他也不像琼斯先生那样把他的学说推向极端，而是如前所述，列举各种事例证明，琼斯先生所谈到的农民，既不会面临“困乏和赤贫的状态”，也不存在“不可能按自然法则获得生活资料”的危险。

对于这一问题有不同的体验，是容易说明的，到现在为止，不论劳动者是靠土地生活，还是靠工资生活，其人口总是增加到惯常的生活水准所决定的限度。当这一生活水准很低时，其他的规模或工资率也会缩小或降低到仅能糊口的程度。在自耕农制度下，人们完全可以接受极端俭朴的观念；因而如果人们一直过贫困的生活，对此已习以为常，人口就会膨胀，土地也会过度细分。但这是另一问题。真正的问题是，假定农民在其所拥有的土地足以(不是不足以)使他们过舒适生活的时候，由于漫无节制的生育而降低他们的生活水平的可能性，同生活水平与他们相仿佛的雇佣劳动者相比是大还是小？按照各种先验的(á priori)的看法，这种可能性较小。所谓工资取决于人口的多少，是一个需要思索和讨论的问题。所谓人口大量增加会引起工资下降的说法往往是不可靠的。要明确认识这一点，需要好好动一番脑筋。但是每个农民自

① 《论财富的分配》，第68页。

己就能对他的土地可否使几家人过得像一家人那样舒服作出有根有据的全面的正确估计。很少人愿意让他们的子女过得比自己差。有土地留给子女的父母完全能判断孩子们能否靠这点土地过日子,而靠工资生活的人无法弄清他们的子女为什么不能过上相同的日子,因而只能依靠偶然的机会。"甚至在最有用和最需要的工艺和制造业中",莱因先生说[①],"对劳动者的需求也是无法预见、无法估计和不稳定的";但是在小土地所有制下的"农业中,这是可能的。农民在对自己的生计进行盘算的时候,对于他所要投入的劳动,以及利用这些劳动可以从土地得到多少生活资料,都心中有数。他那块土地能不能养活一家人?他能否结婚?这类问题谁都能毫不迟疑、不假思索地回答。英国的下层阶级和上层阶级中有些人不考虑后果轻率地结婚,造成了人口过剩的弊害,就是由于缺乏可据以作出明确判断的资料,因而只能仰赖偶然的机会。在什么都不能肯定的情况下,任何人在进行测算时一定会把机遇考虑进去。这是因为,按照英国的财富分配制度,确实能够维持生活的人在国民总数中只占一小部分,而不是占三分之二。"

西斯蒙第比任何著述家更加敏锐地感觉到人口过剩给劳动阶级带来的灾难。这是他热诚地提倡自耕农制度的原因之一。他有很多机会研究若干国家自耕农制度对人口的影响。让我们看一下他的证词。

"在保存宗法式经营的国家,人口有规律而又迅速地增长,一直增加到它的自然极限,即遗产继续在几个儿子中间分了几份,只要增加劳动,每个家庭都能在一小块土地上得到同样的收入。拥

① 《一个旅行家的笔记》,第46页。

有一片广阔牧场的父亲，把牧场分给儿子，让他们把这些牧场变成农田和草地；儿子们由于不肯采用休耕法还要进行再分，农业科学的每项先进的成就，都使产权有可能进行一次再分配；但是，不用担心地主生下儿女以后会使他们沦为乞丐，因为他懂得如何给儿女们留下遗产，他知道法律会替他们平均分配这种遗产；他知道如何进行这种分配，根据自己现有的状况可能传多少世代，而且无论是农民还是绅士都同样有一种正当门庭的自尊心，在使自己的子女遭到他所不能供养的程度以前，就会自动停止生养子女。即使生下了子女，这些儿女至少还可以不结婚，或者他们在几个弟兄之间推举一个接替香火的人。在瑞士的各州里，虽然由于到外国服役的风俗，农民的子女可以找到少有的出人意料的好差事，但是他们的遗产决没有被分得使自己的后代不得温饱的现象，这种情况间或也促进了他们的人口过剩。”①

关于挪威的情况也有类似的证词。虽然那里不存在有关长子继承权的法律或习俗，也不存在可以吸收过剩人口的制造业，但地产的细分并未达到有害的程度。“将土地分给子女的制度”，莱因先生说，“已经实行了一千年，从未出现过地产缩小到最低限度，以致无法维持人们生命的情况。我看到各农场有 25 头到 40 头母牛，在挪威，一个农民在 1 年中至少有 7 个月要为所有的牲口准备干饲料和畜棚。显然有某种原因使土地集中，抵消了将地产分给子女的作用。按照我长期的揣摩，在这样的社会制度下最实在的原因只能是，在不实行爱尔兰那样的租地制度，人们拥有全部土地所有权的国家，共同继承人的死亡和女性继承人嫁给（同样的）地主所

① 《政治经济学新原理》，第 111—112 页。

造成的地产集中，足以抵消子女的平等继承所造成的土地细分。我可以设想，在这种社会状况下，在任何时期，全部财产会由同样多的年收入 1000 镑、100 镑和 10 镑的地产构成。”不过，这种情况的实际出现，要以全社会对人口实行广泛有效的审慎的控制为条件，将这种审慎的人口控制部分地归功于自耕农制度特别适合于促进人口控制，是合乎情理的。

“在瑞士的某些地区”，凯先生说①，“例如在阿尔戈维州一个农民在 25 岁以前是决不会结婚的，通常结婚年龄比这要大得多。在这个州里，妇女在 30 岁以前出嫁的也很少。……土地的分割和土地的廉价转让不仅促进了农村劳动者的节俭，对小城镇的劳动者也有同样的作用，虽然在程度上也许差一些。小城镇的劳动者习以为常地在近郊拥有小块土地，作为自己的菜园，在傍晚进行耕种。他们在这里种植全家冬天所需的蔬菜瓜果。每天工作干完以后，他和家人聚集在菜园里干一小会儿，按照季节的要求进行栽培、播种、除草，或做播种和收获的准备工作。想拥有这样一个菜园的欲望对巩固审慎的习惯和抑制草率的结婚起着非常强烈的作用。阿尔戈维州的一些制造商告诉我，一个市镇居民在买到一处菜园或一处菜园和房屋之前很少会感到满足；城镇的劳动者通常要把他们的婚事推迟几年，以便积蓄起足够的钱来购买这些奢侈品中的一件或两件。”

同一位作者以统计资料证明②，普鲁士的平均结婚年龄不仅比英国要大得多，而且“通常愈来愈大”，同时，“在普鲁士出生的私

① 第 1 卷，第 67—69 页。
② 同上书，第 75—79 页。

生子也比欧洲其他任何国家少”。凯先生还说[①]，“不论我在德国北部还是在瑞士旅行，所有的一切都使我确信，所有的农民都想得到土地，这种欲望可能是对人口过度增长最有力的牵制”。[②]

按照驻在奥斯坦德的英国领事福切先生的看法[③]，在佛兰德，租地农民的儿子和具有当租地农民的资力的人都会把他们的婚事推迟到他们拥有一个农场以后再办。“他们一旦成为租地农民，其下一个目标就是当地主”。驻在哥本哈根的领事布朗先生说[④]：“丹麦人有了储蓄，首先是拿它买钟，其次是买马和母牛，用以出租，以取得很高的利息。他的志向是成为一个小地主。在丹麦，这种人的境况比任何人都好。确实，我知道这种人在生活上真正需要的物品虽然比劳动者多得多，但他们很容易取得这些物品，这是任何国家的任何人都力所不及的。”

但是，法国的经验同自耕农制度具有造成人口过剩的倾向的说法存在明显的矛盾。该国的实验并不是在最有利的情况下进行的，大部分地产过于细小。法国土地所有者的精确数目没有弄清，但从低估计也不会比500万少很多。即使对一家人数作最低限度的估算（对法国来说应当从低估算），拥有或有权继承地产的人也远远多于人口的一半。因此，大部分地产都小得无法维持土地所有

① 第1卷，第90页。

② 普鲁士统计部长在《普鲁士人民的生活状况》一书中用数字证明了人均粮食和衣着消费量有巨大和连续的增长，并由此正确地推断农业生产力也有相应的增长。他接着说，“1831年以来，地产的分割愈益在全国各地盛行。现在独立的小土地所有者远比过去为多。在依赖别人的劳动者中间有很多穷人诉苦，但我们从未听到自耕农当中有人抱怨日子越来越难过”。转引自凯先生的著作，第1卷，第262—266页。

③ 见给济贫法调查委员会委员们的一封信，此信刊载于他们的《国外通信集》，第640页（第一份报告的附件F）。

④ 同上书，第268页。

者的生计。按照某些计算的结果,在这些所有者当中有 300 万人不得不靠当雇工或按分益制佃种较多的土地来弥补生计的不足。如果拥有的地产不足以使这类所有者可以不靠工资过日子,这类所有者就会失去很多特有的效能,如对过剩人口的控制。英国人常常预言法国会变成“挤满贫民的地区”。即使这一预言实现,也不能证明这种农业经济制度在其他情况下不具有抑制人口增长的作用。但事实到底怎样?法国的人口增长率在欧洲是最低的。革命使得人民一下子摆脱毫无希望的悲惨处境而过上富裕的生活。在大革命时代,人口有了很大的增长。但是,出生于优裕环境、没有体验过悲惨生活的一代新人成长了;节俭精神在他们身上产生了最明显的作用,使人口的增长得以不超过国民财富的增长。在劳教授所制作的一张表上,列出了各国人口的年增长率。1817—1827 年间法国人口的年增长率为 0.63%,而同一时期英国为每年 1.6%,美国约为3%。[①] 按照勒哥特先生曾作分析的各种官方报

① 其表如下(见劳先生巨著的比利时译本,第 168 页):

美国	1820—1830	2.92%
匈牙利	(按照罗雷尔的计算)	2.40%
英国	1811—1821	1.78%
英国	1821—1831	1.60%
奥地利	(罗雷尔)	1.30%
普鲁士	1816—1827	1.54%
普鲁士	1820—1830	1.30%
普鲁士	1821—1831	1.27%
荷兰	1821—1828	1.28%
苏格兰	1821—1831	1.30%
萨克森	1815—1830	1.15%
巴登	1820—1830(霍尼许)	1.13%
巴伐利亚	1814—1828	1.08%
拿不勒斯	1814—1824	0.83%

(接上页注文)

法国	1817—1827(马蒂厄)	0.63%
	最近(摩罗·德·戎内)	0.55%

但劳先生在附注中说,摩雷·特·琼斯提供的数字并不完全可信。

奎特勒特先生编制并收入劳先生著作的下表(见《论人类及其才智的发展》第1卷,第7章)中含有一些新的资料,某几项的数字与上表有所不同,这也许是由于作者采取了不同年份的平均值:

爱尔兰	2.45%
匈牙利	2.40%
西班牙	1.66%
英国	1.65%
莱茵河普鲁士	1.33%
奥地利	1.30%
巴伐利亚	1.08%
荷兰	0.94%
那不勒斯	0.83%
法国	0.63%
瑞典	0.58%
伦巴第	0.45%

《经济学家》杂志1847年5月号载有勒哥特先生精心编写的一个报告,下表概述了其中揭示的1846年法国人口调查的结果。

国　　名	据人口调查(%)	据出生数与死亡数的差额(%)
瑞典	0.83	1.14
挪威	1.36	1.30
丹麦		0.95
俄国		0.61
奥地利	0.85	0.90
普鲁士	1.84	1.18
萨克森	1.45	0.90
汉诺威		0.85
巴伐利亚		0.71
符腾堡	0.01	1.00
荷兰	0.90	1.03
比利时		0.76
撒丁尼亚	1.08	
大不列颠(不包括爱尔兰)	1.95	1.00
法国	0.68	0.50
美国	3.27	

告[①],1801—1806 年的人口增长率每年为 1.28%,1806—1831 年平均只有 0.47%,1831—1846 年平均为 0.60%;1836—1841 年为 0.41%,而 1841—1846 年为 0.68%。[②]在 1851 年的人口普查中,5 年间人口仅增长 0.71%,或每年 0.14%。因此,用德·拉韦涅的话来说,"法国人口几乎不再增加"[③]。甚至这样缓慢的增加也完全是死亡人数减少的结果;出生人数毫不增加,而出生人数对人口的比例则不断减少。[④]在人口这样缓慢地增长的同时,资本迅速增加,因而劳动阶级的状况有了明显的改善。这一阶级中土地所有者的生活状况不容易精确地查清楚,当然是变动极大;但在大革

① 《经济学家》杂志 1847 年 3 月号和 5 月号。

② 勒哥特先生的看法是,1841 年的人口数被缩小了,因而 1841—1846 年间的人口增长率被夸大了;整个时期的实际增长率当为最后两个平均值之间的某一中数,换句话说,不会超出 0.5%太多。

③ 《经济学家》杂志 1847 年 2 月号。在该刊 1865 年 1 月号中,勒哥特先生对几个数字作了一点改动(我认为是改正过去的数字)。这些百分比依次为 1.28、0.31、0.69、0.60、0.41、0.68、0.22 和 0.20。最后一次人口调查,即 1861 年的人口调查所得的百分比为 0.32(新得各县未计),略有回升。

④ 勒哥特先生所列举的数字如下:

	年出生数	在全国人口中所占的比率
1824—1828 年	981914	1/32.30
1829—1833 年	965444	1/34.00
1834—1838 年	972993	1/34.39
1839—1843 年	970617	1/35.27
1844—1845 年	983573	1/35.58

按照勒哥特先生的说法,最后两年出生数增加是受大批移民入境的影响。他又说:"在人口和结婚都持续不断地增加(虽然不很快)的同时,出生数如此减少,这只能归因于一些家庭的慎重和深谋远虑。如所预料,这是我国的各种法律和社会制度所造成的结果。动产和不动产的日益细分唤起了我国人民守旧和追求舒适生活的本能。"

在诺曼底的 4 县(最繁荣的 2 县)内,死亡数甚至超过了出生数。1856 年的人口调查表明在 86 个县中有 54 个县人口绝对减少。这是一个值得注意的事实。它有力地批驳了所谓"挤满贫民的地区"的论调。参阅德·拉韦涅的报告所作的分析。

命时期没有从地产的变动中得到任何直接利益的单纯的劳动者，从那时起毫无疑问在生活条件上有了很大的改善。[1]劳博士还证明，在土地也许分得过细的另一个地方——巴拉廷纳，也存在类似

[1] “我国人口中仅有工资收入，因而最容易陷入贫困的阶级，现在(1846 年)在衣、食、住等方面同本世纪初相比都有很大的改善。这一点，凡是记得本世纪初的情况、并且能够把它同现在的情况作比较的人，都可以证明。在这个问题上如有怀疑，可以像我在一些地方做过的那样，请教一下老农和老工人，一切怀疑就会消除，他们不会提供任何相反的证词。我们还可以信赖精细的观察家维莱默先生在《关于劳动阶级的道德和物质生活状况的描述》第二册第 1 章中收集的事实(克莱芒:《贫困原因的研究》，第 84—85 页)。同一作者说(第 118 页)：“1789 年以来，农业散工的工资增加了不少”；并说甚至城镇居民中通常生活状况最悲惨的那部分人的生活水平也有了提高。他列举了下面的证据：“在最近 15 或 20 年中，我国工业城镇的工人的习惯有了很大的变化：他们现在花在衣着和装饰品上的钱比以往多得多。……某些部门的工人，如里昂的丝绸工人，”(从各种陈述看，这些工人同地位与他们极其相似的我国的职工一样，是工匠阶级中工资最低的部分)“他们不再像以前那样衣衫褴褛了”(第 164 页)。

1862 年作者补记：在本书前几版中记述的上述材料，就当时我所见到的材料而言是最好的。但在今天，更新、更详细、更精确的例证已可在德·拉韦涅先生的重要著作《1789 年以来法国的农村经济》中看到。按照这位刻苦钻研、见多识广和公正无私的研究者的说法，大革命开始以来，法国劳动者的平均日工资已以 19 对 30 的比率提高，而由于就业状况也比过去稳定，劳动者的总收入以更大的比率，即不少于两倍的比率增加。德·拉韦涅先生的陈述如下(第 2 版，第 57 页)：

“阿瑟·扬估计平均日工资为 19 苏($9\frac{1}{2}$便士)，这一金额现在大约相当于 1 法郎 50 生丁(1 先令 3 便士)，但工资的这种增加仅仅反映劳动者生活改善的一部分。虽然农村人口的数量同过去一样，1789 年以来增加的人口都集中在城镇，实际工作日数增加了。这是因为，第一，人们的寿命延长了，体格健全的人多了。其次，劳动组织得比较好，这部分是由于取消了某些节日，部分是由于比较活跃的需求所起的作用。如果我们考虑到工作日数增加了，那么，农村工人的年收入当已增加 1 倍。这种工资的增加至少会使劳动者的生活得到相应的改善，因为主要生活必需品的价格变动极小，而工业产品，例如纺织品的价格都大大地降低了。劳动者的居住条件至少在大部分(如果不是全部)省份中也得到了改善。”

德·拉韦涅先生估计的平均日工资额，是根据这种观点和其他各种经济观点，就法国各省的情况进行细致的比较以后得出的。

的事实。[①]

我不知道有什么有根有据的事例可以支持自耕农制度会促使人口迅速增殖的主张。自耕农制度未能制止人口激剧增长的事例肯定可以举出一些，其中主要的一个就是比利时；可是，比利时人口增长的前景如何，目前显然还不能断定。比利时在欧洲大陆是人口增加最快的国家；但该国的各种情况要求、也必然很快会制止人口这样快地增加，不过，要做到这一点，必须克服现有的强大的习惯势力。天主教的圣职在人们的心目中具有很大的势力，他们在任何地方都激烈反对限制人口，对人们有很大的影响。这是妨碍人口控制的不利条件之一。然而，必须记住，该国人民坚持不懈的辛勤劳动和卓越的农业技术已使得目前这种增长速度实际上没有什么害处了。尚未分割的很多大地产通过逐步分割而成为增加（必要的）总产量的资源；此外，还有很多大的工业城镇、采矿和采煤地区吸收和雇用了每年增加的人口中相当大的一部分。

第五节　自耕农制度对土地细分的影响

但是，甚至在人口过剩随同自耕农制度一起出现的地方，这一

① 见前曾摘引的劳博士论述巴拉廷纳农业的小册子。他说，战争最后几年的日工资特别高，并一直持续到1817年，以后货币工资额有所减少，但很多商品的价格降得更多，因而民众的生活状况有了明显的改善。雇主给予农场劳动者的食物在数量和质量两方面也都有很大的改善。“在大约40年以前比较贫苦的阶级只能得到很少一点肉和布丁，根本得不到干酪、黄油之类的食物，同那个时候相比，今天好多了。”（第20页）“这种工资的增加”（这位教授又说），“不应当以货币估算，而应当以劳动者能够得到的生活必需品和便利品的数量来估算，按照公认的看法，这证明资本量必定增加了”。不仅如此，这也证明劳动人口没有以同一比率增加；因此，这一事例同法国的事例一样，表明土地即令分得很细，基于慎重的考虑而实行的对人口的控制仍会有所加强。

弊害也不一定会带来另一经济上的损害，即土地的过度细分。地产即使分得很细，也不能说农场必定很小。正如大地产完全可以和小农场并存一样，小地产也可以同规模相当大的农场并存；占用权的细分不是自耕农生育过多的必然后果。佛兰芒的农民对于同自己的职业有关的事物，早已具有令人钦佩的知识。劳博士说：[①]"不分割地产的习俗和认为这种习俗是有利的看法，在佛兰德广为流传，因此，即使在现在，如果一个农民死后留下几个孩子，虽然这个农民的遗产不是限定继承人的财产，也不是托管财产，他的那些孩子也宁愿把地产整个卖掉，而均分所得到的价款，因为他们认为，这种地产同宝石一样，一经分割就会失去价值。"法国农民也普遍具有这种想法，这从土地的出卖异常频繁可以看出；10 年间出卖的土地共达全国土地的四分之一。帕赛先生在他的小册子《论 1800 年以来厄尔县农业状况的变化》[②]中记载的其他事实也证明了同一结论。他说："这个县的事例证明，在地产的分割和耕作的分配之间并不像某些著述家曾经设想的那样存在一条牢不可破的纽带。所有权的易手不会对地产的规模产生明显的影响。在实行小规模耕作的地区，属于同一所有者的土地常常分给很多佃户耕种，而在主要实行大规模耕作的地方，同一个农场主租种几个地主的土地也并非罕见的事情。特别是在维克辛平原，很多有活动能力和富有的耕作者并不以拥有一个农场为满足；其余的农民也要

① 布鲁塞尔出版的译本，第 334 页。这段话是劳博士作为一种典据从施威茨所著《农业》第 1 卷第 185 页中摘引的。

② 《经济学家》杂志刊载的许多重要文章之一。该刊是法国主要政治经济学家的刊物，他们的知识才能给他们带来了很大的、越来越大的荣誉。帕赛先生的论文曾以小册子形式出版。

在自己租用的土地之外，另行租用四邻所能租用的一切土地。从而使总面积在某些情况下达到或超过200公顷(500英亩)。”“地产分得越细，这种活动就越频繁。因为它们对有关各方都有利，也许今后会形成习惯。”

德·拉韦涅先生说：[①]“在某些地方，例如在巴黎邻近，实行大规模耕作的好处很明显，因而农场的规模有扩大的趋势，好几个农场合并为一个农场，一些农场主通过向若干地主租借小块土地来扩大他们的农场。在其他一些地方，太大的农场和地产却趋向于分割。耕作总是自然地趋向最适合的组织形式。”据同一著名作者说[②]，诺尔、索姆、加来海峡、下塞纳、埃纳和瓦兹都是小耕地最多的县份，它们都是法国最富饶、耕作得最好的地方，其中尤以首先列举的诺尔为最；这是引人注目的事实。

无可怀疑，土地分得过细和占用的土地过小，在某些自耕农较多的国家，特别是在德国和法国的部分地区已经成为具有普遍性的弊病。巴伐利亚政府和拿索政府认为对土地的细分有必要在法律上加以限制。普鲁士政府打算对莱茵各省的地产采取同样的措施(没有成功)。但是，我并不认为小规模的耕作在任何地方都是在小农制度下实行的，而大规模的耕作则是在大地主制度下实行的。相反，我认为，在小地产分别属于很多地主的地方，大地产也是分成许多小块租佃给很多农场主。两者的原因都是资本不足，技术和农业经营处于落后状态。有理由相信，法国土地的细分都可

① 《法国的农业经济》，第455页。

② 第117页。关于具有类似倾向的各种事实，请参阅同一重要论著的第141、250等页。另一方面，对于土地分得过细，或分得同土壤和产品的性质不相适应所造成的有害后果，书中也列举了很多例证。

以用这种原因来说明；细分的程度在减少，而不是在增加；对于某些地区土地的日益细分感到恐惧（无论是现实的恐惧还是口头上的恐惧），是毫无根据的。①

如果自耕农制度对于土地的细分超出与一国的农业习惯（一国大地产所具有的习惯）相适应的程度有某种促进作用，则其原因当为这一制度所具有的各种有益作用之一，即，这一制度对于尚未成为自耕农而希望成为自耕农的人们厉行节约给予很大的鼓励。在英国，农业劳动者即使有储蓄，也没有地方可以投资，只能把钱存入银行，而且，即使他们可以通过节约提高自己的地位，他们也只能提高到常有破产之虞的小店主的地位；因而，在英国的散工中间丝毫看不到那种旨在使自己上升为地主的强烈的节约精神。按照几乎所有的权威人士的看法，土地细分的真正原因是，人们与其把土地整块卖给富有的买主（他们只想靠收取地租过活，而不想改良土地），不如把它卖给农民（他们想以很少的储蓄购买土

① 莱因先生在其近著《关于 1848 年和 1849 年欧洲人民社会和政治地位的考察》（本书极力赞扬英国，毁谤其他各国的任何事物，而这些事物是别人认为值得赞扬的，甚至作者过去的著作也是这样认为的。）中声称，在地主去世的时候，“虽然土地本身没有分割或再分，土地价值的分割对社会进步也是不利的。被分割的各个价值对土地来说都是一种债务或负担。”因此，农业人口的处境恶化。“虽然土地的分割一仍其旧，耕作也不比以前差，但农民的生活却一代不如一代。”他以此事说明法国小地主为什么负债累累。（第 97—99 页）如果他的这些说法是正确的话，那么，莱因先生在其他一些著作中明确肯定，在本书中加以重申的所谓土地的占有对防止人口过剩具有特殊作用的一切说法都将被否定。但是，他对事实全然误解了。在他提到的各国中他实际经历过的国家只有挪威一国，而对这个国家，他并不说那里自耕农的生活状况在恶化。其所引用的各种事实表明，即使对比利时、德国和瑞士三国来说，他的主张也是不切实际的；又，关于法国人口缓慢增长所记述的事实也证明，如果法国农民的生活状况在恶化，那也不是由于莱因先生所设想的原因。我认为，实际情况是这样的：在主要实行自耕农制度的任何国家，民众的生活都在改善，土地的生产物，甚至土地的肥力也在增加，由于在供养各农业阶级之后还有大量剩余，城镇人口和居民的生活水平都与日俱增。

地，作为一种投资)，因为这可以使他们得到较高的代价。获得这种投资机会的希望，对没有土地的农民来说是最有力的诱惑，它诱导他们勤劳、节俭和自制，以实现他们的奢望。

通过就自耕农制度的直接作用和间接影响进行的这种研究，我以为如下几点可以给予肯定，这就是：在这种形式的土地所有制和生产技术的不完善状态之间没有必然的联系；对最有效地利用地力来说，这在很多方面是有利的，而在其他很多方面又是不适宜的；在现存的农业制度中，没有什么制度能够对国民的勤劳、才智、节俭和审慎产生比自耕农制度更大的积极作用，总的说来也没有什么制度能够比自耕农制度更为有力地阻止农民轻率地增加人口；因此，总的说来，没有什么制度能够在精神上的福利和物质上的福利两方面起比自耕农制度更大的促进作用。与利用雇佣劳动的英国耕作制度相对照，不能不认为自耕农制度是对劳动阶级极为有利的[①]。我们也可以把这一制度同劳动者社团的土地共

① 法国的历史引人注目地证实了这些结论。在以往的年代里，农民有三次成为土地的买主；而在每次购买以后不久都出现了法国农业的主要繁荣时期。

历史学家米什莱说(《人民》，第1编，第1章)："在最坏的普遍贫困时期，甚至富人也穷得不得不靠卖东西过日子，在这个时候，穷人倒可以购买物品。因为没有别的买主争购，穿着破衣服的农民带上金币到卖主那里，买下一小块土地。在受灾时期(这时农民能够以低价购得土地)之后，总会出现人们意想不到的突然繁荣，例如，在接近1500年时，法国被路易十一搞得筋疲力尽，似乎会在对意战争中彻底覆灭，参加战争的贵族们不得不将土地出售，而土地易手以后，农业却突然开始兴旺起来；人们开始劳动和建设。宫廷历史学家们将这一幸运时期称之为明君路易十二时代。

"不幸的是这一时期并未持续多久。土地刚刚能重新利用，收税官就来骚扰，接着，宗教战争发生，将一切夷为平地；还有令人畏惧的灾难，可怕的饥荒，在这些灾祸中，甚至出现母以子为食的现象。谁还会相信这个国家能够恢复？但战争刚刚结束，就从荒芜的田园和烧焦的村舍中涌现出农民窖藏的钱财。农民购置了土地；10年之后，法国面目一新；过了二三十年，一切财产的价值都增加了一两倍。这个时期，人们又以宫廷式的名称命名，称为明君亨利第四和伟大的黎塞留时代。"

有制作比较，不过目前尚无此必要。

关于第三个时代无需再说；它就是大革命时代。

任何人想研究与以上所述相反的情况，都可以把以大地产的分割和小地产的发展为特征的这些历史时期，和英国的一个历史时期比较一下，在这个时期，英国遭遇遍及全国的民族灾难，由于“清除”小自耕农，给大牧场腾地（这是16世纪英国历史上的重大经济事件），劳动阶级的状况永恒恶化。

第八章　论分益佃农

第一节　分益佃农制度的性质及其种类

以上所述是土地和劳动的产品并不分割，完全属于劳动者的情况，以下进而论述这些产品被分割，但仅在劳动者和地主两个阶级之间分配的情况；这时，资本家的角色有时由劳动者担任，有时由地主担任。确实可以设想，只有两个阶级分享产品，而资本家阶级可作为其中之一；劳动者和地主两个角色合并为另一者。这种情况可能以两种方式出现。其一为：劳动者，尽管拥有土地，可以把土地租给某个承租人，并受后者雇用。但这种情况即令会出现也非常少，它和劳动者、资本家与地主的"三重制度"也没有什么实质上的不同，因而不需要进行专门的讨论。另一为：自耕农拥有并耕种土地，但其所需要的小额资本，是以其土地抵押而借来的。这种情况并不罕见；它也具有很大的特殊性。这时，只有一个人，即农民本人才有权干预经营。像以一定的金额付给政府作为税金一样，每年以一定的金额付给资本家作为利息。我不想详细论述这些情况，仅就其具有显著特色者叙述如下。

当分享产品的双方是劳动者和地主时，在二者中何者提供资金，或像有时发生的那样，二者按一定的比例分摊资本，这不很重要。主要的差别不在这里，而在于二者之间产品的分配是由习俗调节还是由竞争调节。我们先讲前一种情况；其主要的——在欧洲几乎是惟一的——实例是分益佃农的耕作。

分益佃农制度的原则是劳动者或农民与地主直接订立契约，他不是以货币或实物支付固定的地租，而是按产品的一定比例(或者更确切地说，按从产品中扣除认为维持资本所必需的部分以后剩余的部分的一定比例，支付地租。这个比例(其含义一如其名)通常是对半开；但在意大利的某些地方是四六开。关于资金的供应，各地的习俗颇为不同；有些地方全部由地主提供，在另一些地方是地主提供一半，还有一些地方是地主提供特定的部分，例如耕畜和种子，而由劳动者准备农具[①]。“这种协议”，西斯蒙第说，主要是讲托斯卡纳的情况，[②]“经常是契约的内容，并指明对分制佃户要缴纳的租金和应从事的劳动项目；然而，这些人的义务与另外一些人的义务，它们的差别极微小；日常惯例同样能处理所有的契约；它可以补充条款中没有表明的项目，土地主人如果要排斥惯例，想比邻近的地主取得更多的地租，不想对半分成，那就会引起别人的憎恨，他确信找不到忠诚老实的佃户，至少在每个省份，佃

① 按照阿瑟·扬的说法(第1卷，第403页)，法国大革命以前，在这一方面，各地的情况大不相同。在香槟，“地主通常要供给耕牛和种子各一半，而分益佃农出劳动、农具并负担税收；但在有些地区，地主对这些也要分担。在罗西龙地主负担赋税的一半；在几内，从欧什到弗留兰，很多地主承担全部税收。在阿吉龙附近的加龙河边，分益佃农提供一半牲口。在南吉斯的法兰西岛上，我曾看到这样的协议：地主提供牲畜、农具、马具和税收，分益佃农则负担劳动及其本身的人头税；地主承担修理房屋和大门，而分益佃农承担修窗子；地主提供第一年的种子，分益佃农提供最后一年的，在其他年份各出一半。在波旁内，地主提供各种牲畜，但分益佃农要按他的意愿进行销售、交换和购买；这种买卖和交换的账目由地主的管家管理，因为分益佃农出卖产品得到的价款，地主要收取一半，而分益佃农在各种购买中支付的价款，地主要承担一半。”在皮德蒙特，他说，“地主通常承担纳税和修理房屋，承租人则准备耕牛、农具和种子。”(第2卷，第151页)

② 《政治经济学研究》，第6篇，《论托斯卡纳农民的生活状况》。

户的契约都是一样的，这种契约也从来没有给寻找职业的农民提供哪种竞争机会，对谁也没有提供过低廉的价格来耕种土地。”夏托维奥讲到皮德蒙特的分益佃农时，也有与此相同的叙述。[①]“他们把农场当作世袭财产，从未想过更新租约，只是一代一代地按同样的条件执行，既无书面的东西，也不登记。”[②]

第二节　分益佃农制度的优缺点

如果产品是按固定的习惯，而不是按变动不居的契约分配，则在政治经济学中无须研究分配法则。在自耕农的情况下所须考察的只是，第一，这个制度对农民精神上和物质上的影响如何，第二，它对劳动效率的影响如何。在这两方面，分益佃农制度具有自耕农制度所特有的优点，只是其有利程度较低。分益佃农勤奋努力的动机不像自耕农那样强，因为勤劳的成果只有一半、而非全部归他自己所有。但他们的这种动机比散工要强得多，后者对勤劳的成果毫不关心，他感兴趣的事只是不被解雇。如果分益佃农不违反契约，是不会被撵走的，所以他所具有的勤奋努力的动机比没有租地权的任何佃农（tenant-farmer）强烈。分益佃农至少同他的东

① 《意大利来信》。所引文摘自里格贝博士的译本（第22页）。

② 然而，土地使用的这种事实上的固定性，即令在意大利也不是普遍存在的。西斯蒙第把那不勒斯的一些地方、卢卡、热那亚的里维拉（在这些地方，地主从产品中分得的份额虽然仍然固定不变，但为数较多）分益佃农的生活比较困苦归因于没有这一权利。在这些地方，耕作很好，但人民极为贫困。“如果公共舆论不维护农民利益的话，托斯卡纳的人民也可能遭到同样的命运；这里的地主换一个对分制佃农，却丝毫不改变原来的契约，但是尽管如此，却不敢提出在当地没有过的苛刻条件。”（《政治经济学新原理》，商务印书馆1977年版（下同），第128页）

家有共同经营的关系，并且可以同后者平分共同的收益。而且，他的永佃权是靠习惯保证的，因而他对土地颇为喜爱，也就是多少具有土地所有者的感情。我在这里是假定这一半产品足以使他过舒适的生活，但实际上是否如此，取决于（如果农业情况没有变化）土地细分的程度；而土地细分的程度又取决于人口原理的作用。人口增长超过土地所能适当地供养的数量，或超过工业所能吸收的数量，这种情况甚至对自耕农来说也是难以避免的，当然对分益佃农来说更是屡见不鲜。然而，我们曾经说过，在自耕农制度下促使人们在这方面慎重从事的倾向，在分益佃农制度下同样普遍。对自耕农来说，他们能否养活一家，是容易准确地计算出来的。如果容易看出拥有全部产品的所有者（译者按：指自耕农）能否靠提高生产在同样的生活水准下养活更多的人，则拥有一半产品的人（译者按：指分益佃农）也能同样简单地做到这一点。① 分益佃农制度除具有自耕农制度所拥有的各种人口控制力以外，似乎还具有另一种人口控制力，即在此时，地主可以拒绝同意土地的细分来发挥控制作用。然而，我并不认为这种控制十分重要，因为农场即使不细

① 巴师夏断言，即令在法国——无可否认，在有关分益佃农制度的事例中，它是推行这一制度最不顺利的国家——这一制度在抑制人口方面的作用也是引人注目的。

“过度繁殖的倾向主要表现在靠工资生活的阶级身上。这是一个业已查明的事实。对这些人来说，为了未来而推迟结婚的深谋远虑几乎不起任何作用，因为人口过多导致的竞争所产生的弊害，在他们看来，其事态很不明显，或者在遥远的将来才会出现。因此，一个民族的社会组织如果不包含固定的雇佣劳动者阶级，对这个民族是最有利的。在实行分益佃农制度的国家，婚姻主要取决于耕作的需要；如果由于某种原因，人数不足以致生产受到妨碍，它会增多；人满为患则会减少。农场的规模和人口数目之间的比例，是否像原先的想法那样产生影响，并取得较大的效益，是一件易于查明的事。因此，假如不能为过剩人口找到出路，人数就保持不变，像在法国南方各县可以看到的那样。”（《关于分益佃农制度的考察》，《经济学家》1846 年 2 月号。）

分也可以负担过剩人口的生活，而且，人口增长几乎总是使总产量提高，在这种情况下，取得一半产品的地主是直接受益者，只有劳动者受到烦扰。毫无疑问，地主最后会因劳动者贫困而倒霉，他们不得不贷款给劳动者，特别是在歉收时节；对最终麻烦的这种预见，对于重视未来安全更甚于眼前利益的地主可以产生有益的作用。

对于分益佃农制度所特有的缺点，亚当·斯密作过极为清晰的描述。他指出，对分益佃农来说，"生产总额愈大，他所占有部分亦愈大。所以，他们的利益，显然在于能够生产多少，就生产多少。"接着他又说：① "不过，在对分佃耕制下，土地仍不能得到大的改良。地主既可不费分文，而享受土地生产物的一半，留归对分佃农享有的自属不多。在这不多的部分中，所能节省的更是有限。对分佃农决不愿用这有限的节余来改良土地。教会什一税，不过抽去生产物十分之一，已是土地改良极大的障碍。抽去生产物的一半，一定会切实阻止土地的改良。用地主供给的资本，从土地尽量取得最大量的生产物，固然是对分佃农所愿望，但若以自有资本与地主资本混合，却绝非对分佃农所愿的。在法兰西，据说，有六分之五的土地，仍由对分佃农耕作。地主常常指摘农民，不用主人的牲畜耕田，而用来拖车。因为，拖车的利润，全部归于农民，耕田的利润，却须与地主平分。"

在租佃制度下，一切要花费资本的改良必须靠地主的资本来进行，这确是这种制度的根本性质所在。然而，不论佃农是随时可以夺佃的，还是（如果阿瑟·扬是正确的话）以"9年为期的"，甚至

① 《国民财富的性质和原因的研究》上卷，第355、356页。

在英国，情况基本上也是这样。如果地主愿意提供改良所需的资本，分益佃农会抱着强烈的兴趣促其实现，因为由此产生的利益一半会归他本人。但是，在分益佃农永久享有租地权（我们现在谈论的，是习惯赋予他们的那种权利）的情况下，一切改良都必须取得农民的同意；而农民具有墨守成规、厌恶革新的特性，如果不通过教育加以改变，毫无疑问（拥护这种制度的人也承认），这会成为改良的一个严重障碍。

第三节　有关各国分益佃农制度所起作用的例证

分益佃农制从英国官方那里得不到任何同情。"这种做法毫无可取之处"。阿瑟·扬说[①]，"反对它的理由可以举出万千条。分益佃农制度保存下来的理由只有一个，那就是'迫不得以'；租地农民十分贫困，致使地主必须在农场种牧草，否则就根本不会种牧草。这是最使地主痛心疾首的负担，他被迫用所有的办法中最危险的办法来进行耕种，把他的财产交到一般是无知的、大多是粗心大意的、少数显然是邪恶的人的手中……在所有的租地方式中最糟糕的这一方式下，受骗的地主所收到的租金微不足道；农民处于极其贫困的状态，土地的耕作十分粗劣；国家同有关各方一样受到严重的损害……。在这一制度盛行的地方[②]，没精打采的、可怜的居民必然到处可见。……我在米兰内斯所看到的那些贫瘠、干旱

① 《旅行》第1卷，第404—405页。
② 《旅行》第2卷，第151—153页。

的土地，都在分益佃农的手里。”他们几乎无时不向地主借用种子和粮食，“他们的生活状况比散工还要悲惨。……[①]只有几个区”（在意大利）“是以货币地租将土地租给佃农耕种的；但凡采取这种办法的地方，其收获量都很大。这是分益佃农制度拙劣的明显证据。”“凡是采用分益佃农制度的地方”，麦克库洛赫先生说，[②]“所有的改良都陷于停顿，而耕作者则处于极为困苦的状态”。琼斯先生[③]也赞同这一流行的看法，并摘引杜尔哥和德斯蒂-特拉西的意见作为根据。然而，所有这些著述家的印象（尽管阿瑟·扬有时提到意大利）看来主要是来自法国，大革命以前的法国。[④]现在处于这个旧制度下的法国分益佃农的状况再也代表不了这种契约的典型形式。在这种形式下，地主得负担所有的赋税。但是在法国，对于贵族免交直接税，政府将他们日益增加的苛捐杂税全部压在土地占用者的肩上。杜尔哥曾将分益佃农的生活极为悲惨归咎于这些苛捐杂税，在某些情况下，他们的生活状况是无比恶劣的，在利穆赞和安哥穆（他所管理的省份），按照杜尔哥的说法，在扣除一切负担以后，剩下供每人全年消费之用的金额很少超过25到30里佛尔

---

① 《旅行》，第2卷，第217页。

② 《政治经济学原理》，第3版，第471页。

③ 《论财富的分配》，第102—104页。

④ 德-特拉西的看法有些不一样，因为他的见闻远及大革命时期以后；但是他承认（像琼斯先生在别的地方讲的那样），他所了解的仅限于土地分得很细而地力不肥沃的地区。

帕赛的看法是，因为地主可以索取的生产物在总产量中所占的比例过高，法国农民在分益佃农制度下必然会陷于贫困，耕作也一定很糟；只是在比较有利的气候条件下农民才能在某些土地（不算最肥沃的土地）上种植生产费用较多而价值较高的农业生产物，而在将这些土地的总产量的一半作为地租付给地主以后还有剩余（《论耕作制度》，第35页）。这只是对某一特定比例提出的反对意见。这种比例确实是常见的，但并不反映这个制度的本质。

(20到24先令)。“我不是指现金,而是就其全年收成中他所消费的全部实物以现金来估计。”[①]他们不像意大利的分益佃农那样具有事实上的永佃权(阿瑟·扬说[②],“在利穆赞,分益佃农比仆人好不了多少,可以任意赶走,并且任何事情都必须服从地主的意旨”)。这一事实如果同以上所述联系起来考虑,就可以明白,那些情况不能用来作为指摘具有较好形式的分益佃农制度的论据。除一身以外别无长物的人们——一如爱尔兰的投标佃农,任何意外事情都已不能使他们的生活更加恶化——他们的人口将愈益增长,他们的土地也将愈益细分,而不受任何限制,直到实际饿死为止。

最可靠的权威在谈到意大利分益佃农的耕作时,给我们展示了一幅完全不同的景象。首先,关于土地的细分。在伦巴第,按照夏托沃的看法[③],超过50英亩的农场和不到10英亩的农场都很少。这些农场全由与地主平分收益的分益佃农占用。他们全有“宽敞和华丽的住宅,这种住宅在欧洲任何其他国家都几乎看不到。”[④]他们的住宅设计做到“建筑物的面积极小而可以利用的空间极大。这种住宅最适于放置和保存谷物,而且极为节省,发生火灾的危险又非常小。”院子“整个看来显得整齐、宽敞,井井有条,是我们

① 《关于里摩日公民税收负担的备忘录——1766年向参议院提出》(见《杜尔哥著作集》第4卷,第260—304页)。地主偶尔承担一部分赋税(如阿瑟·扬所指出),这种约定,按照杜尔哥的看法,是新近为实际需要所迫。“地主只在他按其他条件找不到分益佃农时才会同意这样做。因此,即令在这种情况下,分益佃农的所得往往只能使他免于饿死”(第275页)。

② 第1卷,第404页。

③ 《意大利来信》,第16页。

④ 同上书,第19、20页。

那些肮脏、零乱的农场无法比拟的。”对皮德蒙特也作了同样的描述。谷物的轮作是极好的。“我认为没有一个地方能像皮德蒙特那样将其出产如此大的一部分送到市场上去。”① 虽然皮德蒙特的土地就其天然的地力来说并不很肥沃，但“城市很多”。因此，它的农业在土地的总产量上和土地的净产量上都大为有利。“每架犁要耕 32 英亩地。……玉米地锄得和翻得极为彻底和利落。当玉米长起来时，用一架犁和两头牛，就能把杂草都除掉，而不损伤一棵庄稼。”有关农业技能的情况就摘引到这里。“其先行和后继作物都得到大丰收”。“用一匹马拉着碾子来打麦子，让一个少年照管此事，工人们则用耙翻动麦秆。这一过程持续约两星期，既迅速又经济，所有的麦粒都取出。……世界上没有一个地方能够像皮德蒙特那样深刻地懂得如何经营和管理土地；这一点说明了皮德蒙特为什么会存在人口众多而粮食的出口量也很大的现象。”所有这些都是在分益佃农制度下发生的。

关于阿尔诺山谷、包括佛罗伦萨上方和下方的整个区域，上述作者说②：“橄榄树林覆盖了山麓部分。绿阴深处有无数小农场，那里住着山区的平民。栗子树在较高的山坡上昂首屹立，它们那健康的绿色和橄榄树暗淡的色彩形成鲜明的对照，在这个圆形剧场的上方散发出一片光明。路的两侧隐现着村舍，相隔不超过一百步。……它们离道路有一小段距离，用墙隔开，前面有几英尺宽的斜坡。墙头上通常放满了古色古香的花盆，其中种有花卉、芦荟和幼橘。房子本身也爬满了葡萄藤。……这些房子的前面，我们看到一群一

① 《意大利来信》，第 24—31 页。
② 同上书，第 78—79 页。

群的农家妇女，她们穿着白色亚麻布的衣服、丝织的胸衣，戴着饰花的草帽。……这些房子彼此靠得很近，显然其所附属的土地一定很小，在这些山谷中，地产一定分得很细；每户的面积为 3 英亩到 10 英亩。土地就在房子周围，由小沟或一排排树木(有些是桑树，绝大部分是白杨，其叶可作牲畜饲料)分成若干块。每棵树上盘着一株葡萄藤。……这样一块块长方形的田地，其大小足够用一架无轮犁和两头牛来耕种，每 10 个或 12 个农民有一对耕牛，他们依次用这些牛来耕种所有的农场。……几乎每个农场都养一匹很漂亮的马，用来拉一辆制作优美的红色两轮小车。这种小车担任农场的一切运输工作，也用来送农家妇女去参加弥撒或舞会。每逢假日，可以看到数以百计的这种小型马车向四方驶去，车上坐满了装饰着鲜花和缎带的年轻妇女。”

这不是一幅贫穷的图画；就所谈到的这些地方的农业来说，它有力地回答了英国著述家们对分益佃农制度的指责。然而，夏托维奥对耕作者的生活状况所作的证词，在有些问题上并非如此有利。[①]“构成当地居民的幸福生活的，既不是土地的自然肥力，也不是使旅行者眼花缭乱的丰裕物资；而是参与总产量分配的人数，它决定着每人可以从分配中取得的份额。而在当地这一数量是很小的。我在前面描述的确实是一种灌溉良好、土地肥沃、四季常青的令人喜爱的农村；那里的土地被分割成无数的小块，每块土地像菜园中的苗圃那样，种着各种各样的作物；如上所述，每块土地都附有漂亮的房屋，它们为葡萄藤所覆盖，并饰有花卉。但是，如果走进这些房屋，我们就会发现屋内缺乏各种生活上的便利设施，食桌

① 《意大利来信》，第 73—76 页。

简陋，穷相毕露。”在这里，夏托维奥或许无意识地将分益佃农的状况和其他国家的自耕农作了对比，而正确的标准应当是将它和农业散工作比较。

阿瑟·扬说[①]，“人家向我保证说，这些分益佃农（特别是在佛罗伦萨附近的）过得很舒服；他们在假日穿得很好，并且不缺少奢侈品，如金银绸缎，吃得也不错，有足够的面包、葡萄酒和蔬菜。在某些情况下这也许是事实，但总的说来事实却与此相反。如果认为这些分益佃农依靠用一对耕牛就可以进行耕作的这种农场，能够过得很舒服，这是很可笑的。分益佃农生活贫困的一个明显证据是，提供半数牲畜的地主，常常还得借钱给分益佃农以使他们得以购买其余的半数牲畜。……不住在城市近郊的分益佃农穷得连口粮也要向地主借。他们吃的是掺和着野豌豆的黑面包；他们的饮料称为 aquarolle，是用一点点酒掺上大量的水制成的；在星期天才有肉吃。他们的衣着十分粗劣。”琼斯先生承认佛罗伦萨附近的分益佃农过得比较舒服，并将这种情况部分地归因于编草帽缏，按照夏托维奥的说法，[②]农家妇女靠编草帽缏一天可以挣 15—20 便士。但是，这一事实对分益佃农制度毋宁是有利的；因为在英格兰的某些地方，如贝特福郡和白金汉郡的农村，劳动阶级的妇女儿童也在编草帽缏或做花边，但这个阶级的生活并不优裕，甚至不如其他地方，农业劳动的工资由于受妇女儿童工资的影响而降低了。

虽然夏托维奥就分益佃农的贫困作了一些描述，但是，至少他对意大利的分益佃农制度是赞同的。[③]“这种制度使地主忙碌起

① 《旅行》第 2 卷，第 156 页。
② 《意大利来信》，第 75 页。
③ 同上书，第 295—296 页。

来，并使他经常关心农业，这种情况对出租土地、收取一定地租的大地主来说是前所未有的。它在地主和分益佃农之间建立了一种利害相共的、友好的关系；这种友好关系（我常常亲眼目睹这方面的实例）使社会的道德状况得到很大的改善。在这一制度下，地主经常关心收成的好坏，决不会拒绝为此进行垫付，因为土地会回报以利息。正是由于这些垫付，以及由此增强的信心，这些富有的地主使意大利的农村经济逐步地完善起来。意大利拥有了许多灌溉系统，并在丘陵上实行梯田耕作。这些缓慢而持续不断的改良，是缺乏资力的普通农民永远搞不起来的。对租地农场主或出租土地、收取一定地租的大地主来说，因为他们同这种改良没有重大的利害关系，也不会实行。这样，这个制度本身使富有的地主同分益佃农结盟，前者提供改良耕作的资金，而后者则以其心思和劳动最好地利用这种垫款，以实现二者的共同利益。”

但是，对该制度最有利的证词是西斯蒙第提供的，其优点是具体和精确；他的资料并非得自旅行家，而是得自对农村生活非常熟悉的当地地主。他的陈述一般是就托斯卡纳特别是他自己的产业所在地尼埃沃尔山谷（当地并无佛罗伦萨附近地区所具有的特权）而言。这是农场规模最小的地区之一。他对该区分益佃农住宅和生活方式所作的描述如下。

“房子用灰与混凝土筑成坚固的墙，至少是两层楼，有时底层上还有两层，底层一般是厨房，还有为两头带角牲畜准备的牲口圈，以及取名蒂纳尼亚（tinaia）的仓库，称作蒂尼（tini）的酿酒用的糟池，酿这种酒不必用压榨机；在这层房子中，还锁着一些盛油和小麦的桶。在房子旁还有一个棚子，在那里修理工具。铡牲口草料时可以不受风吹日晒。在第二层或第三层，有四间带床的房间，……最宽敞和通风最好的房子，在五六月间，人们用来养蚕；大柜子是用来装衣物的，木椅子是房间里主要的家具，但是，新娘总会带一只桃木衣柜来，床没有幔帐，也没有床帷；每张床上除了装有富有弹性秸秆的褥套外，还有一两床羊毛垫子，在穷人家里是废麻脚垫子，还有绣花被子，结实的麻布褥单，在家庭里最好的床上有丝垫料的毯子，只是在节日才拿出来作摆设。只有在厨房里有烟囱；在这间房子里还有供家庭就餐的大桌子，还有几张凳子；大柜子同时充当碗橱，用来保存面包和食物，还有面缸；以及一套很完备的、但不值钱的用陶土做的瓶、盆、碟等，一两盏铜灯，罗马式秤，至少有两个用来提水的铜罐。家庭所有的内衣和外衣都是家庭主妇自己制作的。厚衣服是半毛织品的梅扎拉那(mezzalana)，薄衣服是布制的莫拉(mola)，纬线是麻或麻头，里面垫的是羊毛或棉花；衣服也是由纺织的妇女染色。农妇们为积累布匹和梅扎拉那，人们很难想像她们付出了多少辛勤劳动；库房里又有多少褥子，家庭的每一个成员又有多少衬衫、上衣、裤子、裙子和袍子。为了了解情况，我们记下了我们很熟悉的一个农民家庭的清单。这个家庭不是最穷的，也不是最富的，它靠种 10 阿尔庞土地，通过对半分成制，靠自己的劳动过着幸福的生活。[1]这

① 1835 年 4 月 24 日，佩夏附近的波尔塔韦希亚地方，瓦朗特・帕皮尼的女儿让娜与吉奥瓦希努・兰迪结婚，嫁妆清单如下：28 件衬衣，7 件贵重衣服(绸缎的)，7 件印花布衣服，2 件冬天劳动服(梅扎拉那)，3 套夏天劳动服和劳动衬裙(莫拉)，3 条白裙子，5 条染色布围裙，1 条黑色丝围裙，9 条彩色劳动围裙(莫拉)，4 条白手巾，8 条彩色手巾，3 条丝手巾，2 条绣花面纱和 1 条罗纱巾，3 条手绢，14 双长袜，2 顶帽子，一顶是毡帽，另一顶是细草帽，2 件金浮雕，2 个金耳环，1 串带有两个罗马皮阿斯特的念珠，1 个带有金十字架的珊瑚项圈。……所有比较富有的新娘有一件丝织节日盛装。在一生中，她们只穿四五次。

位新娘有50埃居的嫁资，其中20埃居付的是现款，其余的是赊欠的，每年付2埃居，托斯卡纳埃居值6法郎(4先令10便士)。在托斯卡纳其他土地面积较大的对分制农户的姑娘，他们的嫁资一般是100埃居，即600法郎。”

这能说是贫困或一贯贫困吗？西斯蒙第先生说分益佃农年轻姑娘的嫁资一般是24英镑，就意大利这一阶级的生活水平来说，这一金额至少相当于50英镑。或者，即使一个姑娘的嫁资只有此数的一半，也还可以置下前述的衣柜(西斯蒙第将此作为中等水平的标志)；这个阶级的一般生活状况肯定可以同其他国家的大部分农民，甚至资本主义农场主相比拟；除了新的殖民地或美国，任何国家的散工都远远不如。从一位旅行家得到的他们的食物质量差的印象，很难作出足以推翻上述实证的推论。食物质量差往往是出于节约，而不是由于贫困。南方的人民并不特别喜爱奢华的饮宴。所有阶级的食物都以蔬菜为主，欧洲大陆的农民不像英国的劳动者那样迷信白面包。但是，按照西斯蒙第的说法，托斯卡纳农民的食物“是节制的，但食品很讲卫生，品种也多种多样：基本食品是小麦粉做的棕色面包，但不掺和麸子和其他东西。……确实，在天气不好的季节里，农夫特别需要热的食品。那时，农夫们一天只吃两顿饭，上午10点吃‘波仑达’，到傍晚时分再吃面包、汤，还加一些小菜肴。夏天，农夫吃3顿饭，早上8点，下午1点，还有晚上1顿，但是，他们只是在晚上才生火做饭，晚餐包括汤、一盘腌肉或干鱼，还有夹着面包一起吃的豆类或青菜。肉类的量很少，因为对普通家庭来说，他们认为每人每年吃40磅也就足够了：每个星期，他们在汤里放两次腌肉。星期天桌子上总有一盘新鲜肉，这块肉大约是1磅或1.5磅，不管家庭人数多寡，这块肉也就足够一家吃的了。一般来说，托斯卡纳农民都有橄榄油使用，它不仅用于照明，而且用来炒菜，用这种油炒的菜，滋味鲜美，富于营养。午餐时，他们吃面包，再加奶油和水果；晚餐时吃面包再加生菜。他们喝当地的质量不高的葡萄酒、用葡萄渣发酵后加水制成劣等带酸味的酒。然而，他们也为打场，或为过节准备一些质量很好的葡萄酒。对一个成年男子来说，每年大约要消费50瓶葡萄酸酒和5袋小麦（可制面包约1千磅）。"①

西斯蒙第对于这种社会状况对道德的影响所作的评论也是值得注意的。分益佃农的权利和义务是由习俗规定的，而一切赋税则由地主负担。"对分制佃农享有地产的一切利益，而不必负担保护地产的费用。与土地有关的一切争执都归属地主（同土地归属地主一样）；和分制佃农和睦相处，对他们来说，相互之间没有对立情绪和猜疑；佃户和地主、税务机关、教会都很和睦：佃户们卖的少，买的也少，他们没有多少钱，也没有人向他们要钱。人们经常谈起，托斯卡纳人性格温和宽厚，但是，人们没有充分注意到所以能维持这种性格的原因，由于这种性格，构成人口四分之三的农民几乎没有造成纠纷的机会。"② 只要分益佃农履行他自己的义务，他就按惯例（虽然没有法律规定）拥有稳固的土地使用权，这种情况使他依恋乡土，并产生强烈的个人利益意识（这种意识几乎是地主的特性）。"对分制佃农把租地看成祖传的土地一样，精心爱护，不断改良土地，希望能够传于子孙，世代耕种。确实，不少对分

① 参阅《政治经济学研究》第1卷，第195—196页。

② 《政治经济学研究》第1卷，第189页。

制佃农世代生活在同一块土地上；他们很详细也很精确地认识到爱护土地能给予人们什么。……层层的梯田往往不超过 4 英尺宽，但是分成制佃户对每块土地都研究过它的特点。这块地比较干燥，那块地比较潮湿；这块地土层比较厚，那块地是地盖住岩石的地层；小麦在这块地长得好，而黑麦在那块地长得茁壮；这里种玉米是白费气力，那里不能种蚕豆和扁豆；远处亚麻长得好，沟沿适合种黄麻；因而，人们很吃惊，对分制佃农在一块 10 阿尔庞的地面上、斜坡上种的庄稼品种，比一个富裕的佃户在 500 英亩的土地上种的还多。因为富裕的佃户觉得这不过是权宜之计，按常规办事，不注意零星地种。但是，对分制佃农由于受过去经验的启发，热切想成为行家里手，由于对前途的信心，他不仅想到自己，而且想到自己的子孙后代。因此，当他栽培橄榄树这种生长百年的树木时，在低洼处修一条流水沟，以防止积水的危害，他也研究应该如何深翻地层。"①

① 《政治经济学研究》第 1 卷，第 187—188 页。

西斯蒙第曾以极其赞赏的口吻谈到这些引人注目的人们的智慧。他们中间能够阅读的人不多，但家里往往有一个人当教士，每当冬天的夜晚，他就读书给全家听。他们的语言同纯粹的意大利人几乎没有什么差别。一般都有即席赋诗的爱好。在节日，尼埃沃尔山谷的居民喜欢在夏夜 9 点到 11 点看戏，门票价格略高于法币 5 苏（2.5 便士），阿尔菲里是他们特别喜爱的演员，这些目不识丁的农民对阿特里德斯的故事也很熟悉。他们在激烈的劳动以后想通过这位严肃的诗人演唱节目放松一下自己的身心。（参阅《政治经济学研究》第 1 卷，第 199 页。）他们与一般农民不同，喜欢从故乡的美景中寻求乐趣。"在尼埃沃尔地带，家家户户门口都有一个打麦场，面积很少超过 25 到 30 图瓦兹见方。在对分制佃户中，大致都是这个水平。这种场院俯视山谷和平原，令人心旷神怡。我几乎向来不注意欣赏风景，除非是佃户们来与我欣赏景色，用手指着秀丽河山，生怕我放过这种美的享受。"（《政治经济学研究》第 1 卷，第 197 页。）

第四节　废除分益佃农制度是否合乎需要?

我并不打算用这些引文证明分益佃农制度所固有的优越性;但它们无疑足以证明:"耕作粗劣"或"赤贫"同这个制度没有任何必然的联系;英国著述家们恣意谩骂这个制度乃是基于极其狭隘的见解。我认为,意大利的农村经济不外为有利于小土地占有(具有永久使用权的)的另一例证。这是靠永久使用权和小土地占有两种要素,在分益佃农契约的具有特殊性质的不利条件下能够做到什么的一个例子。分益佃农契约的不利之处在于,租地人所具有的勤奋努力的积极性,比按固定的地租或按某种规则变动的地租同样永久地租种土地,而可以得到他本人努力的全部利益的人要低一倍。分益佃农制度在社会有迫切需要的地方自然会产生,我们不必急于推行;但是,我们也不必仅仅因为先验地认为其有缺点就热切地想废除它。如果这一制度在托斯卡纳的实际作用和著名权威西斯蒙第所描述的,在每一个细节上都完全一样;又如人民的生活方式及其农场的规模多年来保持不变,并且仍然同西斯蒙第所说的情况一样;[①]那么,在改良农业的借口下试图采用货币地租和资本主义农场主的制度,而扰乱这种远胜于欧洲大多数国家的农村福利状态,是令人懊丧的。即令在分益佃农确实很穷、土地

① 西斯蒙第说:"对分制佃农家庭除非力不胜任,除非感到在一块较小的土地上没有把握保持固定的收获,人们从来没提过他们提出平分主人的土地的事。人们同样也看不到任何一家人的几个青年同时结婚,有几个儿子成立几个新家庭;而只是有一个儿子成家,负责管理家务;其他的弟兄,除非那个成家的弟兄没有孩子,或者另获一份对分土地,否则是从来不结婚的。"(《政治经济学新原理》,第126—127页。)

分得过细的地方，也不能认为这种变革肯定会成功。农场的扩大和农业改良措施的采用，通常会减少用于土地的劳动者的数量；如果工商业资本的增加不能为这些被排斥的人口提供就业机会，或者如果没有荒地可供他们移居开垦，那么，工资将因竞争而下降，他们作为散工所过的生活也许比当分益佃农更坏。

琼斯先生非常正确地对上世纪的法国经济学家在追求他们最向往的目标，即采用货币地租时所采取的态度进行了指责。他们一心只想用租地农场主来代替分益佃农，而没有想一想如何将现有的分益佃农转变成租地农场主。正如他所公正地指出的那样，如果不能使分益佃农积蓄金钱并拥有资金，这种转变就无法实现，而要使分益佃农能够积蓄金钱、拥有资金，地主就得长期忍受收入的减少，而不能希望收入有所增加(这通常就是那些人进行这种尝试的直接动机)。如果这样的转变得以实现，而分益佃农的处境没有什么别的变化；如果他们继续保持习惯保证使他们得到的其他一切权利，只是取消了地主要求得到一半生产物的权利，而代之以支付适度的固定地租；那么，他们的处境自然会比现在好一些，因为他们所进行的任何改良的成果现在都将全部(而不是一半)归其所有。但即令如此，他们的利益也并非没有减少。因为分益佃农本身虽然不是资本家，却有一个资本家当他的合伙人；至少就意大利而言，他们使用着相当大的一笔资本，这从农场建筑物的精致可以得到证明；然而，当无需投入资金即可得到固定的货币收入时，不可能再指望地主会同意拿他们的动产去冒农业经营的风险。这样，纵使这种变革并未改革分益佃农事实上的永久使用权，并且确实将他们变成了交免役税的自耕农，问题仍然会存在。而如果我们假定分益佃农变成纯粹的承租人，地主可以任意夺佃，地租也因竞争而提高（提到所有谋求生存的不幸的人所能提供或允诺的高度），则分益佃农的地位所具有的用以防止其处境恶化的一切特质都将丧失，他们将以目前的半地主地位下降，成为投标佃农。

第九章　论投标佃农

第一节　投标佃农制度的性质和作用

这里所说的投标佃农制度，毫无例外地指劳动者在缔结租种土地的契约时没有租地农场主介入，而且这一契约的各种条件，特别是地租的数额，不是由习惯决定，而是由竞争决定的一切租地制度。在欧洲，这种租地制度的主要实例是爱尔兰。投标佃农这一名称就是从那里产生的。[①]爱尔兰的大多数农业人口，除了北爱尔兰租地权所造成的例外情况，直到最近都还是投标佃农。确实，即令是最小的一块土地，许多劳动者也不能以永佃户的资格得到（我们可以设想这是由于地主或已占用土地的佃农都反对将土地细分）。但是，由于缺少资本，不以货币而以土地支付工资的习惯很流行，因此，投标佃农或较大的租地农场主对其所雇用的临时工，一般也不以货币支付工资，而是向他们提供已经施肥的土地，允许他们耕作一个收获期作为工资；这种办法，当地称为 Conacre。他订有支付货币地租的契约，地租额通常为1英亩若干，但实际上并不支付货币，是以按货币折算的劳动来清偿债务。

在投标租佃制度下，产品被分为两部分，即地租和劳动者的报

---

① "投标佃农"一词的原义是指从小的租地农场主那里租借农舍和一两英亩土地的一种转租人。但是，很久以来著述家们都习惯将这一词加以引申，把这些小的租地农场主也包括进来，而且通常用来指其地租由竞争决定的所有租地农民。

酬;后者显然是由前者决定的。劳动者所得到的只是地主所未取走的。劳动者的处境取决于地租的多寡,而地租是由竞争调节的,因而它取决于土地供求之间的关系。对土地的需求取决于竞争者的数目,也就是全部农村人口。因此,这种租佃制使人口法则直接对土地发生作用,不像在英国那样对资本发生作用。在这种情况下,地租取决于人口和土地的比例。因为土地的数量是固定的,而人口却可以无限制地增加,因而如果没有力量可以抑制人口增长,对土地的竞争很快就会促使地租提高到某一最高点,超过这一点,劳动者就无法生存。因此,投标租佃所造成的结果取决于人口增长受控制的程度,这种控制或者来源于习俗,或者来自个人克制,或者来自饥荒和疾病。

要说投标租佃制度绝对不能使劳动阶级过上富裕生活,未免有点过于夸大。假定在下述习惯于高生活水准的人们中实行这种制度,这种人除土地生产物由于技术提高而增加,因而能够在生活不致感到不方便的情况下支付较高的地租以外,除非在付过地租以后还留有许多生活费,否则就不会支付较高的地租,其人口的适度增长也不致造成会引起竞争、从而促使地租提高的失业人口;那么,这一耕作阶级就可以获得同在其他制度下租种土地的人们一样良好的报酬,拥有同后者一样多的生活必需品和奢侈品。然而,如果地租是可以任意决定的,他们就不能享有托斯卡纳分益佃农从他们与土地的结合中得到的那种特别利益。他们既不能利用他们东家的资金,也不会像永佃农那样肯花力气和动脑筋来弥补资金的不足。相反,租地人的努力所造成的土地价值的提高只会使他在下一年或租约期满后支付更高的地租。地主如果比较公正,见识也较高，也许不会利用竞争带给他们的好处；地主们利用这种好处的程度也因人而异。但是，指望整个阶级或整个集团都会采取有损于其直接的金钱利益的行动，那是肯定要落空的；一个人在考虑是否要为比较遥远的未来作出目前的努力或牺牲时，如果稍有努力或牺牲的成果可能被别人拿走的疑虑，他的判断就会受到影响；因此，在这一问题上，疑虑和不确定性具有同样重大的影响力。消除这种不确定性的惟一措施是建立一个惯例，保证同一使用者具有永久租佃权，而且不经公众一致同意地租不得增加。北爱尔兰承租权就是这样一种习俗。退佃的承租人要从他们的后继者那里取得一笔相当可观的金额①，作为农场的转让费，这一金额首先使对此土地的竞争实际上局限于出得起这笔钱的人们；同一事实也证明，地主尚未充分利用已经受到很大限制的竞争，因为地主收到的地租没有达到新的承租人不仅承诺而且实际支付的地租总额。新的承租人付出巨额转让费，是由于他充分相信地租不会提高；因为习惯可以保证地租不提高，这种习惯不为法律所承认，但有约束力，这种约束力出自法律以外的某种制裁，而这种制裁爱尔兰人是充分了解的。②这些支柱少了任何一根，在进步社会中

① “一个没有租约的佃农，即使没有什么迹象表明他对土地进行过改良，也可以在出售他仅有的农场使用权时，取得相当于10—16年，甚至20年或40年地租的代价，这样的事情并不罕见。”（《德冯爵士委员会证词摘要》，序论）编者又说：“那个地区（北爱尔兰）比较平静，也许主要是由于这一事实。”

② “在大多数情况下，这不是对土地必需的花费或对土地进行的改良所作的补偿，而只是一种生命保险费或免除暴行的代价。”（同上）“北爱尔兰目前的承租权”（作者审慎地指出）“是一种根据副本享有的土地保有权（copyhold）的胚芽”。“即令在那里，如果无视承租权，不向承租人支付转让费而把他赶走，通常会引起暴行。”（第8章）“梯卜拉瑞的混乱状态和遍及爱尔兰的农民组织，不过是为获得北爱尔兰式的承租权而进行的一场‘有组织的战争’（methodized war）的表现。”

就不可能形成限制地租的习惯。如果财富和人口固定不变，则地租一般也固定不变，由于地租经久不变，人们有可能认为它是不可变动的。但是，财富和人口的一切增加，都有提高地租的倾向。在分益佃农制度下，有一种已经确定的方式，它使地主一定能够参加生产物增加部分的分配。而在投标佃农制度下，地主只能靠重订契约来做到这一点。在一个不断进步的社会里，重订契约几乎总是对地主有利。因此，地主的利益同“将地租变成一种固定的要求权”的习惯的发展显然是矛盾的。

第二节　在人口过多的国家内，实行这一制度的必然结果是名义地租的产生

在地租额不受法律或惯例限制的地方，投标佃农制度具有最坏的分益佃农制度的各种缺点，而没有这一制度任何优点（在那种租佃制的最好形式下，那些缺点是可以靠它的优点来弥补的）。投标佃农经营的农业几乎只能带来苦难。但农民的这种处境并没有必然性。因为通过对人口的充分限制可以减缓对土地的竞争，并防止极端贫困；审慎的习惯和高标准的生活一旦建立起来，就有足够的机会保持下去。不过，即令在这样有利的情况下，审慎的动机较之有习惯保护因而不致被夺佃的分益佃农（如托斯卡纳的分益佃农）仍然微弱得多。这是因为，受到这种保护的分益佃农家庭只要本身人口不毫无远见地增加，即使其他人口大量增加，也不会陷入穷困。而投标佃农家庭，不论其本身如何审慎和自制，其所负担的地租都有可能因其他家庭人口的增加而提高。保护投标佃农使

之避免这种弊害的惟一方法，是使整个阶级普遍具有责任心和荣誉感这种有益的感情。利用这个方法，他们是可以得到有力的保护的。如果这个阶级的日常生活水准很高，则年轻人就不会同意缴纳过高的租金以使自己的生活状况比以前的承担人差；或者像在某些国家实际看到的那样，在农场缺乏人手以前不结婚，这可能成为一般习惯。

但是，在考察投标佃农制度的作用时，我们无须考察植根于劳动阶级的习惯的高生活水准。投标佃农制度只能在农村劳动者的日常生活要求最低的地方找到。在这些地方，只要他们不饿死，他们总要生儿育女。人口只受疾病和短命（这是由于生活必需品短缺）的限制。爱尔兰最大部分农民的状况就是如此。如果人们落到了这样的境地（特别是自远古以来就是这样），他们要想从中解脱出来，投标佃农制度就会成为他们几乎无法逾越的障碍。在人们习惯于不到断炊的程度决不肯限制人口增长时，在他们只能靠土地获得生活必需品时，一切有关地租数额的条款和协议都只是名义上的；取得土地的竞争会使承租人答应承担他们力所不及的支付，他们在支付其所能支付的一切以后，几乎总是仍有很多应当偿付的债务未付。

"关于爱尔兰农民的状况，可以公平地说"，爱尔兰济贫法调查委员会秘书里凡先生说：①"每一个没有足够的土地可借以获得口粮的家庭，都会有一个或几个成员靠乞讨为生，因此不难想像，为什么农民要尽一切努力去租得一小块土地，在投标时，对于申报地

① 《爱尔兰的弊端，其原因和对策》，第10页。这是一本小册子，其内容除其他方面以外，还包含从华特莱大主教主持的委员会所收集的材料中精心选择的证词。

租的多少，他们所考虑的，不是土地的肥瘠和本身负担地租的能力，而只是出价多少最有希望借到土地。他们允诺缴纳的地租几乎总是超过他们的支付能力；因而他们一旦取得土地使用权，很快就会负债。他们要以地租形式交出土地的全部出产，只留下足够的马铃薯来填肚子。但就是这样，还缴不足应付的地租。他们所负的债务不断增加。在某些情况下，他们即使以其租到的土地产量最高时的生产物，或以在他们的耕作制度和最有利的气候条件下有可能收获的最大量生产物，也不足以支付约定的地租。因此，如果农民履行他们同地主订立的契约（这一点他们是极难做到的），则他们耕种土地将毫无所得，并且还要支付额外的费用以取得继续耕种的允诺。海滨的渔民和北方各郡的织机所有者所付的地租，常常高于所租种土地全部产品的市场价值。也许人们会认为，在这种情况下，他们还是以不种地为宜。但捕鱼可能在一两周内一无所获，对机织品的需求也会减少，如果他们没有种粮食的土地，遇到这种情况就会挨饿。不过，完全依照约定的数额缴纳地租的人是很少的。农民经常对地主负有债务。他那点微不足道的财产（他自己及其家属的破衣烂衫，两三张凳子和几件陶器，就是他那陋屋中的全部家当）即使全部卖掉，也还不清所欠的一般还在增加的债务。农民们大多拖欠一年地租，拖欠的原因自然是生活困难。假如某一年他租入的土地的产量比往年高一些，或者他靠机遇得到了某些财产。他的生活仍然不能过得舒适一点；他既不能吃得好些，也不能吃得多些。他既不能添置家具，也不能为他的妻室儿女改善衣着。到手的财物必须交给地主。偶然增加的收入只能使他拖欠的地租减少，因而得以推迟被迫退佃的日期。但是，这正是他所殷切期望的。”

在德冯爵士委员会所收集的证词中收有克里的王室领地管理者赫尔利先生所供述的一项事实；这是一个极端的例子，它表明佃耕土地的竞争极为激烈，有时这种竞争会把地租抬高到荒谬的程度；赫尔利先生所作的供述如下：“这是我体验到的事实：有一个承租人愿为我非常熟悉的一处农场出价每年50先令；我看到竞争把租金提高到这样的地步，即他抬价到450先令才得标。”

第三节 这种名义地租是同勤勉、节俭或节制人口不协调的

在这种情况下，一个佃农靠勤勉和慎重能得到什么，又会因不善算计而失去什么？如果地主任何时候都充分行使他在法律上的权利，这些投标佃农恐将无法生存。即使他作出了很大的努力使所租土地的产量翻了一番，或者审慎地避免多生孩子把这些生产物吃光，他的所得也不过是由此可以多留下一点交给地主；而若他有20个孩子，他仍然先要养活他们，地主也只能拿走剩下的那些。几乎在人类中大概只有投标佃农是处于这样的境地，即他的生活好坏和本人所作所为一概无关。如果他勤勉或慎重，由此得益的只是地主，如果他懒惰或放纵，受到损失的也是地主。一个人的境遇与此相比更加缺乏劳动或自制的动机，是不可想像的。自由人的积极性都消失了，激励奴隶劳动的各种因素却未具备。他无所冀求，除了被夺佃以外也无所畏惧。对付夺佃的最后自卫手段是进行暴动。洛克主义运动和白衫主义运动都是除日进饘粥以外简

直一无所有的人们由于不能忍受仅有的一点食物也被夺走而采取的果断行动。

有一些自命不凡的大人先生，把爱尔兰产业的落后和爱尔兰人民缺乏改善处境的干劲，归因于凯尔特族特有的懒散和漫不经心，对于有关人类的本性和生活的最重要问题抱有这样的见解，这不是极大的讽刺吗？在一切避而不谈社会和道德对人类心理的影响的庸俗做法中，最庸俗的是把行为和品格的多样性归因于天生的差别。当各种事物安排得使人们无法靠远虑或努力得到好处时，哪个家族不会变得懒散和漫不经心？如果人们历来在这样的情况下生活和工作，已经养成这种无精打采和漠不关心的习性，则当环境变成作出努力真正可以得到利益时，人们不能马上改变这种习性，以利用这个机会，是不足为奇的。像爱尔兰人那样爱闲荡而灵敏的民族，不会像英格兰人那样安分守己地从事日常劳动，是非常自然的，因为他们脱离这种劳动也可以找到很多的人生乐趣。但是，同也属于凯尔特族的法国人相比，他们不会更不适合于劳动，同托斯卡纳人或古代希腊人相比，也是如此。一个容易激动的民族在受到适当的鼓励时，最容易激发发愤工作的精神，而人们不会在缺少刺激的条件下努力工作，这并不能说明他们没有劳动能力。英格兰或美国的劳动者都不能像爱尔兰人那样辛勤地劳动；但在投标佃农制度下，情况就不同了。

第四节　印度的租佃制度

耕种印度土地的民众的处境，与在投标佃农制度下进行耕作的农民非常相似，而同时又有很大差别。为了得出某些教训，现将两者作一番比较。在印度的大部分地区，缔约当事人只有、并且也许总是只有地主和农民二者。地主本人通常拥有全部权力，除非他用特别的证书将他的权力让给某个人，并以此人作为他的代理人。然而，农民们(即所谓 ryot)支付的地租很少(纵然也有)像爱尔兰那样决定于竞争。虽然各地的习惯千差万别，而且实际上没有一种习惯能够违反统治者的意志而保存下来，但在四邻之间总还有某种共同的规则，收租人不是和每一农民个别地商定租金，而是按照当地通行的规则来确定人们的租金。这样，承租人具有某种所有权，或者不管怎样可以永久占用的观念得以保持；而一种反常的状态也由此出现，这就是，在租地农民可以永久佃耕的同时，地主具有任意提租的权力。

当莫卧儿帝国政府在印度大部分国土上取代印度人的统治时，它推行了一种与过去不同的原则。对土地进行了详细的测量，根据这种测量分别评定了每块田地应向政府交纳的租税。如果按此税额征收而决不超征，则农民可以处于比较有利的自耕农的地位，这种自耕农的税赋虽然不轻，但其所交纳的免役税是固定不变的。然而，由于无法对付各种非法的勒索，他们所处地位的这种改善只是徒有其名，而不是现实的，除非强有力的行政官员偶尔有点人情味，否则政府的诛求除了农民无力负担这一限度以外，实际上没有任何限度。

印度在英国统治者接替莫卧儿的统治时的情况一如上述。最初，英国人曾想消除这种租税的随意性，认为对政府的诛求加以一定的限制是十分重要的。他们并不打算恢复莫卧儿的评租办法。

一般说来，英国政府不很重视早已在印度建立的各种制度的原则，而去调查现有的、在实践中受到尊重的各种权利，并加以保护和扩大，这一做法是很合理的。然而，长期以来，它严重地歪曲了事实的真相，误解了现行的习俗和权益。产生这种错误的原因是普通人的头脑没有能力思考同他们实际了解的社会关系根本不同的社会关系。英国习惯于大农庄和大地主，所以英国统治者认为印度当然也应当如此。他们到处寻找可以充当这方面的对象的人才，最后选中了称为柴明达尔(zemindar)的收税官。富于哲理的印度史著述家说：[①]"柴明达尔具有地主所有的某些特征；他征收某一特定地区的租税，他支配这个地区的农民，过着相当奢华的生活，去世后职位由他的儿子接替。因此，英国人毫不迟疑地认为柴明达尔就是印度的地主、土地贵族和乡绅。他们没有考虑到，柴明达尔虽然负责收租，但不能保有这些租金；他只留下极小的部分，其余全部解交政府。他们也没有考虑到，尽管柴明达尔支配着农民，并且在很多方面对这些人行使专制的权力，但柴明达尔并不是把农民当作自己的佃户来支配(不论这种佃户是地主可以任意解约的，还是根据契约租用土地的)。农民的土地占用权也是世袭的；柴明达尔更换佃农是不合法的。柴明达尔从农民手上拿去的每个法寻，都得入账。如果他从征收来的一切金额中，在规定的收税报酬之外多拿一文钱，那就是欺诈行为。"

"在印度有过一个机会"，这位历史学家接着说："这个机会在世界历史上是前所未有的。君主以下与土地的利害关系最密切的是直接耕作者。对于柴明达尔所具有的权利(过去的那种权利)，很

① 詹姆斯·穆勒：《英属印度史》第6册，第8章。

容易给予充分的补偿。政府已经宽宏大量地作出决定,为了国家的进步,君王的所有权可以牺牲。政府已经看到,以提供所有权作为促进进步的动力是正当的;它给予人们的影响之大是无可比拟的。在任何国家,这都是给予直接耕作者的(因为农业上的各种最重要的改良都是靠他们得到的)。这个措施可以与任何国家所曾采用的最好的改良措施并列,有助于印度人民摆脱长期处于暴政之下的不幸。但是,当时的立法者是英国的贵族;而贵族的偏见占了上风。"

就本意良好的倡导者所指望取得的效果来说,这个措施业已证明是完全失败的。任何制度的作用即令在同一国家也随同情况变化而发生变化,他们不很了解这一点,因而自以为在孟加拉各省已造就了一批英国式的地主,事实上他们只是造就了一批爱尔兰式的地主。新的土地贵族使一切希望都落了空。他们没有做任何改进他们的庄园的事情,所做的一切都是自掘坟墓。并没有像爱尔兰那样想方设法使地主避免自食恶果。由于债台高筑或拖欠租税,孟加拉地主的几乎全部土地都不得不抵押和出售,在30年间大多数旧有的柴明达尔都已不复存在。其他的家族,主要是加尔各答兑换商人的子孙,或在英国统治下富起来的当地官吏的子孙,填补了他们的位置。这些人依靠别人让给自己的土地过着无聊的寄生虫生活。不论政府为培植这个阶级牺牲了多少债权,这至少是一种浪费。

在英国的统治较晚实现的印度各地,避免了重犯用财政收入去养活一批无用的大地主这样的错误。在马德拉斯的大部分地区和孟买管辖区的一些地方,地租由直接耕作者直接交给政府。在西北各省，政府和村社集体缔结契约，确定每个人必须负担的数额，如有一人不履行契约，其他的人要共同承担责任。但在印度的大部分地区，直接耕作者还没有按固定的地租取得永佃权。政府按照爱尔兰地主管理他的庄园的原则来管理土地，即不是根据竞争情况定租，也不根据耕作者允诺缴纳的数额索取地租，而是先由耕作者自行决定地租额，而后由政府据以规定其所征收的地租额。在很多地区，一部分农民被认为是另一些人的佃户，政府只向被认为是村庄的原住民或征服者的后裔的那些人（这种人往往很多）征收租税。有时租金一年定一次，有时三五年定一次；但目前的政策是倾向于长期租种。在印度北部各省，租借期已延长到30年。这种制度实施的时间不长，所得到的经验还不足以表明这种长期租种在农民的内心引起的改良动机，其强度比永久租地差多少。不过，每年授田和短期租种这两种办法已肯定不适用。只能说它们比起过去无限制的压榨好一点。这些办法未经任何人批准，只是暂时性的安排，一俟对这个国家的潜在能力有了更全面的了解，并由此掌握了实行长久租种制度所需的资料，它们就会被放弃。

第十章　废除投标佃农制度的方法

第一节　爱尔兰投标佃农应当转变为自耕农

当本书第一版写成和出版时，对英国政府来说，如何解决投标佃农人口问题乃是最迫切的实际问题。800 万人口的大部分长期绝望和悲惨地挣扎于投标佃农制度之下，落到以藜藿为生，对改善他们的命运丝毫无能为力。最后，会连这样粗劣的饭食都不能自给，若无人供养则必死无疑。要不然就得根本改革迄今为止他们不幸地在其下生活的经济制度。这种紧急状况迫使立法机关和国民给予注意，但很难说有多少效果。因为弊端是根源于这种土地租佃制度。在这种制度下，除去害怕饿死以外，人民的一切勤俭动机都被清除，国会所提出的解决办法甚至连这一点都加以消除，而代之以给予他们申请救济的法律权利。对纠正弊害的原因，除空话以外什么也没有做，虽然由于这种因循误事国库花掉了几千万镑。

"没有必要"（我说过）"费力去证明爱尔兰经济弊端的真正基础是投标佃农制度；当由竞争来确定农民的地租成为这个国家的习惯做法时，期待勤劳、活力、死亡以外的人口限制，或轻微地减轻贫困程度，都无异于镜花水月。如果我们务实的政治家没有成熟到承认这一事实，或如果他们从理论上承认这一点，但却没有足够的实际感受因而不能对它制定出处理方针，仍然会有另一个他们难以回避的纯粹实际问题。如果人们迄今所赖以为生的收获继续处于靠不住的状态，则除非对农业技术和勤劳给予某些新的、重大的刺激，否则爱尔兰的土地再也不能供养像目前这样的人口。该岛西半部的全部产品，即令不交地租，现在也无法长期养活它的全体居民。在他们的人数由于迁走或饿死而减少到适应于他们低水平的勤劳程度以前，或者如果找不到一种方法可以使这种产业的生产能力大量提高，他们一定总是帝国每年税收的负担。”

自从写了这些以来，发生了一些预料不到的事件，使爱尔兰的英国统治者摆脱了好些麻烦事，而这些事本来会因他们的冷淡和短见而给予他们公正的处罚。在投标佃农制度下的爱尔兰再也不能向其居民提供粮食了。国会采取了救济办法，但它只是促进人口增加，对生产却毫无刺激。然而，爱尔兰人民由于始料未及的原因而得到解救（并非出于政治上的明智）。自助移民——威克斐制度（靠先移出者的收入支付后继者的花费）按自愿原则大规模地实施了，目前已把人口降到在现行农业制度下能够得到工作和口粮的数目。以 1851 年的人口调查和 1841 年作比较，人口减少了约 150 万。随后的人口调查（1861 年的）表明，人口又减少了约 50 万。这样，爱尔兰人以移民到这块富饶的大陆来得到了一条出路。这块大陆能够在不降低生活水准的情况下供养全世界好几代增加的人口；爱尔兰的农民也注意到大洋彼岸的人间天堂，将其作为摆脱撒克逊人的压迫和大自然的暴虐的可靠的避难所。无可置疑，不论今后由于在爱尔兰普遍推行英格兰的耕作制度，甚或像苏塞尔兰郡那样，将整个爱尔兰改成牧场，农业劳动的出路会减少到什么程度，失去工作的人们会以与1851年以前3年100万爱尔兰人前往美国同样的速度移居美国，而且同样无需国家出钱。认为一国的土地只是为了几千个地主的利益才存在，只要农民缴纳了地租社会和政府就履行了自己的职责的人们，无妨由这一结果考虑一下怎样才能使爱尔兰的难题得到圆满的解决。

但是，现在已不是能坚持这种蛮横主张的时代了，人心也不许如此。爱尔兰的土地，不，任何国家的土地，都属于该国人民所有。称为地主的个人从道德和公正原则来说，都只有收取地租或得到地价作为补偿的权利。对于土地本身，需要考虑的最重要的问题是采取什么占用方式和耕作方式对当地的全体居民最有利。当大多数居民因对他们及其祖先在这里过苦难生活的国家的公正原则感到绝望，纷纷到别的大陆寻求他们在国内得不到的土地所有权时，收租的地主也许会感到这对自己非常有利，但是帝国的立法机关应该用另一种眼光来看待这种几百万人民的不得已而移居国外。如果一个国家的居民由于政府没有为他们提供适于居住的地方而大批出国，政府就应该受到批评和谴责。地主的合法权利所具有的金钱价值无须减少分文，但是，爱尔兰的实际耕作者要求在爱尔兰做到在美国所做到的事情——耕者有其田，这是正当的。

良好的政策应当适应这种正当的要求。有些人既不了解爱尔兰，也不了解海外的任何国家，他们把英国的习惯做法当成社会和经济优越的惟一标准，把投标佃农转化为雇佣劳动者作为改善爱尔兰不幸状况的惟一方法。但这只是改进爱尔兰农业的方法，而不是改善爱尔兰人民处境的方法。散工的地位不会使缺乏远见、节俭和自制习惯的人们具有这一切。如果爱尔兰农民普遍地变成靠工资生活的人，而人们的旧习惯和精神状态没有变化，那么，我们所看到的只能是四五百万散工过着与过去投标佃农所过的生活同样不幸的生活;即同样安分守己地过着苦日子,同样轻率地多生孩子,也许甚至同样无精打采地工作。因为他们不会全体被解雇,即使被解雇,他们也可以靠济贫税过日子。如果使他们成为自耕农,效果就大不一样。一个在勤劳和谨慎方面有许多东西要学习的民族——在勤劳美德方面众所周知在欧洲居民中是最低的——要获得新生,就必须以强有力的刺激激励这种美德,而这样的刺激目前无过于土地所有权。使耕作者同土地建立永久的利害关系,可以保证他们坚持不懈地辛勤劳动,是目前防止人口膨胀最有效的方法(虽然不是十分可靠),如果这一方法无效,则其他任何方法也许更加起不了作用;那种弊害不是单纯的经济对策所能消除的。

爱尔兰的情况在它的需要方面与印度相似。在印度,虽然不时犯一些重大的错误,但从未有人建议,以农业改良的名义将农民赶出他们占用的土地;人们曾经谋求的改良旨在使他们的租地权更加稳固。只是在如下两种人之间意见有所不同,一种主张给予农民永久租地权,另一种则认为缔结长期租约已经足够。在爱尔兰也存在同样的问题。无可否认,即令在爱尔兰,在有时可以看到的某种地主的名义下,长期租约也会产生奇迹。但这些租约必须在租金较低的条件下签订。靠长期租约是不足以排除投标佃农制度的。在投标佃农制度存在的时候,租约总是长期的;21 年和“三代并存”是通常的租地期限。但地租是由竞争决定的,其数额比佃农所能支付的要高得多,因此佃农同土地不存在有收入权益的利害关系,也不能靠努力取得这种权益,租约的长处几乎只是名义上的。在印度，在政府没有轻率地将土地所有权让给柴明达尔的地方，它是能够防止这种弊害的。因为它本身就是地主，可以按照自己的判断来确定租金。但在私人成为地主的情况下，当地租是由竞争决定，而且竞争者是为生存而拼搏的农民时，除非人口极为稀少，使得竞争成为表面上的，否则名义地租是不可避免的。大多数地主都会攫取眼前的金钱和权力。只要他们能找到急于向他们提供一切的投标佃农，要靠他们从同情心出发克制这种非行是办不到的。

永久租地权对土地改良的刺激作用大于长期租约。这不仅是因为，长期租约，不论其期限如何长，在期限届满以前，得经历各种各样的短期租借阶段，直到租约完全解除；而且还有更根本的理由。道理也很简单，即令在纯经济学中也无需靠想像力来作解释。“永久”的效力比“最长期”的效力大；即令租期长得足以把子女及其所关注的一切人都包括在内，在他的精神境界高到公益（它也包括永久租地权）完全左右他的感情和欲求的程度以前，他不会以同样的热情去努力提高所租土地的价值，因为他同这块土地的利害关系是遂年减弱的。此外，如果永佃制像在欧洲所有国家那样成为土地所有权的普遍规则，则一种有限期的租种，不管租期多长，肯定会被认为是不值得考虑和有失身份的事情，因而人们不大会产生得到这种土地的热情，得到以后也不会对它怀有多少感情。但在一国实行投标佃农制度的时候，永久租地权问题变成次要的问题，而限制地租则成为重大的问题。资本家经营农场是为了获得利润，而不是为了获得面包。因此即令其所支付的地租由竞争决定，也不会有什么危险。劳动者所缴纳的地租却不能这样，除非这些劳动者处在文明和进步的状态，这种状态任何地方的劳动者都还没有达到，在这样的租佃制度下也是不容易达到的。农民的地租决不是可以任意决定的，也决不是地主可以任意变动的，它绝对需要按惯例或法规固定下来。在没有确立像托斯卡纳的分益佃农制度那样的互利习惯的地方，理性和经验表明地租宜由当局规定。这样就把地租变成免役租，把租地农民变成自耕农。

为了在极大的规模上实现这样的变革，以达到完全废除投标佃农制度的目的，人们最容易想到的办法是靠国会的法令来直接而彻底地进行这一改革；例如，把爱尔兰的全部土地交给佃农所有，使现在实际支付的地租（不是名义地租）成为一种固定的租金。这是反联合协会[①]在他们的宣传鼓动最有成效的时期以“固定土地租用权”的提法提出的一项要求。其最早、最热心和最顽强的倡导者康纳先生[②]曾以“估价和永佃”的说法更为妥帖地表达这一要求。如果企求地主放弃的现在价值可以未来价值的增加给予补偿，则它对现存社会关系的破坏并不比斯坦因和哈登堡两位大臣所实行的办法激烈，他们在本世纪初期以一系列的敕令彻底改变了普鲁士王国的土地占有状况，从而成为该国的最大功臣而名垂青史。在曾著书论述爱尔兰问题的很有见识的外国人冯劳默尔和古斯洛夫·特·博蒙看来，这种补救办法确实而且显然是消除爱尔兰的弊病所必需的，所以他们很难明白，为什么这一办法至今尚未实行。

① 19世纪初爱尔兰反对和英格兰合并成立联合王国的组织。——译者

② 康纳先生著有书名为《爱尔兰的政治经济实况》、《给德冯伯爵的信》、《关于爱尔兰重视压迫的两封信》等许多小册子。1832年以来康纳先生一直就这个问题进行鼓动。

然而，如果实行这种办法，首先要完全征用爱尔兰各上层阶级的土地。倘若我们制定的各种原则中包含若干真理，这种征用就完全可以认为是合理的。但是，只有在它是导致很多公共福利的惟一办法时才可以实行。其次，国内只有自耕农，这决不是人们所企求的。以大资本进行耕作，并由该国受过最好教育的人——这些人靠他们受过的教育有能力正确评定科学发现的价值，承担花费巨大的实验带来的稽延和风险——拥有大农场，乃是良好的农业制度的一个重要构成部分。这样的地主即令在爱尔兰也为数不少。把他们从目前的岗位赶走，是一种公共的不幸。而且，目前大部分租入的土地，对于在最有利的条件下试验自耕农制度，也许仍嫌面积过小。佃户们也并非都是愿意当自耕农的，有不少人如让他们有希望靠勤俭取得地产，会比让他们立即拥有土地所有权起到更好的作用。

然而，有一些更为和缓的办法，不会受到与上述办法所受到的相似的反对，而且，如果将这种办法推行到所能容许的最高限度，就可以在不小的程度上实现人们所追求的目标。办法之一是制定一种法规，规定任何开垦荒地的人都可以拥有那块土地，只须缴纳等于荒地地价适度利息的免役租。当然，实行这一办法有一个必要条件，这就是在需要开垦时强迫地主交出荒地（不属于观赏性质的）。另一个权宜之计是尽可能多地收购要出售的土地，然后分成小块卖给农民。这个办法是可以由个人协力实行的。为此，曾设想根据这些原则建立一个协会（虽然这一尝试没有成功）。就所办到的而言，在英国曾经成功地建立了自由保有土地协会；主要不是为了农业，而是为了选举。

这种方法可以利用私人资本来革新爱尔兰的社会经济和农业经济，它不仅不会使资本所有者受到损失，而且会给他们带来不少利益。根据一个对租地人不大有利的方案开展活动的荒地改良协会，取得了引人注目的成功。这一事例表明，坚决保证爱尔兰的农民得益归己，可以激励他们作出很大的努力。永佃制也不是在原则上必需采用的；如果租种农民可以指望用自己可能得到的资本（荒地改良协会的租地人在协会慈善制度的影响下，可以很快取得所需的资本）购买自己的农场，那么只要像荒地改良协会①那样采用规定适度地租的长期租约就够了。土地一经出售，协会的基金就可以腾出来，重新开始用在别的地方。

---

① 虽然这个协会由于连年发生饥荒而不得不停止活动，但它的成就人们应当铭记在心。下面是该协会1845年报告的摘要。报告是他们聪明的干事罗宾逊上校写的。摘要登载在德冯爵士委员会的《会议录》（第84页）上。

"245个佃农，其中很多人近几年来已近似贫民。他们每人占有10—20英亩的耕地，靠自己的自由劳动和协会的帮助改良农场，使他们农场的收入增加到4396镑；其中605镑是去年增加的，整个时期每个佃农的平均收入为17镑18先令，去年为2镑9先令。这些改良的利益，每个佃农在31年租约期限内均可享用。

"这245个佃农和他们的家庭靠铁锹劳动开垦和耕种了1032英亩土地，这些土地原先都是不生产的山坡荒地，而去年他们利用它们种植的农作物，据具有权威的实际家估计，其总值为3896镑，平均每人15镑18先令。又，他们饲养的牲畜，包括牛、马、羊、猪，按邻近市场上的目前价格估计，值4162镑，其中1304镑是1844年2月以后增加的，整个时期平均每人为16镑19先令，去年为5镑6先令。在此期间他们所增加的资产价值等于他们现在每年支付的地租。上述报告中的统计表和各种记述表明佃农普遍改良了他们的小农场，使他们的耕作和收成几乎同他们家庭的劳动人数成正比地增加。"

对于小农场在任何可忍受的租佃制度下能够取得较大的总产量甚至净产量，不会有比上述证词更为有力的证据了；值得注意的是，小农中间蕴藏着异乎寻常的勤勉心和热情。罗宾逊上校指出，改良事业固然取得显著而且迅速的进展，但也有例外，这就是有些佃农是"占用着超过20英亩的较大农场，但常常缺乏成功地进行山地改良所不可缺少的干劲和勤勉心"。

第二节　这一问题的现状

以上写成于1856年。其后爱尔兰产业的巨大危机有了进一步发展，有必要考察一下爱尔兰的现状如何影响本章上一节提出的有关前景和实际措施的看法。

情况的主要变化是投标佃农大为减少，可望完全消失。各种统计报表表明，小型租地的数量大大减少，而中型租地的数量则有所增加，充分证明这是普遍的事实，而且所有的证词都表明这种趋势还在继续。①谷物法的废除，使爱尔兰的输出品从种植产品转变

① 可是有一股局部性的逆流，似乎还没有引起公众的注意。"一些人已通过地产法院取得爱尔兰土地的所有权。他们人数不多，但已足以造成很多危害。他们在所有的阶级中是对地主的职责认识最差的。他们是市镇上的小商人，凭借异常俭省，并常常兼营高利贷，在长期生活历程中成功地积攒起一笔钱，得以买下50或100英亩土地。这些人决不想当农场主，满足于地主的地位，想最大限度地利用他们的土地。最近有一件事引起了我的注意。在12年以前，这些土地尚未被他们买去时，那里的佃农过得还算可以。12年来，他们的地租被提高了三次。据当地的牧师说，现在的地租同地主开始行使支配权时相比几乎增加了1倍。其结果，原先过得还不错的佃农现在已陷于贫困。有两个人已离乡背井，跑到邻近的沼泽地边上，靠打零工度日。这种地主即使不遭到暗杀，也会由于地产的衰败而受到损害，但在此以前，他一直收取等于他买价的8%或10%的地租。这样的事情绝非罕见。这类事情引起的愤慨对于那些性质完全不同和非常合法的行为——在那里，夺佃对任何当事方都是一件好事——也有所影响。

地主要赶走投标佃农的心情也在某种程度上为中间租地人(middlemen)想获得投标佃农的心情所抵消。爱尔兰全部土地的约四分之一是按长期租约占用的；如果租约的有效期很长，所收取的地租通常比土地真实价值要低得多，这样租入的土地很少由拥有租地权的人自己耕种；他们按很高的地租将土地转租给小农，并靠他所收取的地租和交纳的地租的差额生活。这些租约中有的快要满期；就在租约尚未满期的时候这种中间租地人不惜土地永久荒废，尽量多收地租，除此以外，他们同土地没有别的利害关系。小投标佃农正好合乎他的心意。在这种状况下，中间租地人急于找到投标佃农，就像地主急于赶走他们那样。其结果，这种佃农从一部分地主转到另一部分地主手中。这种变动规模不大，但确实存在，而只要它存在，就可以抵消一般趋势。也许有人会认为，这

为畜牧产品，这件事本身或许就足以引起租佃制度的这种变革。牧场只能由一个农业资本家或地主来经营。但是，涉及规模庞大的人口转移的这种变革，通过大量移民和实施抵押土地条例，很容易、很迅速地实现了。抵押土地条例可以说是任何政府给予爱尔兰的从未有的最大恩惠，这一条例的一些最好的条款，通过地产法院永久体现在这个国家的社会制度中。有充分的理由可以相信，爱尔兰的大部分土地现在是由地主或小的资本主义农场主在耕种。这些农场主的处境是在改善，他们的资本也在增加。这是有大量证据可以证明的，特别是他们在各银行的存款大为增加，他们已成为银行的主要客户。这一阶级还欠缺的主要是租地权的保障或对它所作的改良给予补偿的保证。如何弥补这些不足现在引起了最有才能的人们的注意。朗费尔德法官在 1864 年秋天的演讲及其所引起的轰动，使这一问题的研究进入了一个新的阶段。现在已经达到这样的时刻，我们可以满怀信心地期望不久就有一些有效的措置付诸实施。

那么，尚未移居国外的那些被排挤的投标佃农，以及没有土地而靠农业劳动生活的整个阶级，其处境究竟如何？到目前为止，他们的生活仍然很贫困，很难指望有所改善。确实，货币工资同一世代以前低得可怜的那个水平相比已经提高了不少，但生活费开支同靠马铃薯生活的旧时代相比也大为增加，因而所谓改善是名不副实的。根据我所得到的最可靠的资料，这个阶级的生活看不出

种制度将自行再生；就是说，与导致中间租地人产生的动机相同的动机会使这一阶级永久存在；但这样的危险不会出现。地主们现在也很了解，虽然这种制度一时有些方便，但其所造成的后果是灾难性的；因而现在任何租地契约都理所当然地定有禁止转租的条款。”（凯恩斯教授的私信）

有什么改善。事实上,人口虽然减少,但仍远远超过作为英国纯粹牧区的这个国家所能供养的人数。如下的说法也许不是十分确切:如果将现有数目的居民保持在国内,则人们或者只能靠陈旧而邪恶的投标佃农制度,或者作为小土地所有者生产他们自己所需要的粮食。毫无疑问,如果小的资本主义农场主在支出上得到充分的保证,则他们利用现在仍在耕种的土地可以雇用更多的劳动者;按照某些权威评论家的看法,这种做法可以使这个国家维持现有人口的实际生活水平。但是,没有人会认为它足以使该国的大批农民过较好的生活。因此,该国的移民虽然一度减少,但一遇荒年,就又迅速增加。预测在1864年将有不少于10万的移民迁离爱尔兰。就移民本身和他们的后代而言,或者就人类的普遍利益而言,人们不必为此感到遗憾。爱尔兰移民的子女接受了美国的教育,并且比在他们祖国可能办到的更为迅速和充分地分享了较高文明的利益。过了20年或30年,他们在精神上已经无法与其他美国人区别开来。这是英国的一种损失和耻辱。英国人民和政府应该扪心自问,仅仅保有爱尔兰的土地而失去爱尔兰的居民对他们的荣誉和利益有什么影响。就爱尔兰人民现今的感情来说,或者就他们对改善处境似乎一直抱有的希望来说,英国也许只能在减少爱尔兰的人口和使一部分劳动人口转变为自耕农之间作出选择。岛国官员对在几乎一切其他文明国家盛行的农业经济形式的无知,很可能使他们从这两种方法中选择较坏的一种。然而,在爱尔兰的土地上,自耕农已开始出现,只须具有善意的国会议员给予帮助,他们就可以得到发展。从我的杰出和宝贵的朋友卡尔纳斯教授给我的私信中摘录的下面一段话,说明了这一问题。

“大约在8年或10年以前，在土地抵押法院拍卖汤孟德、波塔林顿和金斯顿的土地时，曾看到有不少租种这些土地的佃农争相购买自己农场的永佃权。我未能了解到在这种举动之后会出现什么——这些买主是继续耕种他们所有的小块土地，还是试图摆脱他们原来的生活方式去过地主的生活，但是，我知道同这一问题有联系的另外一些事实。在该国的一些普遍存在承租权的地区，为获得农场而支付的顶让费是很大的。下面的数字是从现在已由地产法院宣布的纽里附近若干农场的财务清单中抄录下来的，它有助于人们了解(虽然很不充分)这种习惯的权利所具有的一般价值。

“财务报表表明纽里附近某些农场出售承租权所获得的代价如下：

地　目	英亩数	租　金	承租权售价
1	23	74镑	33镑
2	24	77	240
3	13	39	110
4	14	34	85
5	10	33	172
6	5	13	75
7	8	26	130
8	11	33	130
9	2	5	5
总　计	110	334镑	980镑

“此表所列价格大体上相当于3年的地租。但如上所述，这只能就经常支付以至通常支付的价格提供一个不完整的概念。这种

权利纯粹是习惯性的,因而其价值会随人们对地主的真诚的信赖程度不同而有所不同。在这里列举的实例中,各种情节是在与农场的出售有关联的诉讼过程中显露出来的,因此可以相信,在这种情况下,人们的信赖程度是不高的。上表所列的各种价格同通常的价格相比可能要低不少。我从最高当局获悉,在爱尔兰的其他地方,对承租权所付的代价相当于全部地价,这样的事例,也可以在地产法院找到一些。对于尚须交纳可观的租金的土地,还有人愿意支付相当于20或25年租金的价款去购买,这是一个引人注目的事实。也许有人会问,为什么这些人不用同样或略多一些的款项把地买断?我想,这个问题的答案应当到英国的土地法中去找。即令在地产法院,小块土地转让费与购地费相比也是很大的;而整个农场的转让也许根本无需花钱。地产法院收取的转让费,不包括印花税在内,最低限度为10镑(尽管该法院根据现行的法律服务报酬条例,厉行节约,尽量少收费)。这对小农场的买卖来说是非常可观的附加费用;转让1000英亩土地的证书所需费用或许也是这么多(大概不会比它多)。但是,这种转让费实际上只是购买小块土地的最小障碍。更大的障碍是土地所有权的情况很复杂,因而土地常常无法细分到小买主力所能及的地步。要改变这种状况,必须采取更为根本的办法,可是我担心不久就可以组织起来的众议院甚或不会有耐心来考虑此事。设立一个产权登记处可以成功地使所有权问题简化;但在复杂情况实际存在的地方,仅靠形式上的简化排除不了困难。只要目前地主享有的支配权没有缩小;只要每个殖民者或立遗嘱者具有几乎无限的特权,完全可以按其自尊心、支配欲或只是一时高兴来漫天要价;那么,在我看来,产权的登记就不能从根本上消除这种弊病。这种事情所造成的后果是奖励大规模的土地买卖——实际上在大多数情况下排斥大规模买卖以外的一切买卖。显然，只要法律是这样规定的，自耕农制度的实验就无法公正地进行。然而，我所叙述的各种事实想已非常明确地表明，在人民的心理上并不存在采用这一制度的任何障碍。”

这一讨论到此结束，它所占的篇幅几乎与本书不相称。我对社会经济的比较简单的一些形态（在这些形态下，土地产品或者完全归一个阶级所有，或者仅由两个阶级分享）的探讨就此结束。现在我们要在土地产品在劳动者、地主和资本家三者之间分配的前提下进行进一步的讨论。为了使下面的论述与我们已经讲过的尽可能衔接起来，我将从工资问题开始。

第十一章　论工资

第一节　工资取决于对劳动的需求和供给，换句话说，取决于人口和资本

在“工资”这一标题下所要考察的，第一，是一般地决定或影响劳动工资的原因；第二，是工资在各种职业间的差异。对这两类问题，分别考察比较方便。在下面讨论工资法则的时候，为方便起见，暂且假定世上没有别的劳动，而只有辛苦程度和不愉快程度相同的、普通的不熟练劳动。

工资，与其他事物一样，可用竞争或习惯来调节。在英国，如果雇主充分利用竞争，劳动的报酬就会比现在低。几乎没有一种劳动不是这样的。不过，在现在的社会情况下，必须认为竞争是工资的主要调节者，习惯和个人的性格只起修正的作用，而且这种作用也比较小。

因此，工资主要是由对劳动的需求和供给决定的，正像人们常说的，是由人口与资本的比例决定的。这里所谓人口，只是指劳动阶级的人数，或者更确切地说，是指受雇而参加工作的人数；这里所谓资本，只是指流动资本，而且，不是指其总额，只是指其直接用于购买劳动的部分。但是，这里必须加上虽不构成资本却是用以交换劳动的全部基金，例如士兵、家庭佣人和所有其他非生产工

人的工资。不幸的是,没有一个惯用的术语来表达所谓一国的工资基金总额;又因为这种工资基金的总额,绝大部分都是生产劳动的工资,所以,通常就忽视其较小、较不重要的部分,而说工资是由人口和资本决定的。虽然采用这样的表达方式比较方便,但是必须记住,它只表达出全部情况的一个大概,而没有表达出它的全部内容。

在这一术语的限制下,凡是工资,不仅由资本和人口的相对量决定,而且在竞争的支配下,决不受其他任何因素的影响。工资(当然是指一般的工资率),如果用于雇用工人的基金总额不增加,或竞相受雇的人数不减少,是不可能上升的;反之,如果用于支付劳动报酬的基金总额不减少,或领取报酬的工人人数不增加,是不可能下降的。

第二节　关于工资的若干通俗见解的检讨

然而,有些事实明显地与上述学说相矛盾,我们有义务予以考察和说明。

例如,“营业好,工资就高”。这话是人们常说的。任何一种职业,在生意兴隆时,对劳动的需求就比较迫切,所付工资也比较高。反之,在所谓“停滞”的时候,工人被解雇,留下的工人的工资也得减少。但是,上述情况都有一个假定,那就是资本不比过去增加,也不比过去减少。这当然是对的。不过,这是具体现象中的一个复杂过程,它掩盖了一般原因的作用。然而这与前面所说的原理并不矛盾。资本的所有者,如果不以其资本购买劳动,而是闲置手头,那么这种资本,对工人来说,这时等于没有。一切资本,由于营业情况的变动,有时会陷入这种状态。一个制造商如果知道对其商品的需求已经减少,他是不会雇用工人去增加难以处置的库存商品的。如果他不减少生产,而将自己的全部资本投入不能出售的商品,那么他至少不得不停业,直到商品略能出售而有所收入为止。但是,谁都不认为这样的情况会长久继续下去。如果他这样认为,那么他早就会将资本转到可以继续雇用工人的行业。在资本暂时不使用的时候,劳动市场供给过剩,工资下跌。但是,一旦需求恢复,或许生意比平时更为兴隆,甚至使制造商销售商品的速度超过他所能生产的速度。于是,他的全部资本可以充分发挥效率,如有可能,他还会借入资本(否则,这些资本将会流入其他行业)。这时,在他的行业中,工资上升。现在假定,这样的景气或停滞,同时发生于所有的行业(这种情况,严格说来,不是绝对没有的),那么,工资或者一起上升,或者一起下降。但是,这些只是一时的变动。现在闲置着的资本,明年会大有用处;反之,今年急需的资本,明年也许会堆满金库。因此,这些部门的工资就随之升降。不过,一般的工资,其长期的变动,只是由于资本的增减,即资本与劳动市场供给量相比较的增减。这里所谓资本,都是指可用于对劳动的支付的一切资金。

人们还认为,"物价涨,工资也涨"。因为物价上涨对生产者和商人都有好处,所以他们就能对工人支付较多的工资。强烈的需求会使物价一时上涨,从而引起一时的工资上升,这一点我已说过。但是物价上涨引起工资上升,只有在下述情况下才有可能,即收入增加的商人,想增加储蓄和增加资本,至少是增加对劳动的购买，所以提高工资。这是可能的。如果物价的上涨是直接降自天空，或至少是来自国外，那么，这对劳动阶级是有好处的，这不是因为物价上涨本身的关系，而是因为物价上涨引起资本增加。人们也许会说，如果物价的上涨是限制性的法规所引起的，或者社会其他成员要以某种方式来补偿（他们用以支付的资金同过去一样，并无变化），那么对劳动阶级也是有利的。但是，这种物价上涨，如果只对某一部分工人有利，那只是因为另一部分工人作出了牺牲。这是因为，如果商人可因取得较高的代价而增加其储蓄，或用其他方法增加对劳动的购买，那么，别人为了支付这种较高的价格，其用于储蓄或用于购买劳动的资金，必然会在同样程度上减少。上述两种情况，究竟哪一种对劳动市场的影响较大，则纯属偶然。工资可能在价格上涨的行业暂时增加，而在其他行业则略为减少。在这种情况下，引起人们注意的是这种现象的前半段，至于这种现象的后半段，或者不为人们所注意，或者即使被注意，也不知其真正的因果关系。再者，一部分工资的增加，也是不会持久的。这是因为，此时，这一行业商人们的利润虽然增加，但他们自己的企业却未必有让他们已经增加的储蓄进行投资的余地。他们增加的资本，恐将流向其他各种行业，从而使其他各阶级原先由于储蓄减少而引起的对劳动需求的减少得到弥补。

还有一种见解是人们常有的，即工资（当然是货币工资）随着粮食价格的变动而变动，粮价涨，工资也涨，粮价跌，工资也跌。这种见解，在我看来，只有一部分是正确的，而且即使是正确的部分，工资对于“资本与劳动的比率”的依存关系的法则，是不会改变的。这是因为，如果粮价的变动使工资发生变动，那么这种变动也是通过这一法则实现的。季节变化所引起的粮价涨跌，并不会影响工资（除了用法律或慈善的方法，根据粮价调整工资），然而存在着某种倾向，它会从与人们的想像相反的方向影响工资。因为在粮食缺乏的时候，人们为了找工作，总是进行比较激烈的竞争。结果使劳动价格降低。但是，如果粮价的涨跌带有持久的性质，而且是能预先知道的，那就会影响工资。第一（这是常有的），如果工人只能勉强维持其本身的劳动能力，并养活通常数量的孩子，但粮价持久上涨而工资并不随之增加，那么孩子过早死亡的数量将随着增加。在这种情况下，虽然工资最后是增加的，但其原因，是人口的数量比粮价低廉时减少了。第二，即使工资足够高，粮食涨价不会使工人及其家庭丧失生活必需品，即使从物质上说，他们经得起经济状况的恶化，但他们也许不肯降低其生活水平。他们也许具有过舒适生活的习惯，而且认为这是生活的必需，一旦这种必需难于满足，他们就会进一步抑制其人口的增殖力。因此，工资不是随死亡人数的增加而上升，而是随出生人数的减少而上升。所以，在这种情况下，即使是迟至大约 30 年之后，工资总会增加到与粮价相适应的程度。李嘉图认为，这两种情况是包括一切的。他假定任何地方都有一种最低工资率。这或是从物质上使人口得以维持的最低工资率，或是人民借以维持人口的最低工资率。他假定，一般的工资率总是与此最低限度相接近的，既不能长期低于此最低限度，超过人口增长率下降表面化所需要的时间，也不能长期持续地高于此最低限度。这个假定，从抽象科学的目的来说，是包含完全可以承认的真理的。李嘉图由此得出的结论是，从长期来看，工资是与粮价同期涨落的。这一结论，同他的几乎所有的结论一样，都是正确的，如果承认他那作为出发点的假定的话。不过，在实际运用的时候，我们必须知道，李嘉图所说的最低限度，其本身是可以变动的，特别是在其为可以称作道德的最低限度的这种限度，而不是物质的最低限度的时候。如果过去的工资较高，因而有减少的余地（但工人惯常的高生活水平使这种减少不易实现），那么，粮价的上涨，或工人生活条件的任何其他不利变化，可能以下述两种方式起作用。一是通过慎重地控制人口逐渐发生作用，使工资上涨的办法来自行调整；二是劳动阶级过去的人口增殖习惯胜过其过去的舒适习惯，致使其生活水平永久地比以前降低。此时，他们所受的损害将是长久的。他们的已经降低的生活条件，将变成新的最低限度，这同过去的比较富裕的最低限度一样，有其永久化的倾向。人们忧虑的是，在上述两种起作用的方式中，第二种是最常见的。至少，它使那些所谓各劳动阶级所受的灾害具有自行恢复的性质的论调，实际上完全失去了真实性。有充分的证据可以证明，英格兰农业劳动者的生活条件，曾在英国历史上不止一次地、持续地降低，其原因不仅在于对劳动的需求减少，还在于即使人们为了保持其过去的生活水平而自行调节人口，它的效果也是一时的。不幸的是，劳动阶级这样长久地过贫困生活，终于使他们放弃了过去的生活水平。而在不知道当年富裕生活的情况下成长起来的下一代，不但不想恢复过去的富裕生活，反而使人口增加①。

但是，由于农业上的改良，谷物法的废止或其他类似的原因，

① 威廉·桑顿的《人口过剩及其对策》，是根据最可靠的文献写成的，其中关于英国农民阶级状况的简史，可以参照。桑顿的著作，对于影响劳动阶级经济状况的各种问题，都有合理的处置，比当代出版的大部分其他著作更为优秀。

工人的生活必需品跌价，这时就出现了相反的情况，即工人以同样的工资，可以过比过去大为优裕的生活。在这种情况下，工资不会立即下降，甚至还会上升。不过，在此繁荣期间，除非劳动阶级认为不可缺少的舒适水平能够永久地提高，否则工资终将下跌，工人的生活就会差些。不幸的是，那种好的结果并不总是人们所能企及的。提高工人认为比结婚成家更为需要的生活水平，比降低那种生活水平还要困难。如果他们只是满足于享受已有的舒适生活而无其他要求，则其结果是人口增加，他们又恢复到过去的生活水平。他们的孩子，过去因为贫困，不论营养和照顾都很差，而今大多数已养育成人，参加竞争，这将使工资跌到或许完全与粮食的廉价相适应。其结果如果不是像上面所说的那样，那就是结婚的人数增加，结婚的年龄提前，或者是每一对夫妇的生育数增多。经验表明，在粮食价格低廉而就业充分的时期，结婚的人数总是大为增加。因此，对于认为谷物法的废止（只把它看作一个工人问题）或者其他任何使工人的状况只有很少改善的计划（有的计划总是那样时髦）具有很大重要性的说法，我是不能赞成的。对工人影响极小的事情，在他们的习惯和要求上，不会留下永久的印记，他们很快就会恢复到过去的状况。如果对工人发生作用的一时的原因要产生长久的利益，就必须足以使他们的生活状况发生巨大的变化——一种将在许多年都能感觉到的变化，虽然这种变化可能会在一代人的时间内，对于人口的增加给以某种刺激。的确，当生活的改善具有这样显著的特性，并且在已经习惯于过去改善了的舒适生活的一代人长大的时候，这新的一代在人口方面的习惯是在一种较高的最低限度的基础上形成的，故其生活状况的改善是永续的。关于这一点,最明显的例子是大革命以后的法国。当时,法国的大多数人,顷刻之间,由悲惨的生活提升到独立和比较舒适的生活;而其直接的结果是,虽然有战争的破坏,人口仍以空前的速度增长,其原因,部分是由于已经改善的生活条件使许多孩子生长成人(这些孩子,如果生活状况没有改善,早已夭折),部分是由于出生人数增加。但是,此后一代人是在生活习惯大有变化的情况下成长的。当时法国虽然处于空前繁荣的状态,但其每年的出生人数几乎没有变动①,人口的增加是极端缓慢的②。

第三节 除少数情况以外,高工资是以限制人口为前提的

因此,工资取决于劳动人口的数量与用以购买劳动的资本及其他资本(简称资本)的比例。如果某时某地的工资高于他时他地的工资,如果雇佣劳动阶级的生计和生活比较富裕,那么其原因不

① 威廉·桑顿:《人口过剩及其对策》,第 293—295 页。

② 自 1715 年至 1765 年这不平常的 50 年间,英格兰工人的生活水平也有类似的改善,虽然其改善的程度有所不同。那 50 年间的特征是少有的连续丰收(在这整个时期,确实的荒年不超过 5 年),那个时期的小麦平均价格比前半个世纪低得多。依照马尔萨斯的说法,按 1720 年前的 60 年间平均计算,工人的每月收入只能购买小麦 2/3 配克,但自 1720 年至 1750 年则可买到 1 配克。如果根据伊顿的统计表,则在 1715 年前的 50 年间,1 夸特小麦的平均价格为 41 先令 7 3/4 便士,而在那 50 年的后 23 年间,1 夸特小麦的平均价格为 45 先令 8 便士,但此后 50 年间的小麦平均价格,没有超过 34 先令 11 便士的。劳动阶级的状况得到如此显著的改善,虽然是出于偶然的好年景,但因为持续 30 年以上,故有充分的时间可使劳动阶级的生活习惯发生变化。因此,这一时期常被认为是"所消费的食物质量显著改进和工人生活舒适和方便的标准明显提高"的时期(见马尔萨斯:《政治经济学原理》,第 225 页)。关于这一时期的特征,可以参考图克先生的名著《物价史》第 1 卷,第 38—61 页。关于谷物的价格,可参考该书的附录。

外乎是资本对于人口的比例较大。对劳动阶级来说,重要的不是积累或生产的绝对量,甚至不是在工人中分配的资金数量,而是这些资金与参加分配的人数之比。要改善这一阶级的状况,除变更这一比例,使之对他们有利以外,别无他法。因此,每一项为工人谋利益的计划,如果不以此为基础,则从长远的目的来说,都是骗人的。

在像北美洲和澳洲殖民地那样的一些国家里,既有文明生活的知识技术和高度有效的积蓄欲,又有无限广阔的未占有地,不论人口如何增加,资本总能跟着增加,不能得到足够的劳动力,反而成为资本增加迟缓的主要原因。因此,不论是谁,只要能够成长,总能找到工作,决不会使劳动市场供给过剩。在这些国家里,每个工人家庭都有丰富的生活必需品,而且也有许多便利品和若干奢侈品。除非因为个人的不检点,或实际缺乏劳动的能力,否则,他们是不会贫困的,是无须依赖别人的。即使在那些古老的国家里,由于某个部门的资本激增(不是一般的激增),有时也会使该部门的工人得到与此同样的利益(虽然程度低些)。自瓦特和阿克赖特的发明以来,英国的棉纺织工业大为发展,在需要人口增加1倍的时期内,其所使用的资本大约增加了3倍。因此,在当时的地理环境和人们的习惯或意愿所许可的范围内,从其他部门吸收了几乎所有的工人。不但如此,由于这种工业的发展,产生了对于儿童劳动的需要,使他们也变成了工人。所以,与其限制人口,不如增加人口反而有直接的金钱利益。尽管如此,在那些大的制造业中心,工资一般都很高,一个家庭的总收入,按若干年平均计算,数额可观。由于工资在今后长时期内尚无减少的倾向,所以影响所及,使附近各地农业劳动工资的一般水平也在提高。

但是，人口能够泰然地以最大速度增加的那种情况，对一个国家或一种行业来说，是很少见的，而且是暂时的。只有很少的国家才具备其所必需的全部条件。或因产业技术落后和停滞而使资本的增加缓慢，或因实际的积蓄欲不高而使资本的增加很快就达到极限，或者这两种因素充分具备，但因缺乏像已耕地那样好的未耕地而使资本的增加受到阻碍。即使资本和人口在一个时期内同时增加1倍，但是，如果这种资本和人口全部要在同一土地上寻求出路，那么，除非在农业上有空前的、连续不断的发明创造，否则也不能继续使生产增加1倍。因此，工资如不下跌，利润必将减少；利润一旦减少，资本的增加就慢下来。而且，在这种情况下，工资即使不下跌，粮食的价格（后面将有详细的说明）也必然会上涨。这同工资下跌是一样的。

因此，除了我刚才说的极其特殊的情况之外（其中具有实际重要性的，只有新殖民地或与新殖民地情况相类似的国家），人口以最大的速度增长而不致使工资下跌，这是不可能的。或者，工资的下跌，在没有达到阻止人口增长（通过物质的或精神的作用）的程度时就停止，这也是不可能的。因此，在那些古老的国家里，人口都不是以几乎最大的速度增长，而大多是以极低的速度增长，某些国家的人口则完全不增加。这样的事实，只能从两方面来解释。一是自然所许可的最大出生率没有实现（这在某些情况下是会出现的），二是这种出生率虽已实现，但所出生的很大一部分都已死亡。人口增长迟缓，或是由于死亡，或是由于谨慎精明，或是由于马尔萨斯先生所说的“积极的抑制”或“预防性的抑制”。在所有古老的社会里，上述各种原因中，必然有一种是存在的，而且事实上也是存在的，并且是强有力地存在着。人口的增长，如果不是因为个人或国家的谨慎精明而受阻，那就是因为饥饿或疾病而受阻。

以上所说的种种阻碍，在世界各国，究竟哪一种发生了作用？马尔萨斯先生为弄清这个问题曾经煞费苦心。他在《人口论》一书中所收集的关于这一问题的实例，即使在今天读来，也颇有收获。现在的亚洲各地和以前的欧洲大部分国家（那里的劳动阶级没有陷入人身的隶属关系），除死亡之外，别无阻止人口增加的方法。死亡不一定是贫困的结果，而大多是由下面三种原因造成的，一是对于孩子的抚养缺乏经验和粗心大意，二是成人有不法或其他不健康的习惯，三是几乎周期地发生毁灭性的传染病。上述各种造成孩子过早死亡的因素，在欧洲各地已大为减少，但并没有绝迹。直至最近，英国的几乎任何一个大城市，如果人口不从乡村地区不断流入，则其人口数量是无法维持的。利物浦目前还是如此。即使在伦敦，同比它穷得多的乡村地区相比，其死亡率更高，平均寿命更短。在爱尔兰，如果马铃薯的产量略有减少，总是要发生流行性热病和由于营养不良引起体质衰弱而相继死亡。但是，尽管如此，现在还不能说，欧洲的任何地方，人口缩减主要是由疾病引起的，更不能说是由饥饿引起的，不论在直接的形态上，还是在间接的形态上，都是如此。限制人口增长的主要原因（按照马尔萨斯先生的说法），是预防性的抑制，而不是积极的抑制。但我认为，全部或大部分由雇佣劳动者组成、不能指望改变自己命运的劳动阶级，很少会谨慎明智地独自采取这种预防性的措施。例如，在英格兰，说大部分农业劳动者会对人口实行什么谨慎明智的限制，那是不可思议的。他们一般都尽可能地早婚，而且尽可能地多生孩子，犹如当初移居美国的移民一样。他们在现行的济贫法颁布前的30年间，就已受到一种最直接的、不顾后果的奖励，即一个人在失业的时候，不但随时能以简单的条件得到生活上的帮助，而且即使在就业的时候，每周也可从教区领到与他们的孩子数量成比例的津贴(这是极普遍的)；至于家庭人口较多的已婚者，则按照一种权宜之计，可以比未婚者优先受雇；这种奖励人口的办法，现在还在实行。农业劳动者在这种奖励之下，养成了漫不经心的习惯。这种习惯，对于没有教养的人是颇为适宜的，所以，不问其产生的原因是什么，即使在这些原因消失之后，在一般情况下，还会长期地存在下去。在社会上，甚至在那单纯的表面运动不能到达的深处，有许多新的因素在起作用，因此，某种主张，可能今天是正确的，但是几年以后就必须大加修正。所以，对于某个阶级或某个集团中人们的精神状态或实际感情作出一成不变的判断，那是危险的。不过，如果人口的增长速度只是由农业劳动者决定的，那么，只要出生数不因死亡数而减少，英格兰南部各郡的人口增长速度，就会同美洲一样快。但是，在由中产阶级和熟练工人构成的绝大部分人口中，存在着限制人口的因素。这部分人在英国，几乎与普通工人的人数相等，在这部分人中间，谨慎明智的动机确实起着极大的作用。

第四节　人口的限制在某些情况下是由法律规定的

除了每天的工资以外没有财产、也没有得到财产希望的劳动阶级，他们之所以控制人口的过快增长，我认为其原因到现在为止始终有两个，一是现行法律的限制，二是某种习惯无意地使他们的行动在不知不觉中受到影响，或诱导他们不结婚。那么，欧洲有哪些国家是从法律上直接禁止轻率的结婚呢？人们一般是不知道的；在英国驻欧洲各地的公使和领事寄给当初的济贫法委员会的通讯中，含有大量有关这一问题的资料。西尼尔先生在为这些通讯写的序言[①]中说，在那些承认法律上有权请求救济的国家里，“现在实际上得到救济的那部分人，他们的结婚似乎到处都是被禁止的。被认为不具有独立赡养能力的人，很少被允许结婚。例如，有人告诉我们，在挪威，‘未经牧师证明已有固定的住处，并完全有希望维持一家人的生活，任何人都是不能结婚的。’

“在梅克伦堡，‘因为满22岁之后须服兵役6年，因而结婚推迟。而且，结婚的人须有自己的住房，否则，牧师是不许他们结婚的。男子通常在25—30岁之间结婚，女子也早不了几年，因为结婚双方都首先要有养活自己所必需的工薪收入。’

“在萨克森，‘应服兵役的男子，21岁以前不许结婚。在德累斯顿，有职业者（这也许是指手工业工人而言）在出师以前，不许结婚’。

“在符腾堡，‘男子因有服兵役的义务，非经特别许可（或买得许可），25岁以前不许结婚。即使到了25岁，仍须获得许可之后才可结婚，要获得这种许可，先得证明他和他的妻子的最低收入可以维持一个家庭或养活他们自己。这里所谓最低收入，在大城市为800—1660福罗林（合66镑13先令4便士—84镑3先令4便

① 此文被收列为该委员会的《总报告》附录F，又，当局曾印单行本。

士)，在小城市为400—500福罗林，在乡村为200福罗林(合16镑13先令4便士)'"。[1]

驻慕尼黑的公使说："该国贫民所以这样少，最主要的原因是，非经证明男女双方已具有适当的生存手段，法律禁止他们结婚，而且，这一法规在任何地方和任何时候都是被严格遵守的。正因为如此，它对巴伐利亚的人口增长缓慢产生了显著的影响。巴伐利亚的人口，就其对土地的比例来说，是很少的，但其最好的效果，是使人们避免极端贫困及由此产生的悲惨生活。"[2]

在吕贝克，"贫民结婚被延迟的原因有二：第一，男子如果要结婚，必须先证明自己有正式的服务机关和工作岗位，并能养活妻子；第二，必须成为一个市民，而且要有市民军制服(这总共需要4镑左右的费用)。"[3]在法兰克福，"政府对于结婚年龄虽无规定，但必须证明能够谋生，才允许结婚"[4]。

以上各种说法，其中某些讲到服兵役的义务，这在对于结婚并无直接法律限制的某些国家，成为法律对结婚的一种间接障碍。例如，在普鲁士，对于每一个身体强壮的男子，在其最容易轻率结婚的年龄，强迫他在军队中服务若干年。这种制度，就其对人口的影响而言，恐怕与德国一些小州的法律限制不相上下。

凯先生说："瑞士人民根据自己的经验深深懂得，推迟子女的结婚时间，对其子女是大有好处的。因此，在最民主的四五个州，其由普选产生的州议会(请注意是选举产生的)，制定了一种法律，

① 见序言第39页。
② 见序言第33页，或附录第554页。
③ 见附录第419页。
④ 见附录第567页。

规定所有的年轻人，如果未向其所在地区的官吏证明其有供养家庭的能力而擅自结婚，都要处以巨额的罚金。在卢塞恩、阿尔戈维、下沃尔登，我相信还有圣加尔、施魏兹和乌里，这种法律已经实行多年。”①

第五节　人口的限制在其他情况下是特殊习惯的结果

有些地方，没有限制结婚的一般法律，但是往往有与此相等的习惯存在。当中世纪的基尔特即行会盛行时，基尔特的法规或规章，对于由限制行业竞争所得的利益极为注意，它十分有效地控制职工结婚，使职工经过徒弟和满师职工这两个阶段而达到师傅的地位时才结婚。②在挪威，那里的劳动主要是农业劳动，法律禁止

① 凯著前书第1卷，第68页。

② 西斯蒙第说："每个行会中的师傅人数是固定的，只有师傅可以开店，可以自行买卖。每个师傅只能带一定数量的徒弟。在某些行会里，一个师傅只能带一个徒弟。每个师傅还可以雇用数量有限的工人，这种工人叫做伙计或满师职工。在每个师傅只能带一个徒弟的行业里，他也只能雇用一个或最多不超过两个满师职工。除了徒弟、满师职工或师傅之外，任何人都不能从事买卖或手工业。徒弟没有满师，不能成为满师职工，同样，满师职工必须工作满期，而且经过行会的监督评定，认为已在其行业中完成了被指定的工作，否则不能升为师傅。由此可知，这种组织的招工权完全属于师傅。只有师傅才可招收徒弟，师傅也可以拒绝招收任何徒弟。于是，他们招收徒弟时，往往要索取很高的报酬。因此，一个年轻人，如果事先没有筹集到当一个徒弟所必须支付的款项和当徒弟期间的生活费用（因为在这四五年或七年学徒期间，他的劳动全归师傅所有），他是无法进入一个行业做事的。徒弟在满师之前对师傅的依赖是完全彻底的，师傅可以凭自己的意志，甚至可以毫无理由地对徒弟关闭这一收入颇多的职业之门。徒弟升为满师职工之后，就略有自由了，他可以任意选择师傅，也可从一个师傅转到另一个师傅。由于要升为满师职工必须经过徒弟阶段，所以满师职工现在就开始利用他辛辛苦苦得来的独占地位来获得利益。对于只允许他做而不允许别人做的工作，他几乎完全有把握得到较高的报酬。但是，他要升为师傅，还得经过行会的许可。所以他并不以为他自己的地位已

雇用农业雇工(farm-servant)的时间不满1年。英格兰过去的一般惯例也是如此。但实行济贫法以后,就废止了这种惯例,因为农场主如果暂时不需要雇工劳动,就可随时解雇,而由教区给予救济。在挪威,因为存在这种惯例,并由法律强制执行,所以人数有限的农业劳动阶级,全都缔结为期至少1年的契约。这种契约,如果双方同意,就自然地成为长期契约。因此,现在是否有空缺,或是否将有空缺,了如指掌。只要没有空缺,青年们就知道不可能找到职业,也就不会结婚。在坎伯兰和威斯特摩兰,这种惯例至今仍然存在,不过期限不是1年,而是半年。故可推想,似乎也产生了与挪威同样的结果。雇工们"住在他们主人的家里,几乎就不离开了,除非自己的亲戚或乡邻去世,由他们继承小农场的所有权或租地权。所谓过剩的劳动,在当地并不存在"。[①] 我已在另一章里说过,在上一世纪,英格兰控制人口的原因,是很难找到一个独立的住处。[②] 除此以外,还可举出其他限制人口的惯例。按照西斯蒙第的说法,虽然谁都知道,在意大利的某些地方,上层社会中有一种习惯,即一个人如有几个儿子,只有一个儿子可以结婚;其实,这种

有保证。一般地说,在他升为师傅之前,他是不会结婚的。

"不论从事实上还是从理论上,都可以肯定地说,行会的存在,曾经阻碍(仅仅是阻碍)人口过剩的发生。

"根据几乎所有行会的规章,任何人在25岁以前不能升为师傅;而且,如果他自己没有资本,没有足够的积蓄,那么,他当满师职工的时间要长得多。某些(恐怕是大部分)职工是一辈子当满师职工的。但是,他们在升为师傅之前就结婚的例子简直是没有的。这是因为,即使他们自己不谨慎明智而妄想结婚,也没有一个父亲肯把自己的女儿嫁给一个没有地位的男子。"(见《政治经济学新原理》第四篇第十章和亚当·斯密著《国民财富的性质和原因的研究》第一编第十章第二节。)

① 见桑顿:《过剩人口》,第18页,及其所引用的各种典故。

② 见本书第一编第十章。

习惯也在贫民中间流行。但是，在散工中间，似乎不存在这种家庭安排。这种安排是小地主和分益佃农所采用的一种防止土地过度分散的方法。

在英格兰，一般说来，现在已不再存在这样间接限制人口的习惯。但是也有例外，例如在某些教区，其土地为一个或少数地主所占有，有时为了防止工人居民增加，仍然禁止建筑小屋，或将已有的小屋拆毁；目的是限制人口，不使它成为当地的负担。这对于一般人口没有任何影响，这些教区所需的劳动，由住在别处的工人承担。这些教区的周围地方，经常因为这种做法而叫苦不迭，因为那些地方不能以同样的手段进行自卫。这是因为，任何没有参加这种〔自卫〕组合的人，如果他有 1 英亩土地，对他就极为有利，他可以在这块土地上盖满小屋，从而击败对手。面对那种叫苦，国会在几年前通过了一项法案。根据这项法案，济贫税不向教区征收，而改由全国负担。这项法案的通过，对其他各个方面都很有益，然而都排除了一种对于限制人口起过作用的旧习惯。虽然这种旧习惯，因其作用范围有限，已经变得无关紧要了。

第六节 适度的人口限制是劳动阶级的惟一保障

因此，对于普通的农业劳动者，几乎可以说不存在所谓人口限制。如果城镇的数量增加，城镇所使用的资本增加，资本所雇用的工场工人迅速增加，而工人的平均工资保持原来的水平，并且不把农村每年增加的人口中的很大一部分吸收进来，那么，按照现在人们的习惯，他们的生活一定会像1846年以前的爱尔兰人那样悲惨。另外，如果我们工业制品的市场，暂且不说衰落，只要不像过去50年间那样迅速地发展，我们也难保不遭遇与此相同的命运。尽管我们不徒然预测这样的灾难(希望工人们的伟大而且不断增长的理智，会使他们的习惯适应他们所处的环境，回避这种灾难)，然而目前像威尔特郡、萨默塞特郡、多塞特郡、贝德福郡、白金汉郡这样一些最排外的农业地区的劳动者，其现状已足以令人心寒。这些地方的劳动者，家庭人口多，而且即使在充分就业的时候，其每周的工资也只有8—9先令，所以有时就成为公众同情的对象。然而，只是同情是不够的，现在已经到了认清实情而采取有效措施的时候。

不幸的是，人们在讨论这些问题的时候，往往不用良知，而是只凭感情。人们固然往往对于贫民的困境逐渐加深同情，认为贫民有受到别人救济的权利，同时都几乎普遍地不愿正视贫民处境的真实困难，根本不愿注意他们物质生活的改善所应具备的各种条件。关于劳动者生活状况的讨论，关于劳动者悲惨状态的感叹，对于对此漠不关心者的谴责，以及想要改善这种状况的各种计划，在世界各国和各个时期，都没有像现在那样普遍。但是，这些论客无形中都忽视了工资的法则，或称之为“狠心的马尔萨斯主义”，把它抛在一边。但是，告诉人们可以多生孩子(孩子出生后肯定是可怜的，大部分将会堕落)，比告诉人们不要生这样的孩子更为“狠心”。另外，人们虽然认为反对生育是残酷的，但是他们忘记了这种生育的行为既是当事者“对动物本能的屈从”，又是当事者“令人厌恶的权力滥用”。

半野蛮状态的人类具有野蛮人共有的怠惰与寡欲，在他们未脱离半野蛮状态的时候，是不宜限制人口的。当时人类的心理必须有物资缺乏的压力，才能够刺激其劳动与创造力，从而完成过去人类生存方式上所有变革中的最大变革。正是因为这种变革，才使近代产业生活战胜了狩猎、牧畜和军事（或掠夺）的社会状态。同奴隶制度也起作用一样，物资缺乏在当时也起作用。而在当今世界的某些角落，即使有了比较文明的社会伸手援助，这种物资缺乏也许仍会起作用。但是，在欧洲，如果说以前曾经有过这样的时代，即贫困的生活使人们变成较好的劳动者或较文明的人的时代，那么现在它早已不再存在了。相反，如果农业劳动者的生活比较富裕，那么他们显然会更有效地劳动，并且成为更好的公民。因此，我要问，他们的人数如果减少了，他们的工资是否会高一些？这就是现在惟一的问题。撇开这一问题，去抨击马尔萨斯和其他著述家的非主要的观点，以为这样的驳斥可以否定人口原理，那是徒劳的。例如，马尔萨斯认为，人口是按几何级数增长的，粮食或许是按算术级数增长的。这原是一种比喻，并不重要。有些人抓住这句话，轻易地取得了“胜利”。但是，任何公正的读者都知道，马尔萨斯并未重视用数字的精确度来说明不能用数字证实的事物这一不成功的尝试。另外，凡有推理能力的人都会明白，这一说法对于马尔萨斯的论证来说，完全是多余的。马尔萨斯的早期信徒的片言只语，曾经后来的政治经济学家修正，现在有人对此极为重视。有些作者曾说，人口的增加有快于粮食增加的倾向。这种主张的原意是，人口如果未受死亡或谨慎明智行为的限制，那么，在多数情况下，其增长快于粮食。在这个意义上，这是不错的。但因这些限制，在不同的时候和不同的地方，其发生作用的力量是不同的，所以把这些著述家的话解释为人口的增加总是快于粮食的增加，结果是人民越来越贫困，这也未尝不可。按照上面这样的解释，反过来说也是对的，即社会越文明，谨慎明智的限制力就越强，人口的增长速度（与粮食相比较）就越缓慢。如果认为，在任何进步的社会里，人口的增加有快于粮食的增加或者其速度与粮食相同的倾向，那么，这样的主张是错误的。这里所用的“倾向”一词，其意义与有些著述家所说的“倾向”完全不同。不过，暂且不说这种用词的问题，在一些古老的国家里，人口紧紧地逼迫着粮食，这是两派一致承认的。尽管这种逼迫在减轻，但是最贫困的劳动阶级的思想和习惯还可以有更大的改进。人们希望在进步的国家里，经常能出现某些改进的倾向。然而，不论过去或现在，这种倾向都极其微弱，举个具体例子来说，尚未发展到使威尔特郡工人每周的工资超过 8 先令。这里惟一需要考虑的问题是，这种工资额，对一个工人来说，是否充分而且适当？因为，如果不充分，而且不适当，则像已经存在的事实那样，人口对于工资基金的比例就属过大。在过去的某个时期，人口的压力与现在相比是更为严重还是不那么严重；这在实际上并不重要。重要的是，如果人口与工资基金或粮食的比例在改善，那就希望通过适当的帮助和奖励，使改善的程度更大一些，速度更快一些。

然而，关于这一问题，争论的对手不是理性，而是一种嫌恶的感情。这种嫌恶的感情，用尽一切方法回避承认不受欢迎的事实，只是到了实在无法回避的时候，才勉强承认。因此，必须进而详细探讨这些回避的方法，必须攻克人口原理的敌人所占据的每一个阵地。那些反对人口原理的人，并不要求劳动者实行任何自制（不论是强制的还是自发的），也不要求对动物的增殖力进行比现在更多的限制。他们只是为劳动者寻求某种一时的避难所，寻求改善劳动者状况的某种貌似有理的方法。这个问题是下一章讨论的对象。

第十二章　论补偿低工资的一般方法

第一节　由法律或习惯决定工资的最低限额，并保证就业

提高劳动工资，并使它维持在所希望的水平上，人们所想到的最简单的方法，是由法律予以固定。为了调整工人与雇主之间的关系，过去各个不同时期曾经采用或至今仍在采用的各种方案，实际上其目的就在于此。本来，所有当事人的各种利益本身，往往要求工资应该是可以变动的，所以，恐怕没有人会主张把工资绝对地固定下来。但是，有人提议把工资的最低限额固定下来，让竞争来进行调节，使工资在这一最低限额之上浮动。现在已有另一个方案在工人领袖中找到许多支持者，该方案主张必须建立一些委员会，这在英国叫做地方商务委员会，在法国叫做劳动协议会，以及其他名称。这种委员会由劳资双方的代表组成。这些代表所协议的工资率，经当局公布之后，对于劳资双方，一般都有约束力。协议的根据不是劳动市场的情况，而是自然的平衡，目的是使工人可获得“合理的”工资，使资本家可获得合理的利润。

此外，另有一些人（当然，这些人不是劳动人民本身，而是关心

各劳动阶级利益的慈善家)不很赞成当局对劳动协约的干涉。他们担心法律的干涉将可能是轻率而无知的。他们认为,由利害冲突双方各派代表,互相商议,试按平衡(公道)的原则,调和彼此的利害,就必须首先确立一条怎样才算平衡(公道)的规则,如果没有这样一条规则,双方之间的冲突,不但不能调和,反而只会加剧。他们不想通过法律的制裁,而想以道德达到这一目的。他们以为,任何雇主都应负担足够的工资。如果雇主不肯自动实行,那么舆论可以强迫他实行。至于判断工资是否足够的标准,这是他们自己的感情问题,或他们认为是公众的感情问题。以上就是当前在这个问题上的主要见解,我想我已作了公正的描述。

现在我只想评论这些方案中所包含的原则,而不去考虑实际困难(这些困难的严重程度是显而易见的)。我假定按照这些方案中的某一方案,工资可以维持在高于由竞争所决定的水平。这等于说,高于以现有的资本雇用所有的工人所能达到的最高工资率。这是因为,以为竞争只会促使工资下跌的说法是错误的。竞争也可以是提高工资的手段。此时如有失业的工人存在,只要他们不是依靠慈善救济而生活,他们就成为就业的竞争者,工资因而下跌。但是,如果所有失业的人都已就业,那么,即使在最自由的竞争制度下,工资也不会下跌。关于竞争的性质,有各种奇怪的想法。有的人似乎以为,竞争的效果是没有任何限度的,销售者的竞争会使价格下跌,工人的竞争会使工资下跌,一直跌到零或某个不能确定的最低限度。但是,这完全是无稽之谈。货物的价格,由于竞争的关系,只是下跌到出现足够的购买者来买走这些货物为止。而工资由于竞争的关系,只是下跌到全部工人都能参加工资基金的分配为止。如果工资跌到这一限度之下，一部分资本就会因工人的不足而被闲置起来，反而在资本家方面形成竞争，使工资上涨。

因此，由于由竞争决定的工资率，是将现有的全部工资基金总额，在全部劳动人口中间进行分配，所以，如果法律或舆论使工资固定在这一比率之上，某些工人就将失业。而迫使这些人挨饿并不是那些慈善家的本意，因此，这些工人的生活，势必要用强制增加工资基金或强制储蓄的办法来维持。即使规定了工资的最低限额，但是如果不规定对所有的求职者给予工作，或至少是给予工资，那也是毫无意义的。因此，这始终是这一方案的一部分。不仅主张工资在法律上或道德上要有最低限额的人们是这样想的，而且还有更多的人也是这样想的。有一种流行的看法认为，使所有的穷人就业是富人或国家的义务。换句话说，一般认为，如果舆论在道德上的影响，不能说服富人从他们的消费中节省足够的钱财，使所有的穷人都得到工资合理的工作，国家就有义务用地方税或捐款来达到这一目的。这样，劳动与工资基金之间的比例的变动势必对工人有利，这不是靠限制人口，而是靠增加资本。

第二节　这种最低工资限额及就业保证，其必要的条件是用法律限制人口

如果对社会的这种要求，能只限于当今这一代人，如果只要求强制积累，达到足以向现有的人口数提供工资充足的长期就业，那么，我就是这种主张的最热心的支持者。社会主要是由靠体力劳

动生存的人们组成的。而且,如果社会,也就是说,如果劳动者,他们提供其体力使人们能享受较多的物品,同时,为了公共利益,对于这些较多的物品保留课税的权利,那么,他们就有权这样做,而且始终是这样做的。在所谓公共利益中,最重要的是人民的生存。因为任何人对自己的出生都没有责任,所以,为了使现在已生存的所有的人都得到充分的物品,即使要那些持有多余物品的人牺牲一些金钱,这也是应该的,不能说是太大的牺牲。

但是,人们要求已经从事生产与积累的人节制消费,除非他们不但对目前生存的所有的人提供了衣食,而且对他们和他们的子孙任意生育的所有的人提供了衣食。这与以上所说的,是完全不同的问题。如果人们承认这种义务,并以此为行动的依据,那么,对于人口的一切限制(积极的和预防的)都将废除。结果,将无法阻止人口以最快的速度增长。由于资本的自然增长至少不会比过去快,因此,资本愈益不足。为了弥补这种不足,不能不以同样的速度增加税收。当然,还会力图迫使一些人劳动,不劳动,就不供养他们。但经验已表明从那些接受公家救济的人那里可得到什么样的劳动。他们不是因为工作而得到报酬,而是为了报酬去寻求工作。在这种情况下,劳动肯定没有效率。要使不能解雇的散工认真劳动,只能借助皮鞭的力量。毫无疑问,可以想像,人们都会默认这种异议。收税所得的资金,可以广泛地散布于一般劳动市场(法国那些支持劳动权利的人就是这样主张的),而不给予任何失业工人要求的在特定场所或特定职业上得到生活扶助的权利。在这种情况下,对个别工人的解雇权就可以保留。这样,政府的责任只是在就业不足时增加就业机会,那时,政府就同其他雇主一样，有权选择其所使用的工人。但是，即使工人非常有效地劳动，不断增加的人口也不能使生产按比例地增加。这一点，我们已经说过多次。结果，养活所有人口以后的剩余粮食，不论从对总生产量的比例来说，还是从对人口的比例来说，都将越来越小。如果人口的增长速度不变，而生产的增长速度减慢，剩余的粮食就将全部丧失。用以支持穷人生活的税收，将吸收一国的全部收入，最后终将使支付者与收受者融为一体。此时，由于死亡或谨慎明智的人口限制，已经再也不能延缓，而必然会突然地立即发挥其作用。在这期间，把人类置于蚁巢或海狸群之上的一切事物，都将被毁灭。

这种后果，那些有名望的著述家已在其著名的而且我们容易看到的著作中一再明白地指出。所以，对一部分有教养的人来说，忽视这种后果，是不可原谅的。以公众教师自命的人，忽视并且默默地放弃对这种后果的考虑，而对工资和济贫法高谈阔论，似乎不认为这些问题可以反驳，而认为这些问题并不存在，所以他们更是大损信誉。

每个人都有生存的权利。我们认为这是对的。但是，谁也没有权利生出孩子让别人去抚养。打算坚持前一种权利的人，必须完全放弃关于后一种权利的一切主张。如果有人没有别人的帮助甚至连自己都养活不了，那么，帮助他的人就有权对他说：我不打算抚养你所生的孩子。但是，有许多著述家和演说家，包括许多炫耀自己具有高尚情感的人，他们对生活的看法真是如此粗俗，以致认为无法阻止贫民在贫民习艺所内生育世袭的贫民。后世的人有朝一日一定会惊奇地问，当时依附这样一些传教士的，到底是些什么样的人？

国家对于所有已经出生的人，都保证其就业并得到足够的工资，这不是不可能的。不过，国家如果这样做，那么，不论是为了自己，还是为了政府之所以存在的各种目的，都必须有一种规定，即非经政府许可不能生孩子。对于自制，如果没有通常的和自发的动机，就必须有其他的动机来代替。在这种情况下，必须限制结婚（限制的程度至少要像德国有些州所实行的那样），或严厉惩罚生了孩子而无力抚养的人。如果社会把穷人人口的增加置于自己的控制之下，它就能够抚养穷人。或者，如果社会对于穷人子孙的悲惨命运毫无道义感，那么，它对穷人人口的增加，就可以不加控制而让他们自己斟酌决定，对于穷人的生活，也可以不加照顾而让他们自己去维持。但是，一面让穷人自己维持生活，一面让人口自由增加，这样做是不可能不受惩罚的。

在慈善或就业的名义下，慷慨地给人民以财物，而不设法使谨慎明智的动机强有力地在他们身上起作用，这种做法是浪费对人类有益的财物，而不能达到任何目的。如果人民的生活状况明显地依存于人口的多少，那么，人民的最大的、长久的利益可以通过付出某种代价来取得，即为了改善当代人的物质福利和改善他们孩子的习惯而不惜作出任何牺牲。但是，如果不是让人们通过对自己的控制来决定工资，而是按照法律或社会感情保证他们得到一定的报偿，那么，不论你使他们的生活怎样安逸，也不足以使其本人及其子孙认识到，这样的生活水平需要以自己的节制来保持，而只会使他们愤慨地要求你继续保障他们自己和他们子孙的生活。

由于这样的理由，有些著述家根本反对英格兰的济贫法和一切救济强壮者的制度（至少，在没有一整套法律来预防人口过剩的情况下是如此）。伊丽莎白第43年公布的著名条例，就曾确定由政府向所有生活穷困的强壮者提供工作和工资。如果这一条例已经完全实施，而负责救济的行政人员又毫不设法抵消其自然的倾向，那么，毫无疑问，这个国家的土地和劳动的全部净生产物，现今都已被济贫税吸收。因此，马尔萨斯先生和其他的人早先作出反对一切济贫法的论断，是毫不奇怪的。即使在法律上和事实上承认一种可受别人抚养的绝对权利，如果要断定这种权利不至于严重地影响勤勉的动机和谨慎明智的节制生育，仍然需要有丰富经验，并对济贫法的各种运用方法加以仔细的检查。但是，这已被最初的济贫法委员会委员所做的调查充分证实。这些委员虽然受到不当的责难，说他们是反对法定救济原则的敌人，然而他们却是最早充分证明，承认穷人有被救济权利的任何济贫法，与劳动阶级及其子孙的永久利益并不矛盾。英格兰各教区所收集的业经实验证明的各种事实表明，如果实行救济时给予〔贫民〕的生活必需品很充足，然而这种救济附有人们所不喜欢的条件，包括限制某些自由或禁止某种放肆，那么，生活抚养的保障对于人们的精神和习惯，不会产生有害的影响。如果附有这样的条件，那就可以认为，人们不可更改地确立了这样的信念：社会成员的祸福无须听凭命运来摆布；社会不仅能够而且应当保证其所属的任何个人不致极端穷困；即使有不能自己养活自己的人，只要他们限制放肆，他们就不会遭受肉体上的困苦，不必担心遭受这种困苦。这确实是对人类有益的，其本身也是重要的，而且对今后再前进一步更是重要的。因此，对于这种法律，或对于这种法律所据以成立的原理，有意无意地加以非难的人，是人类最可恶的敌人。

第三节 用以补足工资的各种津贴

以上，我们谈了那些想规定工资数额和人为地使愿意工作的人得到适当劳动报酬的各种尝试。下面要研究另一种一般的救济方法。这种方法不主张干涉契约的自由，让市场竞争来决定工资，不过，在认为工资不够的时候，努力利用一种辅助的财源，补充工人的工资。例如，教区当局在1834年以前的三四十年间采用的以“津贴制度”闻名的权宜的做法，就具有这种性质。当初采用这种制度，是因为当时农业连年歉收使粮食价格上涨，以致劳动工资不足以使农业劳动者的家庭获得通常数量的粮食。当时在上层社会流行的一种观点是，人民生了许多孩子，为国家增加了许多人口财富，他们是不应该因此而受苦的。这种观点，加上人道主义的感情，就使农村地区的官员以教区的救济金给予已经就业的人们。这种做法一旦被认可，农场主的直接利益就会迅速扩大，因为农场主承担的农业工人的一部分生活费用，能因此转嫁给同一教区的其他居民。这种做法的原则，显然是使每个家庭的钱财与其需要相适应。所以，其结果自然是：给予已婚者的，要多于独身者；给予家庭人口多的，要多于家庭人口少的。事实上，往往是按子女人数发给津贴。然而，这种做法，与直接的、积极的人口奖励，不是不可分的，用以补足工资的津贴可以固定地、同样地发给所有的工人。因为这一形式是这种制度所能采用的最不会遭到反对的形式，所以我们就假定采用这一形式。

这种做法，显然只是规定最低限度工资的另一种方式，它与直接方式相比，只有一点不同，那就是，直接方式容许雇主按市场价格购买劳动，以公共基金补足工资的差额。除此之外，它与直接方式没有什么不同。因此，对直接方式所作保证的全部批评，对于上述那种做法也都适用。这种保证，对于所有的工人，不论其人数多少，都答应给予一定数量的工资，从而完全消除了人口无限制地增加的障碍（不论是积极的障碍，还是由于谨慎明智而产生的障碍）。但是，津贴制度除了受到所谓“全部尝试只是为了调剂工资，而不是节制人口”的常见的批评以外，还有其本身特有的荒谬之处。这就是，这种制度必然以右手支付工资，而以左手收回工资。工资率的最低限额只有一种，不是人们能够赖以为生的最低限额，就是人们愿意赖以为生的最低限额。我们假定它是每周 7 先令。现在某教区当局因这份工资微薄得可怜而感到震惊，于是以慈悲的心肠把它补足到 10 先令。可是，工人拿惯了 7 先令，尽管他们也乐意多拿一些，但事实证明，他们宁愿靠 7 先令维持生活，而不愿限制其增殖人口的本能。工人的习惯，将不因教区给予补助金而有所改善。他们从教区拿到 3 先令，尽管因此人口大为增加，而使工资降到 4 先令，但仍能过同过去的生活水平一样的生活。所以，他们也许不用等到人口增加，其工资就会降到 4 先令，贫民习艺所里的失业工人，足以造成这样的后果。津贴制度实际上确曾起过这样的作用，而英国的工资在它的影响下确曾降到比以前（比没有实行津贴制度以前）更低的水平。这是人所周知的事实。在上一世纪中，因为济贫法的执行颇为严格，人口增加得慢，农业工资远在饥饿线之上。

津贴制度一经实施，人口增加得非常快，工资大为降低，因而具有工资与津贴加在一起的收入的工人家庭的生活，远比过去只有工资一项收入的时候差。当工人只靠工资生活时，工资在事实上有一个最低限额。如果工资低于维持人口所必需的最低水平，那么，人口的减少会使工资至少恢复到原来的最低水平。但是，如果工资的不足部分是靠所有能够捐献的人勉强捐款来补足的话，工资就可能降到饥饿线以下，甚至降到接近零。这一可悲的制度，不但使人口中的失业部分贫民化，而且使人口全部贫民化。这种制度之坏，有甚于过去任何一种滥用济贫法的方式。自 1834 年的济贫法实施以后，这种制度已受到严格限制。幸而它还没有复活的征兆。

第四节 租地分配制度

虽然上述制度普遍受到责难，但有一种工资补贴方式仍然很受欢迎。这种方式，不论从道德还是社会的角度来看，都远比教区的津贴为好，但两者在经济上的结果恐怕非常相似。我所说的这种方式，就是非常有名的租地分配制度。这也是补足工人工资的一种办法，即给工人一些别的东西，以补充其工资的不足。不过这种补充，并不是靠济贫税的补助，而是靠工人自己，即工人可以租得一小块土地，精耕细作，栽培马铃薯和其他自用的蔬菜，如有多余，还可出售。如果他租用的是已经施过肥的土地，有时每英亩须付高达 8 镑的地租。但是工人自己及其家属的劳动是无须付酬的，所以尽管地租这样高，他们仍可由此得到若干镑的好处①。提

① 参阅济贫法调查委员会收集的关于租地分配问题的证词。

倡这种制度的人强调指出:租地分配是为了补充工资的不足,而不是代替工资;租地分配并不是使工人赖以为生,而只是使工人得以利用空闲的时间与其家属共同种一点庄稼。所以,他们通常限定每一份租地的面积为四分之一英亩,或四分之一至二分之一英亩。他们认为,租地的面积如果超过上述限度,以致不能全部为工人所利用,就会使工人变成不好的、不实在的租地工人。如果租地多到足以使工人完全脱离雇佣工人阶级,以致成为其惟一的生存手段,就会使工人沦为爱尔兰式的投标佃农。这一说法,就通常需要支付大量地租而言,是有一些根据的。但是,当这些怀着好意的人对投标佃作制度采取警戒态度时,他们没有觉察到,他们所提倡的那种制度,如果不是一种投标佃作制,那么,它在本质上,也无异于爱尔兰式的一种收获期佃作制度。

用税收所得的资金来弥补工资的不足,与用净增国家总产量的办法来弥补工资的不足,两者之间大不相同,这是无可怀疑的。用促使工人自己勤劳的办法去帮助工人,与以促使工人变得无忧无虑和游手好闲的方式给予补助,两者之间也不相同。从这两点来看,租地分配确实比教区的津贴要好。不过,从对工资与人口的影响来看,我看不出这两种方法有什么重大的差别。所有各种工资补贴,只要不引起劳动阶级的思想和要求的变化,只要在满足工人自身的本能方面和改善工人及其家属的生活方面,工人所创造的相对价值没有变化,都会使工人所得的报酬减少,因而最终会使劳动价格(指其总额)下跌。但是,要想使租地分配制度对工人产生这样的变化,我认为是不可能的。有时我们所说,土地的占有,能使工人顾及未来。地产确实能起这样的作用。对于条件固定不变的和永久租借使用的土地的占有，与拥有地产一样，也能起这样的作用。但是，只是每年租借土地，决不会产生这样的效果。土地的占有，曾使爱尔兰人顾及未来吗？工人有了分配的租地，会使他们的行为和生活状况发生有益的变化，这样的证言确实很多，我不想去怀疑它。但是，只有当占有这种租地的人为数不多时，才能产生这样的效果。这些为数不多的人是一个特权阶级，他们具有普通水准以上的地位，不愿丧失这种地位。而且，毫无疑问，这些人几乎本来就是一个经过选拔的阶级，即由劳动人民中的最佳样板构成的阶级。但是，那些最能谨慎明智地控制生育的人，因为有了这种制度而变得容易结婚和生孩子了，这是这种制度的短处。这种做法，就它对劳动阶级一般生活状况的影响而言，我看不是无益的就是有害的。如果只有少数工人分配到租地，那么，他们当然是一些即使没有这样的租地也能过得很好的人，对这个阶级来说，并没有什么好处。如果这种制度是一般性的，每一个工人或几乎每一个工人都分配到租地，那么，我认为其效果恐怕同每一个工人或几乎每一个工人都有一份工资补贴差不多。如果在上个世纪末，英格兰一般地采用租地分配制度，而不采用津贴制度，那么，我想毫无疑问，它会同样地破坏当时确曾存在的对人口的实际限制，人口照样会像事实上已经增长的那样增长，20 年后的工资加上分配租地的收入，会像工资加上津贴的实际情形一样，其数额不会多于过去没有分配到租地时的工资。所以，租地分配制的长处，即它与其他方法的惟一差别，就在于它使人民自己创造他们自己所得的济贫税。

同时，我很乐意承认，在某种情况下，大部分工人，即使他们没有土地所有权，但他们支付适当的地租而占有土地，这并不是工资下跌的原因，而是工资提高的原因。但是，只有在工人占有的土地能使他们在实际生活需要上摆脱对劳动市场的依赖时，才是如此。有两种人，一种是依靠工资生活，把土地作为额外收入来源，另一种是在必要时能完全依靠土地谋生，出去当雇佣工人只是为了生活得更富裕些。这两种人的地位是大不相同的。当没有人被迫出卖其劳动的时候，工资将会提高。“自己拥有某种财产可以使他为自己劳动的人们，为了节省，经常以马铃薯和玉米充饥。但是，如果工资收入不能为他们提供比马铃薯和玉米更好的食物，他们是不会为了工资而出卖自己的劳动的。我们在欧洲大陆旅行的时候，听说那里的日工资率非常高，而粮食却既丰富又低廉，常常为之一惊。在欧洲大陆的许多地方，土地所有权分散在广大的人民中间，人们既无出外工作的必要，也无出外工作的想法。所以，外出当短工的人很少，短工的工资与粮价相比显得很高。”① 在欧洲大陆的某些地方，甚至住在城市里的人们，也几乎没有一个人是专靠其表面上的职业维持生活的。正因为如此，这些人的劳动价格很高，他们对是否被雇漠不关心。不过，如果他们的土地或其他的收入来源只向他们提供一小部分的生活费，使他们必须为了工资而向供给过剩的市场出卖其劳动，则其结果就将大不相同。此时，他们的土地可以使他们在工资较少的情况下活下去，并且，在生活水平降到他们所不愿意的低点以前，还会使人口迅速增加。

关于租地分配的效果，我们见解已如上述；能说得上与我的见

① 莱恩：《一个旅行家的笔记》，第 456 页。

解是对立的，我想只有桑顿先生的意见。[①] 桑顿先生对这个问题的意见，我认为尚待商榷。桑顿先生为租地分配制进行辩护的根据是下面这个一般原理：不考虑人口增殖的后果而增殖人口的，只是很穷的穷人。当前这一代人的生活状况如果能有很大的改善（桑顿先生认为租地分配制可以做到这一点），他们的后代就会在生活水平已经改善的情况下成长。在这些后代不能使他们未来的家庭生活得同他们自己已经享受到的一样优裕之前，他们是不会成家的。这种意见，如果能有事实证明如下一点，那么我也赞成，即穷人们生活状况的突然的、极大的改善，能够通过对他们生活习惯的影响而成为永久性的改善，例如法国大革命时期出现的情况那样。但是，我无论如何不能相信，工人住着一间小房子，单凭多了须缴纳高额地租的四分之一或二分之一英亩土地，就能（在工资由于吸收业已存在的贫民劳动而下跌之后）使他们家庭生活的舒适程度大为改善，并且继续维持一代人（约 30 年）之久，以致养成一批从孩子时代起就在生活要求和习惯上具有真正较高的永久性标准的劳动人口。这样小的一块土地，只有用来鼓励勤勉和储蓄（为了筹措资金购买土地，必须勤勉和储蓄），才会带来永久的利益。因为，这样的做法如果被推广，就会变成对整个工人阶级的一种教育，教育他们顾及未来和节俭，而其效果将不会随着起因的消失而消失。不过，这种利益的产生，不是由于给了工人什么，而是由于鼓励工人去取得什么。

救济低工资的各种方法，如果不是通过人民的意志和习惯而发生作用，都是没有效果的。如果人民的意志和习惯并不随之改

① 桑顿：《过剩人口》，第 8 章。

变，任何一种方法，即使在改善赤贫者的生活状况上一时获得成功，也会使过去限制人口增长的办法不知不觉地失去作用。因此，任何一种方法，只有当税收能使资本以同样的速度增加时，才能继续起作用。但是，这一过程是不可能长久的。这一过程一旦停止，一个国家所留下来的，是最贫困阶级人数的增加和最贫困阶级以外人数所占比例的减少。或者，如果这一过程持续的时间很长，这个比例就会等于零。这是因为，既取消对人口的自然限制、又无任何其他的限制作为替代的一切社会措施，“最终必将造成这样的局面”。

第十三章　再论补偿低工资的方法

第一节　人口问题舆论的有害方向

那么，对付贫困，应当采取什么办法呢？低工资的弊害，应当怎样消除呢？如果人们常常为此推荐的对策不适用，那么，不能想出其他对策吗？这个问题是不可能解决的吗？政治经济学除了反对任何事情、证明任何事情都属无益以外，没有别的事情可做了吗？

如果是这样，那么，政治经济学的工作固然必要，但毕竟是可悲的和徒劳的。要是人类的大多数总是像现在这样，成为与自己没有利害关系、因而感觉不到兴趣的辛苦工作的奴隶，只是从早到晚为了获得仅能维持生命的食物而忙碌；这种辛苦的工作，既不需要智慧和道德，也无从提供精神和感情；他们没有教养，因其所受的教育同其所吃的食物一样粗劣；他们自私，因为他们完全为自己着想，没有作为一个公民和社会成员所应有的关心或感情，对于自己所无和别人所有的东西一概都抱反感，认为这不公平；我真不知道有什么办法能使一个略有理智的人去关心人类的命运。不论就什么人来说，最高明的办法，也不过是以享乐主义者漠不关心的态度尽量享受，使自己和自己关心的人得到个人的满足，独善其身，但不损害别人，并且对于所谓的文明生活的毫无意义的喧闹漠不关心。但是，这样的人生观是没有客观基础的。贫困同许多社会弊害一样，是由于人们不做适当的考虑，听凭其动物的好色本能发挥作用而造成的。然而，社会是可以存在的，因为人毕竟不是没有理性的动物。所谓文明，就其任何方面来说，都是对动物本能的斗争。文明本身已经表明，它对于动物本能中即使是最强有力的本能也能充分控制。文明已经剥夺了人类中大部分人的自然性，因此，他们的许多最天然的爱好，几乎已经不留痕迹或记忆。如果说文明对于人口本能的抑制尚未达到必需的程度，那么，我们必须记住，那是因为文明尚未认真努力去做。文明过去所做的努力，其方向大多相反。不论宗教、道德还是政治，无不竞相奖励结婚，而对于已婚者，则奖励其生育（种的繁殖）。直至今日，宗教尚未停止这种奖励。罗马天主教的教士团（其他的教士团，因为对于较穷的阶级都没有很大的势力，故不足道），无处不以鼓励结婚以防止通奸作为自己的义务。在许多人的内心，直至今日，犹有一种强烈的宗教偏见，反对正确的教义。富人们以为，那种认为天然的爱好会导致贫困的想法（他们假定这种结果与他们本身无关），是对上帝的智慧表示怀疑。穷人们则以为，上帝不会不赐与粮食而只赐与须以粮食为生的人口。人们听了这两种意见，都认为，人类对于这一问题都没有发言权或选择权。关于这一问题的观念，完全陷于混乱的状态。其原因，在很大程度上是在于这个问题虽是有关人类幸福的一个重大问题，但人们宁可让它是非不明而隐藏在神秘之中，也不愿随便谈论和进行讨论。可是人们却几乎意识不到这种言谈上的多虑会使人类受到损失。社会的弊病，同肉体的疾病一样，如果不能以明确的语言来说明，就不能预防或治疗。全部经验告诉我们，人类的大多数，非经多次反复讲述，对于道德上的各种问题决不自下判断,也决不知道任何事情是对还是不对。但是,如果他们不越出婚姻的范围,又有谁会对他们说,他们在这个问题上有某种义务呢?有谁会因为这种放纵(随便生孩子)使他本人和靠他供养的人遭到某些灾难,而受到最轻微的指责,或者反过来说,不会得到同情和帮助呢?一个被所有的自称为道德家的人反对和轻视的酗酒的男子,在他向好心人请求帮助时所用的一个主要理由是:家庭人口多,无法养活。[①]

对于人类的这一义务保持沉默,既会使人们忘掉肉体方面的现实后果,又会使人们根本想不到还有道德上的责任,这是不足为奇的。我国很多人对于人们能推迟结婚以及在未婚期间保持禁欲,是乐于赞成的。但是他们绝对不会想到,人们一经结婚,是否生育孩子以及生育几个孩子,是可以由人们自己决定的。人们会有这样一种想法,即孩子是上帝像下雨那样直接赐给结婚夫妇的,夫妇本人没有加减的余地。决定孩子人数的,实际上是所谓"天意",而不是夫妇本人。但是,我们且听听欧洲大陆的一位哲学家——西斯蒙第对这个问题的意见。此人是当时最和蔼可亲的,是以结婚生活幸福著名的。

他是这样说的[②]:"如果没有人相信这些危险的偏见,如果不是宣讲神圣不可侵犯的权利的伦理来反对我们所说的对人的真正义务,特别是反对我们所说的生育子女的义务的话,任何人在自己地位上未得到可靠的生活手段以前也不肯结婚;任何家长也不会

① 只要人们的感情不把多生孩子同醉酒或其他纵欲一样看待,就不能指望在道德上有所改善。但是,当贵族和教士首先树立这种纵欲的榜样时,怎能对穷人提出什么希望呢?

② 见西斯蒙第:《政治经济学新原理》,第439—440页。

使子女超过他所能给予适当教养的数目。家长当然应该希望子女对他们未来的命运感到满足;那么,当他的收入丝毫也不能增加的时候,他就应该使新生的后代恰好代替将要去世的一代,要使达到结婚年龄的子女恰好代替他们的父母;应该使孙子孙媳转过来也代替儿子儿媳;应该使自己女儿在别人家里得到另一个人家里的女儿在自己家里所得到完全同样的命运;最后,应该使足够父亲应用的收入也能满足儿子的需要。”当然,财富正在增加的国家,其人口有某种程度的增加,这也是可以的。但这是枝节问题,不是原理问题。“这样的家庭组成之后,它就会基于正义和人道,要求自己也像独身者节制自己那样实行节制。只要看一下各国非婚生子的数目多么微小,就一定会承认这种节制是相当有效的。在人口不能增加或至少增加很慢,甚至几乎看不出增加的国家里,在没有成立新家庭的新地方,1 个有 8 个孩子的父亲就应该打算一下,是叫 6 个孩子夭折,还是使同代的 3 个男人和 3 个女人死去,或者是使下一代即自己的儿女的 3 个孩子因自己而不能结婚。”

第二节　希望改善的根据

有人以为,劝导劳动阶级对其家庭人口的增加采取十分谨慎明智的行动,那是没有希望的,因为他们至今还做不到这一点。这些人对于评价人类行动的一般原理,显得无能为力。要想取得上述结果,恐怕最有必要的是让人们都知道这样做是有希望的。过去还没有一个国家,曾以这样的意见作为一个道德的原理。不可理解的是,在那些人口因各人深谋远虑的自发作用而已取得比较有效限制的国家里,这样的意见也不存在。至今人们对于谨慎明智的做法,还一直不认为是一种义务。演说家和著述家大都是站在反对方面的。甚至在像英国那样广泛地蔓延着马尔萨斯情绪恐怖症的法国,也是如此。这种意见之所以尚未抓住一般人的心,除了这是一种新的学说外,还可举出许多原因。这种意见的真实性,从某些方面来说,已成了它在传播中的障碍。人们可以去怀疑,除了穷人阶级本身以外(因为他们对于这个问题的偏见是不说自明的),任何一个社会阶级是否有过提高工资的真诚愿望呢?希望减轻济贫税的人,为数不少。但是,济贫税一旦减轻,各劳动阶级的生活将更加恶化。可是人们对此却满不在乎。自己不是工人的,几乎都是雇用劳动的人,他们当然不会以廉价购买这种商品为憾。被认为是反对人口学说的官方机构的贫民救济委员会,事实上很少愿意耐心地倾听他们喜欢称为马尔萨斯主义的任何议论。农村地区的贫民救济委员会主要是由农场主构成的,众所周知,即使是租地分配制度,这些农场主一般也是不喜欢的,因为它使工人“过于独立”。至于中上阶层人士,他们与工人既很少直接接触,也很少发生利害冲突。所以对此事的态度可能会好些,而英国的中上阶层人士往往是慈善的。不过,慈善的人们具有人类的弱点,如果无人恳求他们行善,则往往会私自深为不满。从这些人那里经常能听到一种基调,即,世上之有贫民,是出于上帝的意旨。此外,凡是具有为社会的某种目的尽力的有积极性的人,都已实现了其所最喜欢的某种改革。他们认为,如果承认这一伟大的(人口)原理,就会使他们的改革相形失色。他们废止了谷物法,减轻了税收,发行了小额纸币,实施了宪章,恢复或废除了教会,废止了寡头政治。他们把认为任何事情都重要而只有他们的事情不重要的人都当作敌人，因此，自从人口理论发表以来，人们对它的议论，有十分之九总是表示反对，剩下的十分之一有如“马耳东风”，而它在工人中间则远未普及（工人可能是最不愿意接受人口理论的）。这些都是不足为奇的。

但是，如果劳动阶级有这样一种想法，即竞争的人数过多是他们贫困的特有原因，所以他们中间的每一个人都把除了自己以外的、生育子女的人数超过社会环境所允许的限度的人，看作（与西斯蒙第的看法一样）是对自己的不正当行为，是夺走了自己应有的地位，那么，我们不妨设想一下，如果这种想法变成了劳动阶级中的普遍想法，将会产生什么样的后果。如果有人以为这样的想法对于行动不会有重大的影响，那是因为他完全不了解人类的天性。大多数男子即使照顾自己的利益，其行动有多大一部分是出于对舆论的顾虑（顾虑他的行为是否被人厌恶，被人藐视），也是很难估计的。在特殊情况下，人们过度放纵的原因，同样是由于舆论的刺激，而不单纯是动物的好色本性。这样说也并不过分。因为，舆论，特别是知识最为贫乏的各阶级的舆论，一般是使精神和权力的观念与本能的力量相结合，使自卑感与本能的节制或欠缺相结合。这种感情的反常，是由于把本能作为支配别人的手段或标记而产生的。即使仅仅除去这种人为的刺激，也会有很大的影响。如果舆论一旦转到相反的方向，则在人类行为的这一方面（译者按：指人口增殖），就会立刻发生一场革命。我们经常听说，即使完全理解工资取决于人口的道理，对于劳动男子的行为也无影响。因为一般地说，使劳动市场不景气的，决不是他自己生出来的孩子。这的确是不错的。但是，一个士兵的逃跑，并不会使一个战役失败，这也是不错的。因此，必须考虑的，不是使每一个士兵都留在队伍里，而是要考虑到，如果很多人都逃跑，显然每个人都会遭到不幸。因为随着任何个人的这种行为而来的，必然（自然地和不可避免地）是一种耻辱。敢于面对其所属阶级的一般舆论的人很少；当然，如果受到某种超越舆论的原理的支持，或受到别处的某种强有力的舆论的支持，又当别论。

还必须记住，这方面的舆论一经广泛传播，就会在广大的妇女中得到有力的支持。因为家庭人数过多，很少是出于妻子的意愿。因家庭人数过多而产生的难以忍受的家务麻烦（一切肉体上的苦恼和大部分的贫困负担），是全部落在妻子肩上的。由此而给予解放，对大多数的妇女来说，是一种恩惠，是为她们所欢迎的。虽然至今她们还不敢提出这样的要求，但如受到社会的道德和感情的支持，她们是会提出的。容许任何人自以为有支配人格的**权利**，这在目前犹为法律和道德所承认的一切野蛮作风中，确实是最令人厌恶的。

如果在劳动阶级中间，一旦普遍地造成这样一种舆论，即他们的幸福要求他们适当地限制家庭的人数，那么，这个阶级中的可尊敬的而且品行端正的人们，是会遵守这种规定的。只有那些完全习惯于轻视社会义务的人，才不会遵守这种规定。因此，将会有明显的理由使“不生育将成为社会负担的孩子”这一道德上的义务，变为法律上的义务。正像在许多其他情况下舆论上的进步那样，有益的义务必然带有普遍性。如果大多数人认为有益而自愿遵守，只有少数人不肯遵守，那么，法律最终将会强迫他们遵守。但是，如果妇女有像男子一样的公民权（像她们在其他各方面有明确的“权利”那样），则法律上的制裁就毫无必要。风俗习惯使妇女只能以肉体的功能作为其生活的手段和势力的源泉，如果使她们摆脱这种限制，那么，她们将在其作用范围内开始拥有与男子平等的发言权。这将是在今天所能预见的为人类谋利益的各种改进措施中，在几乎所有各种道德的和社会的利益方面可望得到最丰硕成果的改进。

于是，必须考虑，以所谓工资的高低取决于人口的数量这一法则为基础的舆论和感情，其在各劳动阶级中产生的可能性如何？用什么方法才能唤起这样的舆论和感情？毫无疑问，很多人会不经思考就宣称上述希望只是妄想。不过，我在考虑这种希望之前，想先说一句，即，除非对于上面两个问题能作出满意的答复，否则，现在在英国盛行的被许多著述家视为文明顶点的产业制度，即社会的整个劳动阶级都依靠雇佣劳动的工资维持生活的制度，最后必然会遭到责难。我们现在所要考虑的问题，是在这种产业制度下，劳动阶级的人口过剩和生活条件恶化，是不是一种必然的结果？如果谨慎明智地节制人口的做法与雇佣劳动制度不能和谐一致的话，那么，这种制度就是一种令人讨厌的制度。此时，不论财产如何处理，不论劳动方式如何改变，经济政策的雄伟目标，应能对劳动人民施加影响，使他们在更有力和更明白的引导之下（与工人和雇主之间的关系所能起的作用相比较），在节制生育上采取谨慎明智的态度。

但是，这样不能两立的事情是不存在的。固然，贫困的原因与雇用工人人数的关系，并不是像与业主的关系或与将来社会主义社会的关系那样一目了然的。但是,这决不是神秘莫测的。工资取决于争取就业者的人数这个道理,对于各劳动阶级来说,决不是难以理解的,也不是无法了解的。事实上,他们当中的大部分人早已认识到这一点,并且已习惯于以此作为他们行动的依据。任何一个工会都很了解,提高工资的每一次有成效的联合,都是靠在限制竞争者人数方面的措施取得成功。需要技术的行业,都渴望减少本行业的人数,大多要雇主接受(或力图使雇主接受)这样的条件,即雇用学徒不能超过规定的人数。当然,靠排斥别人来限制同业的人数,与靠对他们本身的限制来限制同业的人数,两者之间有很大差别。不过,两者对于人数与报酬之间的关系都有明确的认识。这种原理,应用在某一种行业上是容易理解的。不过,如果应用在所有的行业上,就不容易理解。其理由如下:第一,从局部来看,其作用比较容易看清楚;第二,熟练技工与普通工人相比,其智力较高,而且习惯于协作和观察其行业的全面情况,故对他们的集团利益有较多的了解;第三,也是最后一个理由,是他们的生活最好,他们储备的物品最多,所以他们也最深谋远虑。但是,认为在特定情况下可以明显地觉察到、并为人们所承认的事物是无法理解的,并且不承认它是一般真理,这是不应当的。如果各劳动阶级的头脑,能够合乎情理地观察他们自己的总的状况,那么,至少在理论上,必然会立即承认这一原理。然而,劳动阶级中的绝大多数人迄今仍做不到这一点。这或者是因为他们的智力处于尚未开发的状态,或者是由于他们贫困,这种贫困使他们既不怕生活更加恶化,也不希望生活有丝毫改善。所以,他们不关心本身行为的后果,不考虑未来。

第三节　改善劳动人民习惯的两种相互有关的方法之一——教育

因此，为了改变劳动人民的习惯，对于他们的智力和贫困，需要同时采取双重行动。首先，对于劳动阶级的子女，要进行有效的国民教育。与此同时，要采取一系列措施（像法国大革命时的情形那样），消除整个一代人的极端贫困状态。

这里不宜讨论（即使以最一般的方式）关于国民教育的基本方针及其机构问题。但是，希望关于这一问题的舆论愈益推进，希望人们现在能够认识到，单凭口头教育是不够的，甚至在向那些阶级（社会上公开表示要向其提供它所能给予的最好的教育的那些阶级）提供任何更好的东西方面，我们的进展也是缓慢的。有争议的问题暂且不说，但是可以无所顾忌地断言，对人民群众进行一切智力训练，其目的必须是使他们增加常识，使他们能对其周围的环境作出切实可靠的判断。这是教育据以建立的不可缺少的基础工程。除此以外，一切其他的内容，都属于对智力的装饰。教育首先要有目的，这种目的一经确定而被人们承认，要决定教什么和怎样教，就毫不困难了。

在人民中实施一种能传播有益常识的教育，使他们得到能够判断自己行动倾向的知识，这样的教育，即使不经过直接的反复灌输，也必定会形成一种舆论，认为各种放纵和不顾未来的行为都是不光彩的。造成劳动市场供给过剩的这种不顾未来的行为，会被认为是对公共利益的侵害行为而遭到痛斥。这样的舆论一旦形成，必定能使人口的增加具有一定的限度（我认为这是不能怀疑的），但是，这种舆论的形成，只靠教育是不够的。教育与极端的贫困是不能共存的。对穷困不堪的人进行教育是不可能收效的。没有尝过富裕生活滋味的人，是不容易知道富裕生活的价值的。或者说，总是生活在贫困之中，因而不顾一切的人，是不容易感觉到生活朝不保夕的苦恼的。就个人来说，往往有以奋斗求安乐生活的，但就全体人民来说，最多只能希望其勉强维持生活。要改进大多数不熟练短工的习惯和需要是困难的，而且不能很快见效，除非设法使所有这些工人的生活都提高到相当富裕的程度，并且能维持到新的一代人成长起来为止。

为了达到这一目的，可以采取两种方法。这两种方法，既不加害任何人，也无民间自然产生的慈善事业或政府用法律力量采取的慈善措施所常有的弊端；而且，不但不会削弱，相反却会加强对于勤勉的各种刺激和考虑未来的各种动机。

第四节 改善劳动人民习惯的两种相互有关的方法之二——通过国外和国内的殖民（移民），予以大规模的直接救济

首先是国家的大规模殖民政策。这就是，由国库补助足够的费用，一举移殖极大部分的青年农业人口，使他们在殖民地定居。像韦克菲尔德先生所提倡的那样，给青年夫妇以优先权，如果没有青年夫妇，则给有即将成人的子女的家庭以优先权。国家的这种支出，对达到这一目的是最有效的。同时，殖民地则可获得最大量的

现在的和未来的劳动力，这些劳动力，在殖民地是需要的，而在当地则是多余的。有人说过，适当规模的殖民，是用不着国家拿出什么费用的，或者用不着拿出不一定能收回的费用的。而且，其所需的资金，即使是靠借款，也绝非筹自用以维持劳动的资本，而是筹自过剩的资本。这种资本找不到投资的出路，不能给其所有者的苦心积累带来充分的报酬（利润），如不投资海外，就会被浪费于国内不顾一切后果的投机。这种说法的依据，在本书的后面将会提到。在一国的所得之内，对于劳动阶级的福利通常无所贡献的部分，足以负担这种规模的殖民费用。

其次，是提供所有今后可以开垦的公有地，用以形成小土地所有者阶级。这些土地过去一向不是用于公共目的，而只是用以增加富人的领地。今天应当保留剩余的公有地，把它当作为穷人谋福利的财产。其管理机构已根据"一般圈地条例"建立。除此之外，我想建议的是（固然，这不可能很快就被采纳），今后在允许把公有地圈为私有的时候，应当先出售或转让一部分土地，用以充分赔偿这些土地所有者（包括村落共同体的成员）的损失；其余的土地则每块划成 5 英亩左右，让给用自己的劳动开垦并进行耕作的劳动阶级的个人，为其绝对私有的地产。对于其积蓄足以使生活维持到庄稼第一次收获时为止的工人，或能从某个当事人那里无担保地借得必需金额的工人（这样的工人是很多的），应当给予优先权。工具、肥料，有时还包括生活资料，则由教区或政府供给。这种借贷的利息，则作为一种具有永久性的地租，按公债的利率征收。小农可分若干年随时支付这种利息。这些小地产，如有必要，可按法律禁止其分割（固然，这种计划如果按当初的设想发生作用，土地是不会细分到不合理的程度的)。如果土地的所有者去世时没有遗嘱而在其继承人之间发生纠纷(不能和平解决),则可由政府按其价值购回这块土地,让给能对其价格提供担保的其他工人。获得这样一份小地产的欲望,或许会像在欧洲大陆那样,成为谨慎明智和节约的一种诱因,对全部劳动人口发生影响。于是,在一部分雇佣工人中间产生了大有必要的中间阶级,即介于雇佣工人与雇主之间的中间阶级。这使工人得到两重利益,即,他们既能达到所希望的目的,又能得到可效法的样板。这样的结果,是有充分的理由可以预期的。

但是,实行上述这两种补偿方法,必须具有一定的规模。不仅要使国内全部雇佣工人获得工作,而且应使他们现在的工资增加到足以使他们过他们从未享受过的富裕而独立的生活,并在这种生活条件下养育子女。否则,上述补偿方法,不管实行哪一种,或两种同时实行,都不会有什么效果。如果目的是提高人民的永久性的生活水平,那么,采取小规模的手段,不但不能产生小规模的效果,而且会全无效果。如果不能使整个一代人像习惯于过现在的贫困生活那样习惯于过富裕生活,就等于什么事情也没有做。而且,软弱无力的权宜做法,只是消耗资源而已。还不如把这种资源保存下来,直到舆论和教育的改进造成这样一批政治家——即,他们并不认为有了计划就万事大吉,而政治才能则无所作为——以后才实行补偿。

上面所说的各种方法,虽然已经不急于在我国当前情况下专门推广,但其原理是正确的,所以仍按照当时所写的保留在这里。[①]

① 这是第6版(1865年)新加的。

交通工具的低廉(这是当代伟大的科学成果之一),以及民众(几乎包括所有的阶级)已获得的或正在获得的有关世界各地劳动市场情况的知识,使英国向大洋彼岸的一些新国开始了自发的移民。这样的移民,目前尚无减少的迹象,反有增加的倾向。而且,国家即使没有采取任何有组织的移民措施,大不列颠的工资也已有实质性的上升(像过去在爱尔兰看到的工资上升那样),这种上升还能以同样的速度持续一代人或几代人之久。向国外的移民,不但是过剩人口一时的出路,而且正在成为他们永久的出路。这一近代历史上的新现象,加上自由贸易造成的突然繁荣,使英国这个人口过剩的国家得到暂时的喘息时间,可以用来在各个阶级(包括最贫困的阶级)的人民中实现道德上和智力上的进步,以防止人口再度处于过剩状态。这一极好的时机能否利用得当,取决于我们议会的智慧。但是,依赖我们议会的智慧总是很靠不住的。有下述情况作为依据,我们才抱有希望。这就是,在我国历史上从来没有哪个时期像现在这样,人们智力的发展,很少是靠政府,而大多是靠人民的普遍意向。现代人们的进取心,已经扩大到人类活动的许多部门,在每一个部门,从最低级的物质方面到最高级的道德或智力方面,都提出了促进公共利益的各种建议。这些建议,都被人们几乎不带偏见地听取,并且存在很好的机会得到大家了解和公正的考虑。这在英国的历史上是从所未有的。

第十四章　论工资因职业而异

第一节　工资因各种职业的引诱力不同而不同

以上对于工资所作的论述，只是限于对工资普遍发生作用的各种原因，也就是通常所谓支配正常的或平均的劳动报酬的各种法则。但是，不同种类的工作，在某种程度上受不同法则的支配，从而通常所支付的工资率也不同。关于这一点，我们尚未讲到。现在我们要考虑这些不同点，研究这些不同点以什么方式对前面所说的各种结论产生影响，或受到这些结论的影响。

关于工资问题的这一部分，在过去所有的说明中，说得最好的是亚当·斯密的著名的和人们非常熟悉的一章①。但我实在不能认为他的处理方法是像有时人们所认为的那样完美无缺。不过，他的分析可以说是成功的。

亚当·斯密说，这些不同点的产生，部分是由于欧洲没有一个地方实行完全自由的政策，部分是由于“各种职业本身的某些情况，这些情况，实际上，至少在一般人想像上，对某些职业的微薄货币利得有所补偿，而对另一些职业的优厚货币利得有所抵消。”他认为，这些情况包括，“第一，职业本身有愉快的有不愉快的；第二，职业学习有难有易，学费有多有少；第三，工作有安定的有不安定的；第四，职业所需担负的责任有重有轻；第五，成功的可能性有大

① 亚当·斯密：《国民财富的性质和原因的研究》，第1编，第10章。

有小。”

他曾对其中的某几点，举了很多例子加以说明。然而，其中有些例子早已过时。“劳动工资，因业务有难易、有污洁、有尊卑而不相同。例如，在大多数地方，按整年计算，缝工的所得较织工为少，这是因为缝工的工作较为容易”。关于织工的报酬，自亚当·斯密时代以后，情况大有变化。而且我想，所谓其工作比缝工难的织工，决不可能是普通的织工。“织工的所得较铁匠为少。这未必是因为织工的工作较为容易，这是因为织工的工作清洁得多。”说它所需体力较少也许更为确切。“铁匠虽然是一种技工，但 12 小时工作所得，往往少于一个普通煤矿工 8 小时工作所得，这是因为铁匠的工作不像煤矿工那么污秽危险，而且他是在地面上阳光下工作。对于一切尊贵职业，荣誉可以说是报酬的大部分。就金钱利得说，考虑到各方面，从事此等职业的报酬一般都很有限。”按照他的看法，这些人的报酬是在平均水平以下。“在卑贱的职业上，情况正好相反。屠户的职业既粗蛮又讨厌，但在许多地方，他们的利得比大部分其他普通职业多。刽子手的职业是最令人嫌恶的职业，可是，与其工作量相比，他的报酬比任何普通职业都多。”

使用手工织机的工人的报酬目前是很低的，但是他们不肯放弃这种职业，其原因之一是这种职业对工人有一种特别的吸引力，那就是有行动的自由。据近代的一位权威人士说①：“他们可以随意游玩或随意休息，可以早起，也可以晚起，可以勤勉一点，也可以懈怠一点，听其自便。他们因嗜好或娱乐而花费的时间，可以在任何时候加紧努力来弥补。我国劳动人口中几乎没有其他任何一部

① 见马格里奇先生给手工织机工人调查委员会的报告。

分的人，能这样自由地摆脱外界的控制。工场工人不仅缺勤要扣工资，而且如果经常缺勤就要被开除。砌砖工、木工、油漆匠、细木工、石匠、屋外工人，他们都有规定的日劳动小时数。如不注意，就会引致同样的后果。”因此，“织工的生活虽穷，但他们只要能靠织机生存下来，就不会离开织机。许多工人虽然被诱暂时离开织机，但一有原来的工作，他们就重新回到织机旁。”

亚当·斯密接着说：“有些职业比其它职业安定得多。在大部分制造业中，一个工匠要是能够劳作，一年中几乎每天都有工作。”（当然，如因市场供给过剩，或需求滞缓，或因商业危机而产生经营的中断，则属例外）“反之，石工或砌砖工在严寒或天气恶劣时就不能工作。即使在天气好的时候，他们有无工作也需取决于顾客的临时需要。因此，他们可能常常没有工作。他们受雇期间的所得，不仅要足够维持他们没有工作期间的生活，而且对于他们在不安定境遇中不时感到的焦虑和沮丧的痛苦亦需给予若干补偿。所以，大部分制造业工人的所得，推算起来和普通劳动者的日工资几乎相等，但石工和砌砖工的所得却大抵有普通劳动工资的一倍半乃至两倍。……但在各种熟练劳动中，石工和砌砖工那样的劳动似乎最容易学习。……这类劳动者的高工资，与其说是熟练的报酬，倒不如说是不安定的报酬。”

“如果除工作不经常外，还加上艰苦、不愉快和不清洁，那么，即使这种工作是最普通的劳动，那些情况有时也使其工资上升到超过最熟练技工的工资。按产量计酬的煤矿工人，在纽卡斯尔，一般可得到约两倍于普通劳动的工资；在苏格兰的许多地方，可得到约3倍于普通劳动的工资。他们得到高工资，完全是由于他们的工作艰苦、不愉快和不清洁。他们大抵都能按照他们的意愿，要工作多久就工作多久。就艰苦、不清洁和不愉快而言，伦敦运煤工人的职业几乎和煤矿工人的职业相同，但由于煤船难免不定期到达，所以大部分运煤工人的工作必定是很不固定的。所以，如果煤矿工人通常得到2倍、3倍于普通劳动的工资，那么，运煤工人有时得到4倍、5倍于普通劳动的工资，似乎不应该认为是不合理的。依据数年前的调查，运煤工人按照当时的工资率，……他们能挣到大约4倍于伦敦普通劳动的工资。……他们的所得尽管显得过高，但如果除补偿职业上一切不适意情况外还有剩余，那么在一个没有垄断特权的行业里，不久便有许许多多竞争者出现，很快就使其工资率降低。”

这种报酬的不均等（假定是为了补偿各种特定职业的各种不愉快情况），在一定条件下，是完全自由竞争所产生的自然结果。因此，毫无疑问，在几乎同一等级、同一部类人参加的职业之间，这种不均等，大部分是实际存在的。但是，如果把这看作愉快职业和不愉快职业之间的一种普遍存在的关系，那就完全曲解了实际情况。真正费力和真正讨厌的劳动所能挣到的钱，不但不比其他的劳动多，而且几乎比其他任何一种劳动都少，因为只有那些没有选择余地的人，才做这种工作。如果一般劳动市场的情况良好，那就会产生另外一种结果。如果工人的总数不是多于、而是少于所需要的就业人数，那么一般令人厌恶的工作就不会有人去做，除非其报酬比通常的工资高。但是，如果劳动的供给大大超过对劳动的需求，因而对于能否找到工作完全没有把握（如果有人给予工作，不论条件如何，都是一种恩惠），那么，情况就会完全相反。好的工人，即谁都想要雇用的工人，往往能够选择职业。不好的工人就不能选择职业。职业越是令人厌恶，其报酬必然越低，因为这类职业总是落在这样一些人的身上，他们最无依靠，最不受人尊重，他们或是由于极端贫困，或是由于缺少技能和教育，因而找不到其他任何职业。部分是由于这一原因，部分是由于下面要讲到的自然的垄断和人为的垄断，所以，一般地说，工资的不均等是背离报酬平衡原理的，而报酬平衡原理则被亚当·斯密错误地说成是劳动报酬的一般法则。劳动的艰难程度与工资收入，并不像社会的一些公平安排那样恰成正比，而一般是成反比的。

亚当·斯密举例说明得最好的一个论点，是有关一种职业成功的可能性对其报酬的影响的论述。如果完全失败的可能性很大，一旦成功，那么，按一般的估算，其报酬必须足以抵偿这些不利的可能性。但是，如果报酬采取少量巨奖的形式，那么，由于人性的另一条原理的作用，往往就会吸引很多的竞争者，而使平均的报酬可能不仅降到零，而且甚至降到零以下。发行彩票的成功，证明这种情况是可能发生的。因为想在彩票上得奖的人们，作为一个整体，当然是非失败不可的。否则，彩票发行者就不能获利。亚当·斯密认为，某些职业的情况也是如此。他说："各个学习职业的人能否胜任所学的职业，此可能性的大小，因职业不同而大不相同。就大部分机械职业说，成功几乎都是有把握的，但就自由职业说，却是很没有把握的。例如，送子学作鞋匠，无疑他能学会制鞋的技术；但若送子学法律，那么精通法律并能靠法律吃饭的可能性至少是 20 对 1。就完全公平的彩票说，中彩者应得到落彩者所失的全部。就成功者1人而不成功者20人的职业说，这成功的1人，应享有不成功的20人应得而不能得的全部。所以,大概要到将近40岁时才能从职业取得一些收益的律师,其所得报酬应不仅足以补偿他自己所受教育所花的那么多时间和那么大费用,而且足以补偿那些全无所得的20多人的教育时间与费用。尽管律师所收的费用有时显得过高,但他的真正报酬必不止此。计算一下,某一地方的鞋匠或织工这类普通工人一年间可能收入的总额和他们一年间可能支出的总额,你就会知道,他们的收入一般多于支出。如果你用同样的方法,总计各律师及各法学协会见习律师的支出与收入,你就会知道,即使你尽量提高他们年收入的估计,并尽量减低他们年支出的估计,他们的年收入,只等于年支出的极小部分。"

如以我们今天同亚当·斯密的时代相比较,少数人的收入已大得不可比拟,但是,不能如愿以偿者的人数也大为增加。他的这种论述在今天是否正确,这必须由了解实情的人来判断。但是亚当·斯密所说的报酬,除了律师所收的费用以外,还应当包括地位上和名誉上的所得以及受人尊敬。对于这些,他似乎没有充分考虑到。

一种冒险的职业,即使没有巨额的奖金,单凭喜爱刺激,有时也足以召集许多人。在这一方面,常见的是"普通青年欢欢喜喜地应募参军或出海航行……。出生入死的危险和九死一生,并不使青年人的勇气受挫折,有时似乎反而鼓励他们去选择这类职业。在下层阶级中间,慈母往往不愿把儿子送入海港城市的学校读书,害怕儿子看到海船,并受水手的谈话和冒险事迹的引诱,去参加海洋生活。在遥远将来可能发生的危险,并不使我们有所畏惧,因为我们可望凭自己的勇敢与机智来摆脱危险,因此不会提高这类职业的劳动工资。至于勇敢与机智不能有所用的职业情形就两样了。而非常不卫生的职业的劳动工资总是特别丰厚。不卫生乃是一种不愉快,而它对劳动工资所生的影响应归入不愉快那个总项目。”①

第二节 由自然的垄断产生的工资差别

以上所述,是有关各种职业的引诱力均等所必需的报酬不均等的各种情形,是表明自由竞争能起均衡作用的各种例子。下面要说的,是各种真正不均等的情形,它是由一条与此不同的原理产生的。“劳动的工资,因劳动者所须负担的责任的大小而不相同。各地方金匠和宝石匠的工资,不仅比需要同样技巧的许多其他劳动者高,而且比需要更大技巧的许多其他劳动者高。这是因为有贵重的材料托付给他们。我们把身体的健康委托于医生;把财产,有时甚至把生命和名誉委托于律师或辩护士。像这样重大的信任决不能安然委托给卑不足道的人。所以他们得到的报酬必须使他们能够保持这重大托付所需要有的社会地位。”②

这时,报酬比较高不是竞争的结果,而是没有竞争的结果。这并不是对于职业内在的不利情况的补偿,而是一种额外的利益、一种垄断的价格;这不是出于法律所起的作用,而是出于所谓“自然的垄断”所起的作用。如果所有的工人都是值得信任的,那就无须给予金匠额外的报酬作为信任的代价了。因为其所需的诚实是超

① 亚当·斯密:《国民财富的性质和原因的研究》,第1编,第10章。

② 同上。

过一般程度的，所以那些被认为具备这种条件的人，就能利用其特殊的地位，按其希罕程度，相应地获得较高的报酬。由此产生了许多可以考虑的问题。对于那些问题，不论亚当·斯密还是其他许多政治经济学家，都远未给予充分的考虑。这一疏忽使得亚当·斯密对于普通劳动报酬与熟练劳动报酬之间的重大差别的说明很不完整。

有些职业所需的学习时间比其他职业长得多，其修业过程中所需的费用也大得多。因此，正如亚当·斯密所说，这种职业得到较多的报酬是有其内在的理由的。如果一个职工，在他能有多少收入之前，为了学会工作，必须花若干年的时间，在他能相当熟练地进行操作之前，还必须再花若干年的时间，那么，他最后一定希望，他的收入足以偿付所有这些过去劳动的工资（包括推迟这种偿付的补偿）和受教育期间所支出的费用。因此，他的工资，除通常数额以外，在其一生可能劳动的时间内，每年还必须包括足以偿付上述那些款项的金额，以及按照普通利润率计算的利息。这是在考虑一切情况之后，为使熟练劳动与不熟练劳动处于同样的利益水准所必需的，是在任何时期内两种报酬之间所能存在的最小差额。因为，如果不是这样，谁都不会去学习熟练劳动。亚当·斯密的原理所说明的，只是这种差额。他似乎以为，如果报酬的差额大于这种差额，那是由于学徒法和行会的规章限制在许多熟练劳动岗位上采用新人的结果。但是，在这种或其他人为的垄断之外，还有一种使熟练工人处于比非熟练工人有利地位的自然的垄断，它使两者所得报酬的差额，以各种不同的比例超过只能平衡他们的利益的数额。如果非熟练工人只付出学习其职业的烦劳就可与熟练工人竞争，那么，其与熟练工人的工资差额，当不超过补偿这种烦劳的普通工资额。但在事实上，工人学习业务，即使费用不多，总还需要一个教学过程，而且工人必须用其他财源来维持其相当长时间的生活费用。这就排除了大多数工人（不论在什么地方）参加任何这样一类竞争的可能性。直到最近，甚至只要求有初等教育水平（会认字和写字）的职业，仍然只能从部分阶层中招募人员；大多数人完全没有接受这种教育的机会。因此，这种工作的报酬比通常的劳动报酬要高得多。但是，自从很多人都会认字和写字以来，那些要求有初等教育水平的工作，其竞争者增加得令人难以置信，因而其垄断价格大为下跌。然而，这里仍有很大的差别，不是竞争的原理所能说明的。一个只能机械地从事抄写工作的办事员，如果拿到相当于一个砌砖工的工资，那么，他的所得就超过了他单纯劳动的价值。办事员工作的艰苦程度不及砌砖工的十分之一，而其工作同砌砖工的工作一样容易学，其工作的不稳定程度也比砌砖工要小，办事员一般都是终身职业。因此，办事员的报酬较高，看来部分是由于垄断的关系，即其所要求的那种较低的文化水平，尚未普及到足以产生相当数量的竞争者的程度，部分是由于受旧习惯残余的影响，即要求办事员必须具有薪水较高阶层的服装和仪表。有些手工操作的职业，须经过长期练习才能得其精巧。能做这种精巧工作的工人，不论给多少报酬，也难找到足够的人数。在这种情况下，付给这种工人的工资，只受买主在购买其所生产的商品时所愿支付的价格的限制。例如，有些钟表制作者和有些天文学和光学仪器制造者就是如此。能够从事这种职业的工人人数即使增加10倍，他们的制品恐怕仍会被人全部买走。至于其价格，当然不会是现在的价格，而是较低的价格。这种较低的价格，是工资降低的自然结果。类似这样的考虑，适用于，甚至在更大的程度上适用于一种被人们称为自由职业的职业。这种职业，只限于一定社会等级的人们参加。被别人认为社会等级太低的人们，是不容易获准参加的，即使获准参加，也是不容易获得成功的。

的确，迄今在各种工人之间，等级很全，界线很明显。因此，这些等级几乎等于世袭的阶级差别。每种职业的继承者，主要是已参加该职业者的子女，或是其职业已被社会认为与该职业的等级相同者的子女，或是最初等级较低，后来由于自己的努力而成功地提高自己等级者的子女。自由职业大多是由从事自由职业者或有闲阶级的子女来补充。手工操作的、熟练程度要求较高的职业，则由熟练的手工业工人的子女或与此等级相同的熟练工人的子女来补充。一些等级较低的熟练职业的情形也是如此。而不熟练工人，虽然偶有例外，但通常都是在原来的基础上父子相传。结果，迄今各等级所得的工资，与其说是决定于一国总人口的增加程度，倒不如说是取决于各该等级本身人口的增加程度。如果从事自由职业的人员过多，这是因为一向主要补充这种职业的那个社会等级的人数大为增加，因为这一等级中的大部分家庭的人数很多，而每家又至少有几个儿子参加这种职业。如果熟练工人的工资总是大大高于普通工人的工资，那么这是因为熟练工人是一个比较谨慎明智的阶级，他们不会过早结婚，或过于轻率地结婚。然而，目前在习惯上和思想上迅速发生的变化，正在逐渐消除所有这些差别。把人们束缚在世袭生活状况下的那些习惯或愚蠢行为正在迅速消失。每个等级受其下位等级的竞争威胁已经增加，或正在增加。传统障碍的普遍突破和教育设施的增加(现在已经是谁都可以受教育,今后将在更大程度上继续如此),虽已产生了许多极好的结果,但也产生了一种相反的结果,即出现了使熟练工人工资下跌的倾向。熟练工人与非熟练工人之间报酬的不均等,固然确是很不正当,但是人们希望,这种不正当不是通过降低熟练工人的地位,而是通过提高非熟练工人的地位来纠正。然而,社会上产生的其他种种变化,如果不是随同加强对工人人口的普遍抑制,就会出现一种倾向,即等级较低的熟练工人,在一种根据比其本身生活水平更低的标准确定的增长率的影响下,如果一般群众的生活状况不改善,他们自己的生活状况就会恶化。这是因为,最低等级的人们在人口增殖方面所受到的激励,足以轻而易举地填满他们从上一等级得到的空缺。

第三节 接受补助金的人们在参加竞争时对工资的影响

还有一些情况在某种程度上妨碍上述各种原理发生作用。这些情况仍然需要加以考察。熟练劳动的收入,特别是任何一种需经学校培训的劳动的收入,之所以成为一种垄断的工资率,是因为人民大众不可能受到这种培训。这就一般原则来说固然是不错的。但是,国家的政策或许多个人的捐助,通过对许多人给予免费教育(受到这种教育的人数大大超过能够自费接受同样教育的人),大大抵消了竞争的这种限制作用,这也是事实。亚当·斯密已经指出这种原因所具有的降低一般学术性职业(特别是牧师、文人、学校教师或青年的其他老师）的报酬的作用。关于这个问题，我无法说得比他更好。

“由于人们认为，给某些职业培养适当数目的人才是非常重要的，所以有时由公共团体，有时由热诚的私人捐助基金者，为此目的，设置了许多奖金、助学金、奖学金、穷学生津贴等等。结果，就使这些职业的人数，大大超过自然的限度。我相信，一切基督教国家，大部分牧师的教育费，都是出自这个来源。完全由自费受教育的，不多见。所以，那些自费受教育的人，所花的长久时间和巨大费用以及所下苦功，未必能获得相应的报酬，因为教会中挤满了愿意接受比他们应得报酬低得多的报酬的人。这样，富者应得的报酬，就因穷者的竞争而被夺去了。我们把教区牧师助理或教堂牧师同一般行业的满师职工比较，未免有失体统，但教区牧师助理或教堂牧师的薪水与满师职工的工资，却可正当地视为有同一性质的。这三种人，都按他们和其上司所订的契约获得工作报酬。按照几次全国宗教会议所公布的规定，英格兰教区牧师助理的薪水直到 14 世纪中叶还是 5 马克，其所含白银和现今 10 镑货币所含的大约相同。在同一时期，泥水师傅的工资一日 4 便士，泥水工匠的工资一日 3 便士，前者所含银量和现今 1 先令所含相同，后者相当于现今 9 便士。[①]所以这两种劳动者，假如能经常被雇，其工资就比教区牧师助理优越得多。假如泥水师傅每年有三分之二的时间就业，其所得工资便和教区牧师助理的薪俸相等。安妮女王第 12 年第 12 号法令宣称：‘由于对教区牧师助理没给予充分的给养与奖励，所以有些地方，这些教区牧师助理的给养很不充分。兹特

① 参阅爱德华三世第 25 年关于劳动者的法令。

授权各地主教,以签字盖章,发放足够维持生活的俸金或津贴,每年不得超过50镑,也不得少于20镑。'现今,教区牧师助理年得40镑的,即视为非常优裕。尽管上述法令限定年薪不得少于20镑,但是许多教区牧师助理,每年俸金少于20镑。……20镑这数额,确不超过许多农村教区普通劳动者通常所得的数额。无论什么时候,要是法律企图规定工资,其结果总是使工资减低,而不使它增高。可是法律曾经好多次企图抬高教区牧师助理的工资,并为保持教会的尊严,命令教区长,要给教区牧师助理以超过他们甘愿接受的极微薄生活费的报酬。法律在这两方面的企图,都毫无效果。法律从来没把教区牧师助理的工资,提高到它要提高的程度,也没把劳动者的工资减低到它要减低的程度。法律既不能阻止前者因处境穷困,竞争者众多,而甘心接受比法定生活费少的给养,也不能阻止后者,由于雇用人为要取得利润或愉快,竞相雇用,而获得超过法定生活费的给养。

"而就全无常俸的律师(?)和医师这些职业说,如果也有那么多的人由公费教育,那么这些职业上的竞争,不久就变得非常激烈,大大削减他们金钱上的报酬。这样一来,以自费教育子弟,从事这些职业,就不值得。这些职业,将完全由公共慈善团体所培养的人士充当。他们人数众多而且贫穷,一般都满足于极微薄的报酬。结果,律师和医师这些职业,就不能像现在那样受尊重。

"通常叫做文人的那班落魄的人,正处在律师和医师在上述假设下所可能有的境况。在欧洲各地,这些人大部分是为要供职教会而教育出来的,但有种种原因,使他们不能取得圣职。所以,他们的教育一般都是出于公费,而他们的人数到处又是那么多,使得他们劳动的价格，通常极其低微。

“印刷术发明以前，文人靠其才能获取报酬的惟一职业，就是充当公私教师，换言之，把自己学得的奥妙而有用的知识，授予他人。这种职业，比印刷术发明以后，为书贾执笔卖文的职业，确是更有名誉，更有效用，而且一般地说，甚至是更可获利的职业。要做一个出色教师，所需要的时间与研究，所需要的天资、知识和勤勉，至少必与著名律师和医师所需要的相同。然而，出色教师的普通报酬，却比不上律师和医师所得的报酬，因为前者的职业，挤满了靠公费受教育的穷苦的人，而后者的职业，则由以自费受教育的少数人充任。不过，公私教师的通常报酬，现今虽然很少，但若那些为面包而执笔卖文的更贫苦文人，不赶出市场，而加入竞争，那么这些教师的报酬，无疑比现今还要微薄。在印刷业发明以前，学者和乞丐，似乎是非常接近的同义语。当时各大学校长，似乎常给他们的学生发乞食证。”①

第四节　有独立生活来源者参加竞争时对工资的影响

自从亚当·斯密有了如上的叙述以来，对于文笔劳动的需要已经大为增加，而慈善教育的设施不仅没有大量增加，在经过革命的国家里，反而大为减少。所以，现今文笔劳动报酬的低落，已不能说是受慈善教育机构影响的结果。不过，今天却出现了一种几乎同样的结果，其原因与上面所说的有些相似，即，一些可以像其

① 亚当·斯密：《国民财富的性质和原因的研究》，第1编，第10章。

他艺术家那样称为业余者的人参加了竞争。所谓文笔的职业是这样一种职业，即当事者的大部分时间纵使被其他工作所占据而仍可获得成功的职业；其所需的教育，是一切有教养的人都具有的普通教育。在目前的世界的形势下，除了金钱的目的之外，文笔的职业对于那些想使虚荣心得到满足的人，或想使公众或个人的某种目标得到实现的人，也有很大的引诱力。这样的动机，今天已把许多、而且越来越多的人吸引到这种职业上来。这些人并不需要金钱上的报酬，即使完全没有这种报酬，他们也会照样干。举几个大家熟悉的例子。在英国，最有影响的和最卓越的（概括地说）哲学家（边沁）、最伟大的政治经济学家（李嘉图）、虽然短命但却极伟大的诗人（拜伦和雪莱）、最成功的散文小说家（司各脱），他们中间没有一位是职业的著述家。而且，能靠自己的著作维持生活的，在此5人之中，只有司各脱和拜伦2人。几乎所有比较高级的著述业部门，人员都同样地大为过剩。结果，成功著述家的最高金钱报酬，虽然比以往任何时期高得不可比拟，但是如果对各种机会进行任何一种合理的计算，那么在现今的竞争中，任何著述家都不能指望靠著书维持生活，靠杂志和论坛维持生活也越来越困难。今天，受过教育的人，能靠文笔维持生活的，只是那些从事比较辛苦而不愉快的文笔劳动的人。这种劳动，对于个人的名声并无好处。例如，与日报或中小型定期刊物有关的大部分劳动。总的说来，这种劳动的报酬确是很高，因为他们虽然面临常被人们称为“穷学者”（即依靠某些公共的或私人的慈善机构而受过专门教育的人）的竞争，但没有受到业余者的竞争，因为另有生活来源的人几乎都不愿做这种工作。这种种应该加以思考的现象是否同把著述活动看作一种职业的那种根本错误的观念没有联系？专门由为面包而出卖学说的人来组成人类的教师，这样的社会安排是否应该或者可以永久存在？这是十分值得思想家们注意的问题。

牧师的职业也同文笔职业一样，往往是一些能独立维持生活的人自愿参加的。他们之所以自愿，或是由于对宗教的热诚，或是为了教职的荣誉，或是因为教职能提供获得高额报酬的机会。目前教区牧师助理的薪水如此低微，其主要原因就在于此。教区牧师助理的薪水，虽然由于舆论的影响，已大为提高，但就必须保持国立教会的牧师所应有的体面而言，以此作为他们生活的惟一来源，一般仍嫌不足。

某种职业的主要从业人员，如其生活费的主要部分另有来源，则其报酬与劳动强度相同的其他职业相比，不论多低都是可能的。这种职业的主要例子是家庭工业。那些主要生活费来自农业的家庭，在每户都从事纺织和编织的时代，他们所售产品的价格（构成其劳动报酬的价格）往往如此之低，以致需要有很完善的机制才能使他们在商业竞争中失败。这时报酬的多少，主要取决于其所生产商品的数量是否能够满足全部需求。如果不能满足全部需求，就需要有若干劳动者专门从事这种职业。于是，这种产品的价格，必须高到足以按通常的工资率支付这些劳动者的报酬。结果，家庭工业的生产者就可得到相当可观的报酬。但是，如果需求非常有限，家庭工业能满足这种需求而有余，那么，其产品的价格当然要下跌，跌到农民的家庭认为尚可继续生产的最低限度。苏黎世在欧洲市场上尚能与英国的资本和英国的燃料及机械相竞争，无疑是因为瑞士职工的生活费用并不是全部依赖于他们的织机。① 以上说的是副业的报酬。但是,劳动者具有这种补充财源的结果,几乎肯定(如果没有起反作用的特殊原因)会使其本业的工资按比例地下降。民众的习性(正如前面已多次提到的),不论在哪里,都只是要求具有某种能使他们建立起家庭的生活标准,并不要求超过这一生活标准。用来维持他们这种生活标准的收入,其来源有一个还是两个,都是一样。因此,如果收入有第二来源,那么,他们对其第一来源的要求就会降低,而且,人口会增加到一定程度,那时,他们虽有两种职业的报酬,但其所余不会多于只有一种职业的时候。至少,到目前为止情况是如此。

由于同样的理由,如果其他情况相同,那么,凡是职工家属可以作为助手的那些行业的工资,一般是最低的。这类劳动者在生活习惯上所必需的收入(他们几乎总是不断增殖人口而使收入降低),在上述那些行业里,是靠全家劳动取得,在其他一些行业里,则只靠男主人一人的劳动。这种全家劳动的收入,甚至可能比其他行业男主人一人的收入还要少。这是因为有一种直觉,即夫妇都有工作的时候,婚后的收入多于婚前,生活可以好些,所以对于结婚的慎重控制就大为削弱。例如,手工织机工人就是如此。几乎在任何编织业,妇女都能够而且已经和男子获得同样多的收入,子女在很年轻的时候就都开始工作,但是一家人的收入总额却几乎比任何其他产业都低,而结婚则比任何其他产业都早。在手工织机编织业中,有些部门的工资远远超过这一行业的一般工资率,

① 苏黎世州的制造业者有五分之四是小农,一般是自己有农场的小农。该州人口中,约有十分之一,即 23000 人专营或兼营棉纺工业。他们每人消费的棉花,其数量多于法国或英国。参阅前面引用过的《苏黎世统计记事》,第 105、108 和 110 各页。

但是,这些部门却未使用妇女和儿童,这是值得注意的。这些事实,可由1841年手工织机工人委员会的调查报告加以证明。然而,不能以此作为论据,排除妇女在劳动市场上进行竞争的自由。因为,即使夫妇两人的劳动收入并不大于丈夫一人的收入,但是妻子可以不依赖丈夫抚养,这可能对妇女更为有益。不过,一家的主妇(独身的妇女又当别论)为了生活而必须劳动(至少必须在家庭以外的场所劳动),如果这是劳动阶级生活中的一个永久性要素,那决不能说是好现象。至于儿童(当然是指必须依靠父母的儿童),由于他们参加竞争而使劳动市场降低价格,则是限制他们参加劳动(多给他们接受教育的机会)的问题中的一个重要因素。

第五节 妇女的工资何以低于男子

妇女的工资何以一般要低于男子,而且要低很多,这是一个应该考虑的问题。妇女的工资,并非到处都低于男子。在男女从事同样工作的地方,如果对体力的要求一样,那么,男女的工资未必两样。妇女在工场里,有时与男子取得同样的收入。在手工织机编织业中也是如此。因为手工织机编织业的工资是按件计算的,所以对妇女的效率是一种确实的试验。效率相等而报酬不同,其惟一的原因就是习惯。这种习惯的形成,不是出于偏见,就是由于现在的社会结构。从社会的角度来说,几乎把所有的妇女都当作某些男子的附属品,任何属于男女共有的东西,男子照例能获得绝大部分。但是,主要的问题是关于妇女特有职业的问题。这些职业的报酬,大大低于男子从事的技能和不愉快程度与之相同的职业的报酬。其中有些情况显然可以用前面已经说过的理由来说明的。例如家庭佣人的情况。家庭佣人的工资,一般说来,并不取决于竞争,而大大超过这种劳动的市场价值。在这一超过部分中,几乎与一切由习惯调节的事情一样,绝大部分为男佣人所取得。在雇主可以充分利用竞争的职业中,妇女的工资低于男子通常的收入。这是就业过剩的一种证明。即证明,靠工资维持生活的妇女人数,虽然远少于也靠工资维持生活的男子人数,但因法律和习惯允许妇女参加的职业为数较少,所以在妇女就业的部门。较之男子,仍是人员过剩。必须看到,人员过剩一旦达到充分的程度,就会使妇女的工资下跌到比男子的工资低得多的最低限度。妇女的工资,至少是单身妇女的工资,必须等于她们的生活费用,但无须高于这一水平。最低限度的工资,对妇女来说,是维持一人生活所绝对必需的最少金额。至于男子的工资,固然它最终也会因竞争过度而下跌,但其停留的最低点,总会高于一人的生活费。按照一般习惯,劳动男子的妻子无须补助其丈夫的收入。但是,男子的工资,至少须能养活其本人、妻子以及若干子女。因为,如果不是这样,就不能维持人口。然而,即使妻子也有若干收入,夫妻的工资合计亦须足以养活他们自己及其子女(至少在若干年之内)。因此(一时的危机,或正在衰退的职业,又当别论),除了妇女的职业之外,被雇人员借以维持生活的任何职业,其工资是几乎不会跌到低工资的最低点的。

第六节　由限制性法律和团体组织造成的工资差别

以上论述都是在如下假定下进行的，即，竞争是自由的，不受任何人为的干涉，而只受天然的原因或一般社会环境的自然作用的限制。但是，法律或习惯可以进行干涉，限制竞争。如果有学徒法或同业团体的规定，使人们不易参加某种职业，或延迟其参加的时间，或课以费用，或加以刁难，那么，这种职业的工资就能大大高于它与一般劳动工资的自然比例。如果超过一般工资率的那部分工资不必使价格相应提高，又如生产者的人数有所限制，而他们生产的全部产品的售价不受限制，那么，这种职业的工资可以不受特别限制地继续高于它与一般劳动工资的自然比例。在许多文明的国家里，虽然有过这种对竞争的限制，但是现在或已被废止，或大为和缓，而且毫无疑问，不久就将完全被取消。然而，在某些行业中，在某种程度上，工人的团体组织（工会）逐渐产生同样的作用。固然，这些工会除非也限制竞争者的人数，否则永远不可能维持某种人为的工资率。但是，工会偶尔也确曾成功地达到过这个目的。在有些行业中，工人能拒绝外人作为满师职工或学徒参加其行业，除非参加的人数不多，并且服从其所规定的种种限制。在对手工织机工人委员会的证词中曾经提到，这种做法使困苦不堪的手工织机工人的悲惨状况愈益加甚。这些工人本身的职业已经人员过剩，而且几乎已经破产。其他许多职业虽然不难学，但是，那些职业的工人团体组织（工会）都设有障碍，使外人直至今日仍无法越过。

然而,这些工人团体在特有情况下采取的排他主义的做法虽然残酷,但总的说来,这些组织究竟是有益还是有害,这个问题,需要广泛地考察其行动的效果才能作出判断。在这种效果中,上面所说的事实并不是最重要的。工人有时会有个人的暴虐或威胁等恶行,对于这些恶行,任何严格的取缔都不为过,但是现在不讲这些。如果民众的一般习惯像现在一样不改变,那么,这种偏向一方的工人团体,即使确能通过限制某种行业的人数而提高该行业的工资,这种做法也只不过是在某一特定场所的周围设置堡垒,以防止过剩人口流入,只不过是使这个阶级的工资不取决于比该阶级更无远见和更无节俭习惯的阶级的增加率,而取决于该阶级本身的增加率。较少数人垄断其所得以防止较多数人参加分配,这初看起来似乎是不公平的。但是,即使这些多数人被容许参加分配,从长期看,也不会有好的效果,其惟一的永久效果,是使别人的生活降低到他们自己的水平。这样想来,所谓少数人的垄断也不是不公平的。那么,在劳动阶级的人口过剩普遍开始趋向缓和的时候,上述看法的说服力将会丧失到何种程度呢?行业团体组织的存在不应反对,而应赞成,其可能有的各种根据是什么呢?这些问题在本书后面有关工人联合法律问题的部分中将会讲到。

第七节 关于工资取决于习惯的各种情况

在本章结束之前,我要重复一下前面的论述,即世上有些劳动,其工资取决于习惯,而不取决于竞争。例如内科医生、外科医生、律师，甚至诉讼代理人等自由职业者的酬金或手续费。这类费用，按照一般惯例，是不变的。虽然竞争对于这些阶层的人，同对其他阶层的人一样发生作用，但是这种作用只是使其业务分散，一般地说，并不是使其报酬减低。其原因也许是，舆论普遍认为，这些人所得的报酬高（就其工作相对而言），才更可信赖。因此，如果一个律师或内科医生的服务费用减低到通常以下的数额，则其工作不但不会增加，而且反而会减少。由于同样的理由，凡是雇主特别信任的或希望其工作超过普通服务的人，他们所得的报酬，往往大大高于其劳动的市场价格。例如，大多数人对其家庭佣人，如有可能，总是给予较多的工资，即其所支付的工资多于足够在市场上购买完全能胜任这种工作的人的劳动的数额。这些人之所以这样做，不仅是为了世俗的体面，而且还有更合理的动机。或是因为他们希望这些佣人愉快地为他们服务，而且想继续干下去，或是因为他们不愿意与经常接触的人斤斤计较，或是因为他们不愿意接触、也不愿意看到工资低的那种人通常具有的外表和习惯。事业家们对其事务员和其他雇员，也有类似的心情。雇主的这种宽仁、慷慨和信任，其动机或多或少都在于不愿充分利用竞争。而且，毫无疑问，这样的动机曾经，甚至现在仍然，在各大产业部门的雇主之间发生作用。这种动机的发生作用，是件好事。不过，这决不会使平均劳动工资提高到超过人口对资本的比率。这些大产业的雇主对每一个得到工作的人给予较多的工资，其结果减少了使一些人就业的能力。无论其道德的效果怎样出色，从经济上说，除非受其排挤的人们的穷困，导致进一步限制人口的增长，从而间接地进行重新调整，否则是不会产生好的效果的。

第十五章　论利润

第一节　利润可分解为三部分，即利息、保险费和监督工资

在对劳动者在生产物中所得的份额作了论述之后，我们将进而讨论资本家所得的份额，即资本或股本的利润。所谓资本家，就是垫付各种生产经费的人。他们以自己占有的资金支付工人的工资（或在工人工作期内供养其生活），并供给必需的建筑物、原材料、工具和机械。在通常的契约条件下，生产物归他们所有，他们可以任意支配生产物。资本家在其支出的费用得到补偿之后，一般有些剩余。这种剩余的金额，就是他们的利润，就是由其资本获得的纯收入。他们可以将这部分收入花费于生活必需品或享乐，也可用于储蓄以增加其财富。

工人的工资是对劳动的报酬，同样，资本家的利润，按照西尼尔先生的确切说法，则是对节欲的报酬。利润的获得，是因为资本家不将其资本用于自己的消费，而让生产工人用于生产消费。对于这种克制，资本家要求报酬。如果从资本家个人的享乐来说，他往往是他自己浪费掉的资本的得益者。这部分资本的总额，大于在其今后一生中这部分资本所能获得的利润的总额。但是，他保留着这部分资本，不使它减少。如果他有意或者感到需要，他有权

随时把它消费掉；在他去世时，也可将它赠给别人；在他去世之前，他可从这部分资本得到一笔收入，用以满足自己的需要或嗜好而不致贫困。

然而，由于占有资本而获得的那部分收入，确切地说，只是使用资本本身的一种等价物（译者按：即使用资本的代价），其数额等于一个有偿还能力的人在借用资本时愿意支付的报酬。谁都知道，这叫做利息，它不过是人们不立即将其资本用于消费，而允许别人将它用于生产目的时，所能获得的全部收入。在任何一个国家里，仅仅由节欲获得的报酬，可用最优担保（即排除任何丧失原本可能性的担保）的当时利率来计量。凡是自己监督其资本使用的人，其所希望的利得，总要大于普通的利息，而且一般要大很多，也就是说，利润率远高于利息率。其超过部分，有一部分是冒风险的代价。当他以充分的担保出借其资本的时候，几乎或完全不冒风险。但是，如果他自负盈亏经营事业，则其资本的一部或全部，随时都有丧失的危险，即其资本要冒相当的风险，往往风险还很大。对于这种风险，他必须得到补偿。否则，他将不冒这种风险。他对于提供自己的时间和劳动，同样必须要有报酬。产业的经营管理，往往是由供给全部或大部分资本而使事业得以进行的人担任的。因此，按照通常的安排，他或者是事业成败的惟一的利害关系人，或者是最大的（至少是直接的）利害关系人。如果其事业的规模宏大而复杂，为了有效地进行这种管理，就需要高度的勤勉，而且往往需要有非凡的手腕。这种勤勉和手腕，非有报酬不可。

资本的总利润，即生产资金提供者的所得，必须符合以下三种目的,即对节欲给予足够的补偿,进行风险赔偿,并偿付实行监督所需劳动和手腕的报酬。这些不同的补偿,有时是付给同一个人的,有时是付给不同的人的。资本,或某一部分资本,可能是从别人那里借来的。这种借来的资本,其所有者不担当经营上的风险或烦劳。这时,资本的出借者,或资本的所有者,是进行节欲的人。他获得利息,以作为对其节欲的报酬,而利润总额与此利息的差额,则是对企业家的努力和风险的报酬。又有时,资本,或一部分资本,是由所谓"隐名股东"提供的。这种人虽然不分担经营上的烦劳,但承担事业上的风险,因此,他们从总利润中得到的不仅是利息,而且还包括契约所规定的一个份额。又有时,由一个人供给资本而且承担风险,业务也完全用他的名义经营,至于管理上的烦劳,则由别人(为此目的而受雇并领取固定薪水的人)承担。然而,这种雇来的人只关心维护自己的薪水,而不关心该事业的成败。用这种人来从事管理,除非他们是在主要利害关系人的监视之下(纵使不在其直接控制之下)工作,否则,肯定是效率很低的。因此,对于不受如此控制的经理,分给一部分利润作为报酬,通常确属明智的措施。结果,在事实上,变成了"隐名股东"。最后是,同一个人,他既有资本,又处理业务。此时,如果他愿意,而且又有能力,他可进一步在其自己的资本之下,再让其他那些信任他的资本所有者的资本参加经营。不过,这些方法不论哪一种,都有同样的三件事情要求报酬,而此报酬则必须取自总利润。这就是节欲、风险和努力。因此,利润可分解为三部分,即利息、保险费和监督工资。

第二节　利润的最低限度以及这一限度的变动

所谓可以永久存在的最低利润率，是在一定场合和一定时期内，刚够抵偿资本使用过程中所伴随的节欲、风险和努力的一个等值。从总利润中，首先，必须扣除一笔基金，一般说来，其数应足以抵偿因资本的使用而产生的一切损耗。其次，由于资本所有者暂时放弃对其资本的消费而实行节欲，对此必须给予一个等值作为补偿，其数应足以使他在当时当地继续进行节欲。这个等值究竟需要多大，则取决于当时的社会所认定的现在和将来的比较价值，(用前面用过的语句来说)即取决于实际积蓄欲的强度。在抵偿一切损耗以及对资本所有者暂时放弃其消费而给予一定的报酬之后，还必须有若干剩余，用来酬报将其时间贡献给企业的人们的劳动和技能。这种报酬，至少必须足以诱使大资本的所有者愿意尽其烦劳，或用来聘请经理以自代。如果那部分剩余不能超过此数，那么，除大资本外，都将脱离生产。如果那部分剩余少于此数，那么，全部资本都将脱离生产而被用于非生产消费。而此非生产消费，将继续到利润率复见提高(这是资本数额减少的间接结果，说明见后)时止。

因此，这是利润的最低限度。但是，这种最低限度是非常容易变动的，而且有时在有些地方是非常低的。这是因为其三个要素中有两个非常容易变动。为补偿节欲(即实际的积蓄欲)所必需的报酬率，因社会和文明的情况不同而有很大的差别。这一点我们在前面的章节中已经说过。对于风险这一要素的报酬，差别更大。

这里所说的不是同一社会中资本的各种使用方法之间的风险差别,而是在各种不同的社会情况下财产的安全程度大不相同。在亚洲的许多国家里,财产总是有被专制的政府或贪婪和蛮横的官吏掠夺的危险。拥有财富或被认为拥有财富的人,不但成为掠夺的目标,而且还可能成为强迫交代并交出其暗藏财富的目标。或者,如同在中世纪的欧洲,即使政府本身由于软弱无力而无意压制人民,但是,任何强有力的个人却恣意进行掠夺,或肆无忌惮地侵害他人的正当权利。人民既得不到任何保护,也无法要求赔偿。在这种情况下,就得有很高的利润率,才能使一般偶尔拥有钱财的人,不立即将它用于消费作乐,而甘冒上述种种风险。这种不测的灾难,对于只靠自己的资本利息生活的人或亲自参加生产的人,都有影响。在一般治安良好的社会情况下,人们只要有好的担保,就可出借其资本,无须承担因某些特殊事业的性质而产生的风险。但是在像亚洲许多地方那样的社会情况下,恐怕除了实际以黄金或宝石作抵押之外,任何其他的担保都不可靠。而且,就算把钱财贮藏起来,如果被人知道了,或被人猜疑了,则那些贮藏的钱财及其所有者都有很大的风险。这种风险决不是那些贮藏的钱财可以获得的利润所能抵偿的。因此,如果不安的社会情况更加激化,拥有钱财既不能保全生命,又不能免除重大的灾难,那么,钱财的积蓄就会比原来减少。在这样恶劣的政治条件下从事放款的人,其所受倒债的风险非常之大。在印度大多数的土著居民邦,人们放款的最低条件(即使是向政府放款)是:如果收到几年利息,即使本金全不偿还,放款的人也可获得充分的补偿。如能约定,本金1镑,复利几先令,这对放款的人来说,大体上是一项有利的交易。

第三节 利润因事业性质的不同而不同

各种事业的资本报酬(比劳动报酬大得多),因一种事业比他种事业更有吸引力或更为令人厌恶而各不相同。如零售商业的利润,按其所占用资本的比例来说,大于批发商业和制造业的利润,其原因之一是零售商业不如批发商业和制造业体面。然而,最大的差别在于风险程度的不同。火药制造业者,因其生命财产常有特别的风险,故其利润大大超过平均利润。但就航海一类的冒险来说,因其所冒的特殊风险可以变换为一定的支付,而且通常就是这样变换的,所以保险费被正式算在生产费用内。船主或货主从保险费得到的赔偿,并不计算在利润内,而是包括在其资本的更新中。

总利润中作为对商人或生产者的劳动和技能的报酬的那部分,也因事业的不同而大不相同。例如,药剂师的利润率非常高,其最大部分,正如亚当·斯密所说,往往只是这种职业的合理工资。因此,直到法规的最近一次更改时止,药剂师只能在药剂的价格中求得其报酬。有些职业需要很多科学的或技术的教育,因此,只有兼具这种教育和巨额资本的人才能从事那些职业。例如:工程师的职业就是如此。工程师,就其本来的意义而言,是机器制造者,就其惯用的或引申的意义而言,又是公共工程的承担者。这些职业始终是利润最多的职业。又有些职业,其规模不得不受限制,但其经营却需要很多的劳动和技能。这种职业的利润率必须高于一般利润率,才能获得一般报酬率。亚当·斯密说:“在海口小市镇上,资本百镑的小杂货商人,能获得40%或50%的利润,而同地资本万镑的大批发商人,却很少能够获得 8%或 10%的利润。他所经营的杂货业,对该地居民的便利说,也许是必要的,而狭小的市场不允许更大的资本投在这种营业上。可是,那小杂货商人,须靠此过活,并过着与经营这业务所必须有的各种资格相称的生活。除具有小额资本外,他不仅须能读,能写,能算,又须能相当准确地判断五六十种商品的价格与品质,并能以最低廉价格购买这些商品的市场。……像这样有才能的人,每年取得三四十镑作为劳动的报酬,决不能认为过分。从他的似乎很大的资本利润中,除去上述报酬,那么剩余的部分恐怕不会比普通利润多。所以,表面利润的大部分,在这场合,也不外是真实工资。"①

使各种劳动的报酬产生不均等(或使此不均等扩大)的所有各种自然的垄断(即由周围环境造成的垄断,不是由法律造成的垄断),在资本的不同用途之间,也起同样的作用。如果某种职业须以巨额资本经营才能有利,那么,在大多数国家,能够参加这一职业的阶层被限于很狭小的范围。因此,这些人能使他们的利润率保持在高于一般的水平上。又如某种行业,由于其本身的性质,被限于非常少数的人,因此,可靠同业的组织提高其利润。谁都知道,像伦敦的书商,虽然同业者不少,但长期以来,都存在着这样的组织。至于煤气公司和自来水公司的情况,则在前面已经说过。

第四节 利润均等化的一般倾向

在上述各种产生不均等的原因(即不同行业的风险或愉快程

① 亚当·斯密:《国民财富的性质和原因的研究》,第1编,第10章。

度和自然的或人为的垄断)充分发挥作用之后,所有行业的资本利润率就会趋于均等。这个命题是政治经济学家的通说,加以适当的说明,就成正当的学说。

利润中对节欲的实际报酬的那一部分(严格说来就是利息),在同时同地不论什么行业都是完全一样的。如果担保的可靠性相同,此时的利率,虽然不时因市场的情况而大有变动,但不因原来的用途而有所变化。在目前的产业情况下,没有一种行业的竞争像货币的贷出和借入的竞争那样经常和激烈。参加事业的人都不时借入货币,其中大多数人经常借入货币。另一方面,不参加事业的人,凡有货币财产者,都贷出货币。在这两大部分人之间,存在着一个敏捷而聪明的中间阶层,这个阶层由银行家、证券经纪人、票据经纪人和其他一些人构成,人数众多。他们对于可能的、哪怕是很小的利得,都很敏感。即使是极其细致的事件,或人们心理上极短暂的印象,只要它对当时或今后贷款需要的增减发生作用,就立刻会影响利率。在实际产生这种需求变动的行业中,在一般情况下,各种事件是连续不断地发生的,有时,甚至最优商业票据的利率,即使不发生所谓商业危机的大混乱,在一年多的时间内,也会出现从4%以下或4%上升到8%或9%的变化。但是,在同时同地,对于能够提供同样可靠的担保的人,利率都是一样的。所谓市场利率,总是谁都知道的,而且是明确的。

但是,总利润的情况则完全不同。总利润虽然不因行业的不同而有很大的差别,但就不同的个人来说,其差别是很大的,几乎任何两者都不会是相同的。这取决于资本家本人或其所雇用的人员的知识、才能、节约和活力,取决于人事关系的偶然事故,甚至取决于偶然的机运。从事同一行业的任何两个商人，即使其商品的质量相同，其价格也同样低廉，但其经营费用以及其资本的周转时间，几乎是没有相同的。如果以为相同的资本可以产生相同的利润，并且把这当作行业的公理，那就错了，犹如以为年龄或身材相同所以体力也就一样，或者以为阅读程度或经历相同所以知识也就一样。产生这种结果的原因，并不只是这里所指出的这一种，除此之外还可有 20 种之多。

但是，利润虽然如此不同，整个说来，各种行业的利润，在某种意义上，而且是在极重要的意义上，仍保持着均等性（除非存在任何自然的或人为的垄断）。一般说来（不论其不时的变动如何），资本的各种用途，对于具有平均水平的才能和优势的人们，虽不提供相等的利润，然而却提供相等的利润的希望。这里所谓相等，是指某种用途所具有（如果有的话）的不愉快或不安全的任何缺点已经抵偿以后而言。如果情况不是如此，即如果某事业的获利机会，按一般经验，显然大于其他事业，那就会有更多的人投资于这一事业，或使其孩子投身于这一事业。事实上，当人们看到某种事业是一种正在发展而兴旺的事业时，总会发生上述那种情况。例如现今的工程师职业或任何新建而繁荣的工业，都是如此。反之，如果某种事业不兴旺，如果其所能获得的利润看来会少于其他事业，那么，资本就会逐渐离开这一事业，或者，至少不可能吸引新的资本。由于资本在利润较少的行业和利润较多的行业之间的分配中发生的种种变化，因而恢复了一种均等。所以，各种不同行业的利润期望值，就长期来说，是不可能有很大差别的，即各种不同行业的利润期望值，一般虽是左右摆动，但总会趋向于共同的平均点。

资本的这种均等化的过程，即通常所说的资本由某一行业向另一行业的转移，常常被说成是一项繁重、迟缓而几乎无法实行的工作。实际上未必如此。第一，这未必总是某种行业资本的实际转移。在资本急速增加的情况下，每年新积累的资本，往往是首先移向最兴旺的行业，以资调整。即使需要资本实际转移，也决不意味着任何从事不盈利行业的人们放弃该行业，不再经营。在各商业国家里，实际未尝使用的资本，经过为数众多的各种各样的信用渠道，大量流入水准较低的地方，而散布于整个行业。这种信用渠道，就是达成这种均等化的手段。至于均等化的过程，是一部分商人或生产者限制其业务中用借入资本经营的部分，而另一部分商人或生产者则予以扩充。凡是具有相当规模的商人或生产者，几乎没有一个人只使用自己的资金来经营事业。在事业兴旺的时候，他不但最大限度地使用自己的资本，而且尽量使用以其资本所能获得的信用作为补充。在其商品由于供给过剩或需求减少而不易出售或价格下跌的时候，他就收缩经营规模，不再向银行家或其他金融业者要求提供具有与过去相同规模的新贷款。反之，如属正在扩展的事业，则有希望可以有利地而且比以前更多地使用这种流动资本。因而从事此业的人就会向金融业者要求提供比过去更多的贷款（因为他们的事业状况良好，所以他们可以毫无困难地获得这种贷款）。流动资本在两种行业之间的不同分配，在使这两种行业的利润恢复均等上所起的作用，与同额资本的所有者以其资本由某一行业转投于其他行业是一样的。这种轻易而自发地使生产适合于需求的方法，足以纠正由经济波动或其他普通原因引起的不均等。如果一个行业正在完全衰落，其生产不是暂时变动，而是必须永久地大量缩减，或许是要完全停止生产，则挽救资本的过程，无疑是缓慢的和困难的，几乎总会带来很大的损失；固定在机器、建筑物和其他永久性工程中的大量资本，或者完全不能改作他用，或者需要花很多钱加以改造后才能使用。损失最少的方法，是让固定资本耗尽而不予更新，可是时间几乎不允许作这样的变更。而且，完全变更资本的用途，在已经建立的交易关系以及已经获得的技巧和经验上都得有很大的牺牲，因而人们对此总是迟疑不决，除非已无转变命运的希望，否则，几乎总是不会下此决心。不过，这样的情况显然属于例外，何况即使在这样的情况下，利润的均等化最后仍会实现。还可能出现这样的情况，即在不均等得到纠正之前，促使不均等的另一原因又已产生，此时，恢复均等是非常缓慢的。北美南部各州的棉花生产，长期处于这样的状态，即由于工业连续不断的改进，对棉花需求的增长速度大大出乎人们的预料，多年以来供给一直不能完全赶上需求，因此，这种商品实际上维持着几乎相当于一种垄断价格的水平。但是，许多扰乱均等的原因几乎不间断地接连发生，而且都在同一个方向发生作用，这样的情况是不常有的。在没有垄断的情况下，一种行业的利润，可能有时高于一般水平，有时低于一般水平，但总是趋向于回到一般水平上，像钟摆的运动那样。

因此，一般说来，虽然利润因不同的个人而大不相同，对同一个人，也因年份的不同而大不相同，但是，除了在短时期内，或某特定行业遭到一种永久性剧变的时候以外，在同一时间和同一地方，各种行业的平均利润是不会有很大差别的（为补偿各种行业的引诱力的不同所需要的必然差别，自当别论）。如果一般认为某些行业(在没有垄断或上面所说关于棉花行业的偶然现象的情况下)比其他一些行业有利,那么这种想法很可能是错误的,因为如果消息十分灵通、动机十分正确的人们都有这样的想法,资本就会流入某些行业,利润很快就会降低到通常的水平。固然,最初持有同样数额资金的人们,其在某些行业中发大财的机会要多于其他一些行业。但是,人们会发现,就在那些行业中,破产也比较频繁。其较大的成功机会,就会被其较大的完全失败的可能性所抵消。而且往往是失败的可能性大于成功的机会。因为如前所述,所谓获得巨利的机会,其吸引竞争者的作用,远大于算术所能证明的程度。我相信,能发大财的行业,其平均利润要低于其他一些行业,后者的利得虽然比较可靠,但是来得迟缓,而且这些行业并不希望得到超过它所应得的东西。举例来说,加拿大的木材业,其资本的使用方式就富有彩票的性质。因此,一般认为,就参加这一行业的全部冒险家而言,在这一行业中损失的钱要多于在这一行业中得到的钱,换句话说,就是平均利润率在零以下。这种意见是不错的。这一点与各个民族的性格大有关系,即要看各个民族是否富于冒险心,或者说得难听些,是否富于赌博精神。这种精神,美国强于英国,英国则又强于欧洲大陆的任何国家。在欧洲大陆的某些国家中,一般人的倾向完全与此相反。所以,凡是安全和稳当的行业,其所用资本的平均利润,大概要少于那些可获大利的冒险事业。

但是一定不要忘记,即使在竞争十分激烈的国家,习惯对行业利润的多寡也起重要作用。有时,人们传播着一种想法,认为某个行业非有若干利润不可。固然,这种想法并不是所有的商人都在坚持,恐怕也没有任何商人在严格地坚持。但是,这种想法对于商人的行动却有一定的影响。在英国，流行着一种看法（虽然我不知道它广泛流传到什么程度），认为50%的利润率是零售商业中正当而且适宜的利润率。它的意思，并不是利润率占整个资本的50%，而是零售价格比批发价提高50%。零售行业的一切开支，例如，掼账，店铺的租金，职员、店员及其他各种人员的薪金，都要从这50%中支付。如果这种习惯到处都有，而且是被严格坚持的，竞争也的确仍会发生作用，不过，消费者至少在价格上，将得不到这种竞争的任何好处。从事零售行业者的利益因竞争而减少，是通过行业更加分散的方式实现的。在欧洲大陆的某些地方，这种（利润率）标准高达100%。但是竞争的加剧，至少在英国，正在迅速地趋向于破坏这种习惯。在大多数行业（至少是在大的商业中心）中，现在许多商人的座右铭是"薄利多卖"，宁可以低价进行大量交易，而不是以高价进行少量交易。他们使自己的资本迅速周转，必要时还用借来的钱增加其资本，因而往往单独获得较高的利润。如其竞争者不采取同样的方针，那么利润必然会降低。不过，前面已经说过①，直至今日，竞争对于零售价格的支配力不大。因此，在土地和劳动的全部生产物中，仅仅作为商业报酬的那一部分所占的比重仍是过大。而且，在社会经济中，没有一个行业像商业那样，其所供养的人数与所完成的工作量如此不成比例。

第五节 利润既不取决于价格，也不取决于购买和销售

所谓"通常利润率"这一常见的术语，其涵义，其实际存在的意

① 参照本书第二编第四章第三节。

义，以及受哪些限制，这些问题，但愿以上所论已经作了充分的说明。现在剩下要考察的是，哪些因素决定利润率的大小。

按照一般的理解，事业的利润似乎是由价格决定的。一个生产者或一个商人得到利润，似乎是由于他出售商品的所得超过了他生产这些商品的成本。人们总以为，利润完全是买与卖的结果。他们以为，商品生产者之所以能获得利润，只是因为他的商品有人购买。对于商品的需求、顾客和市场，这些都是资本家获利的原因。资本家靠出售他们的货物收回他们的资本，并使其资本的数量增加。

然而，这仅仅看到了社会经济机制的外表。我们发觉，货币由甲手转到乙手，决不是任何经济现象的实质。如果我们深入观察生产者的各种经营活动，就会觉察到，生产者以其商品交换货币，这不是他获得利润的原因，而只是他获得利润的方式。

利润产生的原因，是劳动生产出超过为维持其本身所必需的生产物。农业资本之所以产生利润，是因为人们生产的粮食数量，超过在其生长时期(包括制造工具和其他一切必要准备所花的时间)供应他们口粮所必需的数量。其结果是，如果一个资本家在生产物归其所有的情况下供养劳动者，那么，他的手里除了他收回的垫款之外，还会有若干剩余的生产物。这一公理，换一种形式来说就是，资本之所以产生利润，是因为粮食、衣服、材料和工具等物品保有的时间长于其生产所需的时间。因此，如果一个资本家在劳动者的一切生产物归其所有的情况下向那些劳动者供应粮食、衣服、材料和工具，则那些劳动者除了再生产其本身的生活必需品和工具之外，还有一部分剩余的时间替这个资本家工作。由此我们知道，利润并不是产生于交换之中，而是产生于劳动的生产力。一国的一般利润，总是由劳动的生产力产生的，不论其有无任何交换。如果没有分工，就不会有买卖，但是仍然会有利润。要是一国的劳动者共同生产了比其工资多20%的生产物，则不论价格如何，利润也将是20%。价格的起伏，可能在一段时间内，使一部分生产者获得的利润高于20%，而另一部分生产者获得的利润低于20%，一种商品的价值（在对其他商品的关系上）高于其自然价值，而其他商品的价值则低于其自然价值，直到价格恢复到正常状态为止。但是，在全部生产者中间分配的利润，却始终恰好是20%。

为了展开以上的简单考察，我将进而更详细地说明决定利润率的方式。

第六节 资本家的垫款，最终是由劳动工资构成的

以下所有的说明，我都假定一种情况，即资本家垫付全部经费，包括劳动者的全部报酬。这种情况，在劳动者和资本家是两个不同阶级的地方，是很普遍的，几乎没有例外。资本家之所以这样做（垫付劳动者的报酬），并不是由于固有的需要。劳动者可以等到生产完了之后再领取超过生活必需品的那部分工资；如果他拥有的资金足够维持其当前的生活，他甚至可以等到生产完了之后再领取全部工资。不过在后一种情况下，劳动者由于提供了事业所需的部分资金，所以在此范围内，实际上已成了投资于此事业的资本家。即使在前一种情况下，他也可以被认为是资本家，这是因

为，由于他以低于市场上的价格提供其劳动，因而可以认为他是将这部分差额贷给雇主，而连同利息（不论利息如何计算）从企业的所得中收回。

因此可以假定，资本家支付全部垫款，取得全部生产物。他的利润由全部生产物与全部垫款两者的差额构成。其利润率，是这一差额对其垫款数额的比率。但是，这种垫款又是由什么构成的呢？

现在需要假定，资本家不交任何租金，无须购买任何已被占有的自然力使用权。事实上，这样的情况几乎是没有的。农业资本家，除非自己是所耕作的土地的所有者，否则他总是（或几乎总是）支付地租的。即使在各种工业中（不考虑地基的租金），其所加工的材料，一般都已在其生产的某一阶段付过租金。但是，关于租金的性质，我们尚未讲到。以后会看到，对于现在所讨论的问题，我们即使不考虑租金，也不会产生实质性的错误。

如果把租金问题放在一边，那么，资本家用在生产上的垫款是由什么构成的呢？我们研究这一问题就会发现，它是由劳动工资构成的。

每个资本家的大部分支出，是直接的工资付款。此外则是材料和工具（包括建筑物）的费用。但是，材料和工具是用劳动生产出来的。由于我们所假定的资本家，并不是代表单个行业，而是代表整个国家的一种产业类型，所以我们可以假定，他自制工具，自备材料。不过，资本家这样做，是靠其先前的垫款，而这种先前的垫款，仍是全部由工资构成。如果我们假定他并不是自制、而是购买材料和工具，情形也是一样的。此时，他是向先前的生产者付还其已垫付的工资。诚然,他确是加上了利润而付还的。如果这些东西是他自己生产的,那么,他就自己得到他的这一部分开支的利润,正像他得到对其他每个部分开支的利润一样。然而,归根结底,在从最初投入材料和工具到最后产出成品的整个生产过程中,所有的垫款(除了部分的有关资本家,为了便利起见,在生产过程尚未完成的时候,已经分得他们的那部分利润之外)都是由工资构成的。最后的生产物,其中除了非利润部分之外,都是付还的工资。

第七节 利润率决定于劳动费用

因此,资本家的利得似乎取决于两种因素(别无其他因素),第一是生产量的大小,换句话说,是劳动的生产力,第二是劳动者本身由此生产量中取得的份额的比率,即劳动者的报酬对其生产量的比例。此二者是决定在全国全体资本家之间作为利润分配的那部分总量的依据。但是,利润率,即对资本的百分比,是只取决于此两因素中的第二个因素,即劳动者所得到的份额的比率,而不是他们所得到的份额的总量。如果劳动的生产量增加1倍,而劳动者所得份额的比率与过去一样,即如果劳动者的报酬也增加1倍,那么,资本家的利得也同样会增加1倍。这是不错的。但是由于资本家的垫款也必须增加1倍,所以他们的利润率只能是同过去一样。

这样,我们就得到了李嘉图和其他各位所作出的结论,即利润率取决于工资,工资下跌则利润率上升,工资上升则利润率下跌。

但是，在采用这一学说的时候，我必须强调要对用语作必要的更改。让我们说“利润取决于劳动费用”（这也是李嘉图的本意），而不说“利润取决于工资”。

工资和劳动费用（前者是劳动为劳动者带来的收入，后者是资本家对劳动支付的费用），是两种完全不同的概念。明确区分这两种概念，是十分重要的。为此，不以同样的术语称呼二者（过去几乎一直使用同一术语），至为重要。一般人口头或笔下所说的工资，大多是从工资支付者的立场出发的，而很少是从工资领受者的立场出发的。故其所谓工资高或工资低，其实是劳动费用高或劳动费用低的意思。但事实往往与此相反，即工资最低的地方，劳动费用往往最高。这可能是由两种原因引起的。第一，工资虽低，但劳动的效率可能也低。在欧洲各国，爱尔兰的工资是最低的（至少过去是如此）。在爱尔兰的西部，一个农业劳动者的报酬甚至还不到英格兰人中工资最低的多塞特郡劳动者工资的一半。但是，一个爱尔兰人两天劳动所完成的工作量（因其技能较低而且不够勤勉），只及一个英格兰劳动者一天的工作量。所以，爱尔兰劳动者本身的所得虽然很少，但其劳动费用却与英格兰人的劳动费用一样多。决定资本家的利润的，是其后者，不是前者。劳动的效率，确实存在这样的不同，这不但有足够的证词可以证明，而且有下面的事实可以证明，即爱尔兰的工资虽低，但并未听说其资本的利润高于英格兰。

使工资与劳动费用不能互为尺度的另一个原因，是劳动者消费的各种物品，其价格时有变动。如果这些物品的价格低廉，则工资（对劳动者有重要意义的工资）可能高而劳动费用可能低。如果这些物品的价格昂贵,那么,虽然资本家对于劳动者的劳动可能要支付较多的费用(译者按:即劳动费用高),而劳动者的生活可能相当困难(译者按:即工资低)。后一种情况往往在人口密度过大的国家中发生。在那里,食物昂贵,劳动者得到的实际报酬不多,也未能使劳动的购买者购买劳动时所支付的费用减少。因此,低工资和低利润同时存在。相反的实例则见于美国。那里劳动者的生活,比世界其他任何国家(除某些最新的殖民地外)的劳动者都优裕得多。但是,由于物价低廉(所以能有这种生活上的优裕),同时也由于劳动的效率高,所以资本家支付的劳动费用至少不比欧洲多,而其利润率则不比欧洲低。

因此,如以数学用语来说,劳动费用是以下三种变量的函数:一是劳动的效率,二是劳动的工资(劳动者的实际报酬),三是生产或获得构成这种实际报酬的各种物品所需的费用。资本家所支付的劳动费用,都不能不受此三种变量中每一种变量的影响,这一点是容易理解的。因此,这三者同时也是决定利润率的三种变量。除此三者(或其中的任何一种)以外,利润率决不可能受其他变量的影响。如果劳动的效率一般已比过去高,而其报酬不比过去高;如果劳动的效率不降低,而其报酬降低,同时,构成这种报酬的各种物品所需的费用不增加;或者,如果那些物品的价格已下跌,而劳动者获得那些物品的数量不增加;当存在这三种情况中的任何一种情况时,利润就会增加。反之,如果劳动的效率已比过去低(降低的原因,可能是民众的体力减退,或是固定资本遭到破坏,或是教育退步);或者,如果劳动者所得的报酬增加,而构成这种报酬的各种物品的价格没有降低;或者,如果劳动者所得的报酬没有增加,但其所取得的物品的价格却比过去高;在这三种情况下,利润就要减少。一国一般利润率的下降或上升,都不外乎这些情况的结合,不论什么行业都一样。

这些命题的论证,在我们讨论的这一阶段,还只能作一般的叙述(虽然我希望作出决定性的论证)。在考察"价值"和"价格"的理论之后,我们就能具体地说明利润法则,即说明利润法则在各种错综复杂的情况下的实际作用,那时,我们就可以对这些命题作出更充分和更有力的论证。这项工作只能在下一编完成。不过,本编还有一个问题需要讨论,这个问题可与"价值"的考察分别处理。这就是我们接着要讨论的"地租"问题。

第十六章　论地租

第一节　地租是自然垄断的结果

生产所必需的条件，是劳动、资本和自然的要素。除了劳动者和资本家之外，只有一种人，必须经他承诺才能进行生产；因此，他可以要求分得一部分生产物，作为承诺的代价。只有这种人，在社会制度上，对于某种自然的要素，拥有独占的权力。在可以被占有的各种自然的要素中，土地是主要的要素。对于使用土地所付的报酬，叫做地租。只有地主这一阶级，不论其人数多少或重要性如何，他们所占有的某种东西（土地），既不是他们自己生产的，也不是其他任何人生产的。但是他们可以通过占有这种东西，要求在生产物的分配中分享一份。如果还有与此性质相同的其他情况的话，那么，在了解了地租的性质和规律之后，对于那些情况也就容易理解了。

地租是垄断的结果，这是一目了然的。不过这是一种自然的垄断，它可以被人们控制，甚至可以为了社会全体而作为信托财产，但不能阻碍其存在。为什么地主对其土地可以要求地租呢？这是因为土地是许多人所喜欢的商品，而且只有从地主那里才能得到。如果一国的全部土地都属于一个人，那么，这个人就可任意确定地租。全体人民，为了获得生活必需品，必须顺从此人的意志，此人可以随其所好，规定任何条件。在那些认为土地是国家财产的东方国家里，实际情形就是如此。在那里，地租与税收相混同，专制君主可以强迫不幸的耕种者缴纳其所能缴纳的最大限度的地租。实际上，一国土地的独占者，必然成为该国的专制君主。如果土地为极少数人所占有，那么这些人可以彼此协约，实际上也确实彼此协约，规定地租，行动得像一个人那样。此时，其结果将与上面说的几乎一样。然而，这样的情况在任何地方都不曾有过。因此所能作的惟一假定就是自由竞争，假定地主的人数很多，因而无法联合。事实也正是如此。

第二节　某种质量或位置的土地，如果其数量不少于需求，这样的土地就不能产生地租

凡是数量有限的东西，即使其所有者并无一致的行动，也仍然是一种被垄断着的东西。但是，即使是在被垄断的情况下，凡是自然的赐物(即其存在无需任何劳动或任何支出)，如在其所有者之间有竞争，那么只有当其存在量小于需要量时，才能有价格。如果一国全部的土地都需要耕作，则此全部土地都可产生地租。但是，没有一个国家(不论其面积大小)，其人口的欲望要求耕作其可能耕作的全部土地。人民所必需的食物和其他农作物，即人民愿意并且能够作为报酬向其耕作者支付价格的食物和其他农作物，即使并不耕作所有的土地(有时只耕作一小部分的土地)，也总是可以得到的。社会在最初阶段，首先是选择最容易耕作的土地，到了比较进步的阶段，则选择土质最肥沃的或地理位置最便利的土地。因此，不论在哪个时代，总是有若干土地不能产生丝毫的地租。所

以，土地，除非在肥沃程度上或地理位置上属于优良等级，因而其存在量小于需要量，否则决不能产生地租。对于土地的利用，如不忍受较不利的条件，则将无法获得为社会所需的所有生产物。

世界上的有些土地，像阿拉伯的沙漠，任凭投下多少劳动，都不能生产任何生产物。又如英国的硬沙质荒地，虽然可以生产一些生产物，但在土壤的现状之下，是不足以抵偿生产费用的。这样的土地，除非将化学应用于农业（这尚有待于发明），除非有人在土地的表面铺上各种新的成分，或者将它们同现有的成分相混合（实际上是创造新的土地），否则其耕作是不可能获得利润的。如果在下层土内，或在附近的地方，含有符合这种要求的成分，那么，甚至改良那些希望最少的土地，也可成为投机的对象。但是，如果这样的成分，其价格颇高，还须从远处运来，那么，即使"私有财产的魔力"有时也会使其实现，但总是很少有人会为了利润而这样做。不可能产生利润的土地，有时也在亏损的情况下耕作，这种土地的耕作者的部分生活必需品是由其他来源供给的，例如接受救济的穷人和一些修道院或慈善机关接济的农民。比利时的贫民聚居地，可以说就是其中一例。可以作为生活手段而耕作的劣等土地，其生产物必须勉强可以抵偿种子、其耕作者的食物以及查默斯博士所说的他们的第二劳动者的食物（所谓第二劳动者，即需要向他们提供工具和其余的生活必需品的劳动者）。其一定的土地，是否能够生产比这更多的东西？这不是政治经济学的问题，而是自然常识的问题。这里假定，土地既不提供利润，也不能向劳动者提供其生活必需品以外的任何东西。因此，这种土地只能由劳动者自己来耕作，否则就会在金钱上受损失，更确切地说，在任何情况下都不可能产生地租。能作为一项投资而耕作的劣等土地,是这样一种土地,即其生产物,在收回种子之后,不但能向农业劳动者以及他们的第二劳动者提供食物,而且还能向他们提供比简单生活必需品多的当时一般水平的工资,并能向曾为上述两类劳动者垫付工资的人们提供一笔盈余,相当于这些人将其资本作任何其他用途时所能得到的利润。某一定的土地,是否果能生产比这更多的东西?这不仅是自然的问题,而部分地还取决于农产品的市场价值。土地,除了向直接间接为此土地而工作的所有的人提供食物之外,是否还能为其劳动者和资本家提供些什么?当然,这取决于其生产物的剩余部分能按怎样的价格出售。生产物的市场价值越高,则越能在土质较劣的土地上进行耕作(当然要能够对所使用的资本提供通常的利润率)。

但是,土地的肥度在上等土地与下等土地之间的逐渐变动,是不容易觉察到的,土地位置的不同,即其距离市场的远近,情形也是如此。因为有的土地肥力极差,不论其生产物的价格如何,都不足以抵偿其耕作的费用。显然,在任何一个范围广泛的地区内,一定也有一些土地,不论其生产物的价格如何,按该价格出售其生产物之后,刚能支付耕作者的工资,并对所使用的资本给以通常的利润,除此之外没有剩余。因此,这种土地,除非其生产物的价格上涨,或者,除非由于某种改良而使土地的肥力提高,否则,地租是不可能产生的。然而,社会显然需要这种土地生产的作物,因为,如果比这种土地更肥沃或地理位置更好的土地已可充分满足社会的需要,那么,其生产物的价格就不会上涨,其耕作也就无法获得利润。因此,这种土地仍会被耕作。于是,我们可以归纳出一条原理，即，在一个国家中，凡是适宜于耕作的，且其耕作不受法律或其他人为障碍阻止的土地，只要仍有一部分尚未耕作，那么，实际耕作的最劣等土地（就肥沃程度和地理位置而言），是不产生任何地租的。

第三节 某一土地的地租由其收获超过已耕作的最劣等土地的收获的部分构成

因此，如果在现耕的土地范围内，其所用劳动和资本的收获最少的那部分土地，仅能提供通常的资本利润，而无任何剩余作为地租，则此土地就为计算其他一切土地应有的地租提供一个标准。任何土地，如其生产物超过最劣等的现耕土地，则此多余部分，就是通常资本利润以外的报酬。这种多余部分就是农场主可以付给地主的地租。因为，如果农场主并不以此付作地租，则他就有超过通常利润率的收入，从而就会产生其他资本家的竞争（使各种资本利润均等化的竞争），而使地主获得这一多余的部分。故任何土地的地租，是该土地的生产物超过以同样的资本使用于最劣等现耕地时的收获的部分。这既不是分益佃农地租的界限，也不是投标佃农地租的界限（也从未有人这样认为）。这是农场主地租的界限。一个资本主义农场主在他租用土地的时候，是不会长期负担超过这一界限的地租的。如果这一土地的地租少于此数，这是因为地主放弃了其部分地租的征收（如果要征收，是可以征收的）。

这是一种地租理论，是安德森博士在上世纪末首先提出的，但在当时并未引起注意。20 年以后，这种地租理论几乎同时被爱德华·韦斯特爵士、马尔萨斯先生和李嘉图先生重新发现。这是政治经济学的基本理论之一，如果不理解这一理论，对于各种较复杂的产业现象就无法予以充分说明。这种学说之为真理，它的证据，在我们探索有关“价值”和“价格”现象的法则时，将更清楚地显示出来。在这之前，由此学说产生的各种困难是不可能消除的。对于尚未接触过这个问题的人们，要使他们对此理论的推想具有一般以上的理解，恐怕也是不可能的。不过，对此理论的某些一般的反对意见，即使在我们现在的研究阶段，也能予以充分的回答。

过去并不承认，耕作中的任何土地，能有不提供任何地租的。其理由是，地主不会答应占用他的土地而不付给报酬。凡是强调这一点以反对上述学说的人，他们一定以为，那种只能勉强抵偿其耕作费用的土地是连成一大片的，是与较好的土地分隔开的。现在假定，如果有一批地产，全是这种土地，或都是这种土地和更劣等的土地，那么其所有者恐怕也不会毫无所获地予以使用。如果这批地产的主人是一个富裕户，那他可能以此土地用于其他目的，例如用作运动场、观赏地或狩猎场。这批地产，如果用作天然牧场，或用以生产其他自然生长的生产物，那可能会有一些收益，但是如果用于耕作，则恐怕任何农场主都不可能从中得到任何好处。然而，即使这样的土地，也未必闲着不耕作。它可能由其所有者自行耕作。这样的事例，在英格兰也不稀奇。此外，或出于博爱的动机，或为了节省济贫税，也可以此土地的一部分，分配给劳动者的家庭（作为暂时的分配地）；或者，地主将其土地任人开垦，免付地租，希望通过这些人的劳动，将来会给土地带来价值。这两种情形，都是很普通的。因此，即使有一批地产，全部都是最劣等的土地(就其耕作所能产生的利润而言),也未必因其不提供地租而闲着不被耕作。然而,劣等的土地通常不会连接很多平方英里而不被分隔开,其中总分布着一些比较优良的小块土地。租借比较优良土地的人,同时也租借了它周围的与它相混的劣等土地。因此,他所付的地租,名义上虽是对于整个农场的,而实际上只是根据某一部分土地的产量计算的(不论那部分土地的面积在全部农场面积中所占的比例怎样小,但其产生的利润,却能超过通常的利润率)。所以,我们说其他的部分并不提供地租,这在科学上是正确的。

第四节　或者由超过在最不利情况下使用的资本的报酬的部分构成

固然,我们对于这种反对论,决不能承认它是正确的。但是,现在假定它是正确的。我们假定,社会的需求使粮食的价格提高了,致使某一定土质的土地,对于生产粮食的费用,也可给予报酬;但因这种土地的所有者一定要收地租(不是名目的、小额的地租,而是作为农场主收支计算上一个重大项目的高额地租),所以只好全部放弃耕作。那么,将会出现什么情况呢? 惟一的结果是,因社会的需求而必须增加的生产物,此时不是通过扩大耕地的方式取得,而是全部(不是像通常那样只是一部分)通过在已耕土地上增加劳动和资本的方式取得。

但如前述,这种追加的资本,如果其他条件不变,则其利润总是按比例减少的。现在再假定,就在这一时期,农业上既无新的发明，过去的发明也未被广泛采用而使农业的技术和知识迅速扩大，而且除了因对谷物的需求增加而使谷价上涨以外，没有其他变化。那么，价格的上涨，就能使那些按过去的价格不能带来利润的方法，被用来增加生产。于是，农场主或者采用价值较贵的肥料，或者对过去任其自然的土地加施肥料，或者从远处运来石灰或灰泥用以覆盖土地，或者更彻底地碎土或除草，或者对部分土地施以排水、灌溉或深耕等作业（以过去的价格，是不足以抵偿这些作业的费用的），等等。如果对粮食的需求增加，而同时又无法扩大新的耕地，那么，上述这些方法或其中的某些方法，总会被采用。但是，农场主或土地改良者在想增加土地生产物的时候，只考虑他为此目的的支出是否会带来通常的利润，而不考虑是否尚有多余可付地租。因此，即使事实是所有已经耕作的土地从来也没有不付地租的，但是，总是有若干农业资本，只有通常利润率的利润，而没有任何地租，这也是不错的。因为这部分资本是最后被使用的，是用来最后增加生产物的，总之，是在最不利的情况下开始使用的。但是，能使这部分最无生产能力的资本获得普通利润的那种需求数量和价格，同样也能使其他各部分资本按比例地产生更多的剩余。而此剩余则是竞争能使地主获得的那部分剩余。全部土地的地租，是在此土地上使用的全部资本的收获之内，按其超过该资本和利润（普通利润率的利润）的部分计算的，换句话说，是按其超过同样的资本全部被用于最不利的环境下（像最无生产能力的那部分资本一样）所能收获的部分计算的，不论最无生产能力的那部分资本是用于最劣等土地，还是用于已耕地（像能以比较简易的条件进行生产的那种土地一样），以获得更多的生产物。

我不认为任何具体情况下的各种事实,都绝对符合上述原理或其他的科学原理。我们不能忘记,政治经济学的真理只是大概的真理而已。它虽然具有严密科学的确实性,但不具备严密科学的精密性。例如,农场主不耕作其报酬少于通常利润的土地,也不使用这样的资本,这并不是千真万确的。他希望其大部分的资本能获得通常的利润。但是,如果他与他的农场共命运,他的技能和努力完全寄希望于农场的收益,那么,他也许总愿将其资本投入农场(为了尽快能有报酬),不论采用什么方式,他都愿意,只要能向他提供一笔数额虽小但能超过冒险代价以及他必须偿付的借入资本或自有资本的利息(其数额相当于它投在其他方面所能获得的利息)的利润。但是,新办农场的农场主,他的计算则不同。其准备投入农场的全部资本,如果没有希望获得充分的通常利润,他是不会开始投放的。另外,在土地租借期内,农作物的价格,与签订租地契约时所预期的价格相比,可能有高有低,因此,土地的地租可能定得过高或过低。但是,即使在租地契约满期的时候,虽然地租已有减少的必要,但地主可能不同意,而农场主可能宁愿同意支付过高的地租,也不愿放弃其职业,或在所有的农场都已被占有的时候,到其他地方去找一个农场。类似这种不规则的情况,我们随时都要想到。在政治经济学上,想求得一般的公理,使它包括可以影响各种结果的复杂情况,这是不可能的。再说,只有少量资本的农场主阶级,他们从事耕作,与其说目的在求利润,不如说目的在谋生计。因此,只要借此可以生活,他是不想离开农场的。故其地租在性质上与投标佃作制度的地租相似,可因竞争(如果竞争者人数超过农场数)而提高,使农场主连通常的利润都无法获得。我们就地租、利润、工资和价格所建立的法则，只对某些人是正确的，他们除了受一般情况所引起的各种动机的影响之外，不受其他任何动机的影响，而受通常的商业损益估算支配。这两种假定，如果应用在农场主和地主身上，那么下面所说的就是对的：农场主对其全部资本，必须得到通常的利润（通常利润率的利润）；如果其资本带来的报酬超过通常的利润而有余，那么多余的部分，不论多少都要付给地主，不过，他不会支付比此更多的数额；在用于农业的资本中，有一部分，在这种生产状况下，只能产生通常的利润；这部分资本的生产物和数额相同的其他任何部分资本的生产物，两者之差，是后一资本可以地租的名义付给地主的贡纳尺度。以上所述就是地租的法则，这样的法则，只是可能近于真理到如此程度而已。当然，在个别情况下，这种法则会为既存的契约、个人的误算、习惯的影响甚至当事人特殊的感情和性格所修正，所扰乱。

第五节　投于土地的资本，其报酬是地租还是利润？

现在有一种经常听到的言论，这种言论，虽然在我看来，未免过于受到重视，但在这里，还是要提一下。在地租这一名称下，通常包括许多种支付，这些支付，不是对于土地本身原有力量的报酬，而是对于投在土地上的资本的报酬。有些著述家以为，这种额外增加的地租（是资本支出的结果）应当被看作利润，不应当被看作地租。如果认为这种看法是对的，那先得指出一种区别。租地每年的支出，几乎总是把农场建筑物的使用包括在内的，不仅包括谷仓、畜舍和其他单独的房屋,而且还包括人住的房屋,暂且不说围墙和类似的其他建筑物。对于这些东西,地主出价,租地人付租,不论怎样考虑,都要足以提供通常的利润,或者说得更确切些(这里不涉及风险和烦劳),提供通常的利息,这种利息是按建筑物的价值计算的,并且不是按建筑时的费用计算,而是按现在另建与此同样的建筑物所需的费用计算的。而且,租地人对于这些建筑物,还得加以充分的修理,使它像原来一样,否则,他当然会被要求支付比单纯的利息更大的数额。这些建筑物与农场完全不相干,好像农场上的家畜和木材与农场的关系一样。所以,对建筑物的支付款不能称为地租,正像对耕牛的支付款不能称为地租一样(如果在习惯上地主须为租地人配备耕畜的话)。建筑物与耕牛一样,不是土地,而是常被消费、常被再生产的资本。所以,对此所付的全部款项,确切地说,都是利息。

但我以为,真正投在土地改良上的、无须周期更新的、只是一次支出而可使土地增加永久性生产力的资本,其所得的报酬,完全失去了利润的特性,而由地租的原理支配。地主如果不想通过土地的改良使其增加的收入超过利息(对其支出的利息),他就不会投资去改良他的土地。从长远来说,可以把这种增加的收入看作利润。但是资本一旦支出,改良措施一旦完成,则已经改良的土地,其地租与未经改良的土地一样,受同样的法则支配。肥度相等的土地,不论其肥度是天然的或人为的,都产生相等的地租。有人认为,贝德福低地和林肯郡草原如不投下资本,几乎全无价值,所以这些土地的所有者的所得,应称为利润,而不应称为地租。但是我不这样认为。这些土地的所有者并不是资本家,而是地主。他们手头已无资本。他们的资本已被消耗，已被破坏。它与农场主和制造业者的资本不同，不会由生产物中回到他们的手里，也不应回到他们的手里。如果情况不是这样，现在，他们有了某种肥度的土地，由于人为的关系，已使土地的肥度增加，而此用人工增加其肥度的土地，与天然的具有同样肥度的土地，由于同样的作用，产生同样的地租。

部分著述家，特别是凯里先生，不顾两种地租来源的区别，完全否认其中一种来源，认为一切地租都是所投资本的结果。所以，在这方面，凯里先生说得比我更彻底。为了证明他的这一说法，他说，任何国家，例如英国或美国，其全部土地的价值总额，远不及该国由原始森林状态改进到目前状态所需费用的总额。这一令人吃惊的言论，在保护土地所有权方面，已被巴斯夏先生和其他人当作一种工具，用以证明一种比用其他办法所能证明的更加强有力的理论。凯里先生的这一主张，其最明白的意思是，如果在英国的土地上，突然增加了一块其肥度与天然肥度相等的未开垦的领土，那么对英国人来说，这块土地是不值得开垦的，因为开垦以后所得的利润，不会等于对其所投资本的通常利息。对于这样的主张，如果有什么回答的必要，那只须叙述下面的一个事实就已足够：在英国，其土质不是等于已耕地，而是远不及已耕地的那些土地，还在不断地开垦；其开垦的费用，由于此后地租的增加，在几年之内就可完全收回。而且，凯里先生的这种学说，与他自己在经济学上的主张，也是完全矛盾的。没有人比凯里先生更热中于如下无可怀疑的真理了，即由于社会人口和社会财富的增加，同时由于劳动组合的进步，土地的价值与价格日益上涨。但是，如果土地的目前价值，还不及开垦土地并使之适于耕作的费用，那么，以上所述就决不可能成为真理。这是因为，土地一经开垦，就会具有价值，而且按照凯里先生的说法，其价值是一直在上涨的。不过，凯里先生所说的今日任何一国全部土地的价值都不及其所费资本的价值，其意思既不是说每一块地产的价值都不及用于改良土地的费用，也不是说土地的改良（从结果看）对其所有者是一种失算。他的意思是说，大不列颠的土地，目前不是不能按照过去在土地上花费的费用出售，而是不能以加上建设全部道路、运河和铁路所需费用的价格出售。这可能是对的。但是这不论就其目的性来说，或就其在政治经济学上的重要性来说，等于是说，英国土地的价格，不及在用于土地的费用之外再加上国债，或法国革命战争的费用，或其他一切为了现实的或空想的公共利益所耗费的金额。道路、铁路和运河的建设，并不是为了要增加土地的价值。相反，这些建设的自然结果是，由于使其他一些交通不方便的土地和同它竞争的土地变得也能使用，从而使该土地本身的价值降低。出于这种考虑，现在南部各郡的地主正在向国会请愿，反对建设公路。交通运输的改进，势必使接近大量消费者集合场所的土地丧失其垄断地位，从而降低现行的地租。公路和运河，其目的不在于提高已向市场供应生产物的那些土地的价值，而在于（除其他目的之外）招来远地的生产物，使农作物的供应价格低廉。这一目的愈能有效达成，地租就愈低。如果我们设想，美国的铁路和运河，不仅能使交通费用降低，而且由于经营效果极好，运费可以完全不要；密执安的生产物与长岛的生产物，以同样快的速度和同样低廉的费用运到纽约市场。如果我们可以这样设想，那么美国的全部土地（除了所处位置便于建筑的土地)将会完全丧失其价值,确切地说,甚至最优良的土地,其价值仅相当于开垦费用和每英亩 1.25 美元的政府税收。这是因为,密执安的土地(美国最优良的土地)可按此价额无限制地买到。但奇怪的是,凯里先生竟认为这一事实与李嘉图的地租理论是不能两立的。即使我们完全承认他的主张,但是只要有不产生地租的土地存在,那么,产生地租的土地,其所以产生地租,是由于该土地较之其他土地,在肥沃程度上或距离市场的远近上具有某种优势的结果,这样说也仍然是对的。衡量这种优势的尺度,也就是地租的尺度。这种条件优良的土地产生地租的原因,是由于它的数量不能满足市场的需要,所以它拥有一种天然的垄断地位。李嘉图所建立的地租理论,就是由这样一些命题构成的。如果这些命题是正确的,那么,为了提高土地价值而投入的资本的利息以及为了降低土地价值而投入的资本的利息以及为了降低土地价值而投入的资本的利息两者之和,与这一土地今日所得的地租相比,究竟大小如何?这已无重大意义。

但是,凯里先生的反对论,比通常遇到的反对地租理论的辩论更为巧妙。地租理论可以说是政治经济学上的难点(Pons aninorum)。因为在我看来,拒绝承认这一理论的,大多是完全不理解这一理论的人。假装反驳地租理论的人,他们对于这种理论的理解大多不很正确,这是十分明显的。例如,不少人说李嘉图的理论是荒谬的,因为“劣等土地的耕作是产生优良土地地租的原因”的说法是荒谬的。但是,李嘉图并没有说“劣等土地的耕作”,而是说“由于仅靠优良土地不足以养活不断增加的人口,所以劣等土地仍有耕作的必要”。这一命题,与被误认为是李嘉图所主张的那一命题,两者的差别,犹如需求与供给的差别。此外,还有些人以如下说法来反对李嘉图,即:即使一切土地的肥沃程度相同,也仍然可以产生地租。但是,李嘉图也曾说过与此完全相同的话。李嘉图说,如果一切土地的肥沃程度相同,那么,比其他土地更靠近市场因而运输费用负担较少的土地,就会产生与这种优越条件相等的地租,因此,在因社会需要而成为耕地的土地之中,没有地租的土地,不是最不肥沃的土地,而是地理位置最不方便的土地。再则,地理位置的不同,姑且置之不论,假定一国的全部土地,其肥沃的程度相同,则在一定的假定之下,这些土地都可产生地租,而此所谓一定的假定,就是,社会的需求使全部土地都得耕作,直到超过收获递减法则开始发生作用的一点。这显然也是李嘉图学说的一个组成部分。除非强制征收地租,否则,要在其他任何假定之下,证明一国的全部土地都可产生地租,那是不可能的。

第六节 地租不在农业生产物的生产费用之内

以上是说地租的性质和原因,现在我们回到利润问题,再来研究前一章提出的一个命题。我在前一章曾经说过,资本家的垫款(换句话说,就是生产费用),完全是劳动的工资。在资本家的支出中,不论哪一部分,不是工资,就是先前的利润,不是先前的利润,就是工资。然而,地租作为一个要素,不能分解为利润或工资,所以我们当时不得不暂时假定,资本家无须支付地租,即对已被占有的自然要素的使用,无须支付一个等值。我曾许诺,将在适当的地方,证明这一假定是可以允许的,证明地租决不构成生产费用或资本家垫款的任何一个部分。我这种主张的根据，现在已很明白。农场主全部负担地租，其他生产者阶级大部分负担地租，这确是事实。但是，如上所述，凡是耕种土地并负担地租的人，都能获得其能力大于无须付租金的其他同类工具的一种工具，作为他负担地租的报酬。工具的优良程度，与所付的地租（或租金）恰成正比。如果有几个人拥有其动力大于现有的一切蒸汽机的蒸汽机，而由于受各种自然法则的限制，这种蒸汽机的数量不能满足需要，此时，某制造业者为了想获得这样的一架蒸汽机，而愿意支付租金，这笔租金不能算是他的多余支出。这是因为，由于使用了这架蒸汽机，他就能在其他支出上节约相等（相等于购买这种蒸汽机的费用）的价值。他如果没有这种蒸汽机，那么，除非他增加一笔相当于那笔租金的费用，否则就不能完成同样的工作量。对土地来说，也是如此。真正的生产费用，是最劣等地所必需的生产费用，或是在最不利情况下使用资本所必需的生产费用。这种土地或资本，如上所述，没有地租。但是，这种土地所必需的费用，使得其他一切土地或其他一切农业资本，以地租的形态负担同样的费用。凡是支付地租的人，都从额外利益中取回其全部价值。因此，他支付地租，并不使他处于比他的同行更不利的地位，而只是处于与其相等的地位。他的同行虽然不付地租，但其所用工具的效率较差。

以上，我们已经说明了调节土地、劳动和资本的生产物分配的法则，不过这种说明，还没有单独讲到文明社会的分配要受其影响的媒介，即交换和价格机制的法则。要更完全地阐明和最终证实我们所研究的法则，并推断出其最重要的结果，先得说明交换和价格机制的性质和作用。但因这一问题牵涉面很广而且十分复杂，故有另设一编的必要。

第 三 编

交　　换

第一章　论价值

第一节　绪言

我们现在将要讨论的问题，在政治经济学上占有非常重要和令人注目的地位，因此，某些思想家以为，它的界限就是这门科学本身的界限。一位杰出的著述家曾建议将政治经济学称为“Catallactics”，或交换学，另一些著述家则建议称之为价值科学。如果我认为这些名称在逻辑上是正确的，我就必定在我们的研究开始时讨论有关价值的各种基本法则，而不延缓到第三编才讨论；这个问题可以这样长久地展缓讨论，就充分证明，有关政治经济学性质的这种看法过于狭窄。确实，在前两编中，我们就不得不预行讨论价值理论的一小部分，特别是讲到了劳动和土地的价值。然而很明显，在政治经济学的两大部门——财富的生产和财富的分配中，只有后者与价值问题有关；而且后者也仅就分配动力为竞争而非惯例或常规而言，才与价值问题有关。即使社会安排不取决于交换，或者不许交换，生产的条件和法则也仍将同现在一样。甚至在现在的产业生活制度下（在这个制度下，职业划分越来越细，从事生产的一切人的报酬都取决于某一特定商品的价格），交换也不是产品分配的基本法则（同道路和马车不是运动的根本法则一样），而只是分配产品的手段的一部分。这些观念的混同，我认为不仅是逻辑上的错误，而且是实际上的错误。这是政治经济上很常见的一种错误，即对由事物本质产生的必然性与由社会组织产生的必然性不加区别。这种错误，我认为经常会产生两种对立的坏影响，即，一方面，使政治经济学家们将他们的学科的只是暂时性的真理列为永久而普遍的法则；而另一方面，使许多人将有关生产的一些永久法则（例如限制人口的必要性所依据的那些法则）误认为是产生于现有社会结构的偶发事件，有意构造社会组织新体系的那些人可以任性地置之不理。

但是，在产业体系完全以买卖为基础，每个人多半不是依靠他自己参加生产的物品，而是依靠通过出售之后继以购买的双重交换而获得的物品生活的社会状态下，价值问题却是根本问题。在这样构成的社会内，几乎一切有关经济利害关系的思考都包含某种价值理论。在这个问题上的错误即使是极小的，也会使我们的其他一切结论产生相应的错误；我们的价值概念中存在任何含糊不清之处，都会使其他一切概念产生混乱和含糊。幸运的是，在价值法则中已没有什么要留给现在的著述家或任何未来的著述家去澄清；有关这个问题的理论是完满的，需要克服的惟一困难是如何说明这一理论，使应用这一理论所产生的主要困惑得以预先解除；而要这样做，不可避免地要进行琐细的说明，因而要求读者具有充分的耐心。然而，读者（如果他对于这种研究缺乏经验）将为此得到很多报偿：他完全理解了这一问题，就能够容易而迅速地了解政治经济学的其余大多数问题。

第二节 使用价值、交换价值和价格的定义

我们必须从确定用语开始。亚当·斯密在常常引用的一段话中曾说到价值一词在意义上最明显的含混;即,在一种意义上,它表示有用性,在另一种意义上,则表示购买力;用他自己的话来说,就是使用价值和交换价值。但是,(正如德·昆西先生所说)亚当·斯密在说明这双重意义的时候,他自己也陷入了另一种含混。(他说)使用价值极大的物品,其交换价值往往极小,甚至根本没有;这是正确的,因为不需劳动或牺牲就能够得到的物品,无论它如何有用,如何为人所需要,都不能索取代价。可是,他接着又说,交换价值极大的物品,例如钻石,其使用价值可能很小,甚至根本没有。这里"使用"一词不是在政治经济学的意义上使用的,而是在与享受相对立的另一种意义上使用的。哲学家或道德家对于各种使用所作的比较评价,与政治经济学毫无关系。在政治经济学上,一件物品有用是指它能满足某种欲望或达到某种目的。钻石在很大的程度上具有这种能力,如果它没有这种能力,它就不会具有任何价格了。使用价值,或者按照德·昆西先生的说法,目的价值(teleologic value),是交换价值的极限。物品的交换价值,可以在任何数量上低于它的使用价值;但是,说物品的交换价值可以高于它的使用价值,却包含着矛盾;这种说法意味着,人们为了获得某一物品,作为满足他们的嗜好的手段,而愿意付出比他们对这一物品所估计的最高价值更高的价值。

价值一词在没有附加语的情况下使用时,在政治经济学上,通

常是指交换价值;或者按照亚当·斯密及其后继者的说法,指可交换的价值,这一用语,无论引用多少权威的话来辩护,也决不是好英语。德·昆西先生以交换价值来取代,这是极好的。

交换价值必须与价格区别开来。早期的政治经济学家将价值和价格作为同义语使用,甚至李嘉图也没有对它们加以区分。但是,近代最严谨的著述家们为了避免在一个观念上耗费两个良好的学术用语,已用价格一词来表示就货币而言的物品的价值,即某一物品可以换得的货币数量。因此,今后如说某一物品的价格,我们是指它用货币表示的价值;如说某一物品的价值或交换价值,是指它的一般购买力,即拥有这一物品对于一般可购商品所具有的支配力。

第三节　一般购买力是指什么

但是,这里需要作出进一步的说明。对一般商品的支配力是指什么?同一物品同某些商品交换可以换得很大数量,同另一些商品交换则只能换得很小数量。一套衣服可以换得大量面包,但只能换得很少量的宝石。某一物品的价值如与某些商品交换可能在上升,如与另一些商品交换则可能在下降。一件上衣所能换得的面包,今年可能少于去年,如果今年的收成不好,但是这件上衣却可以换得较多的玻璃或铁制品,如果对这些商品课征的某种租税免除了,或者它们的制造方法已有改进。在这些情况下,上衣的价值是下降了呢,还是上升了?我们既不能说是下降,也不能说是上升,而只能说,就一种物品而言,上衣的价值下降了,而就另一物品而言，上衣的价值是上升了。但是，还存在着另一种情况，它使任何人都可以毫不踌躇地断定，上衣的价值发生了什么变化，这种情况就是，使交换价值发生变动的原因，是直接影响上衣本身的某种东西，而不是影响面包或玻璃的东西。例如，假定发明了一种新的织机，以致织造宽幅毛料的费用可以比过去减少一半。由此产生的结果，是使上衣的价值降低，而上衣的价值如果是由于这个原因而降低，则它不仅就面包或玻璃而言是降低了，而且就一切可购物品（除了那些碰巧由于类似的原因而价值也同时下降的物品以外）而言也是降低了。因此，我们应当说，上衣的交换价值或一般购买力降低了。一般交换价值的观念产生于以下事实，即，确实存在着这样的原因，它们趋向于改变一种物品同一般物品相交换的价值，这里所谓的一般物品，是指所有那些未受具有类似趋向的原因影响的物品。

在科学地考察交换价值时，较为方便的做法是，只讨论发生于所考察的商品的各种原因，其他一些原因均略而不谈。发生于同这种商品相比较的其他各种商品的那些原因，影响这种商品相对于那些商品的价值；但发生于这种商品本身的那些原因，则影响这种商品相对于一切商品的价值。为了使我们的注意力更加集中于发生于这种商品本身的原因，假定除这种商品以外一切商品的相对价值都保持不变，比较合适。当我们考察谷物价值上升或下降的原因时，我们假定毛织品、丝织品、刀具、糖和木材等对谷物的购买力虽有变动，但它们相互交换的比例一仍其旧。按照这一假定，这些商品中的任何一种，都可以看作是其他各种商品的代表。这是因为，不管谷物的价值相对于某一商品而言发生什么变动，它相对于其他一切商品而言都会以同样的方式和同样的程度发生变动；因此，我们所须考察的只是，按某一物品计算谷物的价值是上升还是下降。所以，谷物的货币价值或价格，可以像其他任何物品那样，代表谷物的一般交换价值或购买力；由于具有这种代表性，显然也是为了方便起见，我们将常常利用谷物的货币价值或价格来讨论问题；但这要具有如下的条件，即，货币本身的一般购买力不变，除我们正在考察的那种物品以外其他一切物品的价格也不变。

第四节　价值是一个相对的术语。价值的一般上升或下降是一种自相矛盾的说法

按照我在上面对价值和价格所下的定义，二者的区别十分明显，似乎不必再作任何说明。但是，在政治经济学上，最大的谬误往往起因于忽视最明显的真理。这种区别是很简单的，但由此产生的各种推论，不熟悉价值问题的读者宜尽早充分理解。其主要推论之一如下。物价的普遍提高是可能的。一切物品的货币价格都可能提高。但是，价值的普遍提高却是不可能的。这是一种术语上的矛盾。商品 A 的价值提高，只是由于它能换得较多的商品 B 和商品 C；在这种情况下，商品 B 和商品 C 只能换得较少的商品 A。一切物品相互涨价是不可能的。如果市场上有一半商品的交换价值上升，这种说法本身就意味着另一半商品的交换价值下降；反过来说，前者下降意味着后者上升。互相交换的物品不可能全部跌价或全部涨价，一如12个赛跑者不可能每个人都跑胜，亦如100

棵树不可能每棵树都长得最高。这个真理是很简单的，但我们马上就可以看到，理论家和所谓注重实际的人最相信的某些学说，却忘记了这一真理。我可以先举出大多数人十分重视一般物价的上涨或下跌，作为一个例子。因为某一商品的价格上涨，通常表明它的价值上升，因此如果一切物品的价格上涨，人们就隐约地感到一切物品的价值都同时上升了，一切所有者都发财了。一切物品的货币价格都上涨或下跌，倘若这种上涨或下跌是相等的，并且撇开现有的各种契约不谈，则这种上涨或下跌实际上毫无意义。它不影响任何人的工资、利润或地租。每个人在前一种情况下得到的货币较多，在后一种情况下得到的货币较少；但是，他们用货币购到的物品既不比过去多，也不比过去少。它所造成的惟一差别，只是用以计算的筹码有多有少。在这种情况下，价值真正变动的物品只是货币；而获得利益或受到损失的人只是货币所有者，或必须收取或支付定额货币的人。如果领年金者和债权人获得利益，则必须支付年金和负有债务的人受到损失，反之则相反。简单地说，固定的货币契约将由此受到干扰；而这种干扰，无论是对债务人有利，还是对债权人有利，都是一种弊害。但是，对今后的交易来说，则对任何人都没有什么影响。因此，应当记住（各种场合也常常会使我们想到），价值的普遍提高或普遍下降是一种自相矛盾的说法；价格的普遍上涨或普遍下跌仅仅等于货币价值的变动，这只影响现有的固定金额收付契约，并（必须加上）影响货币生产者的利益，除此之外，便毫无任何其他影响。

第五节　价值法则在应用于零售交易时应如何修改

在开始研究价值法则和价格法则之前，我要进一步作一些说明。我要预先作以下说明以后就不再作此说明了，在我所考察的各种情况下，价值和价格仅仅由竞争所决定。它们只是在如此决定时，才能归纳为一个可以确定的法则。必须假定，买主力求贱买，卖主则力求贵卖。因此，我们的结论所能适用的价值和价格，是商业价值和价格；这种价格是市价一览表上所载的价格，是批发市场上的价格，在这种市场上，买卖都是营业行为，买主力求知道（一般也确实知道），具有一定质量的某一商品以什么最低价格可以买到。因而，在这种市场上如下的格言是正确的：质量相同的物品，在同一市场上不能有两种价格。所以，我们的命题，对于零售价格来说，即对于在商店购买个人消费品所付的价格来说，只是在有限得多的意义上说才是正确的。个人消费品，在不同的商店，甚或在同一商店，常常不仅有两种价格，而且有许多种价格；习惯和偶发事件，同一般原因一样对此大有影响。为供个人使用而购买物品，即使买主为实业界人士，也不总是依循营业原则。在赚钱的活动上起作用的感情和在花费所得的活动上起作用的感情，往往迥然不同。大多数有钱的人或者由于怠惰，或者由于不介意，或者为了摆阔，在购买消费品时所付的价款远远高于必须支付的金额；而贫民由于无知和缺乏判断力，没有时间进行搜寻和调查，以及屡见不鲜的公开或隐蔽的胁迫，也往往付价过高。由于这些原因，决定批发价格的各种原因没有完全以可以料想的那种规则性对零售价格发生作用。这些原因所产生的影响在零售市场上终究是可以感知的,因而也是零售价格的变动具有普遍性和永久性的真实根源。但是,这里不存在有规则的、严格的一致性。同样的优质皮鞋,不同的店铺可以以大不相同的价格出售;皮革的价格下跌,往往不会导致比较富裕的阶级的买主们买鞋时所付的价款减少。不过,皮鞋的价格有时也会下跌;而当皮鞋的价格下跌时,其原因一般总是皮革跌价。而当皮革跌价时,即使在有钱人经常光顾的鞋店里没有看到其所产生的影响,但工匠和工人一般却能以较低的价格买到皮鞋,贫民习艺所或军队所需皮鞋的契约价格也会明显降低。在一切有关价格的推论中,都必须了解如下的前提条件,即:"假定所有的当事人都照顾他们自己的利益。"忽视这些区别,导致人们不适当地应用政治经济学的各种抽象原理,更常见的是使人们错误地怀疑那些原理(因为他们往往用那些原理所不包括的各种事实,或者他们误认为适用那些原理的各种事实,来同那些原理相比较)。

第二章 论需求和供给，以及它们与价值的关系

第一节 价值的两个条件：效用和获得的困难

某一物品要有交换价值，必须具有两个条件。它必须具有某种效用，即，(如前所述)它必须得有助于实现某种目的，满足某种欲望。任何人都不会为了取得对自己没有用处的物品，而支付某种价格，或放弃对自己有某种用处的物品。但是，第二，这种物品不仅必须具有某种效用，而且在它的获得上必须存在若干困难。德·昆西先生说[①]："任何物品要获得那种称为交换价值的人为价值，首先它本身必须是达到某种理想目的的手段；其次，即使它无可争辩地具有这种初步的有利条件，如果能够无偿地、无须作出努力就获得它，它也决不会具有交换价值；后一条件是必要的限制因素。因为，往往会出现以下情况，即，某种称心如意的物品可以无偿地取得；一弯腰，你就可以把它拾到手；但是，这种持续不断的弯腰动作，需要作出辛勤的努力，因而你很快就会发觉，你捡拾物品实际上不是无偿的。在加拿大的大森林里，时时能够无偿地采集可以装几只船的野生草莓，但是由于弯腰的姿势和十分单调的劳动令人疲惫不堪，可以不用多久谁都乐于雇人去做这种工作。"

---

① 《政治经济学逻辑》，第13页。

正如前一章所指出的，某一物品在买主评价中的效用，是该物的交换价值的极限。它的价值不能超出这一限度；除非特殊情况提出这样的要求。德·昆西先生恰当地对这个问题作了说明。“走进几乎任何一家店铺，购买你所看到的第一种商品，这种商品的价格是什么决定的呢？十之八九是由要素 D，即获得的困难决定的。另一要素 U，即内在的效用，对此完全不起作用。假定这种商品（按照它的效用来估量），就你的目的而言，值 10 畿尼，你就会拿出 10 畿尼来购买，而不愿意放弃它；可是，如果生产这种物品的困难只值 1 畿尼，则 1 畿尼就是它所具有的价格。但是，U 不发生作用，我们就能够认为 U 不存在吗？不能；因为，如果它不存在，毫无疑问，即使以最低的价格就可以买到这种商品，你也不会购买。U 虽然不影响价格，对你却有影响。另一方面，我们假定情况与此相反（虽然这种情况极为罕见）。你坐在苏必利尔湖中的一艘轮船上，前往远离文明 800 英里的无人地带，意识到在未来的 10 年中完全没有机会购买任何奢侈品（小型的或大型的）。同行的一位旅客带有一个漂亮的配乐鼻烟盒，在日落以前你就要同他分别；根据经验，你知道这一玩具有控制你自己的感情的能力，你时时可以利用它使你的激动心情平静下来，因此你急切地想把它买到手。在离开伦敦的时候你忘了购买，现在是最后的机会。但是，持有这一玩具的那位旅客同你一样地知道你的处境，决心利用这个买卖尽可能将价格抬高到远远超出 U 的程度，即大大超过你按照个人的目的对这一物品所估算的内在价值。在这个场合，他完全不考虑 D 的控制力和缓和作用；最后，虽然这种玩具你在伦敦或巴黎可以用 6 畿尼买到一整车，但是当最后的钟声敲响，告诉你现在不买，你将永远没有机会购买时，你将宁愿付出 60 畿尼，而不愿放弃这个机会。同前述情况一样，这里也只有一种要素在起作用，前者为 D，后者为 U。但是，D 虽然不起作用，毕竟并非不存在。D 不发生作用，使 U 得以发挥它的全部作用。好像在一架抽水机里，由于 D 的压缩作用已被消除，U 就像机内的水脱离空气的压力而喷出时那样发生作用。但是，很明显，纵然价格〔不是由 D 而〕是由另一者（指 U——译者）决定的，你还是把 D 放在心上；因为任何交换价值只有 U 和 D 同时存在才能形成，而且，无可争辩，在你同意把价格提高到 U 的限度以前，你对这个 D，即获得的极端困难（这时是可能存在的最大的困难，也就是获得的不可能性），一定作过周密的考虑。特殊的 D 已经消失；但是，在你的心目中，它已为没有限度的 D 所取代。不容置疑，你已完全承认 U 是决定价格的力量；但是你仍感到 D 隐而不见地存在着。不过 D 没有什么实际的力量，因而它对价格不起任何作用——这就造成一种完全的真空，由于这种真空的存在，U 才能发挥其最大的和极限的作用。”

这种价值完全取决于买主的需要和欲望的情况，就是严格的、绝对的垄断；在这种情况下，买主想得到的物品只能从一个人那里获得，因而这个人可以强行索取任何代价，只要价格不超出一定的限度，总能找到买主。但是，即使在完全垄断的情况下，价值提高到这一极限，也不是一种必然的结果。这一点，在我们考察了价值依存于另一要素，即获得某一物品的困难程度的法则以后，就可以理解。

第二节 获得商品的三种困难

决定价值的获得的困难,并不总是同一种困难。它有时在于供给的绝对限制。有些物品要超出一定的狭隘界限来增加数量,按自然法则来说是不可能的。例如只能在具有特殊的土壤、气候和日照的情况下生产的某种葡萄酒就是这样。古代雕塑、古代名家的绘画、善本书和稀有的古币及其他古玩也是这样。面积有限的城市(例如威尼斯或需筑城防护的城市)中的房屋和建筑用地、任何城市中最理想的地点、自然景观不佳的那些地方风景特别好的房屋和庭园,都可以列入这一类。一切土地都有成为这种商品的可能性;在土地全被占有和耕作的国家,实际上也许就是这样。

另一种情况是,获得商品(包括大部分能够买卖的物品)的障碍只是生产这种商品必须付出劳动和费用。这种商品,不付出一定的劳动和费用,是无法获得的。但是,任何人如果愿意承担这些花费,就可以无限量地增加这种产品。如果有足够的劳动者和足够的机械,棉织品、毛织品或亚麻布制品的码数就可以比现在增加几千倍。毫无疑问,由于地球不能提供过多的原材料,产量达到某种程度就会停止增加。然而就政治经济学的目的而言,无须考虑这种想像的限度什么时候会成为实际的限度。

第三种情况,介于上述两种情况之间,而略为复杂。这种情况现在我只能简略地提一下,但它在政治经济学上是极为重要的。有一些商品能以劳动和费用无限量地增加,但不能以固定数量的劳动和费用无限量地增加。一定的费用只能生产有限的数量；如要生产更多的数量，就必须付出更多的费用。前面曾多次提及，农产品及一般地说土地的一切天然产物都属于这一类；这一特殊性造成了一些极其重要的结果；结果之一是必须限制人口；另一结果是必须支付地租。

第三节　数量绝对有限的商品

三类商品的情况已如上述；一切能够买卖的物品必然属于这三类之一，我们将依次加以考察。首先考察数量绝对有限的物品，例如古代雕塑和绘画。

关于这类物品，人们通常都说，它们的价值取决于它们的稀少性。但是，就我们的目的而言，这种说法不够明确。另外一些人说，它们的价值取决于需求和供给，这一说法较为精确。然而，即使是这一说法，也需要作许多解释，才能清楚地说明某一物品的价值和产生这种价值的原因之间的关系。

某一商品的供给是一个容易理解的用语。它是指提供出售的数量；也就是有意购买的人在一定的时间和地点所能购买的数量。但是，需求的含义是什么呢？它不仅是指对于商品的欲望。乞丐可能希望获得一块钻石；不过，无论他的欲望如何强烈，也不会对价格发生影响。因此，著述家们都对需求一词的含义作比较狭窄的解释，将它定义为兼备购买力的占有欲。为了区分这专门意义上的需求和与欲望同义的需求，他们称前者为有效需求[①]。有了这

① 亚当·斯密引入了“有效需求”这一用语，用以表示这样一些人的需求，这些人

个说明，通常人们就以为不存在别的困难了，因而都认为，价值取决于上述定义下的有效需求与供给之间的比率。

但是，这些用语是不能使要求观念清晰及其表达十分精确的人们感到满意的。说名称不同的两种事物之间会有比率，这是非常不恰当的说法，其中必然有混淆不清的地方。在某一数量与欲望（即使是兼有〔购买〕能力的欲望）之间怎么能有比例呢？需求与供给之间的比率，只有将需求解释为需求量，并将这一比率解释为需求量与供给量之间的比率，才易于理解。可是，需求量即使在同一时间、同一地点也不是固定不变的；它是随同价值的变动而变动的。物品价格低廉的时候，其需求量通常大于价格高昂的时候。因此，需求部分地取决于价值。然而，如前所述，价值是取决于需求的。我们将如何摆脱这个矛盾呢？将如何解决二者相互决定这一悖论呢？

虽然这些疑难问题的解答是十分明显的，但这些疑难问题本身并不是空想出来的。我如此明白地提出这些疑难问题，是因为我确信，任何研究这一题目的人，若没有老实地面对并清楚地认识到这些疑难问题，都会被这些疑难问题所困扰。毋庸置疑，一些人已对它们作出了正确的解答，可是，除了敏锐的思想家、灵巧的解说者 J. B. 萨伊以外，我想不出还有什么人在我之前作出了这种解答。然而，如果不是一些著作显示出对这一点了解不够，如果不是德·昆西先生的事例表明，即使极其聪颖、其研究又与这个论题密

愿意并且能够为商品支付他所称的自然价格，所谓自然价格就是使商品得以长期生产并供给市场的价格。参阅《国民财富的性质和原因的研究》上卷第七章《论商品的自然价格与市场价格》。

切相关的人也会完全看不到并含蓄地否认这一点，我本来还以为，一切政治经济学家都熟知这一点呢。

第四节　这类商品的价值法则及其需求和供给的方程式

让我们将需求一词理解为需求量，并记住需求量不是固定不变的，一般地说它会随同价值的变动而变动，然后假定，需求在某个时候超过供给，就是说，人们准备按市场价值购买的数量，大于市场待售的数量。在这种情况下，买主会相互竞争，致命价值上升。上升多少呢？（也许有人会这样想：）按不足的比例上升，即如果需求超过供给三分之一，价值也上升三分之一。绝非如此。因为当价值上升三分之一时，需求仍可超过供给；即使价值已经上升，需求量仍有可能大于现有的数量，因而买主之间的竞争还会持续进行。如果这种物品是生活必需品，则人们宁愿以任何价格购买，而不愿放弃不买，三分之一的供给不足，可以将价格提高 1 倍、2 倍或 3 倍。[①] 或者相反，竞争在价值提高到与不足的程度成比例以前就有可能停止。价值上升不到三分之一，买主们就无法以其资力或不愿将这种物品全部买下。那么，价值的上升将停止于哪一点呢？停止于使需求和供给均等的一点（无论这一点在哪里），即停止于这种价格：它能消除那多余的三分之一需求，或者能招致另外

① “在美国，虽然歉收的程度最多不超过平均年产量的六分之一到三分之一，而且这种歉收由于外国的供给而得到了缓和，但谷物的价格却上涨了 1 倍到 2 倍，甚至 2 倍以上。如果收成不足达到三分之一，而往年没有任何剩余，也不可能通过进口得到缓解，谷物的价格就可能提高 5 倍、6 倍，甚至 10 倍。”图克：《物价史》第 1 卷，第 13—15 页。

一些卖主以满足多余的需求。当这两种方法中的一种，或这两者的相互配合，使需求得以和供给相等，而不超过供给时，价值的上升就会停止。

相反的情况也同样简单。让我们假定供给超过需求，而不是需求超过供给。现在竞争是发生在卖方。多余的数量只有靠引致与其相等的额外的需求才能找到市场。这可以通过降低价格的方法来实现；价值降低，就可以使更多的顾客能够购买这种物品，或者引诱原先的消费者更多地购置。恢复均衡所必需的价值下降，随情况的不同而不同。一般地说，价值下降最多的是两类截然不同的物品，即绝对必需品和只有少数人能享用的特殊奢侈品。就粮食而言，由于已有充足粮食的那些人不会因其价格低廉而多购，而宁愿拿在粮食上节省下来的钱用来购买其他物品，所以，正如经验所表明的，价格低廉所引起的消费增加，只会消除由于丰收而增加的供给的一小部分。[①]实际上，价格的下跌只是在如下两种情况下才会停止，一是农民收回谷物，待价而沽，一是投机商人在谷物价格低廉时收购并囤积起来，待需要更为迫切时再行出售。需求和供给或者由于需求增加（价格低廉的结果）而得到平衡，或者由于收回一部分供应量而得到平衡，二者必居其一。

由上述可见，比率（如需求和供给之间的比率）这一观念是不恰当的，是与问题无关的。适当的数学比拟，是方程式。需求和供给，即需求量和供给量，总会得到平衡。如果在某一时刻二者不平衡，竞争会使它们平衡，而实现平衡的方法就是调整价值。需求增加，则价值上升；需求减少，则价值降低。另一方面，供给减少，则

---

① 参阅图克：《物价史》，以及 1821 年农业委员会的报告。

价值上升；供给增加，则价值下降。价值的上升或降低将继续下去，直到需求和供给再度平衡为止。某一商品在任一市场上的价值，就是在那个市场上使需求恰好与现有的或预期的供给相等的价值。

以上所述，就是关于不能任意增加的一切商品的价值法则。毫无疑问，这种商品属于例外。种类比这多得多、数量又可以无限增加的那类物品，具有另外的法则。但是，清楚地理解和切实地掌握关于这种例外情况的理论，也是有必要的。首先，人们会看到，这对于理解较为普遍的情况大有助益。其次，关于这种例外情况的原理，较之最初人们所想像的，其所延伸的范围更广，所包含的事例也更多。

第五节　受上述法则制约的各种情况

在供给上自然地而且必然地受到限制的商品是极少的。但是，却可以人为地限制任何商品的供给。任何商品都可以成为垄断的对象，例如 1834 年以前的英国茶叶、现在法国的烟叶和英领印度的鸦片。被垄断的商品的价格，通常被认为是任意规定的，取决于垄断者的意愿，其惟一的限制（像德·昆西先生所举的配乐鼻烟盒在美国未开发地方的事例那样）是买主对其价值的最终评价。这在某种意义上是正确的，然而，就价值依赖于供给和需求而言，并没有构成例外。垄断者可以在消费者能够支付或愿意支付的限度内随意决定价值；但是，他只能通过限制供给来这样做。荷兰东印度公司能以垄断价格出售香料群岛（Spice Islands）的产品，但是，为了做到这一点，该公司不得不在香料丰收的时节销毁一部分收获。假如该公司坚持要销售其所生产的全部产品，那它就必然会大大降低售价，以致销售量较大时其所获得的赢利总额比销售量较小时还少。至少，该公司在销毁剩余香料时抱有这种看法。德·昆西先生所举的例子中的那个惟利是图的人，如果持有两个配乐鼻烟盒，而想把这两个都卖掉，即使是在苏必利尔湖，他也不能以每个60畿尼的价格出售。假定每个配乐鼻烟盒的成本价格为6畿尼，那他将宁愿出售两个共得70畿尼，而不愿只卖一个得60畿尼。这就是说，虽然他具有极大的垄断权，60畿尼也不超过买主对这一物品的评价（就其用途而言），他仍会以每个35畿尼的价格出售这两个配乐鼻烟盒。因此，垄断价值并不依存于特殊的原理，它只是通常的需求和供给状况的一种变形。

另一方面，虽然供给在任何时候都不能增加（永远不能增加）的商品为数不多，但是任何商品都暂时会出现这种情况；对某些商品来说，这种情况还经常发生。例如，农产品在下一收获期以前，它的数量是不能增加的；世上现存的谷物量是下一收获期以前人们所能获得的全部数量。在这期间，谷物同数量不能增加的物品实际上是一样的。就少数商品而言，其数量的增加也需要经过一段时间；因此，如果需求增加，在相应的供给涌现出来以前，即供给能够与需求相适应以前，价值将会上升，以使需求适应于供给。

另一种情况则与此恰好相反。某些物品，其供给可以无限增加，但不能迅速减少。有些物品经久耐用，因而现有的数量与年产量相比，一直是很大的。黄金和其他比较耐用的金属都属于这一类；房屋也是如此。这种物品的供给可以通过销毁而立即减少；但是，销毁物品只有在如下情况下才对其所有者有利，即，其所有者具有对这种物品的垄断权，销毁一部分这种物品可以经由余下部分的价值增加而得到补偿。因此，这种物品的价值会因供给过多或需求减少而长期过低，使今后的生产处于完全停止的状态。供给由于消耗而减少的过程是十分缓慢的，因而即使生产完全停止，要恢复原先的价值，也需要很长的时间。在这期间，价值将完全由供给和需求决定，并将由于现存物品的消耗而逐渐上升，直到价值恢复到生产能够得到报偿，生产才又开始。

最后，还有一些商品，虽然其数量可以大大增加或大大减少，甚至可以无限增加或无限减少，但其价值仍完全取决于需求和供给。劳动这一商品尤其是这样。关于这种商品的价值，我们已在前一编作过详细的论述。此外还有许多情况，我们会看到，为了解决有关交换价值的困难问题，也有必要应用这一原理。在我们论述国际价值的时候，这一点将详细地举例说明。所谓国际价值，就是不同国家（或者比较笼统地说，相隔很远的地方）生产的物品之间的交换条件。但是，要讨论这些问题，我们必须先探讨其数量可以无限增加和任意增加的各种商品的情况，并弄清它们的永久价值，除需求和供给法则以外，还由什么法则决定。我们将在下一章讨论这个问题。

第三章　论生产费用及其与价值的关系

第一节　不增加费用就能无限增加的各种商品，它们的价值法则，生产费用

如果生产某种商品要花费劳动和费用，则无论这种商品能否无限增加，都有一种最低价值，这一价值是这种商品能够长期生产的基本条件。价值在任何时候都是供给和需求相互作用的结果，常常是为现有的供给创造市场所必需的。但是，如果这一价值不足以补偿生产费用，并提供通常期待的利润，人们就不会继续生产这种商品。资本家不会在亏本的情况下长久地继续生产。甚至利润少于他们得以维持生活的数额，他们也不会继续生产。已经投下资本而不能轻易抽回的人们，会抱着营业将好转的希望，在没有利润的情况下长期坚持生产，甚至亏本也继续生产。但是，他们不会无限期地这样做，或者说，如果没有迹象表明情况有希望好转，他们不会这样做。某一行业不仅要能提供人们期望得到的若干利润，而且这种利润还必须等于当时当地其他任何行业所能期望的利润，才会有新的资本投入（当然还得从其他方面考虑该行业是否适宜投资），否则，人们就不会这样做。在显然不能得到这种利润时，

即使人们不实际抽回他们的资本,人们至少也不会再补充已经消耗的资本。因此,生产费用加上通常的利润,可以称为劳动和资本所生产的一切物品的必要价格或价值。没有人明知会亏本还愿意生产。谁要是这样做,必定是出于估计错误,他会尽快地加以改正。

如果某种商品不仅是由劳动和资本制造,而且还能由它们无限量地制造出来,那么,这种必要价值,即生产者可以同意的最低价值,在竞争自由而激烈的时候,也是他们所能期望的最高价值。如果一种商品的价值,在补偿其生产费用时,不仅提供通常的利润,而且还提供更高的利润,资本就会蜂拥而至,以分享这种额外利润,并通过增加这种物品的供给而降低它的价值。这不仅是一种假定或推测,而且是熟悉商业活动的那些人所熟知的事实。每当新的行业出现,可望获得异常多的利润,或者原有的某种商业或工业被认为可以产生大于通常利润的利润时,这种商品就一定会在短期内大量地生产或输入,从而不仅消除额外利润,而且通常会走得更远,使价值像过去提得过高一样降得过低;直到进一步的生产完全停止或部分停止因而过剩的供给被制止,这种下降才会终止。如前所述,生产数量的这些变动不必以人们改换行业为前提。营业兴旺的那些人将更多地利用自己的信用来增加生产物,而得不到通常利润的那些人则将缩小他们的业务,并(拿工业用语来说)缩短工作时间。由此而可以稳当而迅速地使各行业的预期利润(也许不是利润)均等化。

因此,一般说来,各种物品趋向于以能够使每一个生产者补偿生产费用并获得通常利润的价值相互交换;换句话说,以能够使一切生产者就其支出取得同等利润率的价值相互交换。但是,为了使在支出,即生产费用相等的地方利润也相等,一般说来,各种物品就必须以它们的生产费用的比率相互交换;生产费用相等的物品,必须具有相等的价值。因为只有这样,相等的支出才能产出相等的利润。如果一个农场主用相当于1000夸特谷物的资本,能够生产出1200夸特谷物,从而获得20%的利润;那么,在同一时期,能以1000夸特的资本生产出的其他任何物品,都必须具有1200夸特谷物的价值,即能与1200夸特谷物相交换,否则生产者的利润将多于或少于20%。

亚当·斯密和李嘉图将一种物品与其生产费用成比例的价值,称为这一物品的自然价值(或自然价格)。他们的这个名词指的是这样一点:价值在它的周围摆动,并且总是趋向于回到这一点;按照亚当·斯密的说法,是指中心价值,物品的市场价值总是朝向这一价值;与自然价值的任何背离都只是暂时的不规则,在其出现的时刻,也就使矫正这种背离的力量发生了作用。从多年的平均水平来看,偏向中心线左方的摆动与偏向中心线右方的摆动能够充分抵消,因而市场价值与自然价值取得一致;但是,在任何特定的时候,二者完全一致的情况是很少的。大海处处趋向于某一水平面,但是它从未精确地处于水平状态;它的表面经常被波浪扰乱,而且往往因有狂风暴雨而波涛汹涌。这里只须指出:至少是在外洋,没有一处是经久不变地高于别处的。各处都时高时低;但整个大洋却保持着它的水平面。

第二节　这个法则由于供给的可能变动（而不是实际的变动）而发生作用

使各种物品的价值最终与生产费用取得一致的潜在力量，是如果两者不一致而商品供给可能发生的变动。如果一种物品持续以高于其生产费用的比率的价格出售，其供给就会增加，如以低于那一比率的价格出售，其供给就会减少。但是，我们不能由此认为，供给必须在实际上减少或增加。假定一种物品的生产费用由于某种机械发明而减少，或者由于某种赋税而增加。这种物品的价值不久（即使不是立即）就会在前一情况下降低，而在后一情况下提高；这是因为，如果不是这样，供给就会在前一情况下增加，到价格下跌为止，而在后一情况下减少，到价格上涨为止。由于这一原因，并由于人们错误地认为价值取决于需求和供给之间的比率，许多人便以为，每当商品的价值发生什么变动时，这一比率必定会随之变动；如果供给不是持续不断地增加，价值就不会由于生产费用的减少而降低；如果供给不是持续不断地减少，价值就不会由于生产费用的增加而提高。但是，事实并非如此，并不需要供给发生任何实际变动；即使发生实际变动，并且这种变动是永久性的，这也不是价值变动的原因，而是价值变动的结果。确实，如果不能使供给增加，则生产费用的减少便不会使价值降低。但是，供给的增加绝非必要。往往只要有这种可能性，就足以使价值降低；商人们都知道会发生什么事情，因而他们的相互竞争使他们能够通过降低价格来避免产生恶果，某种商品的供给在生产〔费用〕减少以后是否会不断增加，完全取决于另一个问题，即价值降低后需要量是否增加。一般说来，需要量会增加，但并非必然如此。德·昆西先生说[①]："一个人对于直接有用的物品，在其价格下跌时更愿大量购买。丝帕的价格如果降低一半，他购买的数量也许会增加2倍；可是，他不会由于蒸汽机降低而买较多的蒸汽机。他对蒸汽机的需求几乎早已由他的处境决定。假如他对费用有所考虑，他考虑得较多的当为使蒸汽机运转的费用，而不是购买蒸汽机的费用。但是，有许多物品的市场绝对受先于它们而存在的某种体系(这些物品作为附属部分或组成部分从属于这一体系)的限制。我们怎么能够通过人为地降低钟表面盘的价格，促使其销售量多于钟表内部的机件或装置呢？葡萄酒窖的销售量，不增加葡萄酒的销售量，怎么能够增加呢？或者，当造船业停滞不前的时候，造船木工工具市场能够扩大吗？……向只有3000居民的一个城市提供一批棺材，无论价格多么便宜，都不能诱使这个城市买一付。又如提供许多游艇，由于游艇的主要费用是雇用员工，装贮粮食和修理工作，因而，单凭卖价低廉，决不能诱使其习惯和爱好不在这里的任何人到市场上来购买。主教、律师和牛津学生的制服也是如此。"然而，谁都不会怀疑，所有这些物品的价格和价值，最后都会由于它们的生产费用减少，以及人们担心新的竞争者加入和供给增加而降低。不过，新的竞争者经营其市场不能大大扩充的商品，会使自己面临很大的危险，这就使地位已经稳固的商人们，同他们在更加鼓励竞争的商品上所能做到的相比，更能长期地维持原来的价格。

另一方面，让我们把情况反过来，假设商品的生产费用由于诸

① 《政治经济学逻辑》，第230—231页。

如课税之类的原因而增加。这时价值会提高，而且很可能立即提高。供给会减少吗？只有在价值的提高使需求减少的情况下，供给才会减少。我们很快就会知道是否会产生这一结果。假如产生了这一结果，价值就会由于供给过多而稍微降低，到生产缩减为止，其后又会提高。有许多物品只有大幅度地提高价格，才能大大减少对它们的需求；生活必需品，诸如人们常吃的食物（在英格兰是用小麦粉制成的面包），尤其是这样；对现有的人口来说，按现在的成本价格消费的这种面包的数量，同价格大为降低时它的消费量也许几乎是一样的。可是，特别是这种物品，通常使人将价格上涨和供给不足混同起来。歉收以后，粮食价格会因供给不足而上涨；然而，举例来说，课税引起的价格上涨，或实行谷物法引起的价格上涨，与供给不足毫无关系，这些原因不会使一国的粮食数量大为减少，供给量由于这些原因减少的，与其说是粮食，不如说是其他各种物品，因为，人们在粮食上的支付增加，在其他物品上的支付就要减少。因而，其他物品的生产将因其需求减少而缩减。

所以，数量可以任意增加的物品，其价值（除有偶然情况及调整生产所必需的期间以外）并非取决于需求和供给；相反地，需求和供给取决于价值，这种说法是完全正确的。商品在按其自然价值或成本价值出售时会有一定数量的需求，供给最终总要与这一需求相一致。如果有时供给不能与这一需求取得一致，这或者是由于估计错误，或者是由于与此有关的某些因素发生了变化，例如自然价值或生产费用发生了变化，或公众嗜好、消费者人数或财富的变动致使需求发生了变化。造成失调的这些事情是很容易发生的，当发生其中某一事情时，物品的市场价值就不再与其自然价值相一致。真正的需求和供给法则，即需求和供给之间的方程式，是适用于一切情况的。如果与自然价值不同的另一价值为使需求与供给相等所必需，市场价值就会背离自然价值；不过这种背离是暂时的；因为供给的恒常倾向是与需求相一致，经验表明，这种需求是商品按其自然价值出售时所具有的需求量。供给超过或不及这一需求量，是偶然的，这时，利润率将高于或低于通常的比率；在竞争自由并积极开展的时候，这种情况不可能长期持续下去。

概括地说，不能无限增加的一切物品，其价值都由需求和供给决定；不过，即使是这些物品，如果它们是工业生产出来的，也具有其最低价值，这个价值是由生产费用决定的。但是，就可以无限增加的一切物品而言，则其需求和供给只是在变动供给所必需的期间（不能超过这一期间）决定价值的波动。需求和供给在如此控制价值摆动的同时，其本身又服从一种较为强大的力量；这一力量将价值引向生产费用，而且如果没有新的扰乱因素不断出现，使价值再度发生背离，价值就会停留并保持在那一点上。我们可以同样打比喻地说，需求和供给经常求取平衡，但稳定的平衡状态，只是在各种物品按照它们的生产费用或自然价值（按照前面的说法）相互交换时才存在。

第四章　对生产费用的最后分析

第一节　生产费用的主要组成部分——劳动数量

本书第一编已陈述了生产费用的各个组成部分。我们已看到，生产费用的主要组成部分是劳动，劳动如此重要，以至可以说是生产费用的惟一组成部分。生产某物品使生产者或者说一系列生产者花费的，是用来生产该物品的劳动。如果把提供垫支的资本家看作是生产者，便可以用工资一词取代劳动一词：产品使资本家花费的，是他不得不支付的工资。乍一看来，这似乎只是他支出的一部分，因为他不仅要向劳动者支付工资，而且还要向他们提供工具、原料，或许还有建筑物。不过，这些工具、原料和建筑物也是由劳动和资本生产出来的；它们的价值同借助于它们生产出来的物品的价值一样，取决于生产费用，而这种生产费用又可分解为劳动。毛料的生产费用并非仅仅由毛料制造商直接支付给织工的工资构成，还包括纺纱工人和梳毛工人的工资，或许还可加上牧羊人的工资，毛料制造商在购买纱线时，不得不支付所有这些人的工资。毛料的生产费用还包括建筑工人和制砖工人的工资，这两种人的工资，承包商是在修建厂房时以承包价格的形式支付的。毛料的生产费用还包括机器制造工人、铸铁工人以及矿工的工资。此外还应加上运输工人的工资，是他们把生产工具和器械运到了工作地点，把产品运到了出售地点。

所以，商品的价值主要取决于(我们将马上考察是否完全取决于)生产商品所需要的劳动数量；生产这一概念也包括运输。李嘉图说[①]："例如，在评定袜子的交换价值时，我们就会发现它和其他物品相对而言的价值取决于制造它和把它运到市场上所必需的劳动总量。首先是耕种生产原棉的土地所需的劳动，其次是运送棉花到织造地的劳动，其中包括以运费形式收取的制造运棉船舶所投下的劳动的一部分；第三是纺纱工人和织袜工人的劳动；第四是修建织袜厂房和制造织袜机器的工程师、锻工和木工的一部分劳动；第五是零售商人以及其他无需一一列举的人的劳动。以上各种劳动的总和决定袜子所能交换的其他物品的数量，而对于其他物品所投下的各种不同劳动量的这种考虑，也会同样决定其交换袜子时所要付出的数量。

"为了使我们确信这是交换价值的真正基础，让我们假定原棉在织成袜子运到市场以交换其他物品以前所须通过的各种过程中，有一种节省劳动的方法已经获得了某种改良，并研究其所产生的效果。如果种植原棉所需人手比以前少，或者航运所用水手、建造运棉船舶所用的造船工比以前少，或者建造厂房机器所需人手比以前少，或建成后效率增加，那么袜子的价值就必然下降，因之其所能换取的其他物品也会减少。其价值之所以下降，是因为生产所需的劳动量减少了，因而在交换没有像这样节省劳动的其他物品时所能得到的数量也会减少。

---

① 《政治经济学及赋税原理》，商务印书馆 1962 年版，第 1 章第 3 节，第 18 页。

“劳动使用的节约必然会使商品的相对价值下降，无论这种节约是发生在制造这种商品本身所需的劳动方面，还是发生在构造协助生产这种商品的资本所需的劳动方面。不论是织造直接需用的漂白工、纺纱工、织袜工减少，还是关系较为间接的水手、搬运夫、工程师、锻工等减少，袜子的价格都会跌落。在前一种情形下，节省的劳动全部落在袜子方面，因为这一部分劳动完全用在袜子上；在后一种情形下，只有一部分落在袜子方面，因为其余部分是应用在一切可以利用这些建筑、机器和车船来进行生产的其他各种商品方面的。”

第二节　工资不是生产费用的组成部分

李嘉图的意思似乎是，生产某种商品并把该商品运至市场所花费的劳动数量，是决定该商品价值的惟一东西。但因为生产费用对于资本家来说不是劳动而是工资，因为在劳动数量保持不变的情况下，工资可以增多可以减少，所以似乎产品的价值并不能单独由劳动数量决定，而是由劳动数量和报酬共同决定；似乎一部分价值必然取决于工资。

要弄清这一点，就得记住，价值是个相对名词；某一商品的价值，指的不是该商品本身具有的某种内在的本质特性，而是该商品所能换得的其他物品的数量。必须时刻记住，某一物品的价值是相对于另外某一种物品或一般物品而言的。因而，一种物品与另一种物品的关系，是不会被同时影响这两者的原因所改变的。一般工资的升降，会以同样方式影响所有商品，因而并不能成为改变商品交换比例的原因。假定高工资可以带来高价值,也就等于假定价值可以普遍提高。但这从词语上说,是有矛盾的:说某些物品的价值高,便是说其他物品的价值低。错误产生于没有把注意力集中在价值上,而只是把注意力集中在了价格上。虽然价值决不会普遍上升,但价格却会普遍上升。一旦我们具有明晰的价值概念,我们就会明白,工资的高低与价值毫无关系,但人们普遍认为,高工资会带来高价格。这一命题的全部荒谬之处,只有在讨论货币理论时才能完全看清楚;此处只需说,如果这一命题是正确的,则工资实际上就不可能上升;因为如果工资的上升会使每样物品的价格也相应上升,则工资实质上也就根本不会上升。这无疑是一充足的反证,同时表明,确实有一些荒谬得令人惊奇的命题成了并一直是通俗政治经济学中博得人们信任的学说。还必须记住,即便假定价格有可能普遍提高,这种高价格对于生产者或商人也毫无用处,因为这种高价格虽然可以增加生产者或商人的货币收入,但也会以相同的程度增加他们的各项开支。如果劳动成本提高,则资本家无论如何都无法通过改变价值或价格来使自己得到补偿。劳动成本提高,必然会使利润下降。如果劳动者得到的东西确实增加了,也就是说得到了较多的劳动产品,则留作利润的百分比必然会下降。这一建立在算术法则上的“分配规律”,是不可抗拒的。交换与价格机制虽然可以掩盖这一分配规律,但却完全没有力量改变它。

第三节 但是，当工资因行业不同而有所不同时，则另当别论

然而，尽管一般工资的高低不会影响价值，可是，如果某一行业的工资高于另一行业的工资，或者如果某一行业的工资相对于其他行业的工资来说永久上升或下降，则这种差别实际上就会影响价值。致使各行业的工资不同的原因，我们已在前一章作了考察。当某一行业的工资永久超过平均工资率时，该行业所产物品的价值就会相应超过单纯由劳动数量决定的标准。例如，熟练工人制造的物品可以换得非常多的非熟练工人制造的物品，其原因只不过是熟练工人得到的报酬较高。如果通过推广教育，熟练工人的人数大大增加，以致缩小了熟练工人和普通工人之间的工资差距，则相对于普通工人生产的物品而言，熟练工人生产的全部物品的价值就会下降，而普通工人生产的产品，则可以说是价值上升了。前面已说过，要从某一行业转入另一较为高级的行业，是很困难的，迄今为止，这种困难使彼此隔绝的各劳动阶级的工资，要比我们所想像的，更为严重地依赖于各劳动阶级人口的增加；此时劳动报酬的不平等是很大的，而如果劳动者之间的竞争可以对各行业的工资产生实际影响，则这种不平等会小得多。由此可以推论，各行业的工资不是同时升降的，而是在短期内，有时甚至在长期内，几乎彼此互不相关。所有这些差异显然会改变不同商品的相对生产费用，并会完全表现在不同商品的自然价值或平均价值上。

由此可见，由一些最为优秀的政治经济学家确立的定理，即工

资与价值无关，未免言过其实，过于夸张。工资实际上与价值有关。生产各种商品所需要的劳动的相对工资，正如相对劳动数量那样，会影响各种商品的价值。诚然，所支付的绝对工资不会影响价值，但绝对劳动数量也不会影响价值。如果对于所有商品来说，绝对劳动数量同时以相同的程度变化，价值便不会受影响。比如，倘若全部劳动的效率普遍提高，以致可以用较少的劳动生产出和以前一样多的各种商品，那么，生产费用的这种普遍降低便丝毫也不会反映在商品价值上。商品价值发生的变化，仅仅表明改良影响各种商品的程度是不同的，这种变化会使劳动节约得最多的物品价值降低，而使劳动节约得较少的物品价值上升。所以，严格说来，劳动工资与劳动数量同价值有一样大的关系。无论是李嘉图还是任何其他人都没有否认这一事实。不过，在考察价值变动的原因时，劳动数量仍是最为重要的原因，因为劳动数量的变化一般在某个时候只涉及一种或少数几种商品，而工资的变化（除暂时的波动外）则通常是普遍的变化，因而对价值没有什么大影响。

第四节 就利润因行业不同而有所不同而言，利润是生产费用的组成部分

以上考察了劳动和工资是如何成为生产费用的组成部分的。但在第一编分析生产所需要的条件时，我们已知道，若要进行生产，则除劳动外，还得具备另一个必要条件，即还得有资本；既然资本是节欲的结果，因而生产物或其价值，不仅必须足以使所需要的全部劳动得到报酬，而且还必须使所有人的节欲得到报酬，因为正

是这些节欲的人垫付了各劳动阶级的报酬。节欲的报酬是利润。而所谓利润，我们也已经看到，并不单纯是补偿了资本家的各项开支后留给资本家的剩余，在大多数情况下，利润还是支出本身的重要组成部分。亚麻线制造商的一部分支出，是用来购买亚麻和机器的，通过这两者的价格，他不仅必须支付亚麻种植者和机器制造者的工资，而且还必须支付亚麻种植者、亚麻梳理者、采矿者、炼铁者和机器制造者的利润。而所有这些利润，连同亚麻线制造商本人的利润，又是由亚麻布织造商通过其原料即亚麻线的价格垫付的，此外，亚麻布织造商还得支付一系列新的机器制造者以及采矿者和炼铁者（他们向机器制造者供应金属原料）的利润。所有这些垫款都是亚麻布生产费用的组成部分。因此，利润与工资一样，进入了决定产品价值的生产费用。

不过，价值纯粹是相对的，像不依赖于绝对工资那样，也不依赖于绝对利润，而只依赖于相对利润。利润普遍提高，像工资普遍提高那样，是不会使价值上升的，因为价值普遍提高是不合理的，是矛盾的。利润若以相同程度进入所有物品的生产费用，那它就不会对任何物品的价值产生影响。只有当利润以不同的程度进入物品的生产费用时，它才会对价值产生影响。

例如，我们已说过，有一些因素使某些行业的利润率永远高于另一些行业。较大的风险、麻烦与不便，都必须得到补偿。要得到这种补偿，就得使有关商品的销售价值超过生产所必需的劳动量应得的价值。如果火药与他物的交换比例不高于从头至尾生产火药所需劳动的比例，那就没有人办火药厂了。屠宰业者的处境无疑要好于面包制造业者，而所冒的风险似乎并不更大，因为他们破产的人数并不比面包制造业者多。所以,他们能获得较高利润,其原因似乎只能是,屠宰行业又脏又累,名声不好,使竞争受到了较多的限制。但这种较高的利润意味着,屠宰业者销售其商品时得到的价值,高于他们的劳动和支出应得的价值。必要的和永久性的利润不均等,会表现在商品的相对价值上。

第五节 就利润延续的时间长短不一而言,利润是生产费用的组成部分

不过,即使两个行业的利润率毫无差别,在两种商品的生产条件中利润所占的分量也会有所不同。也许要求一种商品比另一种商品在更长的时期内产生利润。通常用来说明这种情况的例子是葡萄酒。假设一定数量的葡萄酒和一定数量的毛料是用等量劳动生产出来的,支付给劳动的工资相同。毛料并不会因为加以保存而质量有所提高,但葡萄酒却保存得越久越好。假设要达到所希望的质量,葡萄酒需要保存 5 年。在这种情况下,除非 5 年之后葡萄生产者或葡萄酒商能得到同毛料一样的价格,外加按复利计算的 5 年利润,否则他们是不会保藏葡萄酒的。葡萄酒和毛料本来是用相等的支出生产出来的。因而在这个例子中,两种商品彼此相对的自然价值,并非仅仅与生产费用相对应,而是与生产费用外加另外某种东西相对应。实际上,除非是泛泛地谈论这一问题,否则我们总是把葡萄酒商在 5 年期间所放弃的利润计入葡萄酒的生产费用中,把这种利润看作是其他支出以外的一种额外支出,最终是要得到补偿的。

一切由机器制造的商品,都类似于,至少是近似于,上面所举的葡萄酒的例子。同完全由直接劳动制造的物品相比较,利润会更为大量地进入由机器制造的物品的生产费用。假设有两种商品,甲和乙,可以用一定数量的资本花费 1 年时间把它们生产出来,此处用货币来表示这一定数量的资本,假设为 1000 镑。甲完全是用直接劳动生产的,因而 1000 镑全部用来直接支付工资。乙则是用劳动和机器共同生产的,两者各花费 500 镑,而且机器使用 1 年便报废。这两种商品的价值将完全相等,若用货币计算,若利润为每年 20%,则价值为 1200 镑。但在这 1200 镑中,就甲来说,只有 200 镑,即价值总额的六分之一是利润,而就乙来说,利润则不仅仅是 200 镑,在 500 镑机器价格之内还有机器制造者的利润,假设制造机器也需花 1 年时间,则这部分利润也是六分之一。因此,就甲来说,收益总额中只有六分之一是利润,而就乙来说,利润则不仅仅占价值总额的六分之一,而且还占 500 镑机器价格的六分之一。

在全部资本中,直接劳动开始生产以前必须具备的机器、厂房、原料或任何其他东西所占的比例愈大,生产费用中利润所占的比例也就愈大。由机器厂房构成的那部分资本延续的时间较长,会产生同这种资本数量较多时完全一样的结果,这一点虽然乍一看不那么明显,但却同样正确。前面所举的是一极端的例子,假设机器使用 1 年便报废,现在让我们举一更为极端的例子,假设情况与此相反,机器可以永远使用而无需修理。在这种情况(这种情况既适用于说明问题,也是有可能出现的情况)下,就不必偿付那 500 镑购买机器的钱了,因为机器的价值不会降低,永远值500镑,但是要像以前一样支付利润。所以,商品乙在前面假设的情况下可售得1200镑,其中1000镑用来补偿资本,200镑为利润,现在则能以700镑的价格出售,500镑用于补偿资本,200镑为全部资本的利润。因此,利润以200镑比700镑,即全部价值的七分之二或$28\frac{4}{7}\%$这一比率进入商品乙的价值,而商品甲的情形仍同以前一样,利润只占全部价值的六分之一,或$16\frac{2}{3}\%$。当然,这个例子完全是虚构的,机器或其他固定资本不会永远用不坏;但机器的寿命愈长,情况也就愈接近于虚构的例子,利润在收益中所占的比例就愈大。举例来说,如果一部机器价值500镑,每年的使用使其价值损失五分之一,那就必须增加100镑收益来弥补这一损失,商品的价格就将为800镑。所以,利润就将以200镑比800镑即四分之一的比例进入生产费用,这一比例仍远远高于利润占商品甲的生产费用的比例,即200镑比1200镑,亦即六分之一。

在不同行业中,利润在资本家的垫支中所占的比例是不相等的,从而利润在资本家所要求得到的收益中占的比例也是不相等的,由此而对价值产生了两个结果。一个结果是,商品并非仅仅按照生产所需的劳动数量比例进行交换;即便考虑到不同种类的劳动在长期内报酬率是不相等的,情况也是如此。我们已用葡萄酒的例子说明了这一点,现在我们用机器制造的商品进一步予以说明。同前面一样,假设商品甲是用价值1000镑的直接劳动生产出来的。但这里,我们用商品丙代替商品乙,商品乙是用价值500镑的直接劳动和价值500镑的机器生产出来的,商品丙是在一部机器的帮助下用价值500镑的直接劳动生产出来的,而这部机器又是用价值500镑的直接劳动生产出来的,制造该机器需要1年的时间，使用1年便报废；利润同以前一样为20%。商品甲和商品丙是由相同数量的劳动生产出来的，劳动的报酬率相等：商品甲花费了价值1000镑的直接劳动；商品丙仅花费了500镑直接劳动，但加上制造机器所花费的劳动，也为1000镑直接劳动。假如劳动或其报酬为生产费用的惟一组成部分，这两种商品就会相互交换。但它们会相互交换吗？肯定不会。机器是经过1年时间花费500镑制造出来的，利润为20%，因而机器的自然价格当为600镑，这追加的100镑必须由商品丙的制造者在其他开支以外垫付，偿还时，也应支付20%的利润。所以，若商品甲的售价为1200镑，商品丙的售价便不能长久低于1320镑。

第二个结果是，一般利润的每一次升降都会影响价值。这不是因为利润的升降会普遍提高或降低价值（我们已一再说明，普遍提高或降低价值是不可能的，这种说法是有矛盾的），而是因为利润的升降会改变商品价值受不同利润支付期影响的程度。我已经说过，两种商品即使是由等量劳动生产的，但如果其中一种商品产生利润所需的年数或月数多于另一种商品，它们的价值也是不相等的。利润越大价值的这种差别也就越大，利润越少，价值的这种差别也就愈小。须比毛料多提供5年利润的葡萄酒，其价值超过毛料的程度，在利润为40%的时候，要远远大于利润为20%的时候。商品甲和商品丙是用等量劳动生产出来的，售价分别为1200镑和1320镑，价值相差10%，但如果利润减少一半，售价则将分别为1100镑和1155镑，价值仅仅相差5%。

由此可以推论出，工资的普遍上升，如果致使实际劳动成本增加，便会在某种程度上影响价值。工资的普遍上升能影响价值，并非像一般人所想像的那样，因为普遍提高了价值。但劳动成本的增加却会降低利润，从而降低利润高于平均水平的商品的自然价值，而提高利润低于平均水平的商品的自然价值。利润下降时，对于生产中机器发挥较大作用的商品来说，特别是如果机器的寿命很长的话，所有这种商品的相对价值便会下降；换句话说，其他商品的相对价值便会上升。这一真理有人用一种似乎有道理但实际上并不正确的方式来表达，他们说，工资的上升会提高劳动制造的商品的价值，而降低机器制造的商品的价值。但机器制造的商品，完全同其他商品一样，也是用劳动制造出来的，换言之，机器本身也是劳动制造的，惟一的差别是，就机器制造的商品而言，其生产中包含的利润较多，不过主要的支出项目仍是劳动。所以，最好还是把价值所受到的影响归因于利润的下降而不是工资的上升；特别是，工资上升这种说法是极其暧昧不明的，它使人想到的，是劳动者的实际报酬有所增加，而不是真正与此有关的那一点，即劳动成本对于雇主而言有所增加。

第六节 生产费用的偶然组成部分：赋税以及原料的稀缺性价值

生产费用的自然的和必要的组成部分是劳动和利润，除此之外，还有另外一些人为的和偶然的组成部分，例如赋税。麦芽税同劳动者的工资一样，也是麦芽生产费用的组成部分。法律所强加的费用，同自然所强加的费用一样，必须用产品的价值来偿付，外加普通利润，否则人们就不会再生产有关的产品了。但赋税对价值的影响，同工资和利润对价值的影响一样，受着相同条件的制约。产生影响的，不是一般赋税，而是差额赋税。如果对所有商品都课税，从所有商品中取走相同的比例，那就决不会扰乱相对价值。如果只对少数商品课税，它们的价值就会上升；如果只对少数商品免征赋税，它们的价值就会下降。如果对一半商品课税，一半商品不课税，则前一半商品的价值将上升，后一半商品的价值将下降。只有这样，所有行业的预期利润才会相等，否则，被课税的行业即使不是被人们立即放弃，最终也是会被人们放弃的。但如果普遍课征数额相同的税，从而不扰乱不同产品彼此间的关系，这种税就不会对价值产生任何影响。

以上我们假设，凡影响商品生产费用的生产资料和工具，其本身的价值都取决于它们的生产费用。然而，有些商品的数量是不能随意增加的，若需求超过一定数量，这些商品便具有稀缺性价值。意大利的许多装饰品，是用所谓古代红染料、黄染料和绿染料制成的，据说，这些材料是通过毁坏古代的圆柱和其他装饰性建筑物获得的（我不知道这是否真实），因为采集这些石料的采石场已被开采完，或其地点已无人知晓。[①]这种材料，若对其需求量很大的话，便会具有稀缺性价值，这种价值会进入制成品的生产费用，从而进入制成品的价值。贵重毛皮具有稀缺性价值的日子，似乎正在临近。在西伯利亚旷野和爱斯基摩海沿岸，产生贵重毛皮的野兽正日趋减少，不过，到目前为止，野兽数量的减少虽说对毛皮的价值有影响，但还只是增加了获得给定数量毛皮所必需的劳动量，毫无疑问，在一段时间内，投入足够的劳动，仍可获得比现在多

① 我相信，人们已重新发现了一些这样的采石场，并已重新开采。

得多的贵重毛皮。

但是，谈到稀缺性价值致使生产费用增加的问题，主要还得讨论自然要素的情形。自然要素在尚未被人占有而可以自由取用时，与生产费用无关，即使有关，也限于使自然要素适于运用而必须花费的劳动。正如我们已经看到的，自然要素即便已经被人占有，也不会仅仅因为被人占有而具有价值，而只能因为稀缺，即供应量有限而具有价值。不过，同样可以肯定的是，自然要素确实常常具有稀缺性价值。假设有一瀑布，在其坐落的地方，水磨的数量超过了水力的供应量；在这种情况下，使用这个瀑布便具有稀缺性价值，这一价值足以压低需求，使需求与供应相等，或足以促使人们创造效率与水力相等的人工动力，例如蒸汽动力等。

自然要素是永久性占有物，只有通过不断使用它而带来产品才有用处，因而靠拥有自然要素获取利益的一般方法，是由使用自然要素的人从年收入中支付等价物。这种等价物通常可以称为地租，而且一般也是这么叫的。所以，关于占有自然要素对价值产生的影响，人们常提出下述问题：地租是否进入生产费用？最优秀的政治经济学家会作出否定的回答。这种笼统的回答是应受许多限制条件制约的，但即便是知道这些限制条件的人，也还是宁愿给予否定的回答，因为这种回答会把一般原理牢牢地印在人的脑子里，而如果一味强调一般原理所受的实际限制，则会把人搞糊涂。但这种回答也会使人感到困惑，把人引入歧途，使人对政治经济学产生不好的印象，似乎政治经济学无视确凿的事实。谁都不能否认，租金有时是生产费用的组成部分。如果我购买或租借了一块土地，在上面盖起一座制造毛料的工厂，那么地租便合理合法的是我的生产支出的一部分，必须由产品来偿付。因为所有工厂都建在土地上，而且大多数工厂建在地皮特别昂贵的地方，所以一般说来，所支付的地租必须由工厂制造的物品的价值来偿付。那么，在何种意义上地租不进入生产费用，不影响农产品的价值呢？这一点将在下一章予以说明。

第五章　论地租与价值的关系

第一节　在增加生产费用的条件下可以无限增加的商品。这种商品的价值法则，及其在现有最为不利的条件下的生产费用

前面考察了决定两类商品价值的法则。其中一类商品由于数量是给定的，价值完全取决于供给与需求，即使有生产费用，这种生产费用也仅仅构成一最低限额，价值不能永久低于这一最低限额，此类商品不多；另一类则可以用劳动和资本任意增加，其生产费用既决定了它们与其他商品相交换的最低价，也决定了它们与其他商品相交换的最高价，此类商品很多。但还有第三类商品需要加以考察。此类商品不是有一种生产费用，而是有几种生产费用；这类商品在数量上总是可以用劳动和资本来增加，但不是用同一数量的劳动和资本；用一定的生产费用，可以生产许多这种商品，但如果进一步增加产量，就得增加生产费用。这类商品属于中间类型，兼具前面两类商品的性质。此类商品中的主要一种就是农产品。我们已一而再再而三地提及以下一条基本真理，即在农业中，在给定的技术状态下，增加一倍劳动并不能使产品也增加一倍；若需要增加产品数量，则追加的供应量只能用比以前高的费用获得。举例来说，假设某一村庄原来只需要 100 夸特谷物，而随着

人口的增加，现在需要通过开垦劣质土地，或通过更加精细地耕种已开垦的土地，来多生产 100 夸特，那么，这追加的 100 夸特或至少其中的一部分所需的生产费用，就会比以前多一倍或两倍。

如果最初那 100 夸特谷物全都是用相同的费用种植出来的（只耕种最优质的土地），如果这种费用以每夸特 20 先令的售价便可得到偿付并得到普通利润，那么，只要谷物需要量不超过 100 夸特，谷物的自然价格就将是每夸特 20 先令；只有在因气候变化或由于其他原因供应量发生变动时，自然价格才会高于或低于这一水平。但如果那个村庄的人口增加，则养活人口所需的谷物量就迟早会超过 100 夸特。我们必须假设，该村庄无法从其他地方获得谷物。在这一假设下，除非该村庄耕种劣质土地或改而采用花费较大的耕作方法，否则就生产不出 100 夸特以上的谷物。无论采用哪一种方法，都会致使价格上升。价格的这种上升，会由需求的增加逐渐引发。只要价格上升，而上升的幅度又不足以补偿追加谷物的生产费用及其普通利润，则这有限供应量增加了的价值，便具有稀缺性价值的性质。假设每夸特谷物的收益低于 25 先令，耕种次好或次远的土地便是不合算的；并假设要从头等土地上生产出更多的产品，也需要有这一价格才能补偿花费较大的耕作。如果是这样，价格便会由于需求的增加而不断上升，直至上升到每夸特 25 先令。现在 25 先令就成了自然价格；价格若达不到这一水平，就不会生产出社会所需的谷物量。然而，价格达到这一水平后，谷物在一段时间内就会按这一价格生产下去；而假如人口不增加的话，谷物也许会永远按这一价格生产下去。价格一旦达到这一水平，就不会再降低（尽管偶然的大丰收会使其暂时下跌）；只要无需再一次增加生产费用就可获得社会所需的谷物量，价格也不会进一步上升。

在上述推理中，为方便起见，我把价格当作价值的符号，因为价格这一观念是人们比较熟悉的；在以下论述中，如有必要，我仍将这样做。

在上面假设的情况下，谷物供应量的不同部分有不同的生产费用。虽然追加的20、50或150夸特是用每夸特25先令的费用生产出来的，但原来每年所需的那100夸特仍仅仅是用每夸特20先令的费用生产出来的。这一点是显而易见的，如果原来的供应量和追加的供应量是在不同质量的土地上生产出来的。即便是在同一块土地上生产出来的，上述说法也同样正确。假设质量最好的土地以前是按每夸特20先令的费用生产100夸特谷物，现在则要运用花费较大的方法生产150夸特，而除非谷物的价格为每夸特25先令，否则采用这种花费较大的方法就是不合算的。只有那追加的50夸特的生产费用为每夸特25先令，而原来那100夸特的生产费用仍是每夸特20先令，这100夸特由此可获得需求的增加所导致的价格上升带来的好处，所以，除非追加的50夸特能补偿全部追加的费用，否则谁也不会增加费用来生产追加的50夸特。由此可见，追加的50夸特将相应于其生产费用，按每夸特25先令的自然价格生产出来，而原来那100夸特，相对于其自然价格而言（即相对于足以补偿其生产费用的价格而言），每夸特将多获得5先令。

如果生产任何一部分供应量（哪怕是最小的一部分）的必要条件是需要有一定价格，则其余各部分供应量也会得到这一价格。我们不会因为一个面包所使用的谷物产于较肥沃的土地，因而生产费用对种植来说较低，就能以较低的价格买到这块面包。所以，一种物品的价值(亦即其自然价值或平均价值)，取决于以最大费用生产并运至市场的那部分供应量的生产费用。所有商品可以分为三类，这就是其中第三类商品的“价值法则”。

第二节 在较为有利的条件下生产出来的这类商品，会产生地租；这种地租等于生产费用的差额

如果在最为不利的条件下生产出来的那部分产品，可获得与其生产费用成比例的价值，那么，在较为有利的条件下生产出来的所有其他产品，由于也必须按这种价值出售，便可获得高于其生产费用的价值。正确地说，这些产品的价值并不是稀缺性价值，因为它取决于生产条件，而不是取决于压低需求、使需求与有限的供给相一致所必需的昂贵程度。然而，这些产品的所有者却享有一项特权；他们所获得的价值，可带来高于普通水平的利润。如果获得这种利益依靠的是诸如免税这样的特殊待遇、体力或脑力上的优势、只有自己知道的某种秘诀、较多的资本或可以枚举出来的其他各种因素，那么，他们获得的这种利益就是高于一般资本利润的超额利得，或多或少具有垄断利润的性质。但是，如果像在我们正较为仔细地考察的情况下那样，获得这种利益依靠的是拥有某种特殊质量的生产要素，比如拥有较肥沃的土地，可带来高于一般水平的商品价值，如果这种土地不为耕种者所有，那么，拥有这种土地的人，就能以地租的形式，从耕种者手里拿走耕种这种土地所产生

的全部超额利得。我们由此而经由另一条道路也得到了第二编末尾一章所考察的地租规律。我们再次看到，地租是运用于土地的各部分资本的不同报酬之间的差额。任何一部分农产品，只要所产生的剩余超过现有社会需求逼迫人们运用同量资本在最差的土地上或在花费最大的耕作方式下所产生的剩余，则不论这种超出额为多少，都将自然而然地作为地租，由资本所有者支付给土地所有者。

长期以来，政治经济学家一直认为，土地产品总是具有垄断价值，因为(他们说)除了普通利润率外，土地产品还总是带来地租。现在我们知道，这种看法是错误的。一种物品如果其供给只要我们愿意增加生产费用就可以无限增加，则这种物品就决不会具有垄断价值。谷物产量之所以停留在现在的水平上而不继续增加，是因为谷物的价值尚未上升到足够高的水平，使多种植谷物的人得到报偿。凡是在现有价格和现有耕作方式下能产生普通利润的土地(若没有留作他用或供人娱乐的话)，如果不受到人为的妨害，即使不产生地租，也几乎肯定会被人们耕种。只要还有在现行价格下不产生利润但却适于耕种的土地，就肯定有比这好一点的土地，这种土地虽不产生地租，却产生普通利润；这种土地若在农场内，就会被农场主耕种；若不在农场内，也许会被地主或地主默许的其他人耕种。不管怎么说，肯定有一些这样的土地在被人耕种。

所以，地租不是决定农产品价值的生产费用的组成部分。毫无疑问，我们可以想像，在一些情况下地租是生产费用的组成部分，甚至是生产费用的很大组成部分。我们可以想像一个国家的人口众多，其可耕地已都被耕种，以致多生产任何数量的谷物所需的劳力，都多于生产出来的谷物所能养活的劳力；若假设整个世界的情况是这样，或者某个没有外来供应的国家的情况是这样，那么，如果人口继续增加的话，土地和其产品就都会具有垄断价格或稀缺性价格。但也许除了在某一与世隔绝的小岛上外，实际上在任何地方都从未出现过这种情况，也不用担心会出现这种情况。不管怎么说，目前在所有已知的地方确实没有出现这种情况。我们已说过，垄断之能影响价值，只是因为它限制了供给。所有国家，无论面积大小，除了已耕种的土地外，均还有尚未耕种的土地；而且只要有多余的未耕种土地，则不管其数量是多少，都可以说其数量是无限的。实际上，供应量有限的，仅仅是质量较好的土地；而即便就这种土地来说，也不能要求得到过多的地租，致使尚未耕种的土地加入竞争；一块土地的地租必须略低于这块土地的生产力与尚未能被有利可图地耕种的最好土地的生产力之间的差额；也就是说，一块土地的地租必须大致等于这块土地的生产力与已经被有利可图地耕种的最差土地的生产力之间的差额。在实际运用的土地或资本中，那些条件最为不利的土地或资本是不支付地租的；支配全部产品价值的生产费用正是由这种土地或资本决定的。因此，正如我们已经说过的，地租决不是价值的原因，而是一种特权的价格，由于各部分农产品的报酬不相等，除了最为不利的那部分农产品外，各部分农产品都享有这种特权。

简言之，地租所起的作用只不过是使地主能占有优越的自然条件带来的全部超额利得，从而使各部分农业资本的利润相等。如果地主一致放弃地租，那他们只是把地租转让给了农民，而丝毫无益于消费者，因为谷物的现行价格仍将是生产出一部分现行供应量所必不可少的条件，而如果一部分供应量获得现行价格，则全部供应量都将获得现行价格。所以，除非限制性法令人为地提高地租，否则地租就决不会成为消费者的负担；地租不会提高谷物的价格，也不会有损于公众，这就像如果地租归国家所有或者国家以土地税的形式征收地租，地租会成为有利于普遍利益而不是私人利益的基金那样。

第三节 矿山和渔场的租金以及建筑物的地租

并不是只有农产品同时具有几种不同的生产费用，并不是只有农产品由于几种生产费用之间存在着差额而能与这种差额成比例地提供地租。矿山也是这方面的一个例子。几乎各种采于地下的原料，如金属、煤炭、宝石等，都得自富饶程度有很大差别的矿山，所谓富饶程度有很大不同，就是使用相同数量的劳动和资本得到的产品数量有很大不同。由此人们显然会提出这样的问题：为什么不使劲开采最富的矿来满足市场的全部需要呢？对于土地就不会产生这样的问题，因为很显然，不可能仅仅用最肥沃的土地来满足一人口众多的国家的全部需求；即使能满足，其中一部分产量所耗费的劳动和支出，也必然和在最差的土地上生产出这部分产量所耗费的劳动和支出相等。矿山的情形则不是这样，至少不是普遍这样。也许在某些情况下，不可能在给定的时间内从某一矿脉中采掘出超过某一数量的矿石，因为暴露出来的矿脉面是有限的，在其上面同时工作的工人不能超过一定数量。但并非所有的矿山都是这样。例如就煤矿来说，就必须寻找其他原因来解释产量为什么会受到限制。在一些情况下，矿山主限制产量，是为了不过快地耗竭矿山；在另一些情况下，据说矿山主联合起来限制产量，以便维持垄断价格。不管由于什么原因，人们在开采富饶程度不同的矿山总是事实；因为矿产品的价值是按（从富饶程度和所处位置两方面来说）最差的矿山的生产费用计算的，所以最好的矿山的产品价值必然高于生产费用。因此，任何一座矿山，只要其产量高于实际开采的最差矿山，就会产生租金，租金额等于产量的高出额。富矿会产生较多的租金，甚至最差的矿山也会产生租金。由于矿山的数量较少，其品质不像土地那样形成一个个相连的等级；而且巨大的需求会使矿产品的价值远远高于目前正在开采的最差的矿山的生产费用，而又不足以诱使人们开采更差的矿山。在此期间，矿产品实际上便具有稀缺性价格。

另一个例子是渔场。公海上的渔场是没有主人的，但湖泊或河流中的渔场却几乎都是有主人的，海岸边的牡蛎场及其他特殊的渔场也是有主人的。我们可以拿鲑渔场作为例子来说明渔场的情况。一些河流要比另一些河流产出的鲑鱼多得多。然而，任何河流中的鲑鱼都会被捕尽，都只能满足很有限的需求。像英国这样的国家，其对鲑鱼的需求只能由许多生产力不同的河流来满足，因而鲑鱼的价值必须足以补偿从生产力最低的河流中捕捉鲑鱼的费用。因而所有其他河流若被人占有的话，便会提供租金，租金额与其生产力的高出额相等。假如有些产鲑鱼的河流因为距离遥远或生产力低下而未被利用来满足市场的需要，那么，租金就不会远远超过生产力的高出额。假如产鲑鱼的河流都已被利用，则毫无疑问，鲑鱼的价值会大大上涨，以致具有稀缺性价值，此时，就连被利用的最差的渔场也会带来很高的租金。

无论就矿山还是渔场来说，事物的自然秩序都有可能由于开辟一比现有的某些矿山或渔场更好的新矿山或渔场而被打乱。这种偶然事件所产生的第一个后果，就是会使供应量增加；这当然会降低产品价值，致使需求增加。由于价值降低，现有最差的矿山或渔场将不再得到充足的报酬，因而会被废弃。如果较好的矿山或渔场加上那一新开辟的矿山或渔场，能生产出足够的产品来满足因生产费用降低而价值降低后的需要量，那么，价值的降低就将是永久性的，而且那些没有被放弃的矿山或渔场的租金也将相应降低。在这种情况下，事物得到永久性调整后所带来的结果将是，满足市场需要的按质量优劣排列的矿山或渔场表格，其下端将被裁去一截，而在上端的某个地方则将插进新的一截；因而现在开发的最差的矿山或渔场——正是它们决定了较优的矿山或渔场的租金以及产品的价值——要比过去决定租金和价值的矿山或渔场质量好。

土地除了用于农业外，还用于其他方面，特别是用于供人居住；在被这样利用时，土地也产生地租，决定这种地租的原理同上面所阐述的原理是一样的。一座房子的地皮租金连同其庭院或花园的地租，不会少于这块土地用于农业所能提供的地租，反而有可能比后者无限地多，之所以会比后者多，要么是由于环境优美，要么是由于便利的缘故，而便利往往能获得金钱上的好处。环境特别优美的地点供应量通常是有限的，因而如果需求很大，便会具有稀缺性价值。仅在便利方面较为优越的地点，其价值是受普通地租原理支配的。一个小村庄内一座房子的地皮租金，只会略高于旷野里一块相同大小的土地的地租，但切普赛德街（译者按：伦敦中部东西向大街名，中名时为闹市。）上一座商店的地皮租金，则会远远高于旷野中一块同样大小的土地的地租，究竟高多少，要看人们对在这一闹市区开店能赚多少钱所作的估计。码头、船坞、海港、房屋、供水站以及其他许多设施的租金，也可以按照相同的原理来分析。

第四节 类似地租的额外利润

在工业活动中，经常可以见到类似于地租的额外利润，常见程度要比一些人所想像的程度高。例如，让我们来看专利权的情况。所谓专利权，就是独享某种能降低生产费用的方法的特权。如果有关产品的价值，仍由不得不沿用老方法的那些人支付的生产费用来支配，那么，享有专利权的人便可获得额外利润，其数额等于新方法优于老方法的程度。这种额外利润实质上与地租相同，有时甚至就以地租的形式出现；专利权获得者有时允许其他生产者使用他的特权，但使用者每年必须向他缴纳一笔费用。只要专利权获得者以及那些被允许使用专利权的人没有生产出足够的产品来满足市场的全部需要，最初的生产费用既然是生产一部分产品的必要条件，就仍会支配全部产品的价值；专利权获得者就能继续收取地租，地租额等于新生产方法使他享有的利益。诚然，开始时他很可能会放弃一部分利益，以便用低价打垮竞争者：他所提供的追加的供应量会降低产品价值，因而对于那些无缘分享这种专利权的人来说，生产该产品的行业将成为无利可图的行业，在这种情况下，许多人将逐渐退出该行业，或缩小营业额，或与专利权获得者达成使用专利权的协议。专利权获得者所供应的产品数量将增加，其他人供应的产品数量将相应减少，与此同时，价值将略有降低。但是，如果新生产方法尚未满足市场的全部需要，专利权获得者就停止增加产量，则产品价值将回复到革新以前的自然价值水平，改良所带来的利益将完全归于专利权所有者。

某一生产者或商人凭借高超的经营才能或高超的业务安排所得到的额外利得，也非常类似于地租。如果他的所有竞争者也具有这种优势并运用这种优势，那么所带来的利益便会通过物品价值的下跌而转移给他们的顾客。某一生产者或商人之所以能获得额外利得，只是因为在产品取决于较高的费用时，他能以较低的费用向市场提供产品。实际上，就此而言，某一竞争者相对于另一竞争者来说所享有的有利条件，无论是与生俱来的还是后天获得的，无论是个人努力的结果还是社会安排造成的，都会把利用这种有利条件生产出来的商品归于第三类商品，都会使享有这种有利条件的人无异于收取地租的人。工资和利润是生产的普遍性要素，而地租则可以看作是生产的差异性和特殊性要素。有利于某些生产者的差异，或有利于某些条件下的生产的差异，可带来一种利得，这种利得虽然在并非定期由一个人支付给另一个人时，不叫做地租，但却受与地租法则完全相同的法则支配。为生产某种商品的差异性有利条件而支付的价格，是不会进入该商品的一般性生产费用的。

毫无疑问，某些商品即使在最为不利的生产条件下，也能产生地租；但只有当它们的供应量暂时绝对有限，因而它们能以稀缺性价格出售时，它们才会产生地租；任何产生地租的重要商品都决不会长期出现这种情况，也从未出现过这种情况，除非它们是矿产品（例如煤炭），已接近于枯竭，或虽然产量已无法再增加，但人口继续增长；不过，这种可能性是微乎其微的，因为从长远看，人类文明与进步几乎是不可避免的，而我们刚刚跨入人类文明迅速发展的时期。

图书在版编目(CIP)数据

政治经济学原理. 上卷/(英)穆勒(Mill,J. S.)著;
赵荣潜等译. —北京:商务印书馆,1991.9(2020.12重印)
(汉译世界学术名著丛书)
ISBN 978-7-100-01078-8

Ⅰ.①政… Ⅱ.①穆… ②赵… Ⅲ.①政治经济学 Ⅳ.①F0

中国版本图书馆CIP数据核字(2011)第130007号

汉译世界学术名著丛书
政治经济学原理
及其在社会哲学上的若干应用
上卷
〔英〕约翰·穆勒 著
赵荣潜 桑炳彦 朱泱 胡企林 译
胡企林 朱泱 校

商务印书馆出版
(北京王府井大街36号 邮政编码100710)
商务印书馆发行
北京冠中印刷厂印刷
ISBN 978-7-100-01078-8

1991年9月第1版 开本850×1168 1/32
2020年12月北京第5次印刷 印张17½
定价:62.00元